부동산 계급사회

부동산 계급사회

1판 1쇄 ㅣ 2008년 8월 15일
1판 5쇄 ㅣ 2012년 1월 9일

지은이 ㅣ 손낙구

펴낸이 ㅣ 박상훈
주간 ㅣ 정민용
편집장 ㅣ 안중철
책임편집 ㅣ 박미경, 최미정
편집 ㅣ 이진실, 윤상훈
제작·영업 ㅣ 김재선, 박경춘

펴낸 곳 ㅣ 후마니타스(주)
등록 ㅣ 2002년 2월 19일 제300-2003-108호
주소 ㅣ 서울 마포구 합정동 413-7번지 1층 (121-883)
전화 ㅣ 편집_02.739.9929 제작·영업_02.722.9960 팩스_02.733.9910
홈페이지 ㅣ www.humanitasbook.co.kr

인쇄 ㅣ 천일_031.955.8083 제본 ㅣ 일진_031.908.1407

값 15,000원

ⓒ 손낙구 2008
ISBN 978-89-90106-67-4 03300

이 도서의 국립중앙도서관 출판시도서목록(CIP)은 e-CIP 홈페이지(http://www.nl.go.kr/ecip)에서
이용하실 수 있습니다.(CIP제어번호: CIP2008002384)

부동산 계급사회

손낙구 지음

후마니타스

차례

이 책을 쓴 이유 7

1장 부동산, 무엇이 왜 문제인가

1. 얼마나 올랐나, '불패 신화'가 된 부동산 24
2. 얼마나 비싼가 : 남한 땅 팔면 캐나다 여섯 번 산다 33
3. 부동산 소유 편중 얼마나 심한가 46
4. 넘치는 불로소득, 고장 난 환수 장치 55
5. 부동산 가격은 왜 오르기만 할까 68

2장 부동산 때문에 한국 경제가 위험하다

1. 봉급쟁이의 뿌리 뽑힌 삶 90
2. 내수 침체의 장기화 100
3. 제조업이 해외로 나가는 이유 108
4. 기형화된 산업구조 113
5. 투기와 파업에 관한 짧은 통계 보고서 123

3장 부동산이 삶을 다르게 만든다

1. 동네별 생활이 달라진다 134
2. 소득 계층별 생활이 달라진다 143
3. 은행 문턱의 높낮이도 부동산이 만든다 153
4. 대학 입시도 부동산이 결정한다 162
5. 부동산이 수명도 좌우한다 171

4장 부동산 격차가 빈곤문제의 주범이다

1. 주택 보급률 100% 시대의 주택문제 186
2. 빈부 격차는 곧 부동산 격차다 196
3. 1,000만 부동산 빈곤층 어떻게 살고 있나 206
4. 160만 부동산 극빈층 어떻게 살고 있나 218

5장 대한민국 부동산 100대 부자

1. 통계로 보는 100대 집 부자 240
2. 현대판 '아흔아홉 칸 부자' 동네를 찾아서 242
3. 아파트 100대 부자는 누구인가 246
4. 연립주택이라 얕봤다간 큰 코 다친다 252
5. 성북·종로·용산은 단독주택 부자촌 255
6. 100대 법인 집 3만 채 소유, 집값만 1조6,000억 원 260
7. 통계로 보는 100대 땅 부자 262
8. 100대 땅 부자 기업 땅값만 60조 원 266
9. 얼굴 없는 100대 빌딩 부자 270
10. 2008 '부동산을 사랑한 공직자' 100명 274

6장 대안을 찾아서

1. 주택 계급별 맞춤형 주택 정책 288
2. 제2의 토지개혁과 택지 국유화 292
3. 공공 택지 공영개발·공공주택 공급 302
4. '부동산 특권' 폐지하고 내집 꿈 부활시키자 309
5. '셋방살이 스트레스' 푸는 주택 정책을 315
6. 지하방 탈출 '사다리' 정책 322

책을 마무리하며 342
부록 354
참고문헌 379

일러두기

1. 책·신문·정책자료집 등의 제목은 겹낫표(『 』)를 쓰고 보고서·논문·발표문·기사 등 글의 제목은 큰따옴표(" ")를 썼다. 각 부처가 정기적으로 발표하는 통계 자료를 포함한 각종 정부 문서·법률 조항·방송 제목은 꺾은 괄호(〈 〉)로 표기했다.
2. 최근 명칭이 바뀐 정부 부처(예를 들면 건설교통부 → 국토해양부)는 통계 발표 당시 명칭을 쓰거나 필요한 경우 현 부처 명칭을 부기했다.
3. 통계가 많아 읽기 어려운 점을 감안해 아라비아 숫자와 한글 표기 방식을 적절하게 혼용했다.
4. 뒷 표지와 본문 6장의 부동산 계급 분류는 주택 가격을 고려하지 않은 것이다. 예를 들어 도시 주택 전세금보다 싼 농촌 주택을 한 채 또는 그 이상 소유한 경우 적절하지 않은 분류다. 앞으로 정부가 주택 가격과 소유한 주택 수를 함께 살필 수 있는 상세한 통계를 발표해야 적실성 높은 분류가 가능할 것이다.

이 책에 등장하는 삽화의 주인공 발바닥 씨. 발바닥에 땀이 나도록 열심히 살면서도 부동산 투기 때문에 힘겨워하는 대한민국 서민을 상징한다. 발바닥 씨를 비롯한 이 책의 삽화는 저자의 딸 손해인(15)이 그렸다.

이 책을 쓴 이유

1. 한국 사회는 '부동산'이 결정한다

누군가 나에게 한국 사회의 이러저러한 양상을 설명해 주는 가장 중요한 변수가 뭐냐고 묻는다면, 나는 단호히 '부동산'이라고 대답할 것이다. 이제부터 그 이유를 이 책 전체를 통해 말해 보려 한다.

한국에서 경제적 능력이나 사회적 지위는 부동산 자산을 얼마나 소유하고 있느냐로 결정된다. 아파트에 사는지 연립주택에 사는지, 아파트에 산다 해도 어느 브랜드의 몇 평에 사는지, 주택 말고 땅이나 건물이 있는지 등 몇 가지 정보만 알아도 그 사람의 생활세계를 들여다볼 수 있고 어떤 정치의식을 갖고 어떻게 투표하는지를 짐작할 수 있다.

부동산은, 주거 환경은 물론이거니와 개인 삶을 전반적으로 결정하는 가장 중요한 자원이다. 누가 어느 대학에 가느냐의 문제 역시 부모의 부동산이 결정한다. 부모의 부동산 자산이 많을수록 좋은 대학에 갈 확률은 뚜렷이 높다. 은행 문턱의 높이도 부동산이 올리고 내린다. 부동산 담보를 제공할 능력이 대출 여부와 그 크기를 결정하기 때문이다. 부동산은 인간의 수명까지 관여한다. 부동산을 소유한 계층과 그렇지 못한 계층, 부동산을 소유한 계층 가운데에서도 얼마나 소유하는지에 따라 평균수명의 통계적 차이는 매우 분명하다.

사람들은 돈을 벌면 대개 부동산에 눈을 돌린다. 여윳돈을 부동산이 아닌 데 투자한 사람은 바보 취급을 받곤 한다. 부정부패나 뇌물 사건도 대부분 부동산 때문에 일어난다. 언론의 논조도 잘 들여다보면 부동산 광고 수주 여부에 따라 달라지기도 한다.

부동산에 울고 부동산에 웃는 나라, 직업과 노동 소득보다는 부동산을 중심으로 한 자산 소득이 불평등의 잣대가 되는 사회, 대한민국은 부동산 계급사회다.

2. 엄마 아빠 일 나간 사이에

가수 정태춘이 눈물로 부른 〈우리들의 죽음〉이란 노래가 있다. 1990년 3월 9일 어느 맞벌이 부부의 어린 자녀가 비극적으로 숨진 사건에 얽힌 사연을 담았다.

부부가 일 나가면서 아이들을 잃어버릴까 봐 문을 잠그고 출근한 사이 지하 셋방에서 불이 나 다섯 살, 네 살배기 어린 남매가 불에 타 숨진 이 사건은, 치솟는 방값에 시름하던 서민들의 아픔을 상징한 사건이었다.

필자는 당시 1980년대 중반 뛰어든 노동운동 현장에서 이 사건을 접했다. 참담한 마음 이루 말하기 어려웠다. 지금 부동산 책을 쓰고 있지만 이 노래만큼 우리 현실을 잘 표현할 수 있을지, 솔직히 걱정이다.

그로부터 15년 뒤인 2005년 10월 11일 서울 서초구 원지동 '개나리 마을', 빈민들이 비닐하우스로 집을 짓고 사는 이곳에서 엄마가 공장에 야근하러 간 사이 불이 나 여섯 살, 네 살배기 형제가 불에 타 숨지는 사건이 일어났다. 부동산 투기가 수도권을 중심으로 전국을 흔드는 가운데 투기의 최대 피해자인 부동산 극빈층의 어린 두 아들이 참변을 당했다.

당시 필자는 5년간 책임을 맡았던 민주노총 대변인을 끝으로 노동 운동 현장에서 자리를 옮겨 심상정 의원의 보좌관으로 일하고 있었다(당시 심상정 의원은 민주노동당 소속으로 나라의 경제 살림을 점검하는 국회 재정경제위원으로 활동하고 있었다).

지하 셋방이나 비닐하우스에서 자라다가 채 인생의 꽃을 피워 보지도 못하고 불에 타 죽어야 하는 아이들 앞에서 명색이 노동운동과 진보운동에 몸담아 온 사람으로서 스스로에게 묻지 않을 수 없었다. '그 15년 동안 나는 과연 무엇을 했단 말인가'라고.

2002년부터 부동산 가격이 폭등하기 시작해 서민들 한숨 소리가 천지를 울리는데도 정작 국회나 정치권에서는 서민의 자리에서 부동산 문제를 진단하고 실효성 있는 대책을 세우는 데 실패했다. 부유층을 대변해 온 한나라당이나 스스로를 개혁 세력이라 칭한 당시 여당은 물론이고, 이들을 비판하는 진보 세력조차도 서민들의 부동산 고통에 대해 무심했고 무능력하기는 마찬가지였다. 이 점에서 필자 역시 하나도 다를 게 없었다.

그로부터 지난 4년간, 필자는 부끄러운 마음으로 국회도서관과 관계 부처 자료를 이 잡듯이 뒤지며 부동산 문제에 파고들었다. 부동산 문제와 관련된 것이라면 무엇이든 찾아 읽고, 메모하고, 분석했다. 부동산 귀신이 되어서라도 어떻게든 문제의 원인과 구조를 밝히고 대안을 만들어야 한다고 생각했다.

3. 부동산을 둘러싼 신화와 이데올로기

한국 사회에서 부동산 문제가 극도로 악화되면서, 어떤 경우에도 부동산 가격은 오른다는 '불패 신화'가 만들어졌다. 그리고 그 신화를 떠받쳐주는 각종 이데올로기가 우리 사회를 지배하게 되었다.

신화와 이데올로기는 부동산 문제의 실체를 제대로 볼 수 없게 했다. 그뿐만 아니라 부동산 문제에 대해 불분명하거나 때로 이중적인 태도를 낳았다. 공직자의 부동산 투기 행위에 대해서는 중대 범죄행위로 비난하지만, 누구든 여유 자금이 생기면 맨 먼저 부동산을 떠올리는 게 현실이다. 도덕과 규범의 차원에서는 부동산 거품이 꺼져야 한다고 말하면서도, '거품 붕괴가 경제 위기로 이어지지는 않을까' 하는 막연한 불안감을 갖는 게 보통 사람들의 마음이다. 결과적으로 부동산 신화와 이를 떠받치는 각종 투기 이데올로기는 문제 해결을 위한 대안의 모색을 방해하고 뭘 해도 해결되지 않는다는 패배주의로 이어졌다.

'부동산 투기 근절'은 어떤 의제보다도 광범위한 국민적 합의였고 모든 선거에서 가장 많이 등장한 공약이었다. 하지만 누가 집권해도 정부의 정책 방향은 '공급 확대를 통한 경기 부양과 이를 정당화하는 논리로 나타났다. 정부가 동원한 통계 자료 역시 이를 합리화하는 기능을 했다.

민주 정부가 들어선 다음에도 상황은 달라지지 않았다. 그들 역시 부동산 신화와 이데올로기를 불러들임으로써 부동산 문제에 대한 회의적 태도와 패배주의를 우리 사회 깊숙이 뿌리내리게 했다.

투기 불로소득을 좇는 욕망이 넘칠수록 성실한 노동과 이를 통해 얻는 정당한 소득이 천대받게 된다. 바람직한 사회 공동체를 만드는 데 필요한 비용을 기꺼이 감당하기를 꺼리는 풍조도 만연하게 된다. 최근 한국 사회가 중산층 위주의 소비문화와 소비 욕망이 지배하는 분위기로 급격히 쏠려 가게 된 것은 그 결과라 할 수 있다.

그렇다면 부동산을 둘러싼 신화와 이데올로기는 무엇이며, 왜 문제인가? 부동산 투기의 먹이사슬을 이루는 자들은 누구인가? 이 먹이사슬에서 혜택받은 자는 누구이며 피해자는 누구인가? 무엇이 문제 해결을 어렵게 하고 있는가? 부동산 문제를 해결할 수 있는 실효성 있는 대안은 있는가, 없는가?

4. 통계의 신화에 통계로 도전한다

부동산 책은 그야말로 엄청나게 많다. 국회도서관 홈페이지에서 검색어 '부동산'을 치면 단행본만 5,000권이 넘게 뜬다. 대형 서점에는 대부분 부동산 관련 책 코너가 따로 있을 정도로 도서 시장에도 부동산 열풍은 예외가 아니다. 신문과 방송 보도에서도 부동산 관련 보도가 빠지는 날이 없다. 술집이건 어디건 사람들이 모이면 부동산이 화제가 된다. 병을 오래

앓게 되면 의사 이상으로 아는 게 많아지듯, 워낙 오랫동안 부동산 투기에 시달려 온 탓에 '부동산 만물박사'도 많다.

이 책이 다른 부동산 책과 구분되는 가장 큰 특징은 모든 이야기를 통계로 뒷받침하고 있다는 점이다. 이 책에는 300개가 넘는 부동산 관련 통계가 등장한다. 부동산과 관련된 이야기는 넘쳐 나지만 정작 부동산 문제가 왜 이렇게 되었나 하는 문제의 실체는 각종 신화와 이데올로기에 가려진 현실에 대해, 필자는 통계를 무기로 도전해 보려 했다.

누구나 당연하다고 생각하는 상식이라 할지라도 통계적 사실로 그 근거를 입증함으로써 문제의 실체에 정확히 다가가고 싶었다. 부동산 가격이 올랐으면 얼마나 올랐는지, 그래서 얼마나 비싸졌으며 그것이 어떤 의미를 갖는지 숫자로 따져 보았다. 부자들이 소유한 집은 몇 채이며, 땅은 얼마나 되는지를 추적했고, 그동안 발생한 불로소득은 누구에게 얼마나 돌아갔는지 역시 통계로 입증하려 했다.

통계는 어떻게 활용하느냐에 따라 독이 될 수도 있고 약이 될 수도 있다. 사실 부동산 신화가 힘을 발휘하는 이유는 정부와 기업이 생산하는 수많은 통계의 왜곡 때문이라 해도 과언이 아니다. 따라서 통계를 통해 통계의 신화를 따져 묻는 방법이야말로, 부동산과 관련된 기존의 논의 속에서 진실을 가려내고 잘못된 허상을 벗겨 내는 가장 효과적인 접근이라 할 수 있다.

그동안 정부나 기업이 만들어 온 통계는 대부분 부동산 이데올로기를 합리화하려는 것이어서, 제대로 된 통계를 확보하거나 만들어 내는 데는 많은 어려움이 따랐다. 건설회사가 집을 많이 지어야 주택문제가 해결된다는 논리를 뒷받침하는 데 쓸 만한 통계는 많지만, 그동안 지은 집이 누구에게 돌아갔는지를 분석한 통계는 없다. 주택 공급을 확대함으로써 주택 사정이 좋아졌다는 통계는 많아도 지하실, 판잣집, 움막, 동굴과 같이

처참한 곳에서 몇 명이 살고 있는지에 대한 통계는 2006년에야 '역사상 처음으로' 제출받을 수 있었다.

부동산 소유와 관련한 통계는 투기가 하늘을 찌를 때 찔끔 나오다 만다. 그 가운데서도 집 부자, 땅 부자, 빌딩 부자가 대체 누구인가 하는 통계는 '천기누설'이나 되는 듯 국가 기밀로 취급하기 때문에 자료를 확보하기 위해 오랜 시간 '투쟁'해야 했다.

이런 조건에서 필자가 지난 4년간 일했던 국회의원실은 두 가지 점에서 부동산 문제를 분석하고 '자료와 통계로 입증'하는 데 큰 도움이 됐다. 하나는 장서 규모를 자랑하는 국회도서관을 맘대로 이용할 수 있다는 것, 또 다른 하나는 정부 각 부처에 자료를 요구할 권한이 있다는 것이었다. 이 책에 등장하는 각종 통계는 이미 발표된 것은 물론 지난 4년 동안 부동산과 조금이라도 연관이 있는 각 부처에 요구해 제출받은 자료가 상당 부분을 차지하고 있고, 민간 연구소나 학계의 연구 결과도 반영돼 있다.

이 책에서 자주 인용되는 통계에 대해 간단히 살펴보면 다음과 같다. 먼저 국토해양부(구 건설교통부), 행정안전부(구 행정자치부), 통계청, 국토연구원, 한국은행, 국세청, 서울시, 서울시정개발연구원 등 중앙정부와 지방정부 및 산하 또는 유관 기관의 공식 통계를 우선으로 활용했다. 주택 가격 변동률도 정부 공인 통계인 국민은행 자료를 지표로 삼았고, 아파트 시가총액의 경우처럼 공식 통계가 없는 경우에도 국민은행 통계를 우선 활용했다. 정부의 각종 부동산 통계가 실제 현실을 있는 그대로 반영하지 못하고 있지만, 그렇다고 객관성을 충분히 갖추지 못한 민간 통계를 그때그때 편리한 대로 활용할 경우에는 오히려 부작용이 더 클 수 있다고 판단했기 때문이다. 그러나 공식 통계가 현실과 지나치게 동떨어졌을 때는 민간 통계를 함께 다뤄 보완했다. 예를 들어 가계 자산 중 부동산의 비중에 관한 통계는 2006년 통계청의 가계 자산 조사가 유일한 공식 통계지만, 그 내용이 매우 부실해 현실을 제대로 반영하지 못하고 있기 때문에 대한상공회의소, 삼성금융연구소 등 민간 통계를 아울러 활용했다.

이 책에서 가장 많이 등장하는 통계는 통계청의 〈인구주택총조사 결과〉로 국가통계포털(www.kosis.kr)에서 확인할 수 있다. 이 통계는 인구·가구·주택에 대한 종합적인 조사이며 5년마다 전수조사를 거치기 때문에 특히 주택과 주거 분야에 대한 실상을 가장 잘 알 수 있는 통계다. 다만, 5년에 한 번씩 조사하기 때문에 2005년 통계가 가장 최근 통계라는 한계는 있다.

땅값과 집값은 국토해양부가 매년 발표하는 공시지가와 공시가격 통계를 주로 이용했다. 다만 국토해양부 스스로 공동주택 공시가격이 "조사·산정된 적정 시가의 80% 수준으로 공시"한 것이라고 밝히고 있듯이 두 통계는 실제 매매가격, 즉 시가와는 거리가 있다. 따라서 필요한 경우 이를 시세와 가깝게 환산해 적용했다.

땅과 집을 누가 얼마나 갖고 있느냐와 관련된 통계는 행정안전부가 2005년부터 매년 발표하는 〈토지소유현황〉과 〈주택소유현황〉 자료를 사용했다. 아울러 국세청의 종합부동산세 과세 관련 각종 자료를 활용했다.

과거 국토개발연구원 당시부터 정부의 부동산 정책과 관련한 기초 자료를 생산해 온 국토해양부 산하 국토연구원의 방대한 통계와 자료 역시 이용했다. 주거 수요와 주거 실태 조사, 최저주거기준 미달 가구 분석, 부동산 시장 관련 동향 분석 등 국토연구원 관련 통계는 대부분 홈페이지(www.krihs.re.kr)에서 볼 수 있다.

이 밖에 서울시가 매년 조사하는 〈서울서베이〉는 서민들의 생활상을 반영하는 통계로 활용했고, 부동산 관련 금융 통계는 주로 한국은행 자료를 이용했다. 정부가 주기적으로 발표하는 통계에서 빠진 내용은 국정감사 자료 등 정부 각 부처가 입법부에 제출한 자료를 활용했다.

5. 책의 내용과 구성

이 책은 모두 여섯 장으로 구성돼 있다. 앞에서부터 차례대로 읽어 가도 되고, 대부분 독립된 주제로 구성돼 있기 때문에 관심 있는 장을 중심으로 읽어도 괜찮을 것 같다.

1장에서는 부동산이 왜 문제이고 무엇이 문제인지를 따져 본다. 우선 해방 이후 땅값과 집값이 얼마나 올랐는지를 살핀다. 또 대한민국 부동산 가격의 총액을 통계를 동원해 땅과 집, 빌딩으로 나눠 계산한다. 우리나라 최고 집 부자가 혼자 1,000채 이상을 소유하고 있는 등 극도로 편중된 부동산 소유 실태 역시 자세히 추적해 볼 것이다. 그동안 부동산 가격이 올라서 생긴 불로소득을 계산해 보고 누구에게 혜택이 돌아갔는지도 알아볼 것이다. 나아가 부동산 가격은 왜 오르기만 하는지 그 원인을 분석하고 '투기의 먹이사슬'이 어떻게 이루어져 있는지를 더듬어 볼 것이다.

2장은 부동산 투기가 한국 경제를 어떻게 위기에 빠뜨리고 있는지를 분석한다. 투기는 셋방 사는 인구를 얼마나 불려 놓았으며 내집마련에 걸리는 시간을 얼마나 더 늘려 놓았는지 수치로 입증할 것이다. 내수 경제가 침체하는 과정과 중소기업이 중국이나 동남아로 이전하는 배경에 부동산 투기가 어떻게 작용하는지도 통계로 따진다. 또 부동산 투기를 거듭할수록 건설업이 비대해지고 기업들이 부동산에 눈을 돌리며 결과적으로 금융이 왜곡되는 '토건국가' 현상을 짚는다. 부동산 투기와 노동쟁의의 방정식도 수치로 조목조목 따져 본다.

3장에서는 부동산 투기가 어떻게 사람의 인생을 갈라놓고 있는지 따져 본다. 서울 시내 동네별 아파트값 격차가 어떻게 생활의 격차로 이어지는지를 아파트값 통계와 〈서울서베이〉 자료를 연결해 들여다볼 것이다. 소득 계층별 주거 생활 격차 편에서는 '가난한 사람은 낡은 단독주택에 살고 부유한 사람일수록 새 아파트에 산다'는 상식을 실제 수치로 입증한다. 부동산과 은행 문턱 격차 편에서는 은행이 서민에게 문턱을 높이면서 투기 자금을 대주고 있는 현실을 따져 본다. 아파트값과 서울대 합격률의 관계로 시작되는 부동산과 자식 교육 격차 편에서는 부동산 재산 격차 → 소득과 수입의 격차 → 사교육비 격차 → 자식의 학력 격차로 이어져 우골탑이 '아파(트)탑'이 된 현실을 분석할 것이다. 부동산과 건강 격차 편에서는 땅값이 많이 오른 동네 사람은 오래 살고 적게 오른 동네 사람은 일찍 죽는 '귀신도 곡할' 현실을 살펴본다.

4장에서는 부동산 격차와 부동산 빈곤층의 실상을 살펴본다. 집이 100만 채 이상 남아도는데 국민 10명 중 4명이 셋방을 떠도는 이유도 따져 본다. 부동산 재산 격차가 빈부 격차의 핵심이 되고 있는 실상을 가계 자산의 구성 내역과 직장인의 실생활을 통해 들여다볼 것이다. 또 최저주거기준 미달 가구에 사는 부동산 빈곤층의 규모와 생활 실태, 지하실·판잣집·비닐하우스·움막·동굴에 사는 '부동산 극빈층'의 규모와 실태를 정부 공식 통계를 통해 종합적으로 점검함으로써 투기의 피해가 누구에게 전가되고 있는지도 함께 생각해 볼 것이다.

5장에서는 대한민국 부동산 100대 부자의 모습을 살펴본다. 집 부자 100명이 소유한 주택 수와 주택 가격, 주택의 크기를 국세청과 행정안전부, 통계청 자료를 바탕으로 추적한다. 또 아파트, 단독주택, 연립주택 등 주택 유형별로 집 부자 100명이 어디에 살며 집값은 얼마인지를 알아본다. 재벌을 비롯한 100대 법인이 소유한 주택 재산과 주택 수도 추적한다. 500억 원은 돼야 낄 수 있다는 땅 부자 100명의 땅 재산은 모두 얼마이며, 10명이 서울시 5개 구 면적을 차지하고 100명이 서울시 면적의 3분의 2를 독점하고 있는 실상을 짚어 본다. 100대 법인의 땅 재산과 최신 부동산 부자로 떠오르고 있는 '얼굴 없는 100대 빌딩 부자'도 더듬어 본다. 끝으로 2008년에 발표된 전국 5,600여 고위 공직자 부동산 재산을 상위 100명을 기준으로 살펴본다.

6장에서는 대안을 찾아본다. 주택 재산을 기준으로 주택 계급을 구분해 맞춤형 주택 정책의 방향을 제시할 것이다. 제2의 토지개혁 필요성을 제기하면서 그 첫 단추로 택지 국유화의 경제적 가능성과 실효성을 통계로 따져 볼 것이다. 공영개발 편에서는 국민의 땅인 공공 택지를 건설 재벌에 넘기지 않고 100% 공공임대주택을 짓는 방안을 제시한다. 또 선분양제, 분양 원가 비공개, 임대 소득 비과세 등 건설 재벌에게 주어진 부동산 특권의 폐지와 함께 내집마련 지원 대책을 제시한다. 또 무주택자의 5대 스트레스(① 방 빼! ② 방값 올려! ③ 전세를 월세로 ④ 방 안 빠져 이사 못 가 ⑤ 전세금 떼일라)를 풀 수 있는 정책 대안을 제시할 것이다. 끝으로 지하실·판잣집·비닐하우스·움막·동굴 등에 사는 160만 명에 달하는 부동산 극빈층의 주거 대책을 재원 마련 방안과 함께 제시한다.

6. 이 책이 나오기까지

이 책은 '부동산'이라는 키워드로 한국 사회를 분석한 것이자, 대한민국 부동산 문제에 대한 하나의 종합 보고서라고 할 수 있다. 필자는 지난 4년간 1년에 한 편씩 '통계로 보는' 부동산 보고서를 썼다. 그중에는 필자 이름이나 심상정 의원의 의정 활동 내용으로 이미 세상에 공개된 것도 있다. 이 책은 그 보고서를 중심으로 엮었고, 이번에 책으로 펴내면서 새로 추가한 내용도 있다. 그동안 작성한 보고서가 '통계 반 글 반'이었다면, 독자들이 읽기 쉽게 '글 아홉에 통계 하나' 식으로 고쳐 썼다.

이 책을 만드는 과정에서 가장 어려웠던 점은 '모든 것을 통계로 입증한다'는 필자 스스로 만든 원칙을 지키는 일이었다. 너무나 당연한 문제라도 통계를 찾아내야만 다음으로 넘어갈 수 있으니, 내용은 알찼지만 속도는 더뎠다. 1주일 걸려 A4 한 쪽 쓰는 일이 다반사였고, 일주일 내내 국회도서관을 이 잡듯이 뒤져 겨우 통계 하나를 찾아내고 나서 혼자 만세를 부른 적도 있다.

어느 때부터는 '통계로 입증한다'는 몸에 밴 습관이 너무나 '징글징글'해서 더는 통계를 만들고 싶지 않았다. 그런데 애 낳은 산모가 '애를 절대로 더 낳지 않겠다'고 한 뒤 또 애 낳자는 것처럼, 어느새 필자는 또 통계를 뒤지고 있었다. 책상과 뒤편 책꽂이에 쌓인 A4 프린트물이 필자 키의 3배는 되는 듯했다. 이제는 예전 자료를 보려 해도 어디 들었는지 찾는 게 보통 일이 아니다. 그때마다 필자를 다잡아 준 것은 지하방이나 비닐집에서 억울한 죽음을 당한 아이들에 대한 부채감과 반성이었다.

필자는 대한민국 40대 중후반 대부분이 그렇듯 농촌이 고향이다. 얼마 전 아홉 살 때 서울로 이사 와 살았던 동네에 간 적이 있다. 당시 6만 원에 방 두 칸을 얻었는데, 지금은 6,000만 원을 주고도 얻기가 어렵다 한다. 그동안 전셋돈이 1,000배가 뛴 셈이다. 당시 필자가 살던 무허가 주택이며, 친구가 살던 앞집 비닐하우스며, 큰불이 나 다 타버린 뚝방 판자촌이며, 청계천 건너편 국수 무료 급식소는 자취를 감췄고 초등학교만 그 자리를 지키고 있었다.

이처럼 재개발로 옛날의 모습이 다 사라진 것 같지만, 필자가 조사해 만든 부동산 통계 자료에는 비닐집, 판자촌, 지하방, 쪽방 심지어 동굴과 움막까지 지금도 여전히 남아 있었다. 필자도 창문 없는 지하방에서 대낮에도 전깃불을 켜고 대학 입시를 준비했었지만, 벌써 30여 년 전 일이다. 지금은 세계 11위를 전후한 선진국에 들어섰는데, 지하방이며 동굴이며 움막에서 삶을 영위해야 하는 서민은 여전히 그대로인 것이다.

30여 년 전 산동네 꼭대기에서 서울 시내를 내려다보면 보이는 건 조명을 밝힌 새빨간 십자가밖에 없었다. 그런데 요즘 서울 시내 밤하늘은 아파트 옥상마다 밝혀 놓은 원색의 조명이 압도하고 있다. 서울 밤하늘을 지배하는 고층 아파트 옥상의 조명을 보면서 필자는, 21세기 대한민국 사회가 아파트라는 새로운 신을 모시기 시작한 건 아닐까 생각한 적이 있다.

사람들은 돈이 모이면 그 돈을 부동산에 바친다. 벌이가 시원찮으면 빌려서라도 바친다. 부동산을 잘 모시는 사람일수록 높은 계급이 되고, '아파트신'과 '빌딩신'과 '토지신'을 믿지 않는 사람은 하층 계급으로 살 수밖에 없기 때문이다. 부동산은 단지 인간이 사는 데 필요한 요건 중 하나일 뿐인데, 부동산을 신처럼 모시는 일을 언제까지 계속해야 하는가.

이 책이 나오기까지 많은 분의 도움을 받았다. 의원과 보좌관의 고용 관계를 넘어 함께 활동하는 동지로서 격려해 준 심상정 의원을 비롯한 의원실 식구들의 도움이 컸다. 처음 부동산 공부를 지도해 준 경실련 김헌동 단장, 자료를 제출하느라 고생한 관계 공무원들께도 감사 인사를 전한다. 완성도가 떨어지는 보고서가 나올 때마다 발표의 기회를 준 인터넷 언론 〈프레시안〉과 〈레디앙〉의 배려도 분에 넘쳤다. 〈프레시안〉 박태건 초대 편집국장과 〈레디앙〉 이광호 선배께도 이 자리를 빌려 감사의 말씀을 드린다.

이 책을 용기 내어 펴내게 된 데는 후마니타스의 제안이 큰 힘이 됐고, 독자가 읽기 쉬운 책으로 바꾸는 데도 많은 도움이 됐다. 돈 안 되는 일만 골라서 하는 남편을 묵묵히 이해해 준 아내 송경민, 아빠의 초고를 열다섯 살의 눈높이로 읽고 '더 쉽게 쓰라' 충고해 주고 삽화까지 그려 준 딸 해인에게 말로 표현 못했던 고마움을 글로 대신한다.

우리들의 죽음 _정태춘

맞벌이 영세 서민 부부가 방문을 잠그고 일을 나간 사이 지하 셋방에서 불이 나
방 안에서 놀던 어린 자녀들이 밖으로 빠져나오지 못하고
질식해 숨졌다. 불이 났을 때 아버지 권 씨는 경기도 부천의 직장으로
어머니 이 씨는 합정동으로 파출부 일을 나가 있었으며
아이들이 방 밖으로 나가지 못하도록 방문을 밖에서 자물쇠로 잠그고
바깥 현관문도 잠가 둔 상태였다.
연락을 받은 이 씨가 달려와 문을 열었을 때 다섯 살 혜영 양은 방바닥에
엎드린 채 세 살 영철 군은 옷 더미 속에 코를 묻은 채 숨겨 있었다.
두 어린이가 숨진 방은 세 평 크기로 바닥에 흩어진 옷가지와
비키니 옷장 등 가구류가 타다만 성냥과 함께 불에 그을려 있었다.
이들 부부는 충남 계룡면 금대2리에서 논 900평에 농사를 짓다가
가난에 못 이겨 지난 88년 서울로 올라왔으며 지난해 10월 현재의
지하 방을 전세 400만 원에 얻어 살아왔다.
어머니 이 씨는 경찰에서 "평소 파출부로 나가면서 부엌에는 부엌칼과
연탄불이 있어 위험스럽고 밖으로 나가면 길을 잃거나
유괴라도 당할 것 같아 방문을 채울 수 밖에 없었다"면서 눈물을 흘렸다.
평소 이 씨는 아이들이 먹을 점심상과 요강을 준비해 놓고 나가
일해 왔다고 말했다. 이들이 사는 주택에는 모두 여섯 개의
지하방이 있으며, 각각 독립 구조로 돼 있다.

......
방문은 밖으로 자물쇠 잠겨 있고
윗목에는 싸늘한 밥상과 요강이
엄마 아빠가 돌아올 밤까지
우린 심심해도 할 게 없었네
낮엔 테레비도 안 하고 우린 켤 줄도 몰라
밤에 보는 테레비도 남의 나라 세상
엄마 아빠는 한 번도 안 나와
우리 집도 우리 동네도 안 나와
조그만 창문의 햇볕도 스러지고
우린 종일 누워 천정만 바라보다

잠이 들다 깨다 꿈인지도 모르게
또 성냥불 장난을 했었어
……

성냥불은 그만 내 옷에 옮겨 붙고
내 눈썹, 내 머리카락도 태우고
여기저기 옮겨 붙고 훨~ 훨~ 타올라
우리 놀란 가슴 두 눈에도 훨~ 훨~
방문은 꼭꼭 잠겨서 안 열리고
하얀 연기는 방 안에 꽉 차고
우린 서로 부둥켜안고 눈물만 흘렸어
엄마 아빠, 엄마 아빠……

우리 그렇게 죽었어
그때 엄마 아빠가 거기 함께 있었다면
아니, 엄마만이라도 함께만 있었다면
……
우리가 어느 날 도망치듯 빠져나온 시골의 고향 마을에서도
우리 네 식구 단란하게 살아갈 수만 있었다면
아니, 여기가 우리처럼 가난한 사람들에게도
축복을 내리는 그런 나라였다면
아니, 여기가 엄마 아빠도 주인인 그런 세상이었다면
엄마 아빠! 너무 슬퍼하지 마
이건 엄마 아빠의 잘못이 아냐
여기, 불에 그을린 옷자락의 작은 몸뚱이, 몸뚱이를 두고 떠나지만
엄마 아빠! 우린 이제 천사가 되어 하늘나라로 가는 거야
그런데 그 천사들은 이렇게 슬픈 세상에는 다시 내려올 수가 없어
언젠가 우린 다시 하늘나라에서 만나겠지
엄마 아빠!
우리가 이 세상에서 배운 가장 예쁜 말로 마지막 인사를 해야겠어
엄마 아빠, 엄마 아빠……
이제 안녕, 안녕……

• 땅값이 가장 비싼 곳은? — 충무로(한 평에 2억 1,157만 원), 명동(2억 988만 원)

• 3억에 분양받은 타워팰리스 35평형, 5년 후에 얼마에 팔았을까? — 15억 원

• 이 아파트를 두 채 팔아 양도차익만 24억을 번 K씨, 양도소득세는 얼마나?

• 대한민국 땅을 팔면 캐나다 몇 번 살 수 있나? — 여섯 번

• 강남에 아파트를 한 채 사려면 은평구의 같은 평수 아파트 몇 채가 필요할까? — 네 채

• 우리나라 최고 집 부자는 과연 몇 채나 갖고 있을까?

한 푼도 안 냈다

1장
부동산, 무엇이 왜 문제인가

1,083채

1. 얼마나 올랐나, '불패 신화'가 된 부동산

'사촌이 땅을 사면 배가 아프다'는 속담이 있다. 요즘은 '동서네 아파트 값이 오르면 부부 싸움한다'가 되었다. 세대를 이어가며 부동산에 울고 부동산에 웃는 나라, 각종 모임의 화젯거리가 부동산인 나라, 부녀회 안건이 아파트값인 나라, 돈 번 사람 10명 중 9명은 부동산으로 번 나라, 다 따 놓은 장관 자리가 부동산 때문에 날아가 버리는 나라. 부동산, 도대체 무엇이 문제일까.

한국의 부동산은 크게 세 가지 문제점을 안고 있다. 첫째, 부동산 가격이 너무 빨리 너무 많이 오른다. 둘째, 그 결과 서민 생활이나 국가 경제가 감당하기 어려울 정도로 너무나 비싸다. 셋째, 부동산 가격이 올라 생기는 엄청난 이익을 일부 부유층이 독차지함으로써 빈부 격차의 주범이 되고 있다. 하나씩 차근차근 따져 보자.

너무 빨리 너무 많이 오른다

우선 부동산 가격이 도대체 얼마나 빠르게 많이 올랐는지 알아보기 위해 '손낙구 통계'라는 이름의 타임머신을 타고 과거로 투기 여행을 떠나 보자. 1970년대로 가 보자. 우리나라에서 정부가 체계를 갖춰 전국의 땅값을 조사하기 시작한 것은 건설부(현 국토해양부)가 1975년부터 전국 지가 변동률을 내면서부터였다. 이 통계를 보면 1975년부터 2007년까지 33년 동안 전국 평균 땅값이 내린 해는 토지공개념 도입 직후인 1992~

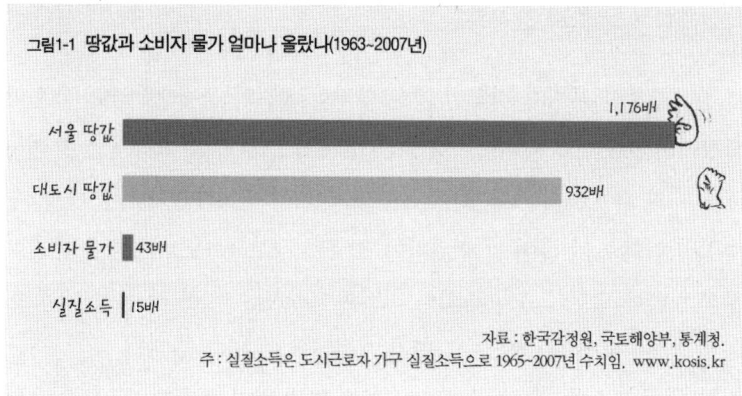

94년과 외환위기가 터진 1998년밖에 없고 나머지 29년은 모두 올랐다.

얼마나 올랐을까. 1963년 땅값을 100으로 놓고 계산해 보니 1963년부터 2007년까지 서울 땅값은 1,176배, 대도시 땅값은 923배가 올랐다. 같은 기간 소비자물가는 43배가 올랐다. 물가에 비해 서울 땅값은 27배, 대도시 땅값은 22배가 더 오른 것이다. 소득에 비해서는 어떨까? 1965년부터 통계를 낼 수 있는 도시근로자 가구 월평균 실질소득은 1965년 24만 809원에서 2007년 350만7,091원으로 15배 증가했다. 따라서 대도시 땅값은 실질소득의 60배 이상, 서울 땅값은 70배 이상 더 오른 셈이다.

흔히 부동산 투기를 나라 망치는 '망국병'이라고 한다. 그런데 자세히 관찰하면 이 병은 10년에 한 번씩 발작을 일으키는 고질병이다. 타임머신 기수를 돌려 현재로 돌아가는 길에 10년마다 발작을 일으키며 폭등하는 땅값·집값을 살펴보자.

10년에 한 번씩 부동산값 폭등

1차 부동산 투기가 시작된 것은 박정희 정권의 경제개발5개년계획이 한창이던 1960년대 말이다. 1965~69년 사이 12개 주요 도시 땅값은 연평균 50%씩 뛰어 5년 만에 7배로 올랐다. 급격한 도시화와 통화량 팽창, 수출 대기업의 투기 참여 등에 뒤이어 1968년 경부고속도로 착공을 계기로 투기는 극에 달했다. 1차 투기의 정점은 1969년으로 한 해 동안 12개 도시 땅값은 연평균 80.7%, 서울 땅값은 연평균 84.1%가 올랐다.

당시 한국주택은행이 대지 43평 건평 13평 주택 가격의 변동률을 조사한 통계를 보면 1965~69년 전국 집값도 연평균 38.2%씩 올랐으며(국토개발연구원 1982), 학계에서 추정한 전국 땅값 변동률도 연평균 35%에 달한다(한동수 1995).

경기 불황과 1차 오일쇼크가 뒤를 이은 1970년대 초반 부동산 가격은 진정됐다. 그러나 진정됐다는 의미는 그전만큼 폭등하지 않는다는 것이지 가격이 떨어져 예전으로 돌아갔다는 뜻은 전혀 아니었다. 1974년까지 5년간 땅값과 집값은 각각 연평균 15.7%와 16.3%씩 꾸준히 올랐다(한동수 1995; 국토개발연구원 1982).

1975년부터 부동산은 두 번째 발작을 일으켰다. 중화학공업 육성을 선언한 박정희 정권의 대규모 개발 정책과 각종 특혜를 받으며 땅 개발과 주택 공급에 나선 민간 건설회사의 급성장, 중동 건설 붐에서 벌어들인 외화 등이 복합적으로 작용한 탓이다. 1975~79년 사이 땅값은 5년 만에 4배가 되었다. 1978년 한 해 동안 전국 땅값은 49%가 올랐고, 6대 도시는 79%, 서울 땅값은 무려 136%가 올랐다(국토해양부 〈지가변동률〉 각 연도). 같은 기간 집값도 연평균 33.4% 뛰었다(국토개발연구원 1982).

그로부터 10년이 지난 1988~89년이 되자 3차 부동산 투기가 시작되

그림1-2 1~4차 부동산 가격 폭등기

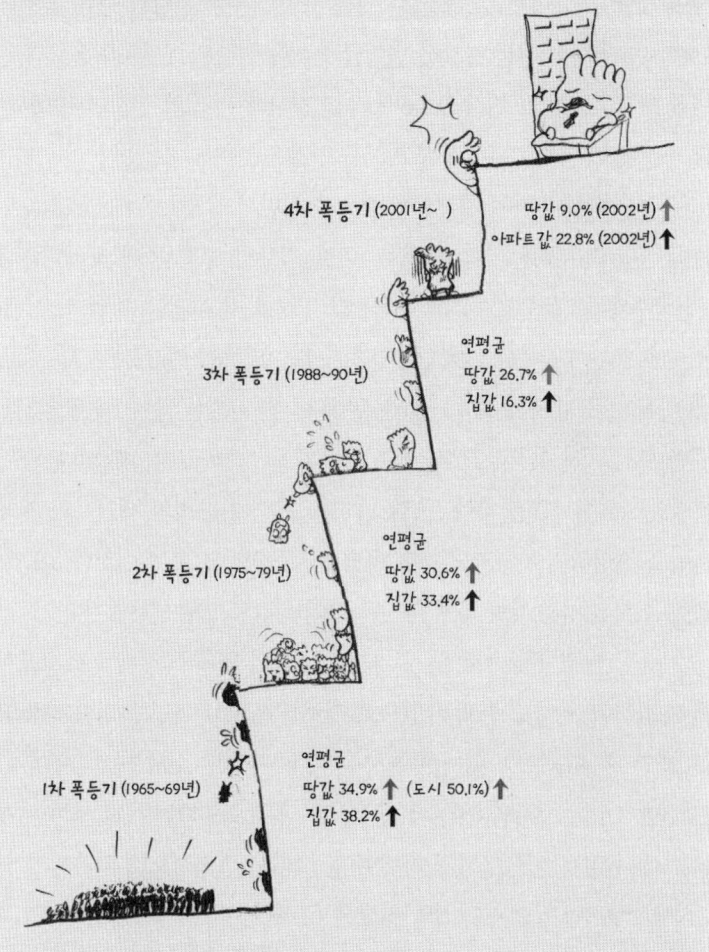

4차 폭등기 (2001년~) 땅값 9.0% (2002년) ↑ 아파트값 22.8% (2002년) ↑

3차 폭등기 (1988~90년) 연평균 땅값 26.7% ↑ 집값 16.3% ↑

2차 폭등기 (1975~79년) 연평균 땅값 30.6% ↑ 집값 33.4% ↑

1차 폭등기 (1965~69년) 연평균 땅값 34.9% ↑ (도시 50.1%) ↑ 집값 38.2% ↑

자료: 국토해양부, 국민은행, 한국감정원, 국토개발연구원(1982), 한동수(1995).
주: 1) 땅값: 2~4차 땅값은 정부 공식 통계인 국토해양부 〈지가변동률〉 통계임. 제1차 도시 땅값은 한국감정원(1974)의 12개 주요 도시 땅값 변동률 통계임. 제1차 (전국) 땅값은 표학길의 추정치로 한동수의 1995년 박사학위 논문에서 재인용함.
2) 집값: 3~4차 집값은 정부 공식 통계인 국민은행 〈전국주택가격동향〉 통계임. 1~2차 집값은 한국주택은행의 당시 대지 43평 건평 13평 기준 주택 가격 변동률로 국토개발연구원(1982)에서 재인용함.

었다. 1986년 아시안게임과 1988년 올림픽을 위한 대규모 개발 사업, 서해안 개발, 3저 호황으로 발생한 여유 자금의 투기 자금화 등이 겹치면서 1988~90년 사이 전국 땅값은 연평균 26.7% 집값은 16.3%가 올랐다. 3년 만에 땅값은 2배로, 집값은 1.6배로 뛴 것이다. 투기의 정점인 1989년 전국 땅값은 평균 32.0%가 올랐고 서울 땅값은 33.5%가 올랐다.

특히 3차 투기 때는 전세금이 요동을 치면서 집 없는 서민의 고통이 컸는데, 1986년부터는 집값 변동에 대한 정부의 공식 통계인 국민은행의 〈전국주택가격동향조사〉가 시작돼 그 실상을 자세히 알 수 있다. 이에 따르면 1986년 1월에서 1990년 6월까지 4년 반 동안 집값은 53.1%가 오른 데 비해, 전세값은 무려 97.6%가 올랐다. 대구, 울산, 원주, 수원, 창원 등 지방 도시는 전세금이 2배로 껑충 뛰어 서울(93.7%)보다 심각했다. 급기야 1990년 봄 이사철을 맞아 두 달 남짓한 기간에 17명의 세입자가 전세금 폭등을 감당하지 못하고 스스로 목숨을 끊는 비극으로 이어졌다. 이 책 서문에 소개된 지하 셋방 화재 사건이 일어난 것도 1990년 3월이다.

부동산 가격 폭등으로 체제 위기를 느끼던 노태우 정권이 토지공개념을 도입하고 경기도 침체 국면으로 접어들면서 1990년대 전반기에 땅값은 해방 후 처음으로 떨어졌다. 전국 평균 땅값은 1992년 1.3%에 이어 1993년 7.4%, 1994년 0.6%가 떨어졌고, 집값도 1991~95년 사이 적게는 0.1%에서 많게는 5.0%까지 하락했다. 그리고 결정적으로 외환위기가 터지면서 1998년 땅값은 13.6%, 집값은 12.4%가 각각 떨어졌다.

외환위기의 충격으로 10년에 한 번씩 찾아오던 발작병도 사라지는가 싶었으나 몇 년 안 돼 투기는 다시 시작됐다. 김대중 정부는 외환위기 극복 수단으로 부동산 경기 활성화를 선택해 투기를 막는 각종 규제를 대부분 풀었으며, 2000년 이후 사상 초유의 저금리와 유동자금이 조성되어 부동산 시장을 넘보게 되었다. 여기에 수도권 신도시, 기업도시, 행정도시 등 각종 개발 정책이 김대중 정부에서 노무현 정부로 이어지면서 4차 부동산 투기가 시작된 것이다. 4차 부동산 투기는 현재 진행형인 데다 살펴볼 곳도 많으므로 타임머신을 잠시 세워 놓고 자세히 들여다보자.

'현재 진행형' 4차 부동산 투기의 특징

우선 4차 투기는 1~3차 때와는 다른 특징을 보이며 진행되고 있다. 첫째, 아파트값이 부동산 가격 폭등을 주도했다. 〈부동산114〉에 따르면 2003년부터 5년 동안 서울 지역 아파트값은 평균 77.7% 상승해, 30.3%가 오른 토지는 물론 66%와 49.9%가 오른 대형 오피스텔과 상가 건물보다 훨씬 가격이 폭등했다. 이 같은 민간의 분석은 정부 공식 통계인 국민은행 주택 가격 동향에서도 그대로 확인된다. 1999년과 2000년 전국 평균 집값은 각각 3.4%와 0.4%가 올라 외환위기 때 떨어진 가격을 만회하는 수준이었다. 그러나 2001년부터 본격적으로 뛰기 시작해 2007년 말까지 58.6%가 올랐다. 주택 중에서도 단독주택은 18.2%, 연립주택은 43.9%가 올랐지만 아파트값은 그보다 2배에서 4배(88.4%)까지 치솟았다. 또 노무현 정권 5년 동안(2003~07) 전국 평균 땅값과 집값은 비슷하게(23.7%와 24%) 올랐는데, 아파트값 상승률은 34.0%로 10% 이상 높다.

둘째, 서울 강남권이 가격 폭등을 주도하고 강북과 수도권으로 확산되었다. 노무현 정부가 10·29대책을 내놓기까지 2000년 이후 3년 10개월 동안 강남·서초·송파구 등 강남권이 포함된 한강 이남 지역 아파트값은 102.9%가 올라 순식간에 2배가 됐다. 같은 기간

표 1-1 4차 부동산 투기 시기 집값·땅값·물가 변동률

단위: %

구 분			1999	2000	2001	2002	2003	2004	2005	2006	2007
집값	매매가	전체 주택 전국	3.4	0.4	9.9	16.4	5.7	-2.1	4.1	11.6	3.1
		전체 주택 서울	5.6	3.1	12.9	22.5	6.9	-1.4	6.3	18.9	5.4
		전체 주택 강남	9.1	4.4	17.5	27.4	10.5	-2.0	15.1	24.5	0.1
		아파트 전국	8.5	1.4	14.5	22.8	9.6	-0.6	5.9	13.7	2.1
		아파트 서울	12.5	4.2	19.3	30.8	10.2	-1.0	9.1	24.2	3.5
		아파트 강남	15.3	5.0	22.0	35.2	14.3	-1.3	18.8	27.7	-1.4
	전세가	전체 주택 전국	16.8	11.1	16.4	10.1	-1.4	-5.0	3.0	6.4	2.6
		전체 주택 서울	22.2	13.8	18.7	10.8	-3.9	-7.2	2.2	9.9	3.7
		아파트 전국	26.7	12.2	20.2	12.2	-0.4	-2.7	5.9	7.7	1.8
		아파트 서울	32.5	12.1	23.4	11.4	-3.2	-4.4	6.2	11.5	2.1
땅값		전국	2.9	0.7	1.3	9.0	3.4	3.9	5.0	5.6	3.9
		서울	2.7	0.1	1.9	15.8	5.2	4.1	6.6	9.2	5.9
소비자물가		전국	0.8	2.3	4.1	2.7	3.6	3.6	2.8	2.2	2.5

자료: 국민은행, 국토해양부, 통계청, 한국은행.
주: 강남은 2003년까지는 서울 지역 중 한강 이남 전체를, 2004년부터는 서울시 강남구를 가리킴.

서울 지역 아파트값은 81.9%가 올라 직전 10년(1990~99년) 동안 오른 30.3%의 3배가 뛰었다. 한강 이북(49.5%), 인천(73.6%), 수도권(76.8%)의 전체 아파트값도 못지않게 올랐다.

삼성경제연구소의 분석에 따르면 이 시기 서울시 강남구 아파트의 투자수익률(93.8%)은 같은 기간 회사채 3년 유통수익률(23.1%), 정기예금 금리(17.9%), 종합주가지수(-25.2%)에 비해 가장 확실한 투자처였다(삼성경제연구소 2003b). 노무현 정부가 각종 투기 규제 대책을 쏟아 낸 가운데 2004년 0.6~3.3%가 떨어졌던 강남권 아파트값은 2005~06년에 50% 안팎으로 치솟았고, 폭등세는 강북의 용산구와 성동구로 옮겨 붙었다. 두 곳은 2004년부터 본격적으로 오르기 시작해 3년 동안 각각 54%와 45%가 뛰었다.

2004년에 3.7%가 떨어졌던 경기도는 2년 동안 38.2%가 치솟았다. 과천시 아파트값은 2년 만에 2배로 올랐고(96.4%), 안양시 동안구, 의왕시,

군포시, 일산 동·서구, 용인시, 성남시 분당구, 파주시, 성남시 수정구, 광주시 등도 50~70%까지 기록적인 폭등세를 달렸다.

노무현 정권 5년 동안 아파트값이 가장 많이 오른 시군구는 과천시, 송파구, 강남구, 서초구, 성남시, 용산구, 강동구, 용인시, 양천구, 영등포구, 성동구, 파주시 순으로 모두 서울과 경기도 지역이다. 이들 12개 지역은 최저 61%(파주)에서 최고 94.5%(과천)까지 치솟았다. 이에 힘입어 수도권은 아파트 49.1%, 전체 주택 39.3%가 오른 반면, 인천을 포함한 6대 광역시는 아파트 19.0%, 전체 주택 11.4% 상승에 머물러 상승률 격차가 크게 벌어졌다.

셋째, 혁신도시, 기업도시, 신도시 등 개발 정책의 영향으로 충남과 수도권 지방 주요 도시의 땅값이 크게 올랐다. 1998년 외환위기 당시 13.6% 떨어졌던 땅값은 다음 해부터 0.7~2.9%까지 3년 연속 소폭 오르다가 2002년 9.0%가 급상승했다. 2002년 한 해 지방권 13개 시도 168개 시군구 중 부산시 기장군(12.8%)과 제주시 북제주군(10.9%)만 두 자릿수 상승을 이뤘다. 반면 서울(15.8%), 경기(13.1%), 인천(11.5%) 지역은 66개 시군구 중 53곳이 두 자릿수 상승률을 기록하며 폭등했다.

2003년 노무현 정부가 들어서면서 혁신도시, 행정수도 이전, 신도시 등 각종 개발 정책을 쏟아 내자 개발 예정지 땅값이 크게 올랐다. 특히 행정복합도시가 들어선 연기군은 무려 95.7%나 올라 노무현 정권 5년간 전국 234개 시군구 중에서 땅값이 가장 많이 오른 곳으로 뽑혔다. 이 밖에 공주시, 아산시, 천안시, 홍성군 등 충남의 6개 지역이 10위 안에 들었다.

5년 동안 34.9%가 뛴 서울도 도심 재개발 지역인 용산구와 성동구가 전국 2위와 6위에 들었다. 평균 29.1%가 오른 경기도에서는 주한미군기지가 옮겨 갈 평택시와 신도시 개발로 가격이 치솟은 성남시가 전국 3위와 9위에 들었다. 역시 신도시 개발 지역인 화성시와 파주시, 김포시도

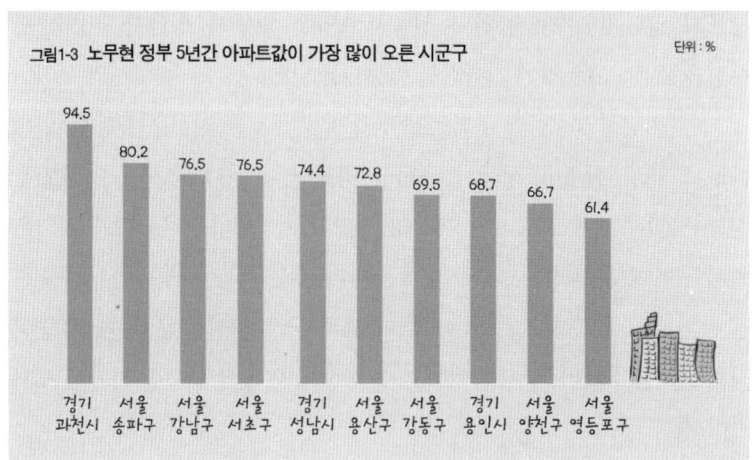

30% 이상 올랐고, 시도 중에는 인천과 대전이 20% 이상 올랐다.

또 지방이라 하더라도 충북 청원군이 37.3% 상승한 것을 비롯해 충북 진천군, 전북 무주군과 전남 나주시, 강원도 원주시, 경북 김천시 등 혁신도시 기업·도시 같은 정부 개발 정책 대상지는 20% 이상 큰 폭으로 뛰었다.

지금까지 함께한 '투기 여행'의 소감은 어떠신가? 숫자의 홍수 때문에 혼란스러웠을지 모르겠으나, 내용의 핵심은 간단하다. 지난 50여 년간 부동산 가격은 10주년을 주기로 수직으로 뛰어 오르기를 네 번 반복해 왔다. 그림으로 그린다면 계단 모양의 상승을 보인 것이다.

이쯤 되면 그동안 들어왔던 '부동산 불패 신화'란 말이 실감 날 것이다. '민주화 이전과 이후'를 막론하고 역대 정권은 날만 새면 투기를 잡겠다고 했지만 결과적으로 모두 부동산 문제를 개선하는 데 실패했다. 왜 실패했는지 원인을 밝히고 새로운 처방을 찾는 일은 지금 단계에서는 성급하다. 그 전에 다른 나라와 비교해 한국의 부동산이 얼마나 비싼지 먼저 살펴보자.

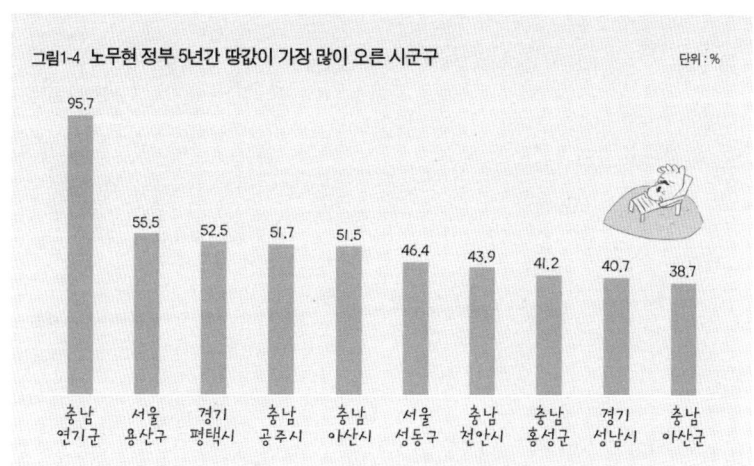

2. 얼마나 비싼가 : 남한 땅 팔면 캐나다 여섯 번 산다

UN 서울 출장비가 비싼 이유

유엔은 직원을 서울로 출장 보낼 때는 다른 나라 도시보다 많은 출장비를 준다고 한다. 유엔 사무총장이 한국 사람이어서가 아니라 서울 물가가 턱없이 비싸서 출장비가 많이 들기 때문이다. 유엔의 서울 출장 수당은 하루 368달러(약 34만 원. 2007년 2월 기준)로 미국 뉴욕(347달러)은 물론 프랑스 파리(306달러), 일본 도쿄(273달러), 중국 상하이(257달러)보다 많다.

서울 물가가 세계 최고 수준인 것은 어제오늘 일이 아니다. 국제적인 컨설팅 업체 '머서 휴먼 리소스 컨설팅'Mercer Human Resource Consulting이 전 세계 143개국의 주재원들을 대상으로 해당 도시의 물가를 조사한 결과로도 2007년 기준으로 서울은 러시아 모스크바와 영국의 런던에 이어 세계 3위를 차지했다. 미국의 여행 잡지 『비즈니스 트레블 뉴스』*Business Travel*

그림1-5 우리나라에서 땅값이 가장 비싼 곳(3.3m²당 가격 기준)

자료: 국토해양부 2008년 공시지가.

*News*가 2007년 2월 발표한 세계 100대 도시(미국 도시 제외)를 대상으로 조사한 서울의 하루 평균 체재비는 396달러로 세계에서 8번째로 비싸다(한국은행 2007a).

조사마다 차이가 조금씩 있지만 경제력에 비해 서울의 체재비가 아주 높다는 것은 틀림없는 사실이다. 왜 그렇게 비쌀까? 여러 이유가 있겠지만 터무니없이 비싼 땅값이 서울 물가를 세계 최고 수준으로 끌어올렸다는 점은 부인할 수 없는 사실이다. 스타벅스 커피점을 예로 들어 보자.

몇 년 전까지 스타벅스 명동점은 서울시 중구 충무로 1가 24-2번지 자리에 세 들어 있었는데 당시 보증금 30억에 한 달 임대료를 1억씩 내고 있었다고 한다. 하루 임대료가 333만 원꼴이니, 하루에 커피 3,000잔을 팔 경우 당시 커피 값 3,300원 중 1,000원씩 임대료가 포함된 셈이었다. 이 자리는 지난 2006년부터 또 다른 브랜드의 커피 전문점 파스쿠찌가 세 들어 있다. 2007년 말 현재 보증금 35억에 월 임대료만 1억3,500만 원을 내는 것으로 알려져 있고, 커피 값도 당시보다 500원 이상 올랐다.

통계를 보면 이곳 충무로 1가 24-2번지 4층 건물이 들어선 자리는 2005년부터 2008년까지 내리 4년째 우리나라에서 땅값이 가장 비싼 곳이다. 건물이 들어선 땅 면적은 169.3㎡(약 51평)이다. 국토해양부가 2008년 5월에 발표한 공시지가에 따르면 이곳 땅값은 3.3㎡(1평)당 2억1,157만 원이다. 전체 땅의 공시지가는 108억3,500만 원에 이르고, 4층 건물을 포함한 가격은 시가로 200억을 호가한다.

파스쿠찌 자리를 비롯해 우리나라에서 땅값이 가장 비싼 곳 10위까지 모두 서울 중구 충무로와 명동 일대에 몰려 있는데 모두 3.3㎡당 2억이 넘는다. 물론 이 가격은 공시지가로 시가와는 거리가 있는데, 실제 매매가격은 3.3㎡당 3억에서 4억에 달한다고 한다. 말 그대로 금싸라기 땅이다. 그렇다면 대체 대한민국 전체 땅값은 얼마나 될까.

대한민국 땅값은 5,000,000,000,000,000원

정부는 〈부동산 가격공시 및 감정평가에 관한 법률〉에 따라 매년 1월 1일을 기준으로 전국의 땅값을 조사해 5월 안에 공시하는데 이를 공시지가라 한다. 땅값을 매년 조사해 발표하는 이유는 토지수용 과정의 토지 보상금이나 양도소득세, 상속세, 종합부동산세, 취득세, 등록세, 지방세 등

세금은 물론 개발부담금, 농지전용부담금 등을 산정하는 기초 자료로 활용하기 위해서다.

현재 국토해양부가 발표하는 공시지가는 1989년부터 사용되었다. 그 이전에는 땅값을 4개 기관에서 조사했으나 토지공개념 도입 후 통합 조사하고 있다. 공시지가는 먼저 국토해양부가 전체 국토 중 대표성이 있는 50만 필지를 골라 감정평가사에게 조사·평가를 의뢰해 토지 소유자와 시군구의 의견을 듣고, 시군구 토지평가위원회와 중앙토지평가위원회 등의 심의를 거쳐 공시한다. 이것을 표준지 공시지가라 하고, 이를 바탕으로 시장, 군수, 구청장이 관할 구역 안의 개별 토지의 단위면적당 가격을 5월 말까지 결정·공시하는데 이것이 개별 공시지가다.

〈부동산 가격공시 및 감정평가에 관한 법률〉 제1조에 따르면 '토지, 주택 등 부동산의 적정가격을 공시해 부동산 가격 산정의 기준이 되게' 한다고 돼 있어 실제 거래 가격이 아니라 '적정가격'임을 밝히고 있다. 또 세금이나 부담금을 걷지 않는 땅에 대한 공시지가는 대부분 조사하지 않기 때문에 국토 100%에 대한 가격이 발표되지는 않는다.

공시지가는 매년 1월 1일 기준 땅값인데 땅값 조사가 한 해 전 10월부터 시작되므로 실제로는 작년 땅값인 셈이며, 투기가 극심해 가격 변동이 심한 지역의 땅값이 제대로 반영되지 않는다는 한계가 있다. 그런 까닭에 공시지가와 실제 땅값의 차이를 두고 논란이 끊이지 않고 있다.

어쨌든 2008년 1월 1일 기준으로 국토해양부가 발표한 공시지가를 보면 우리나라 땅값 총액은 3,227조 원에 달한다. 우선 이 액수는 세금을 매기는 땅을 중심으로 전체 국토의 79.5%에 대한 값이다. 따라서 나머지 국유지나 공유지 등 4분의 1의 국토를 포함하면 땅값은 훨씬 늘어난다. 국토 79.5%의 땅값이 3,277조라고 했을 때 전체 국토 가격을 단순하게 계산하면 4,059조 원이다.

표 1-2 나라별 토지 가치 비교

	일본	미국	프랑스	캐나다	한국
면적(㎢)	377,800	9,363,500	549,000	9,976,000	99,273
인구밀도(인구/㎢)	324.7	25.5	100.8	3.0	435.8
토지 가치(10억 달러)	4,540.0	2,950.0	172.1	256.2	1,463.6
(GDP 대비, %)	317.5	74.7	29.4	70.1	804.9
(국부 대비, %)	54.9	21.0	7.6	19.9	-

자료 : Banks(1989), 경제기획원(1991), 『서울경제신문』(1989/01). 이정우(1991)에서 재인용.

또 공시지가는 팔고 사는 실제 가격이 아니라 '적정한 가격'을 기준으로 한 것이기 때문에 시가보다는 훨씬 낮다. 특히 투기가 극심해 가격이 폭등하는 지역일수록 치솟은 땅값이 제대로 반영되지 않아 시가와 거리가 멀어진다. 심지어 어떤 지역은 정부가 공시한 땅값이 실제 가격의 3분의 1에도 미치지 못한다는 비판이 나오고 있다. 경실련은 지난 2005년 자체 조사를 거쳐 정부가 발표한 공시지가는 실제 땅값의 42%로 절반을 밑돈다고 주장하고 있다.

정부는 이 문제를 해결하기 위해 공시지가의 시가 반영률을 2000년 54%에서 2005년 91%까지 꾸준히 높여 왔다고 발표했다. 그런데 정부의 2006년 공시지가는 2,349조 원으로 전년 대비 17.8% 상승한 것으로, 이 가운데 2005년 땅값 상승률 5%를 빼고 나면 시가 반영률 증가는 12.8%에 달한다. 그러나 2005년 정부가 발표한 시가 반영률이 91%였기 때문에 결과적으로 2006년 공시지가의 시가 반영률은 103.8%가 돼 졸지에 공시지가가 시가보다 높은 희한한 통계가 되고 말았다.

이렇게 되자 정부는 '2005년 공시지가가 시가의 91%였다는 발표는 잘못된 것'이라는 궁색한 해명을 내놓았지만, 공시지가가 시가를 제대로 반영하지 못하고 있다는 사실을 스스로 확인해 준 꼴이 되고 말았다. 그 뒤

정부는 공시지가가 시가의 몇 %인지에 대해서는 아무런 언급을 하지 못하고 있다. 현실을 제대로 반영하는 통계라야 정확한 정책을 이끌어 낼 수 있기 때문에 여러 각도에서 문제점이 발견되고 있는 공시지가 제도는 종합 수술이 필요하다.

어쨌든 이런 사정을 감안할 때 우리나라 땅값 총액은 아무리 적게 잡는다 해도 5,000조 원을 훌쩍 넘어선 것으로 보는 게 현실적이다.

대한민국 땅값이 국민경제 규모에 비해 지나치게 비싸다는 점은 나라별 땅값 수준을 비교한 통계와 연구에서도 확인되고 있다. 국내총생산(명목GDP)은 한 나라의 가계, 기업, 정부 등 모든 경제 주체가 1년 내내 생산한 재화와 서비스의 가치를 합쳐 시장가격으로 표시한 것으로 국민경제 규모를 알 수 있는 대표적인 경제지표다. 선진국을 포함해서 땅값이 안정된 대부분의 나라는 땅값 총액이 GDP와 비슷한 수준이다. 세계적으로 땅값이 비싸기로 유명한 일본도 2001년 현재 땅값이 GDP의 2.6배 규모다.

2007년 말 현재 우리나라는 국내총생산이 901조 원이다. 따라서 2008년 1월 1일 기준으로 정부가 발표한 공시지가 3,227조로만 계산해도 땅값 총액이 GDP의 3.6배에 달한다. 그만큼 국내 경제가 감당하기 어려울 정도로 비싼 것이다.

1980년대 말 주요 외국과 한국의 토지 가치를 비교 연구한 이정우 교수의 논문 "한국의 부 : 자본이득과 소득 불평등"에 따르면, 1980년대 말 한국 땅값은 1만4,636억 달러로 일본(4만5,400억 달러)과 미국(2억9,500억 달러)에 이어 세계 3위 수준이다. 특히 캐나다(2,562억 달러)의 5.7배, 프랑스(1,721억 달러)의 9배 수준이다. 미국과 캐나다는 국토 면적이 대한민국의 약 100배에 달하고, 프랑스는 약 5배에 달한다(이정우 1991). 또 평당 땅값으로 비교하면 한국은 영국(1만2,800원)에 비해서는 4.3배 비싸고, 미국(1,100원)에 비해서는 50배가 비싸다(권욱일 외 1999).

필자는 이 내용이 너무나 충격적이어서 친구들에게 "남한 땅을 팔면 남한 면적의 100배인 캐나다를 여섯 번 살 수 있고, 남한 땅의 5배인 프랑스는 아홉 번 살 수 있다. 또 미국 땅 절반을 살 수도 있다. 어느 나라를 사고 싶냐"고 농반진반 말한 적도 있다.

대한민국 집값은 3,000,000,000,000,000원

땅값은 그렇다 치고 집값은 얼마나 될까. 집값은 재산세, 종합부동산세 등 보유세 과표로 쓰기 위해 매년 4월 말 안에 공시되는데 이를 일반적으로 공시가격이라 한다. 법 조항에는 '공동주택 가격' '단독주택 가격'으로 표현돼 있으나 땅값인 공시지가와 대비해 편의상 공시가격이라 하는 것이다.

공동주택(아파트, 연립주택, 다세대주택)은 국토해양부 장관이, 단독주택은 시장, 군수, 구청장이 각급 부동산평가위원회의 심의를 거쳐 공시한다. 국토해양부에 따르면 2008년 공동주택 공시가격은 2007년 9월부터 2008년 4월까지 한국감정원의 감정평가사, 조사자 570여 명이 전수조사 방식으로 조사하고 나서 검증과 심의를 거쳐 4월 30일자로 공시한 것이다.

땅값과 마찬가지로 집값도 법률에 따라 실제 매매가격이 아니라 '적정

가격'을 조사해 발표하는데, 국토해양부는 가격의 안정성을 기하고자 조사·산정된 가격의 80%로 공시했다고 밝혔다. 그러나 집값 역시 실제 매매가격과의 차이로 논란이 많고, 언론의 경우 2006년까지는 대체로 시가의 70% 수준으로 보도하다가 최근에는 시세의 70~80% 식으로 보도하고 있다. 어쨌든 국토해양부와 지방자치단체가 2008년 1월 1일 기준으로 발표한 우리나라 집값 공시가격 총액은 1,659조1,049억 원에 달한다(이영순 2008).

그런데 이 공시가격은 조사·산정된 가격의 80% 수준이고, 조사 대상 주택 수가 국토해양부 발표 2007년 말 총 주택 수 1,379만3,200채에 비해 44만6,300채가 제외된 것이다. 이를 감안하면 전체 주택에 대한 정부의 조사 가격 기준 공시가격 총액은 2,143조2,287억 원으로 추정된다. 이 수치만으로도 2007년 말 국내총생산 901조의 2.4배에 달해 국민경제 규모에 비해 지나치게 높은 것이다.

그렇다면 실제 국민들이 사고파는 매매가격 기준으로 우리나라 집값 총액은 얼마나 될까. 매매가격에 관해서는 정부가 공식 통계를 발표하지 않고 있으므로 정부가 공인하는 주택 가격 변동률 통계를 내고 있는 국민은행의 KB국민은행연구소 지동현 박사가 집계한 관련 통계를 보자(지동현 2007).

지 박사에 따르면 2006년 말 현재 전국의 주택 시가총액은 2,646조 원에 달한다. 주택 유형별로는 아파트 시가총액이 1,612조 원, 단독주택의 시가총액은 836조 원, 그리고 연립주택의 시가총액은 198조 원이다. 2년이 지난 지금은 주택 시가총액이 최소 3,000조는 될 것으로 보인다. 매매가격 기준 집값 총액이 2006년 말 국내총생산 848조 원의 3배가 넘는 것이다.

우리나라 집값이 얼마나 대단한가는 강남을 보면 쉽게 알 수 있다. 강

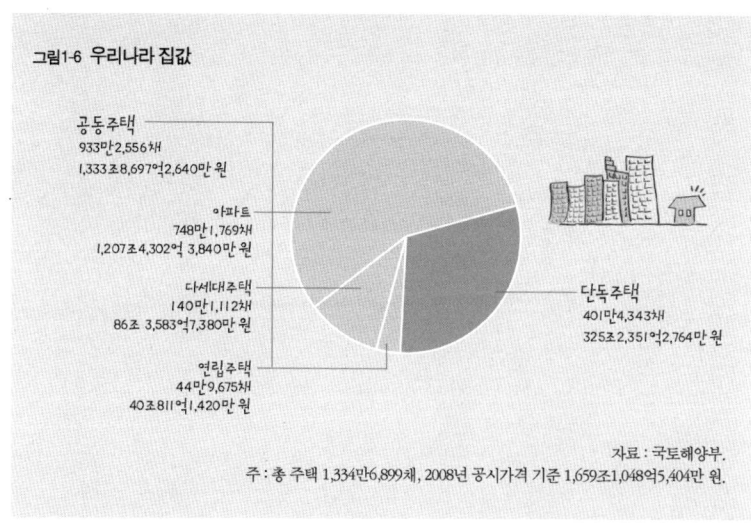

남·서초·송파구의 공동주택을 팔면 주식 시가총액 1위에서 9위까지의 재벌 대기업을 통째로 살 수 있다. 2007년 1월 1일 기준으로 정부가 80%로 에누리해서 발표한 이들 강남·서초·송파구 공동주택 가격 총액은 206조 원인데, 다음날인 1월 2일 주식시장 기준 시가총액 10대 기업의 주식값은 270조 원이다. 강남권 집값을 100%로 환산한 가격 258조 원이면 KT(13조 원)를 제외하고 대한민국에서 가장 큰 기업 9개를 몽땅 살 수 있다.

또 전국 공동주택 수의 3분의 1이 조금 넘는 수도권 공동주택 472만 채의 공시가격 총액은 963조 원으로, 조사 가격 100%로 환산하면 1,204조 원(2007년 1월 1일 기준)이나 된다. 2006년 말 국내총생산의 1.4배에 달하는 액수다.

전국 234개 시군구의 1.3%에 불과한 강남 3개 구 집값이 10대 대기업 주식 시가총액과 맞먹고, 수도권 집값이 국내총생산의 1.4배에 달한다는 통계는, 강남권과 수도권 집값이 지나치게 비싸다는 뜻과 함께 대한민국

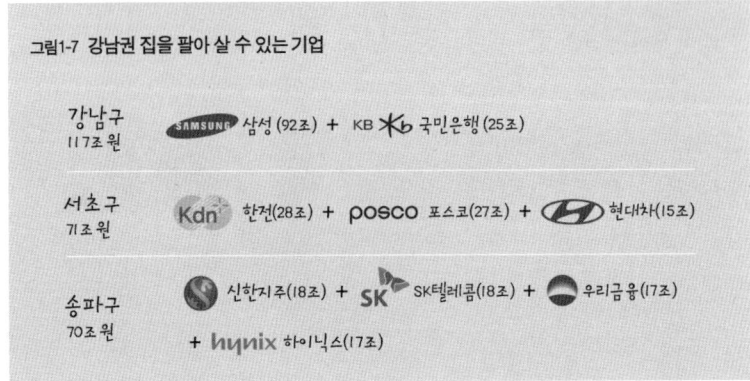

그림1-7 강남권 집을 팔아 살 수 있는 기업

집값이 터무니없이 부풀려져 있음을 실감나게 보여 준다.

우리나라 집값이 지나치게 비싸다는 점은 외국과 비교해 봐도 잘 드러난다. 서울의 아파트값은 미국, 일본, 영국, 대만, 홍콩, 싱가포르 등 주요 외국의 도시에 비해 가장 비싼 수준이다. 2004년 서울 1~3차 동시 분양 109㎡(33평)형 아파트의 평균 분양 가격은 4억3,989만 원으로, 도쿄(5억1,110만 원)나 런던(4억6,483만 원)보다는 낮지만 미국 북동부 지역 신축 주택(4억3,430만 원)과는 비슷한 수준이다. 대만에 비해서는 1.4배, 싱가포르에 비해서는 2.4배 높다. 또 비교 대상 6개국의 주택 가격이 1인당 GDP의 10배, 가계소득의 5배 수준인 데 비해 한국은 각각 24배와 10배로 경제 규모와 가계소득에 비해 집값이 지나치게 높았다(서영훈 2004).

특히 집값이 비싼 대한민국에서 셋방살이를 전전하는 사람은 세계 최고 수준의 임대료 때문에 고통받고 있다. 한국 주요 도시에서 방 세 칸짜리 아파트를 얻는 데 드는 월세는 3,510달러로 영국, 홍콩에 이어 조사 대상 54개국 중에서 세 번째로 비싸다. 한국에서 셋방살이하는 데는 말레이시아의 13배, 필리핀의 7.3배, 멕시코의 4.1배, 스웨덴의 3.4배, 프랑스의

2.7배, 캐나다의 2.5배, 일본의 2.1배, 미국의 1.6배의 돈이 든다(IMD 2007, 〈부록 1-1〉참조).

땅, 집, 빌딩 가격을 다 합치면 얼마나 될까

지금까지 살펴본 땅과 집값 외에 상가·사무실·빌딩, 공장, 기타 사업용 건물 등 일반 건축물과 오피스텔 등의 가격을 더하면 전체 부동산 가격을 알 수 있다.

그러나 전국의 땅과 집값의 총액은 공시지가와 공시가격을 활용해 짐작할 수 있는 데 비해, 상가 등 건물의 가격 총액을 추산하기는 쉽지 않다. 물론 일반 건축물도 재산세 등 세금을 매기기 위해 지방정부가 복잡한 과정과 계산법을 거쳐 과세시가표준액을 정한다. 그러나 실제 매매가격과는 너무나 동떨어져 있어 이것을 가지고 우리나라 상가, 빌딩, 사무실, 오피스텔, 공장 등의 가격 총액을 짐작하는 것은 불가능에 가깝다. 하지만 정확한 통계를 만들기 전에는 별도리가 없기 때문에 건물값은 이것으로 잡을 수밖에 없다.

가장 최근 통계인 2006년 일반 건축물 과세시가표준액은 290조7,282억 원(415만5,738건)이다. 참고로 여기에는 부속 토지의 가격은 포함되지 않았고, 건물값만 포함된 것이다. 그런데 집값에는 부속 토지 가격이 포함돼 있다. 따라서 땅과 집, 상가 등 건물을 포함한 우리나라 부동산 가격 총액을 알려면 주택에 포함된 땅값만큼을 빼야 한다. 2005년 당시 재정경제부(현 기획재정부) 국정감사 자료에 따르면 건교부가 추정한 집값에 포함된 부속 토지 가격 비중은 55.8%다(윤건영 2005).

땅, 집, 빌딩 가격을 2007년 1월 1일 기준 정부 공식 통계로만 정리하자면 국토 100%에 대한 땅값은 3,678조 원, 총 주택에 대한 집값은 2,029

조 원, 상가 등 건물값은 291조 원이다. 여기서 집값의 55.8%인 부속 토지 가격 1,132조 원을 빼면 우리나라 부동산 가격 총액은 2007년 1월 1일 기준으로 4,866조 원에 달한다.

정부 공식 통계상으로도 5,000조 가까이 되는 이 액수는 2006년 말 기준 국내총생산 848조 원의 5.7배, 상장주식 시가총액 705조의 6.9배, 예금은행 총예금 560조의 8.7배, 총 대출금 651조의 7.5배, 상장채권 총 잔액 779조의 6.2배, 1,000대 기업 총매출액 1,321조의 3.7배에 달하는 규모다. 또 2007년 정부 예산 251조 원의 19.3배에 해당된다.

강남 대 비강남, 수도권 대 지방 가격 격차도 심각

부동산 가격이 너무 비싸서 국민경제가 감당하기 힘겹다는 점 못지않게 지역 간 가격 차이가 크다는 점도 심각한 문제다.

해방 후 한국 현대사는 도시화가 급진전되는 과정이었고 주요 도시 부동산 가격이 주기적으로 폭등하는 역사였다. 특히 4차 부동산 투기 때 서울 강남권을 중심으로 한 수도권 부동산 가격이 폭등한 결과 수도권과 지방 간의 부동산 가격 차이가 더 크게 벌어졌다.

전체 국토 중 수도권 면적의 비중은 서울 0.6%, 경기 10.2%, 인천 1.0% 등으로 전 국토의 11.8% 수준이다. 그러나 수도권 땅값 총액은 2008년 기준으로 2,136조 원으로 전국 땅값 총액의 66.2%에 육박한다. 특히 전체 국토 면적의 200분의 1에 불과한 서울 땅값은 1,018조로 전국 땅값 총액의 31.6%를 차지하고 있어, 서울 땅값이 수도권을 제외한 전체 국토 88.2%의 가격 총액(1,091조 원)과 맞먹는 수준이다.

집값도 마찬가지다. 2008년 국토해양부 발표 공시가격 기준으로 서울의 총 주택 수는 231만6,709채로 전국 총 주택 수의 17% 수준이다. 그런데 서울에 있는 주택의 가격 총액은 656조 원으로 전국 집값 총액의 40%에 달한다.

서울·경기·인천 등 수도권에 있는 아파트 수는 모두 748만 1,769채로 전국 아파트 수의 48%다. 그런데 수도권 아파트 공시가격 총액은 915조 7,201억 원으로 전국 아파트 가격 총액의 76%에 달한다.

서울 중에서도 강남·서초·송파 등 강남 3개 구 부동산 가격이 급등하면서 서울시 안에서도 부동산 가격의 양극화는 심각하게 나타났다. 강남·서초·송파구의 면적은 서울시 전체의 20% 수준이지만 땅값은 2007년 기준으로 304조 원으로 서울시 땅값 총액 910조의 33.4%다. 강남 3개 구 면적은 전체 국토의 0.12%이지만 땅값은 전국 땅값 총액의 10.4%에 달한다. 면적 비중에 비해 가격 비중이 87배에 달할 정도로 턱없이 비싼 것이다.

서울시 25개 구 가운데 가장 땅값이 비싼 강남구 땅값은 133조 원으로 금천구(14조 원), 강북구(15조 원), 도봉구(15조 원), 중랑구(16조 원), 서대문구(21조 원), 동대문구(23조 원), 동작구(23조 원) 등 7개 구를 살 수 있는 가격이다(2007년 1월 1일 기준).

서울시 구별 양극화가 심하기는 집값도 마찬가지다. 강남 3개 구의 아파트수는 27만 1,213채로 서울 전체의 21%이지만 아파트값 총액은 191조 원으로 서울 전체의 40%다(2008년 1월 1일 기준).

3.3㎡(평)당 아파트값도 가장 비싼 강남구가 2,391만 원으로 가장 싼 은평구 682만 원의 3.8배에 달했다. 은평구 아파트 4채를 팔아야 강남구에서 같은 평수 1채를 살 수 있는 셈이다. 강남구의 99㎡(30평) 아파트값은 7억 9,000만 원에 달하고 서초·송파·용산구는 6억 원에 육박하지만, 은평·중랑·금천·도봉구 등 12개 구는 3억 원이 채 안 됐다(서울 시내 25개 구별 아파트 공시가격에 관한 자세한 내용은 〈부록 1-2〉 참조).

이 같은 양상은 민간 통계에서도 실감 나게 나타난다. 4차 투기가 한창이던 2004년 6월 기준으로 민간 부동산 정보 업체 〈스피드뱅크〉가 조사한 데 따르면 강남구 도곡동 타워팰리스 1, 2, 3차 아파트 2,791채 총액은 시가로 4조8,500억에 달해 강북구(4조2,900억), 은평구(3조8,100억), 중구(3조6,800억), 종로구(2조400억) 등 구 단위 한 지역에 있는 아파트 전체의 시가총액을 뛰어넘었다.

물론 그 뒤 노원구 등 강북 일부 지역에서 소형 평형 중심으로 아파트 값이 올랐지만 강남 3개 구와의 격차는 여전하다. 〈닥터아파트〉의 아파트값 시세 통계에 따르면 2007년 하반기부터 시작된 강북 지역 아파트값 상승세에도 불구하고 2008년 4월 22일 현재 강남권(강남, 서초, 송파)의 3.3㎡(1평)당 아파트 평균 가격은 2,772만 원으로, 강북권(강북, 노원, 도봉, 동대문, 성북, 은평, 중랑)의 1,111만 원에 비해 2.5배에 달한다. 105㎡(32평)형 아파트 평균 가격은 강남권이 8억9만 원인데, 강북권은 3억1,000만 원으로 강북권 아파트 3채를 팔아야 강남에서 같은 평형을 살 수 있는 것으로 나타났다(『세계일보』 2007/04/24).

총 네 차례의 부동산 투기를 거치면서 부동산 가격이 세계 최고 수준으로 폭등했을 뿐만 아니라, 수도권 대 비수도권, 강남 대 비강남의 부동산 지역 격차를 크게 벌려 놓은 것이다.

3. 부동산 소유 편중 얼마나 심한가

4차 부동산 투기가 한창이던 2006년 11월 22일 분당서울대병원 하태현 교수팀은 '부동산 스트레스' 설문조사 결과를 발표했다. 조사 대상 직장인 398명 가운데 77.6%인 309명이 최근의 집값 폭등 사태를 지켜보면서 신경이 예민해지고 스트레스를 받은 경험이 있다고 응답했다. 58.2%는 집값이 폭등하는 데 대해 불안과 초조한 증상을, 37.9%는 부동산에 대한 고민으로 두통이나 불면 증상을 경험했다고 응답했다.

대한민국에서 부동산이 국민적 스트레스가 되는 또 다른 이유는, 부동산을 엄청나게 많이 소유한 소수의 부유층과 부동산 재산이 없거나 적은 다수의 서민이 극심하게 양극화된 가운데 부동산 가격이 폭등함으로써 빈부 격차를 부채질하고 있다는 점이다.

투기가 하늘 찔러야 소유 통계 나온다

부동산 소유는 얼마나 편중돼 있을까? 이번에는 집부터 살펴보는데, 그 전에 '부동산 소유 통계의 빈곤'에 대해 간단히 짚고 가겠다. 지난 수십 년 동안 부동산 소유에 대한 통계는 거의 국가 기밀 취급을 받아 통계 자체가 발표되지 않았다. 부자들이 땅을 얼마나 많이 독차지하고 있는지, 집 부자들이 집을 몇 채나 소유하며 얼마나 떼돈을 벌고 있는지는 철저히 베일에 싸여 있었다.

그런데 예외가 딱 두 번 있었다. 3차 부동산 투기 때 토지 소유 실태 일부가 처음 발표됐고, 4차 부동산 투기 때는 주택 소유 통계가 처음으로 발표되고 토지 소유 실태도 매년 발표되었다. 그러나 정부가 투기 대책을 내놓기 전에 투기꾼들의 저항을 미리 꺾기 위한 목적이 강했기 때문에, 투기가 수그러들거나 정권이 바뀌면 소유 통계도 사라졌다. 1989년 잠깐 얼굴을 내밀었던 토지 소유 통계는 그 뒤 15년간 자취를 감췄다가, 부동산 가격이 폭등하던 2005년에 다시 나타났다. 2003년과 2005년 사상 처음으로 발표된 주택 소유 통계는 2005년 11월 29일 국무회의에서 '부동산 통계

선진화 방안'의 하나로 담당 부처를 행자부에서 건교부로 이관한 뒤부터 실종됐다.

　필자가 2007년 10월 건교부에 주택 소유 통계 발표 계획을 질의하자 '건축물 대장의 소유자 오류 등이 정비되는 2008년 이후 발표할 예정'이라는 답변이 돌아왔다. 그러나 건축물 대장 정비 사업 기간은 2009년 12월까지인데다, 정권 교체까지 된 마당이라 주택 소유 통계의 운명을 가늠하기는 어렵다.

1,083·819·577·521·476·471·412 ……, 이게 뭘까?

　집을 많이 갖고 있는 사람은 대체 몇 채나 갖고 있을까? 주택 소유 편중은 얼마나 심할까?

　2003년 당시 행정자치부가 재산세 과세 자료를 주민등록 전산망에 연계 분석해 발표한 〈세대별 주택 보유 현황〉을 보면 개인이 소유한 총 주택 수는 1,370만 채다. 이 중 40.6%인 556만 채를 1가구 1주택자들이 소유하고 있고, 59.4%인 814만 채는 1가구 다주택자들이 소유하고 있다. 반면 전체 가구의 절반이 넘는 841만 가구는 집 없이 전세나 월세, 사글셋방에 살고 있다.

　이 통계의 기준 시점인 2002년은 이미 주택 보급률이 100%를 넘어서 집이 남아돌기 시작한 때인데, 극소수가 집을 여러 채씩 차지하고 있고 국민 절반은 셋방살이를 떠돌고 있었던 것이다. 집을 2채 이상 소유하고 있는 다주택자는 276만 가구로 전체 가구의 16.5%인데, 이들이 소유한 주택은 전체 주택의 60%에 육박한다. 집을 3채에서 20채까지 소유한 집 부자들은 118만 가구로 전체의 7.1%인데, 이들이 소유한 주택은 498만 채로 전체 주택의 36.4%다.

집을 여러 채 소유한 다주택자들을 들여다보자. 158만1,324명(가구)은 집을 2채씩 갖고 있다. 61만7,269명은 3채씩 소유하고 있다. 27만3,298명은 4채씩, 11만5,320명은 5채씩 소유하고 있다. 또 14만1,180명은 6~10채를, 3만2,431명은 11~20채씩 갖고 있다. 도대체 어떤 사람들인데 집을 5채, 6채, 20채씩 소유하고 있을까? 개인 신상은 정부가 절대 발표하지 않기 때문에 알 수 없다.

전국적으로 다주택자들은 한 가구당 평균 2.95채씩 갖고 있다. 다만, 여기에는 21채가 넘는 사람들은 임대사업자라는 이유로 포함되지 않았다. 서울의 경우 다주택자는 모두 44만 명이며 이들이 소유한 주택 수는 141만 채로 가구당 평균 3.24채다. 전국 평균 2.95채보다 더 많다. 당시 주택 보급률 82.4%로 그렇지 않아도 집이 모자란 서울에 셋방 사는 가구 비율이 높은 이유다.

서울 안에서도 강남·서초·송파 등 강남 3개 구는 5만5,000명이 20만 채를 소유하고 있어 가구당 평균 3.67채로 속이 꽉 찬 집 부자들이 더 많다. 강남 3개 구에 있는 주택 42만4,062채 중 절반에 해당하는 20만1,708채는 다주택자들이 갖고 있다. 2만8,219명은 2채씩, 1만1,862명은 3채씩, 4,185명은 4채씩 갖고 있다. 1,891명은 5채씩 소유하고 있고, 6~10채가 6,216명, 11~20채를 가진 집 부자도 2,564명이나 됐다.

2005년 8월 행자부는 건축물 대장에 등재된 주거용 건물 중 개인 명의에 대해 주민등록 전산망과 연계해 〈세대별 주택 보유 현황〉을 한 번 더 발표했다. 2003년 1차 발표 때보다 조사 대상 주택 수가 203만 채나 누락되었다는 한계가 있는 반면, 20채 이상 소유한 최고 집 부자 통계와 16개 광역시도별 다주택자 통계가 포함돼 있다는 장점이 있다.

1,083·819·577·521·476·471·412·405·403·341……. 이 숫자들은 로또복권 당첨 번호도 아니고 은행 계좌 번호도 아니다. 2005년 8월 12일

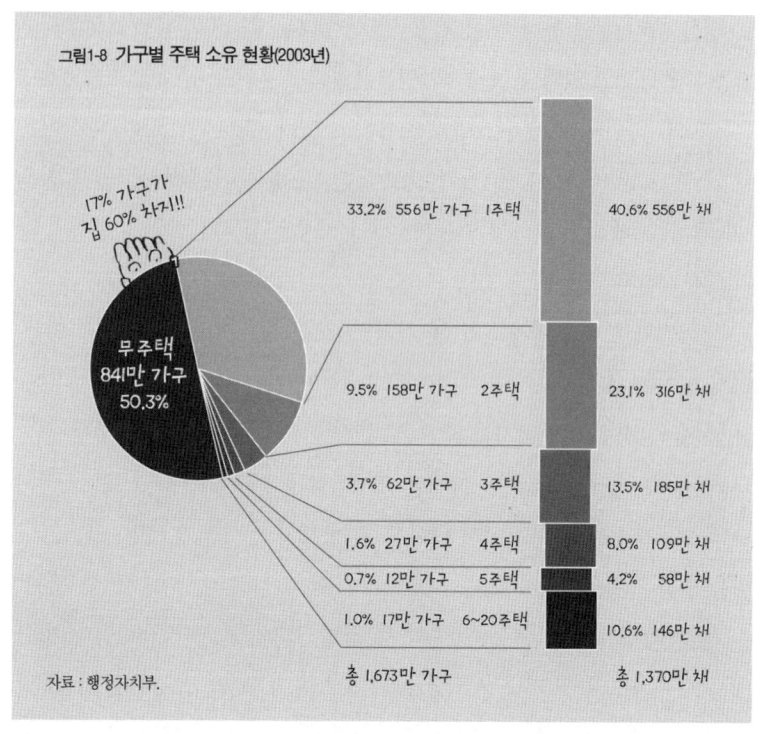

기준으로 행자부가 개인 명의로 집을 가장 많이 소유한 최고 집 부자 10명이 각각 소유하고 있는 주택 수다. 이들이 누구냐는 질문에 행자부는 집장사를 하는 임대사업자도 있지만 521채, 471채, 403채를 갖고 있는 4위, 6위, 9위 세 사람은 임대사업자인지 아닌지 확인이 안 된 개인이라고 덧붙였다. 이들 집 부자 10명이 소유한 집은 모두 5,508채로 한 사람 평균 550채씩이다. 이들을 포함해 대한민국 최고 집 부자 30명이 갖고 있는 집은 9,923채, 1인당 평균 330채씩 소유하고 있다. 1만 가구가 살 수 있는 집을 30명이 차지한 셈이다.

이들을 포함해 전체 가구의 0.08%인 1만4,823명은 가구당 평균 21채씩 총 30만7,351채를 소유하고 있다. 이처럼 적게는 2채 많게는 1,083채까지 소유한 다주택자는 전체 가구의 5%인 89만 명으로, 이들이 갖고 있는 주택 수는 전체의 5분의 1인 237만 채이다. 200만 채 이상이 누락되다 보니 2003년에 비해 집 부자 수와 이들이 소유한 주택 수가 많이 줄어든 수치를 제시하고 있다. 한편, 통계청의 2005년 인구주택총조사 중 타지 주택 소유 현황을 분석해 보면 집을 2채 이상 소유한 다주택자는 전체 가구의 6.6%인 104만6,857가구이며, 이들이 소유한 주택 수는 477만3,706채에 달하는 것으로 나타나 2005년 행자부 발표는 실제 현실과는 거리가 있다.

어쨌든 2005년 발표 통계를 통해 지역별 현황을 살필 수 있는 데, 16개 광역시도 중 다주택 소유자가 가장 많이 거주하는 곳은 경기도와 서울이다. 서울과 경기도 다주택 소유자는 전체 가구의 39.5%인 31만2,898명이며, 이들이 소유한 주택은 79만6,387채로 전국 다주택자 소유 주택의 41.6%에 달했다.

서울시 거주 15만2,539명이 소유한 주택은 41만765채로 가구당 2.7채인 반면, 경기도 거주 16만359명이 소유한 주택은 38만5,632채로 가구당 2.4채로 나타나 다주택 가구 수는 경기도가, 주택 수와 평균 소유 주택 수는 서울시가 많았다. 서울시 다주택자 중 79.2%인 12만808명이 1가구 2주택자이고, 20.8%인 3만1,731명이 1가구 3주택 이상 소유자이며 이들은 가구당 평균 5.3채를 갖고 있다. 반면 경기도 다주택자 중 86.4%인 13만8,579명이 1가구 2주택자이고, 13.6%가 3주택 이상 소유자이며 3주택 이상 소유자는 가구당 평균 5.0채를 갖고 있다.

한편 2005년 당시 행자부는 서울과 경기도에 한해서 56개 시군구까지 다주택 소유자 현황을 집계했다. 이에 따르면 집을 2채 이상 소유한 다주택 가구가 가장 많은 곳은 경기도 용인시지만, 가구당 소유한 주택 수가 많은 '알짜 집 부자' 동네는 서울시 강남구다.

용인시에 사는 다주택 가구는 1만6,264가구로 강남구 1만5,167가구에 비해 많았다. 그러나 강남 집 부자가 소유한 주택은 총 4만5,889채로, 용인시 집 부자의 3만8,669채보다 7,000채 이상 더 많았다. 그 이유는 집을 3채 이상 소유한 집 부자가 용인은 2,326가구인 데 비해 강남은 3,908가구나 되고, 이들이 소유한 가구당 평균 주택 수도 용인시의 4.6채에 비해 강남구가 6.0채로 훨씬 많기 때문이다(서울·경기 시군구별 다주택자 현황은 〈부록 1-3, 1-4〉 참조).

우리나라가 100명이 사는 나라라면

이제 땅을 보자. 땅의 소유에 관한 통계는 1989년 처음 발표되고 나서 사라졌다가, 2005년부터 매년 발표되고 있다. 이 가운데 가장 최근인 2007년 10월에 행자부가 발표한 〈2006년 12월 말 기준 토지 소유 현황 통계〉를 기초로, 필요한 경우 이전 발표를 곁들여 가며 토지 소유 편중 현황을 짚어 본다.

국토 총면적에 대한 소유 구분별 면적 비율을 보면 2006년 현재 30%를 중앙정부와 지방정부가 소유하고 있고, 나머지 70%는 민간이 소유하고 있다. 즉, 국토의 70%가 투기에 노출돼 있다. 더구나 정부가 소유한 땅은 대부분 임야와 도로·학교 등 공공시설 용지로 이용되고 있으며, 주거용·상업용·공업용 등의 도시 용지 비율은 0.1% 수준에 불과하다. 2005년 현재 중앙과 지방정부가 소유한 땅 중 주택이나 사무실 건물 등을 지을 수 있는 대지의 면적은 181㎢로, 전체 30,225㎢의 0.6% 수준에 불과하며, 전체 대지 중 국공유 대지 비율도 7%에 머무르고 있다.

사정이 이렇다 보니 토지 시장에서 수요에 비해 공급이 부족해 문제가

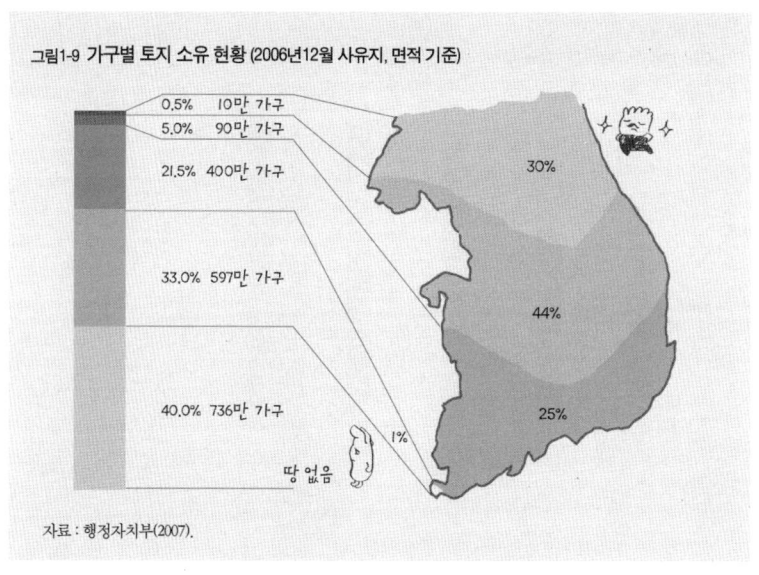

그림1-9 가구별 토지 소유 현황 (2006년12월 사유지, 면적 기준)

자료 : 행정자치부(2007).

생기더라도 정부가 개입해 직접 조정할 여력이 없고, 도시계획이나 토지 이용 계획 등의 계획권, 보유세와 양도소득세를 활용한 과세권처럼 제한적이고 간접적인 방식으로만 개입할 수 있다. 한마디로 투기 앞에 무기력할 수밖에 없는 조건인 것이다.

더구나 중앙정부 소유의 국유지는 도로, 하천 등 공공 재산을 빼면 국토의 16%에 불과하고, 지방정부가 소유한 공유지 7.2%를 합쳐도 우리나라의 실질적인 국공유지는 전 국토의 23.2%에 불과하다. 반면 외국의 경우 국공유지 비중이 이스라엘 86%, 싱가포르 81%, 대만 69%, 미국 50%, 스웨덴 40% 등으로 투기에 노출된 땅이 상대적으로 제한적이다(국회법제실 2006).

더 큰 문제는 민간인이 소유한 땅의 경우 극소수 땅 부자들이 독점하고 있다는 점이다. 2006년 현재 민간 소유 토지 중 법인이나 문중, 종교

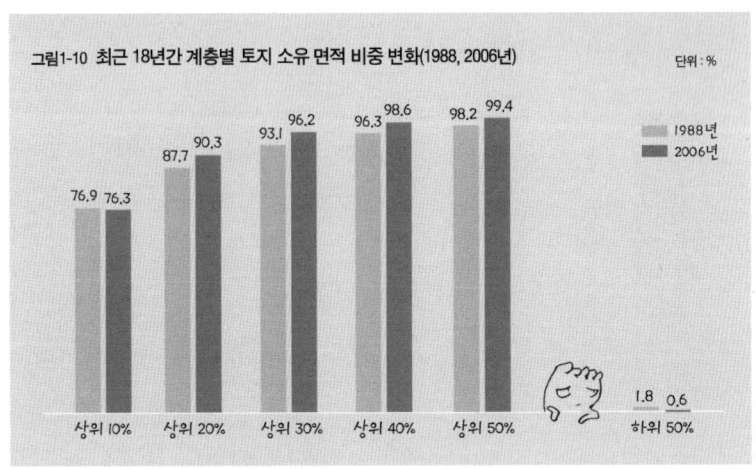

단체 등이 소유한 땅을 제외하고 개인이 소유한 사유지는 남한 땅의 56%를 차지하고 있다.

주민등록 세대(편의상 가구와 같은 의미로 사용함) 기준으로 토지 소유 현황을 보면 문제가 얼마나 심각한지 쉽게 알 수 있다. 우선 전체 가구의 40%(736만 가구)는 소유한 땅이 한 뼘도 없이 실 끊어진 풍선처럼 공중을 붕붕 떠다니고 있다. 이들을 제외한 전체 가구의 60%(1,097만 가구)가 땅을 소유하고 있는데, 이 중 33%(597만 가구)가 소유한 땅은 전체 사유지의 1%에 불과하다. 즉, 전체 가구의 27%(500만 가구)가 사유지의 99%를 소유하고 있는 것이다. 또 27% 중에서도 땅을 상대적으로 많이 갖고 있는 5.5%(100만 가구)가 사유지의 74%를 차지하고 있고, 그중에서도 땅이 더 많은 2.7%(50만 가구)는 사유지의 59%를 소유하고 있다. 또한 땅을 가장 많이 소유한 최상위 10만 가구(전체 가구의 0.5%)는 사유지의 30%를 차지하고 있다.

한마디로 말해 우리나라가 100명이 사는 나라라면 27명이 사유지 기준으로 국토의 99%를 차지하고 있으며, 이들이 소유하고 남은 1%의 땅에 33명이 발 디딜 틈도 없이 북새통을 이루며 살고 있는 셈이다. 더구나 나머지 40명은 서 있을 자리도 없어 바다 속에 빠진 상황이다.

그러다 보니 땅을 소유한 1,097만 가구 중 제일 좁은 땅을 소유한 하위 10%(약 110만)는 가구당 평균 불과 22㎡(6.7평)를 소유하고 있을 뿐이다. 반면, 가장 넓은 땅을 소유한 상위 10%는 가구당 3만3,767㎡(1만215평)씩 소유하고 있다. 똑같은 땅 소유자라 하더라도 가구당 소유한 땅의 면적이 1,535배나 차이가 나는 것이다.

더 큰 문제는 이 같은 토지 소유의 격차가 줄어드는 게 아니라 더 확대됐다는 점이다. 토지공개념연구위원회가 최초로 토지 소유 통계를 발표한 1988년 통계와 가장 최근 것인 2006년 기준 통계를 비교해 보면 잘 알 수 있다.

이에 따르면 토지 소유자 중 상위 50%가 소유한 면적 비중은 98.2%에서 99.6%로 늘어난 반면, 하위 50%가 소유한 면적 비중은 1.8%에서 0.6%로 급격히 줄었다. 18년 동안 땅 부자들이 더 많은 땅을 사들임으로써 토지 소유의 편중 정도가 더 심각해진 것이다.

4. 넘치는 불로소득, 고장 난 환수 장치

부동산 가격이 올라서 번 돈은 이자, 배당금 등과 함께 대표적인 불로소득이다. 2006년 9월 국토연구원이 전국의 30대 이상 70대 이하 1,800

명을 대상으로 실시한 〈토지에 대한 국민의식조사〉 결과에 따르면 땅값이 올라 생긴 불로소득에 대해 전체 응답자의 81%가 환수해야 한다고 대답했다. 이 같은 결과는 1980년의 69%, 1985년의 66%에 비해 크게 높아진 것으로, 땅을 소유한 사람(80%가 찬성)보다 땅이 없는 사람(85%가 찬성)이 불로소득을 더 강력하게 거둬들이기를 원한 것으로 나타났다(채미옥 2006).

자신이 노력하지 않고 얻은 불로소득은 마땅히 거둬들여야 한다. 그렇지 않으면 불로소득이 투기꾼에게 돌아가 투기를 부채질할 뿐만 아니라, 땀 흘려 열심히 일하는 사람만 손해를 보게 돼 사회 자체가 병들어 간다. 이런 까닭에 대부분의 선진국에서는 부동산 가격 상승분에서 소유자의 직접투자에 의한 증가분을 제외한 모든 금액을 불로소득(이를 보통 개발이익이라 부른다)으로 보고, 보유·개발·처분 단계별로 환수하고 있다.

그렇다면 우리나라에서 부동산 불로소득은 제대로 환수되고 있을까? 먼저 부동산 불로소득이 얼마나 되는지 살펴보자.

땅값이 올라 발생한 불로소득은 얼마나 될까

먼저 땅값이 올라 발생한 불로소득 규모를 보자. 국토연구원 보고서에 따르면 1980년에서 2001년까지 21년 동안 전국적으로 땅값이 올라 발생한 개발이익은 1,284조 원에 달한다. 1980년도에는 땅값 총액이 134조 원이었으나, 2001년도에는 1,419조 원으로 증가했기 때문이다(정희남 외 2003). 매년 61조 원의 불로소득이 생긴 셈인데, 이 같은 계산은 정부가 발표하는 공시지가 총액에 지가 변동률을 참작한 뒤, 개별 공시지가 대상에 포함되지 않은 땅값까지 포함시켜 전년도에 비해 발생한 개발이익을 추린 것이다.

1981년에서 2003년까지 토지에서 발생한 불로소득을 분석한 대구가

톨릭대 전강수 교수의 연구에서도 22년 동안 비슷한 규모인 1,283조 원의 불로소득이 발생한 것으로 나타났다(전강수 2005). 특히 2001년에서 2003년까지 토지 불로소득이 212조 원에 이르러 한 해 평균 70조 원에 달했는데, 땅값이 많이 오른 2002년의 경우 상승액이 134조 원으로 국내총생산 684조 원의 5분의 1이나 되었다.

이 같은 계산은 땅을 팔아 현금을 손에 쥐었느냐와 상관없이 땅값이 올라서 발생한, 아직 실현되지 않은 이익을 추산한 것이다. 그러나 땅을 팔아서 불로소득을 확실한 현금으로 만든다면 잠재적 이득이 아닌 현실화된 소득이 된다. 1979년에서 1990년까지 필지 기준으로 거래된 토지에서 발생한 불로소득을 분석한 이정우 교수의 연구에 따르면 12년 동안 157조 원의 불로소득이 실현되었다(이정우 1991). 매년 평균 13조 원이 넘는 셈인데, 특히 3차 부동산 투기가 일어나 땅값이 폭등하던 4년 동안에는 1987년 11조, 1988년 26조, 1989년 38조, 1990년 43조 등 총 118조 원의 불로소득이 발생했다. 한 해 평균 30조 원이다.

2000~06년 집값 올라 번 돈 계산해 보니

주택의 경우 공시가격에 이미 부속 토지가 포함돼 있기 때문에, 토지를 뺀 건물 가격 상승분을 따로 계산하는 것은 여의치 않다. 그러나 2000년대 초에 시작된 4차 부동산 투기에서는 땅보다는 주택, 특히 아파트 가격이 폭등하는 양상에 주목할 필요가 있다. 더구나 용적률에 따라 가격 차이가 큰 아파트 땅값은 공시지가를 산정할 때 제대로 반영되지 않기 때문에, 4차 부동산 투기 때 서울 등 대도시 땅값 변동은 일반적인 땅값보다 아파트값 변동률에 더 잘 반영돼 있다.

먼저 2년 전, 집값 폭등액이 얼마인지에 대해 국회에서 벌어진 공방을 떠올려 보자. 2006년 4월 한나라당 이한구 의원은 2002년 말에서 2005년 말까지 노무현 정부 3년 동안 아파트값 시가총액이 390조 원이나 올랐고, 이는 늘어난 아파트 91만 채를 제하고도 209조 원이 오른 것이라는 자료를 발표했다(이한구 2006).

그러자 청와대와 당시 건교부는 이 의원이 정부가 승인한 공식 통계가 아닌 사설 업체 통계를 이용해 이상한 셈법으로 사실을 왜곡시켰다고 반박했다. 정부는 같은 기간 주택 가격은 연평균 2.6%(누적률 7.7%)가 올라 물가상승률(3.3%), 임금상승률(7.4%)보다 낮은 수준이라고 밝혔다. 그러나 이 의원은 이에 대해 3년간 집값이 '금액 기준'으로 각각 얼마이며 매년 얼마나 올랐는지 밝히라고 요구하고, 정부 말대로 집값이 안정됐다면 왜 3년간 30여 차례의 부동산 투기 대책을 계속 발표했느냐고 되물었다.

필자가 2년 전 일을 떠올리는 이유는 그때나 지금이나 실제로 아파트값이 금액 기준으로 얼마나 올랐고 불로소득이 얼마나 발생했는지에 대한 정부 공식 통계가 없기 때문이다. 정부 말대로 민간 부동산 업체 통계를 무조건 믿을 수는 없다. 실제로 뒤에서 보듯 이한구 의원이 인용한 민간 업체 통계도 한계가 있다. 그러나 더 큰 문제는 정작 정부가 이에 대한 공식 통계를 못 내는지 안 내는지 발표하지 않고 있기 때문에, 국민들이 진실을 알 수 없다는 점이다. 그렇다면 실제로 오른 집값은 얼마나 되며, 집값이 올라 발생한 불로소득은 얼마일까.

필자는 이에 대한 해답을 얻기 위해 '사설 정보 업체' 통계는 배제하고 오직 정부가 발표하는 공식 통계만을 사용해 4차 부동산 투기가 시작된 2000년 12월에서 현재 계산 가능한 최근 시점인 2006년 12월까지 만 6년 동안 집값이 올라서 발생한 불로소득을 추산해 봤다. 물론 정부 공식 통계에는 빈 구석이 많아 약간 무리가 따랐지만, 부처별 통계를 서로 대입해 가며 검증해 본 결과 대체로 실상을 반영하는 것이라 판단된다.

표 1-3 2000~06년 주택과 아파트 가격 총액 증감 현황

단위: 호, 원, %

	전체 주택				아파트			
	늘어난 주택 수	가격 총액		증감분		늘어난 아파트 수	가격 총액		증감분	
		해당 연도	2006년	증감액	증감률		해당 연도	2006년	증감액	증감률
2000년	1,147만	1,118조	1,720조	602조	53.8	523만	585조	1,079조	494조	84.5
2001년	42만	45조	63조	18조	40.0	32만	41조	66조	25조	62.1
2002년	47만	59조	71조	12조	20.3	32만	50조	66조	16조	76.2
2003년	31만	41조	46조	5조	12.2	33만	57조	68조	11조	83.5
2004년	32만	41조	48조	7조	17.1	32만	55조	66조	11조	83.1
2005년	23만	31조	35조	4조	12.9	36만	65조	74조	9조	87.9
2006년	31만	46조	46조	−	−	31만	64조	64조	−	−
합계	1,353만	−	2,029조	648조	−	719만	−	1,483조	566조	−

주 : 1) 주택 수는 통계청 인구주택총조사와 건교부 통계임. 2006년은 건교부 2007년 1월 1일 기준 발표 공시가격 조사 대상 아파트 수.
2) 가격총액은 다음 해 1월 1일 기준. '적정가의 80%'인 2007년 1월 1일 기준 주택 공시가격을 적정가로 환산해 적용한 후 국민은행 주택가격동향조사를 적용해 해당 연도 총액을 추산.
3) 증감률은 해당 연도 대비 2006년 가격총액 증감률.
4) 증감액의 경우 2001년부터는 그해 증가된 신규 주택만의 가격 변동액인 반면, 2000년은 그해 말 기준 기존 총 주택의 가격 변동액이므로 증감액이 큰 것임.

먼저 전체 주택값은 얼마나 올랐고 불로소득은 얼마나 생겼는지 계산해 보자. 건교부에 따르면 2006년 말 총 주택 수는 1,353만 채다. 건교부가 '조사·산정 가격의 80% 수준'으로 발표한 2007년 1월 1일 기준 주택 공시가격 총액을 '조사·산정 가격'으로 환산해 1,353만 채의 가격 총액을 계산하면 2,029조 원이다.

그렇다면 2000년 말에 비해 얼마나 올랐을까. 통계청에 따르면 2000년 말 총 주택 수는 1,147만 채였으므로 6년 새 206만 채가 늘었다. 2006년 현재 집 1,147만 채(2000년 총 주택 수) 가격 총액은 1,720조 원이고, 206만 채 가격 총액은 309조 원이다. 그렇다면 1,147만 채의 6년 전 가격 총액은 얼마일까. 주택 가격 변동률 공식 통계인 국민은행 〈주택가격동향조사〉에 따르면 2006년 12월 대비 2000년 12월 집값 변동률은 평균 마이너

스 35.0%이므로 2000년 당시 총 주택 수 1,147만 채 가격 총액은 1,118조 원이었다. 다시 말해 1,147만 채가 6년 새 1,118조에서 1,720조로 602조 원이 오른 것이다.

또한, 2006년 말 현재 가격 총액이 309조 원에 달하는 206만 채는 언제 늘어난 것이고, 그 사이에 얼마나 가격이 얼마나 오른 것일까. 건교부가 발표하는 연도별 총 주택 수와 연결해 보면 2001년에 42만 채가 늘어 그해 총 주택 수가 1,189만 채가 됐다.

2001년에 증가한 42만 채 가격 총액은 45조 원이었으며 그 뒤 5년 새 18조 원이 올랐다. 2002년에는 47만 채가 늘었고 가격 총액은 59조 원에서 4년 뒤 71조 원이 되었다. 12조 원이 오른 것이다. 같은 방법으로 2006년까지 계산하면 5년 동안 매년 23~47만 채까지 늘어난 주택이 오른 가격 총액만 46조 원이다. 여기에 2006년 1월에서 2006년 12월까지 1년 동안 늘어난 31만 채는 반영하지 않은 수치다.

종합하면 6년 동안 집값 총액 상승분은 648조 원이다. 이 중 602조 원은 2000년 말 기준 기존 주택값이 올라서, 46조 원은 그 뒤 늘어난 신규 주택값이 올라서 각각 발생한 액수다. 정부 공식 통계만으로 계산해도 4차 부동산 투기가 진행된 6년 동안 총액 기준으로 매년 최소 108조 원 이상씩 오른 것이다. 전체 집값 상승분 가운데 아파트가 차지하는 비중은 얼마나 될까?

강남과 서울 아파트 가격 상승에서 발생한 불로소득 규모

한마디로 말해 6년 동안 집값이 올라서 발생한 불로소득 648조 중 87%가 아파트값이 올라서 생긴 것이다. 한국의 아파트, 대단한 불로소득 생산 공장이다.

아파트값 총액 변동 상황을 살펴보면, 6년 동안 아파트값이 올라 생긴 불로소득은 총액 기준으로 566조 원에 달한다. 이 중 494조 원은 2000년 말 기준 기존 아파트 523만 채 값이 올라서, 72조 원은 그 뒤 늘어난 신규 아파트값이 올라서 각각 발생한 액수다.

서울 지역 아파트는 어떨까. 6년 새 서울 아파트값이 올라 발생한 불로소득 총액은 320조6,223억으로 이 중 276조8,119억이 2000년 말 현재 기존 주택에서, 43조8,104억은 그 뒤 늘어난 신규 아파트값이 올라 발생한 것이다. 6년 동안 서울 지역 아파트값이 올라 생긴 불로소득이 전국 아파트값에서 발생한 불로소득의 57%, 전체 집값에서 생긴 불로소득의 50%에 달한다.

서울 안에서도 아파트값이 가장 많이 오른 강남, 서초, 송파구 등 강남 3개 구 아파트값 총액은 6년간 어떻게 변했는지 보자. 주택 수는 서울시와 각 구청 통계연보, 가격은 2006년 1월 1일 기준 건교부 공시가격 중 구별 아파트 1채당 가격을 기준으로, 가격 변동률은 국민은행 통계를 기준으로 삼았다.

다만, 정부가 구별 주택 가격 변동에 대한 공식 통계를 2003년 12월에야 내기 시작했기 때문에, 그 이전 변동률은 한강 이남 것을 적용할 수밖에 없었다. 그러나 강남 3개 구의 아파트값이 2000년 말부터 2002년 말까지 크게 오르면서 4차 부동산 투기가 서막을 열었다는 점에서 실제 불로소득은 계산보다 더 많을 것이다.

이 같은 점을 참작해 같은 방법으로 계산하면 지난 6년 동안 강남 3개 구 아파트값이 올라 발생한 불로소득은 113조9,689억 원에 달한다. 이 가운데 87조1,081억 원은 2000년 말 현재 기존 아파트값이 올라 생긴 것이고, 26조8,608억 원은 그 뒤 증감된 아파트값이 올라서 발생한 것이다.

6년 새 강남 3개 구에서 아파트값이 올라 발생한 불로소득 114조 원은 서울 아파트값 불로소득의 36%, 전체 아파트값 불로소득의 20%에 달한다. 또 전국 집값이 올라 발생한 불로소득의 18%에 달한다. 결국 4차 부동산 투기는 서울의 강남 3개 구 아파트 가격 폭등에 의해 주도되었다는 점이 실감 나는 대목이다.

불로소득 환수 장치에 큰 구멍이 뚫렸다

그렇다면 부동산값이 올라 생긴 불로소득이 제대로 환수됐는지 보자. 그동안 개발이익 환수는 취득·보유·처분 단계별로 거두는 과세 방법과 토지공개념을 통한 환수, 기타 부담금 제도를 통해 이뤄졌다.

국토연구원에 따르면 토지에 대한 각종 세금을 거둔 액수는 1980년 5,550억에서 1990년 3조8,000억, 2001년 17조5,000억으로 20여 년 동안 32배 증가했다(정희남 외 2003). 토지공개념제도를 포함한 각종 부담금 징수 규모 역시 1990년 1,560억 원에 1995년 1조260억 원, 1996년 1조2,250억 원, 1997년 1조3,150억 원 등으로 급증하다가, 1999년부터는 매년 5,000억 원대 수준으로 떨어졌으나 2001년 현재 5,770억 원으로 1990년에 비해 3.7배 증가했다. 조세와 부담금을 모두 합한 총 징수 규모는 1980년 5,550억에서 2001년 18조 원으로 늘어났다. 징수 규모로만 보면 21년 동안 총 32배, 연평균 1.2배씩 증가해 온 것이다.

그러나 21년 동안 땅값 상승으로 발생한 불로소득 1,284조 원에 비해서 환수 총액(이전과세 + 취득과세 + 토지 부담금)은 총 113조 원에 지나지 않아 불로소득 대비 8.8%에 불과하다. 이 중에

서 불로소득 환수 수단으로 보기 어려운 취득세 등 이전과세를 제외하면 환수 수준은 6.1%로 떨어진다. 더구나 공시지가가 시장가격의 평균 70~80% 수준에 도달했다 하더라도 환수 수준은 이보다 훨씬 낮은 4.6~6.6% 수준으로 평균 5%에 그친 것으로 추정된다.

국회법제실(2006)의 분석도 크게 다르지 않다. 이에 따르면 1995년부터 2004년까지 10년간 땅값이 올라 발생한 불로소득 환수 실적은 총 60조5,800억 원으로 집계되었다. 그러나 같은 기간 공시지가 증가액은 645조 원으로 환수율이 9.4%다. 공시지가가 시장가격의 70~80%에 이른다고 치더라도 실제 환수 수준은 7% 내외에 불과하다는 것이다.

최근 들어 환수율은 더욱 낮아지고 있다. 2003년은 공시지가 증가액 191조 원에 토지분 불로소득 환수 실적이 3조8,450억 원으로 환수율이 2.0%에 지나지 않으며, 특히 2004년에는 공시지가 증가액 284조 원에 개발이익 환수 실적 4조790억 원으로 1.4%의 저조한 환수율을 보이고 있다.

이처럼 불로소득 중 극히 일부분만 환수되고 90% 이상이 사유화되는 이유는 조세 제도를 비롯한 불로소득 환수 장치가 고장 났기 때문이다. 가장 큰 문제는 실제보다 훨씬 낮은 가격을 기준으로 세금을 부과하는 데서 발생한다.

정부 스스로도 1990년에 발표한 공시지가가 조사한 땅값의 54% 수준이라 했으며, 2006년 이후 집값 역시 정부가 조사한 가격의 80% 수준으로 발표한다고 했다.

더구나 세금을 부과할 때는 다시 최고 85%(1990년 토지과표현실화율 15%)에서 60%(2004년 39.2%)까지 에누리해서 세율을 적용한다. 주택이나 빌딩 역시 수십 년 동안 시세의 30% 수준에서 과표가 정해져 왔다. 이러다 보니 실제 부동산 가격의 3분의 2 이상은 아예 세금 걷는 일을 포기한 것이다.

부동산 세수 가운데 부동산을 보유함으로써 내야 하는 보유세 비중은

20% 수준으로, 선진국 80%에 비해 턱없이 낮다. 부동산 가격 중 부동산 세금이 차지하는 비율도 0.1%대로 선진국의 10분의 1 수준이다. 부동산 세금을 부과할 때 걷기 용이한 거래세를 중심으로 하다 보니 보유세 비중은 극히 낮아서, 실제 거주용이나 기업 생산시설 등에는 필요하지 않은데 투기 목적으로 많은 부동산을 장기간 소유하면서 가격이 뛰기를 기다리도록 부추겨 온 것이다.

또 '소득 있는 곳에 세금 있다'는 조세 원칙을 무시하고 너무나 많은 예외를 둠으로써 불로소득이 빠져나갈 구멍을 더 키워 놓았다. 부동산을 팔 때는 처음 샀을 때보다 오른 차액에 대해 양도소득세를 부과해야 함에도 1가구 1주택의 경우 세금을 한 푼도 걷지 않아 왔다. 그러다 보니 불로소득 수십억 원을 벌어도 1가구 1주택자이면 세금 한 푼 안 내고 횡재하는 일을 법으로 보장해 준 것이다. 2006년 들어 1가구 1주택이라도 6억 초과분에 대해서는 양도세를 내도록 하기 전까지 이 같은 '예외'는 유지되었다.

세금 외에 토지 선매제, 각종 부담금 등 부과 불로소득 사유화를 사전에 차단하고 샅샅이 환수할 수 있는 정책적 노력을 하지 않는 것도 불로소득이 사유화되도록 방치하는 결과가 되었다.

불로소득을 거머쥔 사람들은 누구일까

이처럼 환수 장치가 고장 난 가운데 빠져나간 엄청난 불로소득은 누구에게 돌아갔을까?

1980년대 후반 토지에서 발생한 불로소득의 향방을 연구한 결과를 보면 기업이 전체 자본이득의 약 10%를 가져가고(당시 기업 등 법인은 가격 기준으로 전체 사유지의 12%를 소유하고 있었다), 나머지 90%를 개인 소유자가 가져간 것으로 나타났다.

그런데 1985~88년 사이 땅값 폭등으로 발생한 불로소득 중 개인에게 돌아간 불로소득의 대부분은 극소수 땅 부자들이 가져갔다. 평균적으로 상위 5%가 자본이득의 약 60%를, 10%가 70%를, 25%가 80% 이상을 가져간 것이다. 이것은 토지를 소유하지 못한 계층을 제외한 것이고 무토지 국민을 포함했을 때는 상위 1.3%의 부유층이 모든 자본이득의 60%를, 상위 3.9%가 80%를 차지한다는 것을 의미한다(정희남·김창현 1997).

이 같은 상황은 최근에도 거의 변하지 않고 있다. 전강수 교수에 따르면 2001~03년 사이에 발생한 토지 불로소득 212조 원은 전체 땅의 45%를 갖고 있는 약 10만 명(상위 1%)에게 돌아갔다. 이들은 일인당 3억2,000만 원씩 연간 약 32조 원을 가져간 것인데, 실제로는 이들 땅 부자들이 더 알짜배기 땅을 소유하고 있기 때문에 이보다 훨씬 많은 소득을 올렸을 것이다(전강수 2005).

주택의 경우도 불로소득 환수율이 낮기는 토지와 별 차이가 없어서 집값이 올라 발생한 불로소득도 대부분 집 부자들이 가져갔다. 2003년 행자부가 발표한 주택소유통계를 바탕으로 주택 가격이 같다는 전제 아래 계산해 보면, 지난 6년 동안 전체 집값이 올라 발생한 불로소득의 60%는 집을 2채 이상 소유한 집 부자들에게 돌아갔다. 나머지 40%는 1가구 1주택자들에게 가구당 3,117만 원씩 돌아갔다. 집 2채 가진 사람은 6,233만 원, 3채는 9,331만 원, 4채는 1억2,472만 원, 5채는 1억5,500만 원을 벌었다. 집을 6채에서 20채까지 소유한 집 부자들은 가구당 평균 2억6,259만 원씩 69조3,360억을 벌었다. 물론 집이 없이 셋방살이를 떠도는 국민 절반의 무주택자들은 내집마련의 길이 그만큼 멀어졌다.

주택 중에서도 아파트를 여러 채 가진 사람은 불로소득을 더 많이 가져갔다. 1채 가진 사람은 평균 7,432만 원을 가져간 반면, 2채 가진 사람은 1억4,868만 원, 3채는 2억2,271만 원, 4채는 2억9,2960만 원, 5채는 3

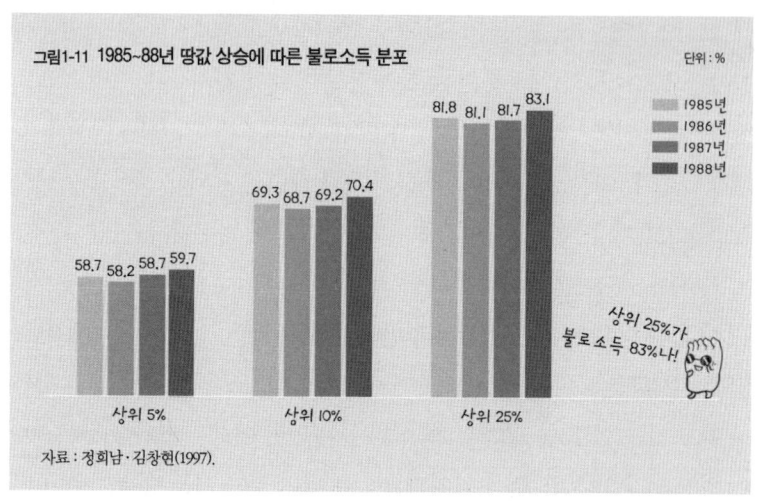

억5,948만 원씩 돌아갔다. 6~20채 가진 아파트 부자들은 6억5,930만 원씩 벌었다. 6년간 아파트값이 올라 발생한 불로소득의 26%는 2채 이상 가진 사람들에게 돌아갔다.

아파트값이 가장 많이 오른 강남 3개 구는 불로소득도 더 많이 생겼다. 아파트 1채 가진 사람은 3억8,359만 원을 가져갔다. 2채 가진 사람은 평균 7억6,705만 원을 벌었고, 6채에서 20채씩 가진 사람은 평균 29억2,167만 원을 벌었다. 6년 동안 강남 3개 구에서 아파트값이 올라 발생한 불로소득 113조9,689억의 23%는 아파트를 2채에서 20채까지 소유한 아파트 부자들이 걷어갔다.

그러나 이 계산은 모든 주택 가격이 같다는 전제에 따른 것이고, 실제로는 비싸고 가격이 많이 오른 집을 가진 사람일수록 더 많은 이익을 봤다. 가격이 폭등한 비싼 집을 소유한 사람일수록 불로소득을 더 많이 챙긴 것이다.

2006년 12월 서울 강남구 도곡동 타워팰리스 1차 전용면적 기준 245m^2 (101평형)는 그해 최고가인 53억6,000만 원에 팔려 화젯거리가 됐다. 물론 타워팰리스 안에는 이보다 더 큰 아파트가 많지만 거래 자체가 되지 않아 실제 매매가격을 알 수가 없는 상태였다. 이 아파트 분양가는 17억7,500만 원이었다(『매일경제』 2002/06/16). 분양 시점이 1999년 5월경이니, 한 달 평균 3,940만 원씩, 1년 평균 4억7,280만 원씩 올라 7년 7개월 만에 35억8,500만 원이 오른 가격에 판 것이다.

또 국토해양부 아파트 실거래가 정보를 검색해 보면 같은 시기에 3억2,100만 원에 분양받은 타워팰리스 1차 116m^2(35평형)는 2006년 11월에 14억8,000만 원에 팔렸다. 한 달 평균 1,274만 원 1년 평균 9,658만 원씩 올라 7년 7개월 만에 11억5,900만 원의 차액을 남긴 것이다.

비슷한 시기에 분양된 노원구 공릉동에 있는 같은 평형의 신도아파트는 분양가가 1억6,600만 원이었는데, 2006년 11월에 3억2,000만 원에 거래되었다. 노원구에 같은 평수의 아파트를 산 이 사람은 애초 분양가에서는 1억5,500만 원의 차이가 났지만, 7년이 지나고는 10억 이상의 불로소득의 차이가 난 것이다. 비싸고 많이 오르는 아파트를 가진 사람일수록 더 많은 불로소득을 올린 것은 분명하다.

한 가지 더 짚어 볼 것이 있다. 타워팰리스를 사서 엄청난 불로소득을 얻게 된 사람이 만약 5년 내에 팔게 된다면 어떻게 될까? 설사 그 사람이 2채를 갖고 있어도 세금을 한 푼도 내지 않아도 되는 경우가 있었다. 외환위기 직후 당시 김대중 정부는 침체된 부동산 경기를 살린다는 명분으로 1998년 5월 22일부터 1999년 12월 31일, 2000년 11월 1일부터 2003년 6월 30일 사이에 신축 주택을 살 경우 잔금 지급일로부터 5년 안에 되팔기만 하면 '전용면적 50평' 이하의 경우 1가구 2주택이라도 조세특례제한조치로 양도소득세를 완전히 면제해 줬기 때문이다.

불로소득 환수 장치가 얼마나 사정없이 망가졌는지를 잘 보여 주는 이 말썽 많은 특례 제도는 2008년에 와서야 사라졌다.

5. 부동산 가격은 왜 오르기만 할까

옛날보다는 덜 오르는 것 아닌가

필자는 부동산 가격이 오르는 추세를 통계로 정리하면서 한 가지 의문이 들었다. 통계로만 보면 그래도 예전보다는 덜 오르고 있는데, 이건 상황이 좀 나아진 것 아닐까?

확실히 앞에서 살펴봤듯이 제1, 2차에 비해 3, 4차 투기로 올수록 가격 폭등세가 낮아지고 있다. 이것 자체는 좋은 일이다. 그러나 속을 들여다보면 그리 간단한 일이 아니다.

우선 3, 4차 투기가 발생한 1980년대와 2000년대의 연평균 소비자물가 상승률은 각각 8.4%와 3.0%로 1, 2차 투기 때인 1960년대와 1970년대의 13.5%와 15.2%에 비해 안정됐다. 따라서 상대적인 물가 안정기인 3, 4차 투기 시기의 실질적인 부동산 가격 상승률은 1, 2차 때와 별 차이가 없으며 투기가 경제와 국민생활에 미치는 영향은 1, 2차 때 못지않았다.

더구나 1, 2차 투기로 이미 엄청나게 땅값 집값이 올라 세계 최고 수준이 된 상태에서 또 가격이 올랐기 때문에 그 충격은 오히려 더 크다고도 할 수 있다. 건강한 사람에게 감기는 지나가는 병이지만 중환자에게는 치명적인 이치와 같다. 3차 투기 때 전세값 폭등으로 집 없는 서민들이 줄지어 자살한 데 이어 2000년대에 시작된 4차 투기는 아파트를 중심으로 집중적으로 진행돼 서민들 살림살이를 골병들게 하고 있다.

투기의 근본 원인을 찾아서 치료하지 않는다면 부동산 망국병 때문에 서민이 감당해야 하는 고통은 줄어들지 않을 것이다.

좁은 국토에 인구가 많아서?

그렇다면 대한민국 집값, 땅값이 내릴 줄은 모르고 주기적으로 폭등하며 오르기만 하는 원인은 뭘까? 흔히 국토는 좁고 인구는 많기 때문이라거나, 급속한 산업화와 도시화 과정에서 땅과 집에 대한 수요가 많아지는데 공급이 제대로 안 되니 수요공급 원리에 따라 부동산값이 오르는 것이라고 말한다. 사실일까?

물론 부동산 가격이 오르는 데는 다양한 요인이 복합적으로 작용하며 '좁은 국토에 많은 인구'라는 자연적·물리적 환경이나 '산업화와 도시화'라는 시대적 조건도 마땅히 주요한 요소로 포함시켜야 할 것이다. 그러나 똑같이 산업화를 거친 자본주의 국가이면서도 인구밀도가 우리나라(㎢당 483명)보다 13배나 높고, 도시화율 100%로 모든 국민이 도시에 사는 싱가포르나 홍콩에서는 부동산 투기나 소수 부유층에 의한 부동산 독점이 일어나지 않는다. 오히려 싱가포르는 국토의 대부분이 투기에 노출되지 않아 우리와 같은 부동산 가격 폭등이 일어나지 않았을 뿐만 아니라, 국민 10명 중 9명이 자기 집을 소유하며 부동산 문제를 해결한 모범 국가로 자리 잡고 있다.

주택 수요는 많은데 공급이 부족해서 가격이 오른다는 견해도 전 국민이 집을 1채씩 갖고도 집이 100만 채 이상 남아도는 상황에서 집값이 폭등하는 현실을 설명하기 어렵다. 자연적·물리적 환경 때문에 부동산 망국병에 걸릴 운명을 타고났거나, 산업화·도시화 때문에 부동산 투기를 숙명적으로 만난 게 아니다.

그렇다면 도대체 왜 이렇게 됐는가? 필자가 보기에 주기적인 가격 폭등과 극심한 소유 편중은 천재지변이 아니라 '인재지변'이다. 부동산 가격은 저절로 오른 게 아니라 뚜렷한 목적을 갖고 가격을 끌어올리는 집단이 있고 이를 뒷받침하는 장치와 시스템이 작동한 결과다. 그동안 네 차례의 투기가 일어날 때 어떤 징후가 보였는지를 살펴보면 알 수 있다.

투기의 3대 징후

먼저 한 가지 짚고 넘어가자. 1950년대에도 부동산 가격이 폭등한 적이 있었다. 1970년 건설부가 펴낸 『통계로 본 발전하는 건설의 모습』을 보면 1959년 서울 땅값은 1953년에 비해 16배나 올랐다. 그러나 이는 해방과 한국전쟁을 거치며 해외 귀국 동포, 월남민, 이농민들이 일시에 대도시로 집중하면서 발생한 주택 용지의 공급 부족과 가격 폭등 사태에 가장 큰 원인이 있었다. 실제로 1953~59년 서울 땅값 상승을 주도한 것은 23배나 오른 주택 지역 땅값이었다(장세훈 1996).

이처럼 1950년대 가격 폭등이 해방과 전쟁 등으로 인한 일시적이고 폭발적인 인구 집중 때문이었다면, 1960년대 이후 네 차례 부동산 가격 폭등은 모두 비슷한 조건에서 일어났다. 투기가 일어날 강력한 징후라 할 투기의 3대 조건을 보자.

첫째, 1~4차 가격 폭등기는 모두 그에 앞서 막대한 투기자금이 사회적으로 조성된 직후 일어났다는 공통점이 있다. 부동산 가격은 경기변동 및 통화량과 가장 밀접하게 연관성을 갖는다. 투기는 경제성장과 수출 신장 등 경기 호황, 이를 위한 무리한 통화 팽창, 해외 자금 유입(60년대 월남전 참전, 70년대 중동 특수, 80년대 3저 호황 등), 저금리 정책과 은행의 부동산 담보대출, 선거 자금 방출 등으로 시중에 막대한 유동자금이 쌓여 투자처를 찾는 가운데 일어났다. 이런 탓에 투기는 '과잉 유동성에서 비롯된 자본순환의 위기에서 발생한 것'이자(김용창 2004b) 재벌과 기업이 경기 호황에 따른 성장의 열매나 유동자금을 이용해 시도하는 '한국형 자본축적 방식'이라고 할 수 있다.

둘째, 투기를 예방하거나 규제하는 제도와 장치를 완화하면서 부동산 가격이 폭등했다. 투기를 막을 수 있는 제도나 장치 자체가 없는 속수무책인 상태에서 불어 닥친 1차 투기 광풍을 맞고 난 뒤에야 부동산 투기억제세라는 투기 규제 제도가 도입되었다. 그러나 투기가 잠잠해지자 1970년대 중반 이를 대폭 후퇴시켰다. 3차와 4차 가격 폭등 직전에도 투기 규제 장치가 느슨해졌는데, 특히 4차 투기는 김대중 정권이 외환위기 극복을 명분으로 투기 규제 장치를 무려 17가지나 무장 해체해 '잠자는 투기의 망령을 흔들어 깨운' 것이 결정적이었다.

셋째, 역대 정권이 경기 부양을 위해 부동산 투기를 자극하는 개발 정책을 쏟아 내 투기에 불을 당겼다. 1차 투기는 경제개발을 추진해 오던 박정희 정권이 1967년 경부고속도로 건설 계획을 발표한 뒤 서울로 진입하는 길의 중간 기착지로 유명했던 현 서초구 양재동 양재역 부근 말죽거리의 부동산 투기에서 절정을 이뤘다. 1966년 초 평당 200~400원 수준이던 말죽거리 땅값은 68년 말 평당 6,000원으로 3년 만에 20배가 뛰었다. 대한민국 부동산 투기 잔혹사의 한 페이지에 '말죽거리 투기 잔혹사'가 선명하게 기록되는 순간이었다.

1970년대 중화학공업 육성을 위한 포항·울산·마산 등 동남 해안권 개발 및 서울 강남 개발 계획, 1980년대 서해안 개발 계획과 아시안게임 및 서울올림픽 관련 개발 그리고 수도권 제1기 신도시 건설 정책, 외환위기 이후 각종 신도시와 수도 이전 발표 및 뉴타운을 비롯한 도심 재개발 등

갈 곳을 찾던 투기자금에 투기 무대를 마련해 준 것은 부동산 정책을 경기 부양 수단으로 삼은 역대 정권이었다.

세 가지 외에 사채시장·주식시장·채권·정기예금의 수익률이 부동산에 비해 낮았던 점, 은행이 부동산 담보대출 중심으로 돈을 빌려 주며 투기자금을 제공해 온 점 등도 눈여겨볼 만하다.

투기는 아무나 하나 : 주연과 조연

투기를 일으키는 집단은 누구였을까. 투기를 아무나 할 수 있는 건 아니다. 자금을 동원할 수 있는 만큼만 투기 무대에 설 수 있다. 투기의 역사는 '복부인' '떴다방' '무속인' '위장 전입자'까지 다양한 투기 조연과 엑스트라를 탄생시켰지만, 투기 무대의 주연은 경제성장의 열매를 독식하고 특혜 대출은 물론 은행까지 지배하며 막강한 자금 동원력을 행사했던 기업, 그중에서도 재벌이었다.

기업과 재벌은 1~4차 가격 폭등기 때마다 투기의 주범으로 지목돼 왔는데, 특히 제3차 때 그 실상이 좀 더 분명하게 드러났다.

1982~91년 사이에 국내 기업의 연구 개발 투자는 약 15조2,000억인데, 땅을 사는 데 쓴 비용은 17조8,000억 원이었다. 특히 투기가 절정에 달하던 1989~91년 3년간 연구 개발에는 8조3,000억을 쓴 데 비해, 땅 사는 데는 11조9,000억 원을 썼다. 이는 기업들이 저달러·저유가·저금리의 3저 호황으로 얻은 이윤의 상당 부분을 기술 개발 등 생산 부문에 쓰지 않고 부동산을 사들이는 데 썼다는 것을 뜻한다.

그중 선봉은 재벌들이었다. 1985~88년 4년간 삼성, 롯데, 기아, 금호, 두산 등 5대 재벌은 기술 개발 등 부동산 매입 이 외에 쓴 돈이 5,334억인데 비해 부동산을 사들이는 데 2조2,783억 원을 써서 생산 부문의 4.3배를 부동산 투기 자금으로 썼다. 특히 롯데는 1987년 생산 분야에 176억 원을 투자한 반면, 부동산 구입에는 13배가 넘는 2,306억 원을 썼다(장세훈 1996).

이들이 사들여 소유한 땅을 보면 재벌의 투기 목적이 잘 드러난다. 법인이 소유한 전체 토지 중 면적 기준으로 생산 용지로 활용되는 공장 용지는 4%에 불과하다. 64%는 임야, 논밭과 목장 용지가 9%, 대지가 6%에 달했다. 공장 용지보다 임야 등을 앞다퉈 사들이는 현상은 대기업일수록 더 심해서 5만 평 이상 대토지 소유 2,174개 법인 소유 토지 중 임야 비율은 68%(공장 용지 3%), 50만 평 이상 대토지 소유 403개 법인 소유 토지 중 임야 비율은 69%(공장 용지 2%)에 달했다(토지공개념위원회 1989).

재벌과 기업들은 왜 임야를 집중적으로 사들였을까. 3차 부동산 투기의 꽃이 임야였기 때문이다. 당시 건설부의 땅값 변동 자료 중 지목별 땅값 변동을 보면 1985~86년에 임야(16.0%)가 대지(13.5%), 밭(13.9%), 논(15.1%)에 비해 가장 많이 오른 데 이어, 1987~88년에도 임야(48%)는 대지(44%)보다 많이 올랐다. 더구나 임야 공시지가 현실화율이 대지나 논밭보다 낮아 실제로는 땅값 변동률보다 훨씬 많이 올랐다. 이런 이유로 임야가 상대적인 가치가 낮은데도 투기적인 가치를 보고 재벌과 기업들이 앞다퉈 사들인 것이다.

그 결과 30대 재벌이 소유한 부동산 재산은 1987년 말 7조8,000억 원에서 2년 만인 1989년 말 13조1,000억 원으로 불었다. 3차 부동산 가격 폭등기에 재벌들이 투기에 뛰어들어 2년 만에 5조3,000억 원의 부동산 재산을 불린 것이다(한동수 1995). 또 1987년 당시 5조1,286억 수준이었던 10대 재벌의 부동산 재산은 2007년 현재 땅값만 34조1,922억에 달한다. 계열사 수가 287개(1993년)를 거쳐 383개(2007년)로 늘어난 점을 감안하더라도 6배나 불어난 것이다. 더구나 여기에 포함되지 않은 건물도 땅값과 비슷한 수준이라 할 때 부동산 사재기 투기의 주연은 아직도 재벌이다.

투기의 먹이사슬과 부동산 계급

그런데 투기는 시간이 지날수록 진화를 거듭해 지금은 재벌을 정점으로 구조화된 시스템을 구축해 굴러가고 있다. 일반적으로 자본주의 경제가 대자본가를 정점으로 해서 맨 밑바닥의 88만 원 세대라 불리는 비정규직으로 구성된 '노동시장의 먹이사슬'이 작동돼 굴러간다고 했을 때, 필자가 보기에 대한민국 자본주의는 부동산 시장의 먹이사슬이 하나 더 작동되면서 굴러가고 있다. 그것은 다름 아닌 '투기의 먹이사슬'이다.

투기의 최정점에는 재벌을 비롯한 대표적인 부동산 계급인 부동산 5적이 있고, 맨 밑바닥에는 무주택자가 있다. 현재 대한민국은 1990년대 일본과 같은 토건국가 현상을 보이며 ① 건설 재벌 ② 부동산 관벌 ③ 정치인 ④ 보수언론 ⑤ 일부 학자 등 부동산 5적이 투기 동맹을 형성하고 있다. 이들은 개발 5적 또는 건설족이라고도 불린다(김헌동 2005; 박태견 2005; 홍성태 외 2005). 부동산 5적 바로 아래에는 땅 부자와 집을 여러 채 가진 다주택자를 비롯한 부동산 부자가 있고, 이들과 무주택자 사이에는 약간의 땅을 소유하거나 집을 1채 가진 1가구 1주택자가 있다.

'투기의 먹이사슬'에서 재벌은 '건설 재벌'의 얼굴을 하고 있다. 건설 재벌은 '조국 근대화'란 이름 아래 성장 제일주의에 올인한 군부 정권이 '전후방 산업 연관 효과와 고용 창출 효과가 커 경기 부양 효과가 확끈하다'는 이유로 건설 산업을 비대하게 육성한 덕에 성장했으나, 이제는 정권조차도 감당하기 어려운 거대한 '정글의 최강자'로 군림하고 있다.

통계를 보면 1973년 3,165억 원 규모이던 건설 시장 규모는 33년 만에 510배가 불어나 2006년 161조 원으로 GDP의 20%에 육박하고 있다. 특히 1974년 4,000억에서 2차 투기가 끝난 1980년에는 8,000억 원으로, 1987년 1조4,000억에서 3차 투기가 끝난 1991년에는 4조 원으로, 1999

년 98조에서 4차 투기를 거친 2006년에는 161조 원으로 투기를 거칠 때마다 시장 규모가 2~3배 규모로 불어났다. 건설 재벌을 살찌운 것은 투기였던 것이다. 건설업체 수도 1973년 2,054개에서 2006년 5만8,835개로 29배가 늘었다(통계청 건설업통계조사 각 연도).

역대 정권의 개발 정책은 한국토지공사·대한주택공사·한국도로공사 등 각종 개발공사를 거느린 국토해양부와 기획재정부 등 부동산 관벌이라는 거대한 공룡 집단을 키워놓았다. 이들은 불필요한 건설 사업을 끊임없이 벌이면서 재정을 탕진하고 국토를 파괴한다. 2006년 현재, 대규모 '공공투자사업'(500억 원 이상 토목 사업, 200억 원 이상 건축 사업)이 766개에 이르고, 총사업비는 무려 223조 원에 달한다. 2007년 정부 지출 237조 원 중 공공 부문 건설투자는 5분의 1에 달하는 52조 원이나 된다.

대통령과 국회의원을 비롯한 정치권 역시 투기 먹이사슬의 정점에 있다. 1987년 대선에서 당선된 노태우 대통령은 "박정희가 도로를 뚫는 '길 대통령'이라면 나는 주택을 짓는 '집 대통령'이 되겠다"며 주택 200만 호 건설 등 개발 정책을 펴다 3차 부동산 투기를 자초했다. '길 투기' 대통령에 이은 '집 투기' 대통령이 된 것이다. 2002년 대선에서 노무현 후보가 당선된 요인 중 수도 이전 등 충청권 개발 공약을 빼놓기는 어려운데, 당선

되자마자 4차 부동산 투기가 터졌다. 이런 맥락으로 보면 대한민국 건설 재벌의 원조 중 하나인 현대건설 CEO 출신 이명박 대통령이 단군 이래 최대 개발 공약인 '한반도 대운하'를 공약으로 내걸고 당선된 것은 건설 재벌이 정치권까지 접수해 버린 것으로 보인다. 길 투기, 집 투기에 이어 (대운하) 물 투기 대통령이 탄생하지 않을까 걱정이지만.

국회의원이나 지방자치단체 의원도 먹이사슬의 한 축을 이루고 있다. 2008년 18대 국회의원 선거가 뉴타운 개발 공약에 호응해 자기 동네 집값이 오르길 바라는 중산층들이 대거 가세한 '뉴타운 선거'였다면, 지방의원 선거는 더 미세한 동네 개발 공약의 경연장이다. 5장에서 자세히 살펴보겠지만 부동산 재산이 많은 공직자 100명 중 절반이 기초의원과 광역의원 등 지방의회 의원이며, 기초단체장과 시도교육위원을 포함해 63%가 지방 공직자들이다.

여기에 전체 광고의 5분의 1을 아파트 광고로 채워 수익을 맞추며 투기를 부추기는 보수 언론, 부동산 투기를 정당화하는 논리를 개발하는 관변학자들 역시 부동산 5적의 한 축을 담당하고 있다.

부동산 5적은 건설 재벌과 부동산 관벌·정치 집단의 정경유착, 보수 언론까지 가세한 정경언 유착, 관변 학자까지 끼어든 정경언학 유착 등 각종 투기 동맹으로 얽히면서 부정부패의 온상이 돼왔다. 그런 까닭에 우리나라 뇌물 사건의 55%는 건설 관련 부패이며(『경향신문』 2005/4/22), 공직자가 물러나는 주된 이유도 부동산 관련 비리와 투기가 많은 것이다.

이들은 땅과 빌딩 재산이 많고 또 주택을 2채 이상 여러 채 소유하면서 임대 소득과 투기 불로소득을 올리는 집단으로 건설 재벌과 함께 먹이사슬 피라미드의 맨 위에 있거나, 일부는 바로 아래층을 형성하고 있다. 이들 외에 빌딩 부자, 땅 부자, 집 부자 등 다양한 부동산 부자들, 거액의 광고료를 받는 아파트 분양 광고 모델, 전문 투기꾼 등도 피라미드 상층을 함께 구성하고 있다.

아파트 분양 제도와 먹이사슬

대한민국에서 아파트를 분양받으려면 짓기도 전에 선금을 내야 한다. 선분양제라 불리는, 다른 나라에서는 사례를 찾기 어려운 '한국형' 아파트 분양 제도의 특징이다. 필자는 '한국형' 아파트 분양 제도가 투기의 먹이사슬에서 차지하는 독특한 구실을 주목하려 한다.

아파트 분양 제도가 생긴 유래는 박정희 정권 때로 올라간다. 1970년대 접어들어 박 정권은 산업화·도시화·핵가족화로 도시 인구가 폭발적으로 늘어나는 데다, 장기 집권에 따른 정치적 불안정이 커지면서 정권의 불안을 해소하기 위해서는 무주택 서민의 내집마련을 통해 중산층을 육성하라는 요구에 부딪쳤다. 그러나 중화학공업 투자를 우선하던 박 정권은 주택 부문에 대해 정부 재정을 투자하기보다는 민간의 돈을 동원할 수 있는 방안을 모색하던 중에 아파트에 대한 분양가 규제 제도와 주택청약 제도, 그리고 '선분양 후건설' 방식을 결합시킨 독특한 아파트 분양 정책의 방향을 세우게 된다.

이 정책은 1970년대 후반 주택청약 제도와 분양가 상한제가 등장하면서 처음 도입된다. 아파트 분양 과정을 보면 무주택자는 새 아파트를 분양받기 위해 먼저 주택청약저축에 가입해야 하고, 일정 기간 저축을 한 뒤 추첨 등을 거쳐 분양을 받게 되면 아파트를 짓기 전에 아파트 대금을 선불로 내야 한다. 정부는 이들이 낸 주택청약금에 국고를 보태 기금을 조성해서 건설업체에 싼 이자로 빌려 주고 그 대가로 분양가를 일정 수준으로 제한한다. 건설업체는 정부 지원과 입주 예정자가 선금으로 낸 계약금을 재원으로 땅을 사고 아파트를 지어 정부가 정해 준 가격대로 분양한다.

이 같은 한국형 아파트 분양 제도는 정부가 국민의 집 걱정을 해결하는 데 비용 부담 등 책임을 다하지 않고 민간 건설업체에 공급을 맡겨 주택 공급의 목적을 달성하려는 것이다. 더 많은 이윤을 좇는 민간 건설업체는 당연히 더 많은 개발이익을 얻기 위해 아파트값을 올리려 한다.

그런데 정부가 분양가를 강력히 규제할 경우에는 무주택 서민도 상대적으로 싸게 아파트를 살 수 있어 개발이익의 혜택을 보는 측면이 있다. 특히 '부동산 가격은 계속 올랐고 앞으로도 오를 것'이라 믿기 때문에 자금 동원력이 허락하는 한 가격이 올라갈 가능성이 큰 아파트 단지를 고르기 위해 최선을 다할 수밖에 없다. 더 나아가서 일단 아파트를 분양받게 되면 자신에게 손해가 될 아파트값 하락을 원하지 않게 되며, '어차피 오를 거면 내가 산 아파트가 가장 많이 오르길' 기대하게 된다.

이처럼 한국형 아파트 분양 제도는 정부, 건설업체, 입주 예정자의 엇갈린 이해관계를 교묘하게 조정해 '모두가 득을 보는 방식'으로 운영되었다(장세훈 1999). 다만 분양 가격을 놓고는 건설업체와 아파트를 사려는 무주택자 사이에 긴장이 생긴다. 무주택자는 정부가 분양가를 통제하길 바라고, 건설업체는 정부의 통제권을 넘어서려 한다.

다른 측면에서 보면 짓지도 않은 거액의 아파트값을 계약금, 중도금, 입주금 날짜에 맞춰 낼 수 없거나 심지어 청약저축부금조차 낼 수 없는 저소득층은 사실상 배제된 것이다. 안정된 일자리와 일정 수준 이상의 소득이 보장된, 말 그대로 중산층 육성 정책인 것이다. 시간이 지날수록 새로 짓는 아파트에서 서민용 소형 아파트를 찾기 어려운 것도 같은 맥락에서 해석된다.

더구나 4장에서 분석하듯이 1990년 이후 공급된 주택의 절반 가까이는 이미 집을 갖고 있던 사람이 사들여 개발이익을 차지한 것으로 나타나 한국형 분양 제도의 중산층 육성 효과는 공급량의 절반 수준에 그쳤다.

한국형 아파트 분양 제도가 발전할수록 투기의 먹이사슬 맨 밑바닥을 형성하고 있는 무주택 부동산 빈곤층은 배제될 뿐만 아니라 손해를 본다. 새 분양 아파트값이 오르면 근처 집값을 부추기고 저소득층은 전세 보증금이나 월세를 더 내거나 외곽으로 밀려나야 한다. 낡은 시가지를 아파트 단지로 개조하려는 투기붐이 도시 전체로 확산돼 도시 외곽이나 지하방으로 밀려나는 피해를 보게 된다. 부동산 가격 폭등에 이은 물가 폭등의 연쇄 피해도 입게 된다.

그러나 아파트를 분양받아 내집을 장만했다고 해서 투기를 부추기는 한국형 분양 제도의 피해에서 벗어났다고 하기는 어렵다. 아주 비싼 집을 소유하거나 특별히 집값이 많이 오른 사람을 제외하고는 1가구 1주택자도 장기적으로는 투기의 피해를 입게 되기 때문이다.

'물 만난 고기', 브랜드 만난 아파트

래미안, 푸르지오, e편한세상, GS자이, 롯데캐슬, 아이파크, 힐스테이트, 상떼빌, 리첸시아, 위브, 더샵, 스윗닷홈…… 언제부터인가 아파트 브랜드 전성시대가 됐다. 부동산 투기의 역사에서 아파트 브랜드 전성시대가 함축하는 의미는 무엇일까.

건설업체들이 아파트에 상표를 붙여 분양하기 시작한 것은 2000년 초인데, 이는 외환위기 직후 단행된 아파트 분양가 자율화 조치로 한국형 아파트 분양 제도가 새로운 국면을 맞은 것과 관련이 있다.

한국형 아파트 분양 제도에서 가장 큰 이득을 보는 것은 바로 건설 재벌을 비롯한 건설업체들이다. 1980년에서 2000년까지 20년간 새로 지은 전체 주택 854만 채 중 72%인 616만 채가 아파트다. 물량도 엄청나지만 열 중 일곱 채꼴로 아파트를 지은 것인데, 이 과정은 한국형 분양 제도를 통해 건설 재벌이 비대해지는 과정이었다. 분당과 일산 등 수도권 신도시가 이때 건설되었다.

건설업체는 정부로부터 싼 이자로 지원을 받는 데 이어 공공 택지의 경우 주로 수의계약 방식으로 헐값에 분양받는 혜택을 누린다. 또 아파트를 짓기도 전에 먼저 (선)분양함으로써 건설 비용과 가격 하락의 위험을 소비자에게 떠넘기며 장사하는 두 번째 특혜를 누렸다.

이것만으로도 엄청난 개발이익을 누리는 것이었지만, 여기에 분양가를 마음대로 올려 받지 못하게 하는 분양가 상한제의 족쇄만 푼다면 가장 이상적인 돈벌이가 되기 때문에 건설 재벌은 1980년대부터 기회 있을 때마다 '분양가 자율화'를 강력히 요구해 왔다.

역대 정권이 건설업체의 요구를 받아들여 분양가 상한제 족쇄를 푼 것은 1981년 6월 딱 한 번 있었다. 그러나 한 사람이 당시 돈으로 2억을 내고 서민용 아파트 100가구분을 분양 신청해 사회적인 지탄을 받는 등 투기 붐을 감당할 수 없어 1년 6개월 만에 다시 족쇄를 채워야 했다(국정브리핑 특별기획팀 2007).

그런데 건설 재벌은 1990년대 중반 일부 건설업체의 도산 등 경기 침체를 배경으로 정권을 압박한 끝에 1996년부터 지방을 시작으로 야금야금 분양가 결정권을 장악하기 시작했다. 마침내 외환위기로 '수숫대 꼭대기에 앉은 잠자리 신세'가 된 건설 재벌이 자본축적의 위기를 맞게 되자 1999년 김대중 정부는 분양가 통제의 족쇄를 완전히 풀어 버렸다.

이때부터 건설 재벌은 치열한 광고전을 펼치며 앞다퉈 브랜드 아파트를 내놓았다. 2000년 초 브랜드 아파트로 갈아입은 건설 재벌은 새로운 투기 무대를 만들어 줄 것을 재촉했다. 2000년 6월 21일 대한상공회의소는 건설업계를 대표해 수도권 자족형 신도시 건설을 청와대와 건교부에 긴급 건의했고, 10월에는 당시 건교부 산하기관인 국토연구원이 총대를 메고 신도시 건설을 공식 제안했다. 건설 재벌과 부동산 관벌의 투기 동맹이 본격 가동된 것이다. 보수 언론과 관변 학자들도 거들었다. 이렇게 시작된 제2기 수도권 신도시 건설 바람은 외환위기 탓에 10년이 넘게 깊이 잠들어 있던 투기의 악령을 세차게 흔들어 깨우고 말았다.

건설 재벌은 정글의 굶주린 최강자가 포식을 하듯 분양가를 끌어올렸고 주변 아파트값 상승 → 분양가 재상승의 악순환을 그리며 투기 무대에 주연으로 화려하게 다시 섰다. 아파트 분양가는 서울을 기준으로 1998년 $3.3m^2$당 평균 512만 원에서 2006년 1,546만 원으로 3배 이상 폭등하는 등 대한민국 사회를 세차게 흔들었다.

브랜드 아파트를 앞세운 분양가 폭등은 분양 원가를 감춘 상태에서 가격을 여러 번 부풀리는 방법이 동원됐다. 공공 택지를 예로 들면 먼저 토지공사·주택공사·지방자치단체가 원래 땅주인에게 사들인 가격과 택지를 조성하는 데 들어간 비용보다 더 많은 이윤을 붙여 건설업체에 판다. 주택 건설업체는 토공·주공·지자체로부터 공급받은 땅값을 부풀리고, 건축비와 기타 비용도 부풀려 주변 시세보다 더 높은 가격으로 분양가를 책정한다. 상세한 분양 원가를 공개하라는 요구가 거셌지만 끝내 공개하지 않은 이유도 가격을 부풀린 진상을 감추려는 의도였다.

결국 분양가를 끌어올린 것은 아파트 브랜드 그 자체가 아니라 분양가 자율화 시대의 한국형 아파트 분양 제도였던 것이다. 그러나 가격이 너무나 폭등해 실수요자까지 아파트 분양 시장을 외면하는 상황으로 치닫자 정치권은 장장 8년 만인 2007년에 와서 분양가의 족쇄를 다시 채웠다. 정글의 최강자가 사슴을 다 잡아먹어 버리면 생태계가 파괴되는 원리처럼, 건설 재벌의 폭리를 더 이상 방치했다가 실수요자들까지 분양시장을 외면하게 되면 투기 먹이사슬 자체가 파괴돼 투기 세력 전체가 공멸할 수 있기 때문이었다. 그러나 2008년 7월 이명박 정부는 분양가 족쇄를 푸는 위험한 도박을 다시 시도하기 시작해 크게 걱정된다.

한편, 한국형 아파트 분양 제도의 또 다른 기둥인 선분양제는 4차 투기 때 큰 논란이 돼 후분양제 전환 일정까지 발표됐으나 건설 재벌의 압박에 밀려 결국 흐지부지되고 있다. 노무현 정부는 2004년 2월 '2007년부터 주공이나 지자체 등 모든 공공부문 사업장에 후분양제를 도입하되 공정률은 2007년 40%, 2009년 60%, 2011년 80% 등으로 단계적으로 적용한다'고 발표했다. 이대로라면 2007년에는 아파트 공사를 40% 이상 진행해야만 분양할 수 있고, 송파·광교·검단·화성동탄 2기 신도시 등에 차례대로 적용되는 것이다.

그러나 건설 재벌과 일부 언론 등 부동산 5적은 선분양제를 지키려고 다양한 방법을 동원해 공세를 거듭했고, 노무현 정부는 여기에 굴복해 시행 시기를 1년 늦추는 방법으로 물러섰다. 사실상 임기 내에는 후분양제를 도입하지 않기로 한 것이다. 또 2008년 7월 이명박 정부가 후분양제를 처음 적용하기로 한 송파신도시를 선분양하겠다고 밝혀, 후분양제 도입 계획은 사실상 없었던 일이 돼버렸다. 이로써 투기 먹이사슬을 작동시켜 온 한국형 아파트 분양 제도는 4차 투기 시기에도 큰 도전을 받지 않고 유지되었다.

다른 길은 없었나?

부동산 5적이 투기 동맹을 맺고 투기의 먹이사슬 정점에 서 있는 '토건국가 현상'은 전 세계적으로 한국과 일본에서만 나타나는 유별난 일이다. 한국과 일본의 공통점은 또 있다.

경상대 장상환 교수의 연구에 의하면 헌법과 법률에 의해 확립된 '토지의 소유권과 이용권의 관계'가 미국, 영국, 독일, 프랑스 등은 이용권 우선인 데 비해 일본은 소유권 우선이며, 한국은 일본과 다름없고 오히려 일본보다 소유권 우선이 더 심하다.

한국이 일본보다 더 소유권의 압도적 우위를 확보할 수 있게 된 첫 계기는 지주에게 배타적 소유권을 준 일제 치하 토지조사사업이었다. 그리고 해방 후 남북 대결과 반공 이데올로기가 횡행하면서 사유재산권 절대주의로 발전했다(장상환 2005).

헌법은 그동안 9차례 개정됐지만 사유재산권 절대주의가 수정된 적은 없다. 오히려 토지를 비롯한 부동산에 대한 배타적 소유권은 역대 정부의 정책으로 강력히 뒷받침되며 위력을 발휘해 왔다. 해방 이후 현재까지 대부분의 도시 용지를 정부가 택지 구역 및 공영 개발 방식을 통해 개발해 공급했기 때문에 마음만 먹었으면 국공유지를 크게 늘릴 수 있었을 텐데 모두 민간에게 팔아 사유재산을 만들었다.

정부가 공급한 공공주택도 마찬가지였다. 물론 여기에는 부족한 정부 재정도 작용했지만, 2007년 실질적인 국공유지가 국토의 23%, 공공주택이 전체 주택의 3%로 세계 어느 나라보다 낮은 데는 사유재산 절대주의가 작용한 탓이 크다.

극단적인 사유재산 절대주의는 부동산 상품화로 이어졌다. 법원행정처에 따르면 1980년대에 도시용 토지의 10~20%, 농업용 토지의 4~8%가 거의 매년 거래되었다. 이것은 모든 토지가 도시에서는 5~10년마다, 농촌에서는 13~25년마다 거래된다는 것을 뜻한다. 도시의 모든 땅이 5~10년마다 주인이 바뀐다는 얘기다(채미옥 외 2006).

이 같은 토지의 상품화는 다른 나라와 비교할 때 매우 높은 수준으로, 1987년 일본의 토지 거래 빈도는 전국 토지의 0.6%, 주거용 토지의 2.2%였지만, 같은 해 한국은 전체 사유지의 4.1%, 전체 대지의 6.3%가 거래돼 일본보다 거래 빈도가 3~7배나 높았다.

투기로 발생한 불로소득이 사유화되면서 부동산은 더 상품화되었다. 1975년에는 전체 사유지의 3.2%가 거래됐으나 2004년에는 5.2%가, 주택 역시 1975년에는 8.2%가 거래됐으나 2004년에는 9.6%로 증가했다. 대도시일수록 상품화 정도는 더 심해서 2004년의 경우 토지 거래율은 6대 광역시가 12.7%, 서울시 20.8%에 달했다. 제3차 가격 폭등기였던 1988년 한 해 동안 전체 인구 중 4분의 1(23.9%)인 1,000만 명이 이사를 했는데, 이 중 200만 명은 직장 때문이었고 500만 명은 주택 때문이었다. 이처럼 극단적인 사유재산 절대주의와 토지와 주택의 상품화를 배경으로 투기의 먹이사슬이 형성되고 작동하게 된 것이다.

반면 싱가포르가 한국과 마찬가지로 자본주의 경제체제이고 인구밀도가 훨씬 높은 악조건이면서도 부동산 투기를 뿌리 뽑고 국민의 주택문제를 해결한 모범 국가가 된 것은 두 가지 점에서 한국과 달랐기 때문이다.

첫째, 한국처럼 이윤을 좇는 건설업체에게 주택 공급을 맡기지 않았다. '싱가포르형 주택 공급 제도'는 정치권력이 내집을 가진 중산층을 육성함으로써 정권의 불안정을 해결하려 했다는 점에서는 한국과 동기가 같았다. 그러나 싱가포르 정부가 직접 재정을 부담하고 국민과 직거래하며 가장 싼 값에 주택을 제공했다. 그 결과 국민의 10명 중 9명이 내집에 사는 기적을 만들었다.

둘째, 그렇지 않아도 좁은 국토를 소수 부유층이 독점하며 투기를 일삼도록 방치하지 않았다. 싱가포르 정부는 50여 년에 걸친 경제성장 과정에서 토지를 점차 국민의 공동소유, 즉 정부 소유로 전환시켜 국토 대부분을 국유화했다. 따라서 땅 투기를 하려 해도 투기에 노출된 사유지 자체가 극히 드물기 때문에 불가능하다. 심지어 정부가 지은 주택을 국민에게 분양할 때에도 최고 99년까지 집주인에게 싼값에 임대해 주는 방법을 썼지 땅을 사유지로 만드는 일은 피했다.

부동산 정책은 나라마다 처지가 다르기 때문에 장단점이 있다. 그러나 최소한 땅과 집은 투기 수단이 되어서는 안 된다는 소박한 상식만 지켰어도 국토의 70%, 주택의 97%가 투기에 노출되어 국민 다수가 투기의 먹이 사슬에 고통받는 비극만은 피할 수 있었을 것이다. 요컨대 한국의 부동산 계급사회는 잘못된 정책 때문에 만들어진 '인재지변'이다.

> **간추린**
> **1장 부동산, 무엇이 왜 문제인가**

부동산 무엇이 문제인가

- 너무 빨리 많이 오른다 → 감당하기 어려울 정도로 너무 비싸다 → 소유 격차 심화 → 불로소득 사유화 → 빈부 격차의 주범이 되고 있다.

얼마나 올랐나

- 대한민국 부동산 가격은 10년마다 폭등하고 그 가격이 유지되다 10년이 지나면 다시 수직으로 튀어 오르는 계단형 폭등세를 보인다. 그 결과 부동산 불패 신화를 만들어 내고 있다.
- 1963~2007년 사이 소비자물가가 43배, 도시근로자 가구 실질소득이 15배 오르는 동안 서울 땅값은 1,176배, 대도시 땅값은 923배 올랐다.
- 2000년 이후 4차 투기 광풍이 몰아치면서 강남 등 수도권 아파트가 가격 폭등을 주도했고, 결과적으로 서민 생활을 강타했다.

얼마나 비싼가

- 2008년 기준으로 땅값은 5,000조 원, 집값은 3,000조 원이다. 대한민국 땅을 팔면 캐나다를 6번, 프랑스를 9번 살 수 있다. 아파트 임대료도 세계 3위로 최고 수준으로 비싸다.
- 부동산 가격 총액이 GDP의 5.7배, 상장 주식 총액의 6.9배, 총예금의 8.7배, 총대출금의 7.5배, 1,000대 기업 매출액의 3.7배, 정부 예산의 19.3배에 달하는 등 국민경제 각 분야와 비교해 기형적으로 비싸다.

부동산 소유 편중 얼마나 심한가

- 집 : 대한민국 최고 집 부자 한 명이 1,083채를 소유하는 등 다주택자들이 전체 주택의 60%를 소유하고 있다.
- 땅 : 사유지 기준 국토의 74%를 5.5%의 땅 부자가 소유하고 있다.

넘치는 불로소득, 고장 난 환수장치

- 1980~2001년 사이 땅값이 상승해 발생한 개발이익이 1,284조 원이며, 2000~06년 사이 집값 상승으로 발생한 시세 차액은 648조 원에 달한다.
- 그러나 세제 등을 통해 환수된 개발이익은 5% 수준으로, 대부분의 불로소득이 사유화돼 부동산 부자는 더 부자가 되고 부동산이 없는 사람은 더 가난해졌다.

부동산 가격은 왜 오르기만 할까

- 저절로 오르는 게 아니라 뚜렷한 목적을 갖고 가격을 끌어올리는 집단이 있고 이를 뒷받침하는 장치와 시스템이 작동한 결과다. 네 차례 투기는 막대한 투기 자금 조성 → 투기 규제 장치 완화 → 경기부양 개발 정책이라는 동일한 조건에서 일어났다.
- 투기의 주역은 자금 동원력이 막강한 재벌 기업들이며, 이들은 관벌·정치권·언론·관변 학자 등과 '부동산 5적'을 형성해 투기로 불로소득을 거머쥐는 부동산 투기 먹이사슬의 정점에 있다.
- 더 근본적인 원인은 국토의 70%, 주택의 97%를 투기에 노출시킨 한국의 극단적인 사유재산 절대주의로, 같은 자본주의 국가면서도 국토의 대부분을 국유화하고 국민 10명 중 9명이 내집을 갖고 있는 싱가포르와 대비된다.

- 28살부터 봉급 저축해서 강남에 33평 아파트를 사려면 몇 살이나 돼야 가능할까? ···· 일흔두 살
- 22년 동안 집값과 전세값 중에 더 많이 오른 건? ···· 전세값 263퍼센트(집값은 125%)
- 혼수 준비에서 가장 많이 드는 비용은?

- 한국의 임금은 중국의 몇 배나 될까? ···· 10배
- 한국 땅값은 중국의 몇 배일까? ···· 40배
- 한국, 일본, 말레이시아, 대만 중 부동산 투명성지수가 가장 낮은 나라는?

----- 주택 마련 비용

2장
부동산 때문에 한국 경제가 위험하다

----- 한국(조사 대상 51개국 중 31위)

세계은행World Bank은 2003년 6월 펴낸 정책보고서 『성장과 빈곤 해소를 위한 토지 정책』 LAND POLICIES for GROWTH and POVERTY REDUCTION에서 "땅이 공정하게 분배된 나라일수록 높은 경제성장률을 이뤘으며, 제3세계 빈곤 해결을 위해서는 빈민층의 땅 소유 및 사용권을 확고히 보장하는 것이 무엇보다도 중요하다"고 지적했다.

나아가 전 세계 26개국의 땅 분배 형평성과 지난 40년간 국내 총생산 증가율을 비교 분석한 결과, 땅 문제와 경제성장에는 분명한 상관관계가 있다고 지적하고, "빈곤층의 땅 소유·사용권을 강화하고 땅 거래의 장벽을 완화하면 경제성장뿐만 아니라 부정부패 해소, 보건 등 사회사업 개선 압력 등 정치·사회적 효과도 거둘 수 있다"고 권고했다(『한겨레』 2003/06/24).

그러나 지난 50여 년 동안 10년 안팎 주기로 네 차례에 걸쳐 되풀이된 우리나라의 부동산 투기 문제는 극심한 소유 편중과 가격 폭등으로 성장과 분배 양면에서 한국 경제의 발전을 크게 위협하고 있는 게 현실이다. 서민 주거, 내수 경제, 산업 공동화, 산업구조, 노사관계 등 각 영역에서 부동산 투기가 어떻게 한국 경제의 정상적인 발전에 악영향을 미치는지 따져 본다.

1. 봉급쟁이의 뿌리 뽑힌 삶

하늘을 나는 새도 둥지가 있고 하물며 달팽이도 제 집이 있는데 2005년 현재 국민 10명 중 4명(41.4%)은 셋방을 떠돌며 살고 있다.

셋방 사는 국민은 656만 가구 1,666만 명에 달한다. 특히 서울은 전체 가구의 54%가 무주택 가구로 자기 집에 사는 가구(45%)보다 더 많다. 수도권 거주 가구 중에는 절반 가까운 48%, 355만 가구가 무주택 가구인데 전국의 무주택 가구 중 54%가 수도권에 몰려 산다. 대전(46%), 경기(44%), 광주(44%), 대구(44%), 부산(41%)도 셋방 비율이 40%를 넘었다.

> 가난한 사람은 세 번 운다
> 집 때문에
>
> '오천에 욕실 딸린 방 두 칸' 구하려고
> 땡볕에 익어버린 신랑 얼굴을 보며 각시가 운다
> 집 때문에
>
> 눈에 넣어도 아프지 않은 둘째 친정에 맡기고도
> 아직 꿈이 내집 마련인 맞벌이 부부가 운다
> 집 때문에
>
> 정든 얼굴 낯익은 골목길 뉴타운에 내주고
> 허름한 동네 찾아 떠나는 날 중년가장이 운다
> 집 때문에

"젊어 고생은 사서도 한다"는 말이 있지만, 문제는 셋방살이가 젊었을 때 잠깐 하는 일로 끝나지 않는다는 데 있다. 현재 셋방 사는 가구 중 47%는 셋방살이를 시작한 지 10년이 넘었다. 19%는 10년은 안 됐지만 5년이 넘었다. 부산(65%), 제주(56%), 대구(55%), 광주(51%), 전남(51%)에 사는 무주택 가구 중 절반 이상이 10년 이상 무주택자이고, 서울에서 셋방 사는 가구의 48%도 10년이 넘었다(김혜승 2007).

'봉급으로 내집마련' 서울 29년 강남 44년 걸린다

셋방 사는 사람에게 소원이 무엇이냐고 물으면 첫째도 '내집마련' 둘째도 '내집마련' 셋째도 '내집마련'이라 답한다. 그러나 10년이 넘도록 내집을 마련하지 못하는 이유는 집값이 터무니없이 비싸기 때문이고, 집값을 따라잡기에는 소득이 너무 낮기 때문이다.

유엔정주권회의UN HABITAT는 소득 대비 주택가격 비율Price to Income Ratio: PIR의 적정 수준을 3~5배 정도로 규정하고 있다. 집값이 연간 소득의 3~5배 정도가 적당하다는 얘기다. 그런데 우리나라는 2006년 현재 PIR이 전국 평균 6.5배, 서울은 9.8배, 강남권은 12.8배에 달하고, 해마다 더 증가하는 추세다(지동현 2007). 소득에 비해 집값이 터무니없이 비쌀 뿐만 아니라, 아파트값은 날아가는데 돈벌이는 기어가기 때문이다.

2003년 2월 대한민국 평균 직장인 가정의 1년 평균 소득은 3,492만 원이었는데, 3년 7개월 뒤인 2006년 9월 4,132만 원으로 18.3%인 640만 원이 늘었다. 그 결과 소득에서 지출을 빼고 저축할 수 있는 돈도 732만 원에서 805만 원으로 10% 증가했다(통계청 가계조사 각 연도).

그런데 110㎡(33평)형 아파트값은 전국 평균 1억8,183만 원에서 2억2,011만 원으로 21.2%, 서울은 3억3,429만 원에서 4억4,451만 원으로 33%가 뛰어올랐다. 특히 강남구는 5억9,301만 원에서 9억7,317만 원으로 64%가 치솟았다(국민은행 주택가격동향조사 각 연도).

이렇게 집값이 소득에 비해 터무니없이 비싸고 집값이 소득보다 더 빨리 더 많이 오르다 보니 2006년 9월 기준으로 대한민국 평균 봉급쟁이가 월급을 모아 110㎡형 아파트를 장만하려면 전국 평균 18.6년, 서울은 29.1년, 강남은 44년이 걸린다는 계산이 나온다. 연소득 가운데 지출을 제외한 저축 가능액을 정기예금 금리(2003년 2월 4.15%, 2006년 9월 4.13%)를

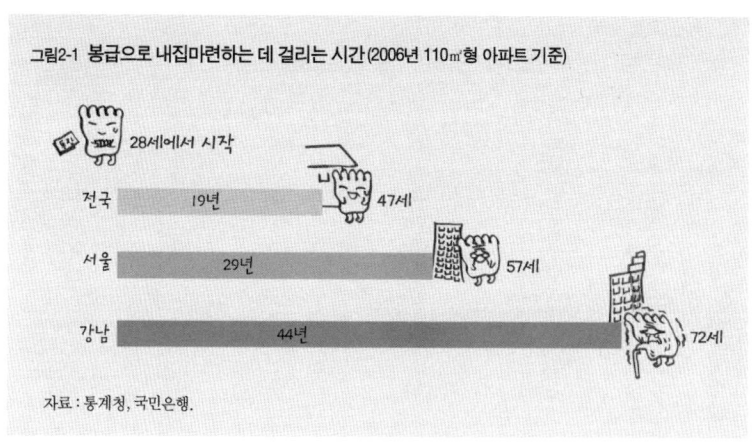

적용해 저축하는 것으로 가정했을 때 그렇다. 남자의 경우 제대와 대학 졸업 후 28세에 직장생활을 시작한다면 47세가 돼야 내집을 장만할 수 있단 얘기다. 또 서울에서 아파트를 사려면 57세가 돼야 하고, 강남구에서 아파트를 사려면 72세가 돼야 한다는 계산이다.

마음을 비우고 평수를 82.5㎡(25평)형으로 낮춘다 해도 전국은 44세, 서울 53세, 강남 67세가 돼야 한다. 말 그대로 검은 머리 파뿌리가 돼야 내집을 장만할 수 있다는 소리다. 이 같은 '내 아파트 마련 기간'은 110㎡ 기준으로 할 때, 2003년에 비해 전국은 2.1년, 서울은 4.2년, 강남은 9.2년이 더 늘어난 것이다(이낙연 2006).

투기가 만들어 낸 한국의 부동산 문제는 이처럼 서민들의 소원인 내집 마련의 꿈을 산산이 조각내고 있다.

표 2-1 최근 22년간 주택 매매가격과 전세가격 변동 현황(1986~2008년)

단위 : %

		전체 주택		아파트		단독주택		연립주택	
		매매	전세	매매	전세	매매	전세	매매	전세
전국		125	263	259	440	38	122	99	281
서울시	전체	165	257	358	457	75	128	96	256
	한강 이북	90	229	221	433	64	143	44	239
	한강 이남	253	284	448	455	92	105	151	273
광역시		99	242	220	364	26	125	82	274

자료 : 국민은행 주택가격지수 시계열(1986년 2월~2008년 2월). http://est.kbstar.com.

집값보다 더 오른 전세값, 전세에서 월세로

문제는 내집마련을 불가능하게 하는 데서 그치는 게 아니라 셋방살이 자체도 더 힘들게 한다는 데 있다. 왜냐하면 투기 때문에 집값보다 전세값이 더 큰 폭으로 오르기 때문이다.

국민은행 전국주택가격동향조사를 보면 최근 22년 동안 주택 매매가격은 125% 오른 데 비해 전세금은 263%로 곱절이 올랐다. 특히 서민들이 많이 사는 서울 한강 이북 지역은 집값(90%)에 비해 전세금(229%)이 2.5배나 더 올랐고, 광역시도 2.4배가 더 올랐다.

특히 아파트보다 셋방 사는 사람이 더 많이 거주하는 단독주택과 연립주택은 매매가격에 비해 전세값이 훨씬 많이 올랐다. 아파트값은 전세금이 매매가격보다 1.7배 오른 데 비해, 단독주택은 3.2배, 연립주택은 2.8배가 더 올랐다. 한강 이북 지역 아파트값은 전세값이 매매가격의 2배로 올랐는데, 단독주택은 2.2배, 연립주택은 무려 5.4배가 더 올랐다.

젊을 때 사글세나 월셋방에 살다가도 절약해서 전세로 옮기고, 다시 열심히 벌어서 자식도 낳고 나이가 들어갈 때쯤에는 내집을 장만할 수 있

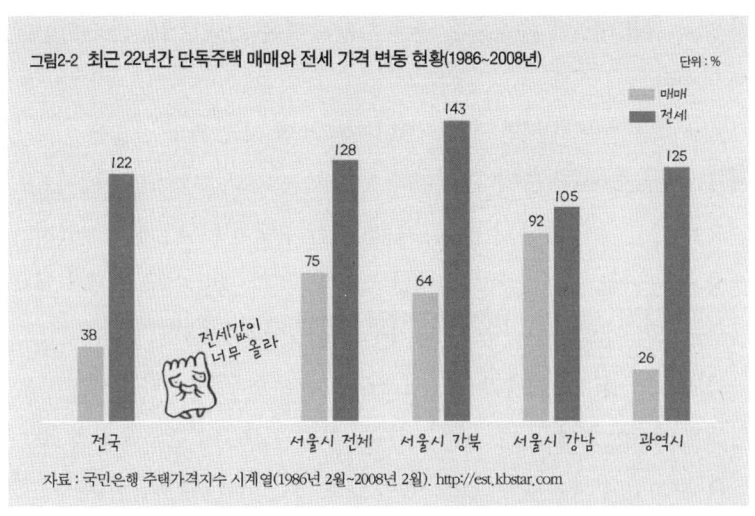

그림2-2 최근 22년간 단독주택 매매와 전세 가격 변동 현황(1986~2008년)

자료: 국민은행 주택가격지수 시계열(1986년 2월~2008년 2월), http://est.kbstar.com

어야 한다. 그래야 사람 행세도 할 수 있고, 사는 재미도 난다. 이게 평범한 보통 사람들이 바라는 세상사 이치다.

그러나 10년에 한 번꼴로 주기적인 '투기 토네이도'가 휘몰아치는 대한민국에서는 정반대 현상이 일어나고 있다. 투기가 셋방 사는 서민들을 어떻게 괴롭히고 있는지 살펴보자(이하 특별한 출처 표시가 없는 경우 통계청 인구주택총조사 결과임).

2차 부동산 투기 시기가 포함된 1975~80년에 셋방 사는 가구는 전체의 33.4%에서 39.4%로 6%가 늘었다. 가구 수도 222만에서 314만으로 92만 가구가 늘었다. 같은 기간 주택 수는 58만 채가 늘었는데도 셋방 사는 가구는 더 늘어난 것이다.

3차 부동산 투기 때인 1985~90년에도 셋방 사는 가구는 42.3%에서 46.9%로 4.6%가 늘어났다. 가구 수도 409만에서 533만으로 124만 가구가 새로 셋방 대열에 합류했다. 같은 기간 주택은 125만 채를 더 지었는데도 말이다.

4차 부동산 투기 때인 2000~05년에는 셋방 사는 가구 비율이 43%에서 41.4%로 1.6%가 줄었다. 그러나 셋방 사는 가구 수는 615만에서 657만으로 42만 가구나 더 늘어났다. 같은 기간 주택이 175만 채가 늘었지만 셋방 사는 가구 수는 오히려 늘어난 것이다. 특히 셋방 가구 중에서 전세 가구는 48만이 줄어든 반면, 월세 가구가 90만이나 늘었다.

전세값이 올라도 대출받기는 어려웠다. 한국주택금융공사가 심상정 의원에게 제출한 2006년 국정감사 자료를 보면 전세값이 한창 오르던 2005년과 2006년 전세금 대출 보증을 신청했던 사람 4명 중 1명꼴인 7만여 명이 보증을 받지 못해 대출을 거절당한 것으로 나타났다(심상정 2006c). 대출을 받지 못하는 이들은 결국 전세 살다 내집을 장만해 가기는커녕 거꾸로 전세에서 월세로 내려앉을 수밖에 없는 것이다.

뿌리 뽑힌 삶 '이사 다니기 세계 1위'

아다시피 셋방은 크게 전세와 월세로 나뉘는데, 2005년 현재 전세 인구는 356만 가구에 1,003만 명, 월세 인구는 301만 가구 663만 명으로 전세살이가 55만 가구, 340만 명이 더 많다.

월세 가구를 더 자세히 들여다보면 일정액의 보증금을 내고 다달이 집세(방세)를 내는 보증부월세가 239만 가구 543만 명으로 가장 많고, 보증금 없이 다달이 일정한 방세를 내는 무보증 월세가 33만 가구 62만 명, 몇 개월치의 집세를 한목에 내고 그 금액에서 매월 1개월분의 집세를 공제하는 사글세가 28만 가구 57만 명이다.

수도권과 부산, 대전, 전남 등은 셋방 가구 중 절반 이상이 전세 가구인데, 제주, 강원, 경북, 충북, 전북 등 지방 10개 시도는 사글세를 포함한 월세 가구가 절반이 넘는다. 특히 제주도는 셋방 사는 63만 가구 중 절반이 사글세다.

셋방 사는 사람이 가장 듣기 싫어하는 소리는 "방 뺄래 방값 올릴래"이다. 흑백논리도 이만한 흑백논리가 없다. 올려 주지 못하면 나가야 하니 한곳에 오래 머물 수가 없다.

셋방 사는 사람 절반은 이사 온 지 2년이 채 안 되고, 3명 중 2명은 3년이 안 된다. 2000년에 2년 미만 거주자가 58%였는데 2005년에도 53%에 달하고, 3년 미만 거주자도 69%와 66%로 거의 변함이 없다. 5년이 지났는데도 5년 이상 한곳에 살고 있다는 사람은 다섯 집 중 한 집밖에 안 된다. 그만큼 한곳에 오래 못 산다는 얘기다. 2005년 현재 자기 집에 사는 사람 중 64%가 5년 넘게 한집에서 살고 있고 25년 넘은 사람도 17%나 되는 데 비하면, 셋방 사는 사람은 뿌리가 뽑힌 채 이곳저곳을 떠돌며 산다는 얘기다. 그래서 우리나라는 '이사 다니기 세계 최고'라는 또 하나의 불명예스런 금메달을 달고 있다.

통계청의 인구이동률 통계를 보면 우리나라는 1971~95년 사이 전체 인구의 4분의 1이 거의 매년 이동했다. 이 가운데 10명 중 2명이 직장 때문일 뿐, 절반은 주택 때문이었다. 비슷한 시기에 일본은 매년 20명 중 1명꼴(5.4%)로, 대만은 12명 중 1명꼴(8.1%)로 이사 다니는 데 비하면 너무 많은 사람이 너무 자주 삶의 터전을 옮기는 셈이다. 1996년에서 2007년 사이 인구이동률도 18.9%로 100명 중 19명이 매년 이사를 하고

있다는 것을 알 수 있다(통계청 인구이동통계 각 연도).

　필자가 어릴 적에 2년을 넘기지 못하고 이사를 다니다가 4년 정도 살게 된 집이 있었다. 전세 살기는 마찬가지였지만 그래도 한곳에서 오래 살게 되니 가정이 안정되는 게 여러 가지로 좋았다. 한번은 철없던 필자가 어머니에게 "이제 여기 그만 살고 좋은 동네로 이사 가자"고 졸랐다. 그저 웃기만 하시던 부모님 얼굴이 지금도 눈에 선하다. 나중에 나이 들어 가정을 꾸리고서 1~2년에 한 번씩 이삿짐을 싸다 보니 문득 그때 어머니 얼굴이 떠오르면서 "이 녀석아, 이사 다니는 일이 얼마나 엄두 안 나는 일인지 알기나 하느냐"하고 말씀하시는 것 같다. 이사 다니기, 정말 힘들고 고통스러운 일이다.

셋방살이 열 중 여섯 '집세 부담스럽다'

　아파트가 아무래도 편리하고 집값이 많이 오르기 때문에 대다수는 아파트에 살기를 원한다. 2005년 현재 자기 집을 가진 사람 100명 중 47명은 아파트에, 37명은 단독주택에, 9명은 다세대주택에, 나머지는 연립주택 등에 산다. 그런데 셋방 사는 사람은 100명 중 55명이 단독주택에 살고, 33명이 아파트에, 6명은 다세대주택에, 나머지가 연립주택 등에 산다. 세 사는 사람일수록 아파트보다 단독주택 비중이 훨씬 높은데, 보증금이 없는 월세나 사글셋방에 사는 사람은 10명 중 8~9명이 단독주택에 살고, 아파트 거주 비중은 5% 안팎에 불과하다.

　아파트보다 단독주택에 셋방 가구가 많은 것은 주택 형태도 작용하지만 결국 가격 때문이다. 2005년 현재 아파트에 사는 가구의 전세금은 평균 7,409만 원인데, 단독주택은 3,207만 원으로 절반 수준이다. 방의 개수를 따지지 않은 통계지만 아파트에서 전세 사는 건 그만큼 돈이 많이 든다는 의미다.

전세 가구의 가구당 평균 전세금은 5,109만 원인데 서울이 7,191만 원으로 가장 높고 경기도 5,404만 원, 울산 4,181만 원 순이다. 보증금 있는 월세 가구는 평균 보증금 1,157만 원에 월세 21만 원을 내고 있다. 역시 서울이 1,297만 원에 월 26만 원으로 가장 높다. 보증금 없는 월세 가구는 평균 월세도 21만 원인데, 서울(29만 원), 인천(26만 원), 제주(25만 원) 순으로 높다. 사글세는 평균 28만 원인데 그중에서도 아파트는 35만 원으로 더 비싸다.

셋방 사는 사람들은 이 같은 집세를 어느 정도 부담으로 느끼고 있을까. 2006년 주거 실태 조사 결과를 보면 전·월세 사는 100가구 가운데 15가구는 집세 부담 때문에 생필품을 줄일 정도로 어려움을 겪는 것으로 나타났다. 지역별로는 광역시가 15.8%로 가장 높았고 수도권이 14.8%, 도 지역이 13.2%로 조사됐다. 또 못 낼 정도는 아니지만 부담스럽다는 가구는 100가구 중 48가구로, 지역별로는 수도권이 48.3%, 도 지역이 48.1%, 광역시가 45.7%로 나타났다(김혜승 2007).

다시 말하면 셋방 사는 사람 100명 가운데 62명이 집세에 부담을 느끼고 있다는 뜻이다. 특히 소득이 낮을수록 부담이 커서 저소득층은 100명 중 26명이 집세 부담 때문에 생필품을 줄일 정도로 어려움을 겪고 있고, 44명이 못 낼 정도는 아니지만 부담을 느끼는 등 전체의 70%가 집세에 부담을 느끼는 것으로 나타났다.

딱하고 힘겨운 셋방살이라고 말들은 하지만 이승만 정권부터 이명박 정권까지 '민주화 이전과 이후'를 막론하고 셋방 사는 서민들을 위한 공공임대주택을 늘리는 데는 별 관심이 없다. 앞에서 살폈듯이 공공임대주택은 전체 주택의 3% 수준에 불과하다. 투기로 주거 생활이 점점 열악해졌지만 국가는 탈출할 수 있는 최소한의 비상구도 만들어 주지 않은 것이다.

2. 내수 침체의 장기화

장사가 안 된다, 경기가 안 좋다, 소비를 하지 않는다, 내수 경제가 침체됐다는 이야기는 맥락이 비슷한 말이다. 내수 경제는 통계에 '민간 소비'로 표시되는데 최근 2~3년간 사정이 좀 나아진 것으로 나타나지만 서민들의 체감 경기와는 거리가 있고 여전히 경기의 중심이 내수보다 수출에 가 있기는 마찬가지다.

취직도 어렵고 돼봤자 비정규직 일자리밖에 없으니 쓸래야 쓸 돈도 없지만, 외환위기 이후 내수 침체는 신용불량 문제와 부동산 관련 대출금의 이자 부담 문제를 빼고 설명하기가 어렵다. 벌이가 시원찮은 데다 빚이 많아서 더 소비를 못하고, 소비를 못하니 식당이나 자영업자들 장사도 변변찮고 내수 경기가 전반적으로 살아나지 못한다는 것이다.

부동산 대출금 갚느라 허리 휘어 내수 침체

저소득 계층이 신용불량 관련 카드빚에 묶여 소비를 못한 반면, 중산층은 2000년 이후 수년간의 4차 부동산 투기 때 빌린 주택 관련 대출금을

갚느라 지갑을 열지 못했다. 신용불량 문제는 사실상 소비 능력이 떨어지는 저소득 계층의 문제로 내수 경제에 미치는 여파가 제한적이지만, 부동산 관련 대출 상환 문제는 소비 능력이 있는 소득 계층의 문제라는 점에서 내수 침체에 미치

는 영향이 훨씬 크다.

상식적으로 생각해도 부동산값이 폭등해 내집마련 기간이 10년에서 15년으로 늘어난다면 5년 동안 소비가 줄고, 당장 씀씀이도 줄일 수밖에 없는 이치다. 나아가서 부동산 가격 폭등 상황이 개선되지 않을 경우 출산율 저하나 고령화 문제가 맞물려 구조적인 내수 침체를 벗어나기 어렵다는 데 문제의 심각함이 있다.

한국은행에 따르면 2007년 말 1,642만 전체 가구가 진 빚이 총 630조 7,000억 원으로 한 가구당 평균 3,842만 원이며, 해마다 늘어나는 추세다. 이 중 카드빚 비중은 12% 이내이고, 나머지는 은행 등에서 빌린 것이다. 은행 대출금은 1999년 200조가 채 안 됐는데, 1년 만에 240조로 불어났고 2001년 300조, 2003년 400조, 2006년 550조로 급증한 뒤 2007년 말 현재 600조에 육박한다(한국은행경제통계시스템 ecos.bok.or.kr).

가계 빚 중 제일 높은 비중을 차지하는 것이 주택 담보 대출 등 부동산 관련 빚이다. 주택 관련 총대출금은 4차 부동산 투기가 시작된 2001년 94조 원을 기록한 뒤 4년 만인 2004년 236조 원으로 폭등했고, 2006년 298조 원으로 오른 뒤 2007년에는 300조 원을 넘어섰다.

은행 중 예금은행에서 빌린 돈을 기준으로 한다면 주택 담보 대출이 2002년 말 59% 이후 매년 60%를 넘어서 2007년 말 기준으로도 61%에 이르며, 신규 분양이나 재건축 관련 중도금 잔금 이주비 등을 포함할 경우 68%에 달한다. 이처럼 부동산 대출 규모가 4차 부동산 투기가 시작되기 이전인 1999년에 비해 2~4배에 달하는 것은 가계가 주택을 담보로 대출을 받아 부동산 투기에 적극 뛰어들었음을 보여 준다.

한편 김광수경제연구소의 분석에 따르면 4차 부동산 파동이 한창이던 2001년 2분기~2003년 3분기에 대부분 중산층 이상인 가계 부문이 부동산 투기에 투자한 자금의 총 규모는 약 137조~183조 원이고, 그중에서 총

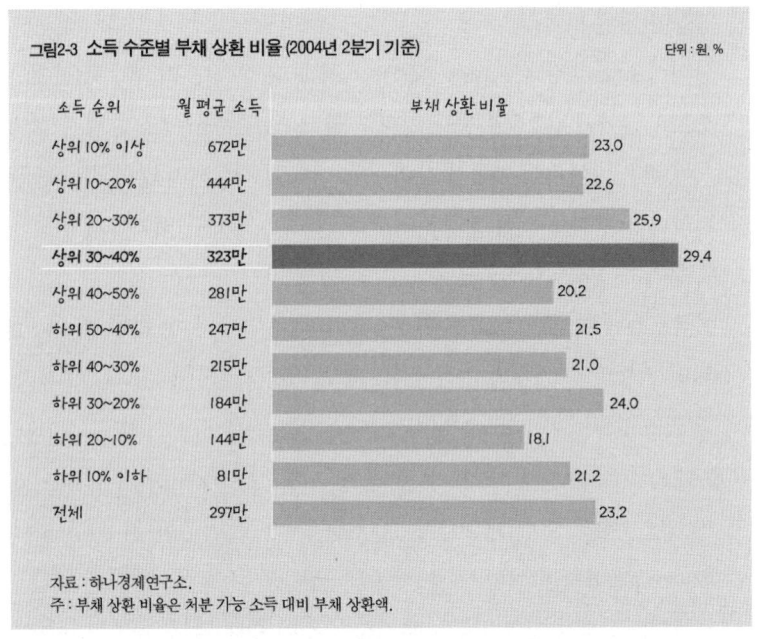

110조 원이 은행 대출금이라고 한다. 그 결과 지나치게 많은 은행 빚을 짊어지고 그 이자를 감당하느라 중산층 이상의 가구는 연간 약 13조 원가량의 금융이자수지 기회 손실을 보며, 이를 메우려 소비를 줄이게 돼 내수 침체의 결정적 원인이 되었다는 것이다. 13조 원의 기회 손실 규모는 GDP 대비 2%에 해당하는 것으로, 이 기간에 예상할 수 있는 소비의 2%가 줄어든 것이다(김광수경제연구소 2004). 부동산을 구입한 가계들은 대부분 자기 집을 담보로 대출받을 수 있는 중산층 이상이다. 이들은 전체 소비의 60~70%를 차지하는 계층으로, 이들의 자금이 부동산 투기에 묶여 소비가 줄어들면 내수 경기는 큰 타격을 받게 된다.

실제로 전체 가계부채 중 부동산 관련 대출이 70%에 육박하고, 중산층은 소득의 30% 가까이 부동산 관련 대출 등 은행 빚 갚는 데 쓰느라 소비를 제대로 하지 못하는 것으로 나타났다. 2004년 10월 하나경제연구소가 통계청의 가계수지를 분석한 데 따르면 부동산 대출이 60%대까지 치고 올라가던 2004년 6월 현재 소득 상위 30~40%(가구당 월평균 소득 323만 원)인 중산층이 처분가능소득의 29.4%를 빚 갚는 데 쓰고 있다. 중산층의 이 같은 부채상환비율은 전체 평균 23.2%보다 6.2%가 높은 것이다. 중산층의 부채상환비율은 2001년 까지만 해도 10% 중반으로 전체 평균과 비슷하거나 혹은 약간 낮았으나, 2001년 1분기부터 20%대로 올라간 후 급증해 30%에 육박하게 되었다.

한편 주택 담보 대출 취급 은행의 자체 조사에 따르면 2004년에서 2006년까지 집을 산 사람의 62.4%는 주택 담보 대출을 받았고, 평균 주택 구입 가격 2억753만 원의 35.9%인 7,202만 원을 대출받았다. 월평균 상환액은 53만1,000원으로 이는 대출 받은 사람들이 버는 월 평균 소득의 18%에 달하는 돈이었다(지동현 2007).

또한 한국주택금융공사의 보금자리론 대출을 받아 집을 마련한 경우, 가구당 평균 대출금이 7,460만 원에 이른다. 2007년 11월 현재 보금자리론 최고 금리 연 6.75%를 적용해 10년간 원리금을 균등 상환할 때, 매월 갚아야 하는 돈은 평균 소득의 32%에 달한다. 특히 서울의 경우 연평균 소득이 3,820만 원으로 전체 평균보다 700만 원 이상 높지만, 집값이 가장 비싸다 보니 월평균 소득의 40%인 128만 원씩 꼬박꼬박 갚아야만 한다. 경기, 부산, 대구, 대전·충남·제주 등 7개 시도에서는 월평균 소득의 30% 이상을 대출금 갚는 데 쓰는 것으로 집계됐다(〈서울포스트〉 2007/11/28).

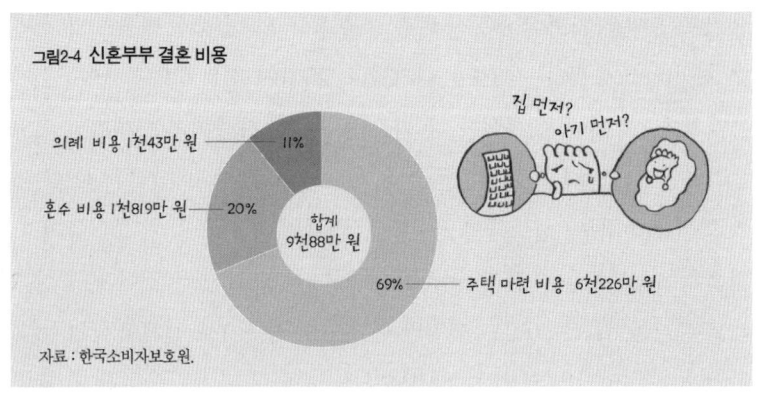

그림2-4 신혼부부 결혼 비용

의례 비용 1천43만 원 — 11%
혼수 비용 1천819만 원 — 20%
합계 9천88만 원
69% — 주택 마련 비용 6천226만 원

자료: 한국소비자보호원.

주택·교육비 감당 못해 저출산 → 내수 침체

저출산이 큰 사회문제라 한다. 1970년 한 해 100만 명 넘던 출생아 수가 2001년 55만으로, 2002년에 다시 49만 수준으로 떨어진 뒤 현재까지 49만 명 수준을 벗어나지 못하고 있다. 1970년 0~4세 유아 수는 455만 명 수준이었으나 1990년 320만, 2002년 299만 명으로 줄어들어 아직 크게 달라지지 않고 있다. 총출산율도 작년 말 현재 1.26으로 일본, 미국, 독일, 프랑스 등과 비교해도 세계 최저 수준이다. 이런 추세로 가다가는 한국인이란 종 자체가 없어질 것이란 농담 아닌 농담이 나올 정도로 문제가 심각하다.

저출산은 결혼이 늦어지는 것에서 출발한다. 왜 결혼이 늦어질까. 여러 가지 이유가 있으나 주택비 부담이 한몫하고 있다. 2003년 한국소비자보호원이 최근 2년간 결혼한 신혼부부 418쌍을 대상으로 조사한 결과 전체 결혼 비용은 9,000만 원이었는데 그중 주택 마련 비용으로 6,000만 원 이상을 쓴다. 혼수 비용과 의례 비용은 각각 1,000~2,000만 원 수준에 머물렀다. 결혼을 하려 해도 집을 구하는 데 드는 비용이 엄청나니 이 돈을 마련하느라 결혼이 늦어지고, 집 때문에 빚을 엄청나게 지게 되니 출산율에도 영향을 미치게 된다.

'집이냐 자식이냐'를 선택해야 하는 상황에 맞닥뜨리는 게 대한민국 신혼부부들이다. 10년 전에 이미 자식 하나 낳아서 대학 졸업시키는 데 교육비만 1억이 훌쩍 넘었고, 요즘은 교육비를 포함한 양육비가 2억이 넘는다고 하니 원하는 대로 낳을 수는 없는 노릇이다.

빚을 지거나 저축을 하는 이유도 주로 집 때문이다. 통계청이 2003년에 복수 응답으로 빚을 지게 된 이유를 조사한 데 따르면 69%가 집을 장만하기 위해서이고, 저축을 하는 이유도 30%가 주택 마련이다. 집 때문에 빚에 쪼들리는 데다 교육비까지 세계 최고 수준이고 여성이 결혼 후 직장 생활이 쉽지 않은 현실이라 아이 낳기를 주저하게 된다.

40~50대의 소득 대비 주거비 부담은 6~8% 수준이지만, 출산 가능성이 큰 20~30대는 13~16%로 2배나 된다. 또 저소득층의 주거비 부담은 22.7%로 중산층의 11.5%, 고소득층의 5.4%에 비해 2배에서 4배 높다(송태정 2003). 아무래도 20~30대의 소득이 더 적으니 당연한 통계지만, 비싼 부동산 가격 때문에 아이조차 마음대로 낳을 수 없고 특히 가난한 사람은 더하다는 것은 결코 무리한 얘기가 아니다.

저출산의 여파는 당장 유아용품 시장으로 번진다. 국내 조제분유 판매량은 2002~04년에 35%가 축소됐다. 유아복은 4년간(1999~2003년) 매출액 대비 20%, 시장 규모 대비 17%가 줄어들었다. 아동·청소년복도 하락 추세다(『한국경제신문』 2005/03/27).

자동차, 냉장고, 에어컨 등 내수 시장 각 분야에도 단계적으로 저출산의 여파가 영향을 받지 않을 수 없게' 될 것이다. 주거문제와 교육문제에 짓눌려 자손조차 낳지 못하는 상황은 내수 경제를 구조적인 침체 상황으로 몰고 갈 수밖에 없다.

고령화 사회: 부동산 못 잡으면 내수 침체 장기화

고령화 문제와 연관해 봐도 부동산 문제는 내수 경제와 밀접한 관련이 있다. 우리나라는 세계에서 가장 빨리 늙어 가는 나라로, 고령화 속도가 유례없이 빠르다. 통계청에 따르면 2005년 인구 구성비는 0~14세 19.1%, 15~64세 71.8%, 65세 이상 9.1%로 중간 나이는 34.8세지만, 2050년에는 9.0% : 53.2% : 37.3%, 중간 나이가 56.2세로 예상된다. 고령화는 노동 공급 감소나 취업 인구 노령화는 물론이고 소비 침체를 가져와 경제에 큰 부담을 준다는 점에서 우리 사회에 심각한 도전이 되고 있다.

먼저 고령화 사회로 진입한 선진국에서는 일반적으로 노동 기간에는 저축률이 높지만 은퇴한 뒤에는 소비가 늘어나는 특징을 보인다. 그러나 우리나라는 고령화가 빠르게 진행되고 있지만 거꾸로 저축률은 오르고 소비는 줄고 있다. 외환위기 이후 노동시장에서 탈락한 중고령자들의 노후 불안이 확산되면서 55세 이상 가구주의 저축률은 2002년 이후 급속히 높아져 2003년의 경우 전체 가구의 가처분소득에서 차지하는 평균 저축률은 25% 수준인데 55세 이상 가구주의 저축률은 33%에 이른다.

반대로 소비 지출액은 급격히 떨어진다. 1991년 소비 지출액을 100이라고 할 때 전체 평균 소비 지출액과 55세 이상 가구주의 소비 지출액은 1998년까지 거의 같았으나 2003년 전체 평균 소비 지출액은 250인 반면 55세 이상 가구주는 200에 그치고 있다(통계청, 도시근로자 가구의 가계수지동향 자료, 각 연도).

문제는 이 같은 소비 위축 추세가 앞으로 더 심각해져 한국 경제 전반이 구조적인 내수 침

체를 벗어나기 어려울 것이란 점이다. 그 이유는 우리나라 기업이 너무 젊은 나이에 노동자들을 노동시장에서 퇴출시켜 '젊은 노인'들을 양산하기 때문이고, 설사 계속 일하고 있다 하더라도 40대 이후부터 임금을 더 적게 주거나 주로 비정규직으로 고용해 소득이 줄기 때문이다. 더구나 자녀의 교육비나 결혼 비용 부담 등에서 헤어나지 못한 가운데 노후도 크게 불안하기 때문이다. 2000년에는 생산가능인구 10명이 노인 1명을 부양했지만 2020년에는 5명이 1명을, 2040년에는 2명이 1명을 부양하게 됨에 따라 생산가능인구의 소비 여력도 줄어들게 돼 고령화 추세는 이래저래 내수 경제에 큰 도전이다.

한 가지 더 짚어 볼 문제는 노령층의 경우 소비 능력이 있는 층의 경우도 대체로 재산이라 해야 집 1채 가진 정도라는 점이다. 아마도 집 1채가 평생 모은 재산의 대부분이겠지만, 결과적으로 재산이 주택에 묶여 있어 소비를 하지 못하고 있다. 공공임대주택을 충분하게 공급해, 주택에 묶인 돈을 소비하는 데 쓸 수 있게 하지 않은 한 당장 내수 경제를 살리는 일은 쉽지 않은 일이다.

김광수경제연구소에 따르면 임대주택을 대량으로 공급해 부동산에 묶인 중고령 세대의 돈이 풀리면 노후 세대의 경제적 자립이 가능해지고 복지 비용 부담도 줄어 재정 건전화에 도움이 된다. 증권이나 기업에 투자되는 자금도 늘어 부동산 투기 중심의 자산 경제구조가 기업 경영 활동 중심의 생산 경제구조로 전환될 수 있다고 한다(김광수경제연구소 2004).

실제로 이 연구소는 판교 신도시를 100% 임대주택으로 공급해서 집을 가진 중고령 세대가 입주하게 하고 남은 돈으로 여유로운 노후를 보낼 수 있게 한다면 주택을 소유에서 거주 개념으로 전환할 수 있을 뿐만 아니라 내수 경제 회복에도 도움이 될 것이라는 제안을 하기도 했다. 필자도 크게 공감하는 견해지만 정책 당국은 생각이 다른지 받아들이지 않았다.

미국, 일본, 유럽 등 선진국과 마찬가지로 고령화 시대를 맞아 각광받는 실버산업의 미래를 설계하는 것은 부동산 투기와 조기 퇴출, 비정규직 확산, 임금 삭감 등으로 소비 여력이 줄어드는 한국 현실에서는 사상누각이다. 부동산 문제를 포함해 종합 대책이 마련되지 않는다면 고령화 시대 내수 경제의 주역이 되어야 할 고령자가 저소비 집단으로 전락하게 되고, 그 결과 내수 침체가 장기화해 한국 경제의 앞날에 먹구름을 드리울 가능성이 높다.

3. 제조업이 해외로 나가는 이유

제조업을 비롯한 산업 공동화는 한국 경제의 중요한 문제 중 하나다. 산업 공동화는 일반적으로 기업이 생산 시설을 해외로 이전함으로써 제조업의 비중이 하락하고 경제의 성장 잠재력이 낮아지는 것을 뜻한다.

최근 국내 투자의 둔화 속에서 중국 등으로 해외 투자가 꾸준히 확대되고 있고, 특히 중소기업이 해외로 빠져나가고 있어 문제가 심각하다고 한다. 한국수출입은행의 해외직접투자 통계를 보면 대기업의 경우 1990~97년에 해외직접투자액 평균이 17억7,000만 달러에서 2000~06년에는 35억4,000만 달러로 약 2배 증가한 반면, 중소기업의 해외직접투자액은 같은 기간 동안 4억9,000만 달러에서 23억6,000만 달러로 약 5배 증가했다.

전경련에 따르면 우리나라 제조업의 해외 이전은 1인당 국민소득을 감안할 경우 주요 선진국에 비해 시기적으로 너무 이르게 진전되고 있다. 2000년을 기준으로 할 때 한국의 1인당 국민소득은 9,770달러인데 명목

GDP에서 해외투자 잔액의 비중은 5.8%로, 1인당 국민소득이 우리의 4배인 일본과 같다. 산업부문별로도 신발, 섬유·의복 등 경공업 위주에서 전자통신, 조립금속, 기계장비 등 중화학 공업으로 빠르게 확산되고 있다. 이처럼 제조업의 해외 이전이 너무 빠르게 진전되는 경우 생산·소득·고용 위축과 이에 따른 지방 경제에의 타격 등 산업 공동화 문제는 더욱 심각해질 것이다.

제조업을 비롯한 산업 공동화 대책을 제대로 세우려면 그 원인을 정확히 살펴야 한다. 산업 공동화의 원인이 한국 경제가 높은 비용을 치르면서도 효율성이 낮은 구조 때문이라는 진단이 많다. 고비용 저효율 구조를 떠받치는 게 바로 부동산 문제라는 점 또한 주목해야 한다.

비싼 땅값 → 높은 공장 용지값 → 제조업 공동화·외자유치 걸림돌

부동산 투기로 땅값이 세계 최고 수준으로 폭등한 탓에 한국에서 공장을 운영하려면 엄청난 공장 용지 비용을 지불해야 하는 악조건을 떠안게 됐다. 흔히 왜 한국에서 공장 문을 닫고 중국으로 가는지에 대해 '비싼 임금을 피해 값싼 노동력을 찾아 떠난다'는 논리가 있지만, 재계를 대표하는 전경련이 조사해 발표한 통계를 보면 핵심 원인이 다른 곳에 있음을 알 수 있다.

김보수 전경련 기업경영팀 차장에 따르면 한국의 안산 반월·시화 국가산업단지와 중국 칭다오 기술 개발구를 사례로 주요 인프라 환경을 비교해 보니, 임금은 칭다오가 7만~11만2,000원인데 안산반월공단이 100만 원으로 10배 차이가 나고, 땅값은 중국이 3.3㎡당 4만8,510원인데 한국은 200만 원으로 40배 차이가 나는 것으로 조사됐다. 그 밖에 한국이 중국에 비해 법인세 약 2배, 공업용 전기비 약 1.9배, 공업용수비 약 1.5배

자료: 「조선일보」(2003/12/02).

정도 높은 실정이라고 한다(김보수 2004).

    임금이 중국에 비해 높은 이유도 따지고 보면 중국과는 비교되지 않는 세계 최고 수준의 땅값과 높은 주택 가격, 그에 따른 높은 물가 때문이라고 할 때, '왜 중국으로 가느냐'에 대한 대답은 '한국에 비해 40분의 1밖에 안 되는 값싼 땅을 찾아서'라고 해야 정확할 것이다. 중국만이 아니라 동아시아, 유럽, 미국 등 우리와 경쟁관계에 있는 어느 나라와 비교해서도 한국 공장 용지 분양가는 압도적으로 높다.

    2003년 말 기준으로 한국 광주첨단산업단지의 3.3㎡당 분양가는 40만 4,000원으로 일본 기요하라 공단(129만 원)보다는 싸지만, 중국 상하이 푸둥지구 산업단지(7만8,000원)의 5배, 말레이시아 쿨림첨단기술단지(16만

7,000원)의 2.5배, 영국 7개 공단 평균가(20만3,000원)의 2배에 달한다(산업연구원 2004). 공단용지 가격은 한국이 인도네시아의 3배, 중국의 4배, 인도의 10배에 달한다(전경련 2003). 한국 천안 공장부지 가격은 중국 쑤저우·말레이시아 자파르·스페인 필라우의 4배, 멕시코 티후아나의 7배, 미국 오스틴의 32배, 영국 원야드의 102배에 이른다(조윤제 1997). 어느 지역을 비교하느냐에 따라 조금씩 다르지만 우리나라 기업의 공장 용지 구입 부담은 경쟁국에 비해 적게는 2배, 많게는 100배나 된다. 땅을 이용하지 않고 기업을 운영하기란 불가능하다는 점에서 높은 땅값은 한국 경제의 경쟁력을 떨어뜨리는 중요한 원인이 될 수밖에 없다.

공장 용지뿐만 아니라 도시에서 사무실을 낼 때에도 한국에서는 대부분의 경쟁국에 비해 비싼 임대료를 지불하고 있다. 서울의 임대료 지수는 97로 런던(135), 동경(100)을 제외하고는 멕시코시티(25)의 약 4배, 오클랜드(39), 프랑크푸르트(43), 밴쿠버(44), 브뤼셀(52)의 약 2배가량 비싸고 파리(64), 시드니(73), 뉴욕(84)에 비해서도 훨씬 높다(OECD 2001).

땅값 비싸니 물류비↑ 도로·댐 건설비↑

물류비가 많이 드는 것도 '한국에서 기업하기 어려운 이유' 중 하나다. 국회『2003년 건교부 예산안 검토보고서』에 따르면 우리나라 물류비용은 GDP 대비 12%가 넘고, 제조업 총매출액의 17% 이상으로 집계된다. 주요 선진국에서 물류비용은 GDP 대비 7~10% 수준이고, 제조업 총매출액에 대비해도 일본이 8.84%, 미국이 7.72% 정도로 우리나라 물류비는 매우 높은 수준이다.

물류비가 높은 것은 우선 비싼 땅값에 상당한 원인이 있다. 2002년 현재 우리나라의 총 도로 연장은 9만6,037km로 1971년 4만635km에 비해 2

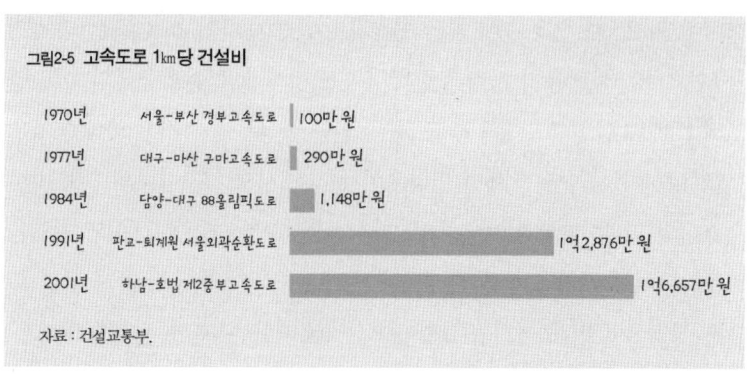

배 이상 증가했으며 도로 포장률도 1971년 14.2%에서 2002년 76.7%로 크게 향상됐지만, 아직도 선진국에 비하면 도로가 부족하다.

무조건 도로를 증설하는 등 개발이 능사는 아니지만 설사 필요하다 해도 높은 땅값이 발목을 잡는다. 국도나 지방도로를 낼 때 드는 토지 보상비가 1979년 6.2%였던 것이 1983년에 18.2%로 올랐고 1987년에는 35%로 껑충 뛰었다(전강수·한동근 2000b). 1970년에 완공한 경부고속도로는 총 공사비 중 토지 보상비가 10%였지만 20여 년간 수도권 땅값이 폭등해 1995년 수도권 도시화 고속도로를 낼 때는 토지 보상비가 총공사비의 95%를 차지했다(이진순 1995).

1970년 경부고속도로를 낼 때 1km당 건설비를 100으로 했을 때, 7년 뒤인 1977년 구마고속도로를 낼 때는 3배인 290으로, 다시 7년 뒤인 1984년 88올림픽도로(담양~대구)를 낼 때는 그 12배인 1,147.8로 뛰었다. 20년 뒤인 1991년에는 수도권 땅값 폭등으로 판교~퇴계원 간 서울외곽순환도로를 낼 때 128배인 12,879, 30년 뒤인 하남~호법 간 제2중부고속도로를 낼 때는 166배인 16,657로 폭등했다(건설교통부 2004c).

댐 건설에 뒤따르는 토지 보상비도 급증했다. 1973년 소양댐을 건설할 때는 보상비가 전체 공사비에서 차지하는 비중이 8.4%에 불과했지만, 1992년 임하댐을 건설할 때는 61.4%로 뛰었다(최지용 1996). 1997년에 완공된 횡성댐의 경우 보상비 비율이 72.6%였고, 남강댐의 경우에는 77.6%로 거의 80%대를 육박했다(김선희 1997).

물류비가 높은 것은 사회간접자본이 충분하지 않기 때문인데, 땅값이 너무 비싸니 도로나 철도, 항만, 소방서, 관공서 등 사회간접자본이나 공공재의 건설비도 너무 올라가서 정부 예산에 큰 부담이 되고 있다.

부동산 투기는 땅값을 폭등시키면서 기업이 도저히 국내에서 활동할 수 없을 정도로 공장 용지나 사무실 임대료, 물류비 등을 끌어올렸다. 산업 공동화를 걱정한다면 부동산 투기부터 뿌리 뽑아야 한다.

4. 기형화된 산업구조

투기로 땅값 집값이 지나치게 비싼 부동산 문제는 한국 경제의 산업구조를 기형적으로 만들어 정상적인 발전을 가로막고 있다. 하나씩 따져 보자.

건설업 비대한 '토건국가'

한국 경제가 정상적으로 발전해 선진국으로 발돋움하려면 성장 잠재력을 키워야 한다는 논의가 무성하다. 그러기 위해서라도 부동산 투기로 건설 산업이 이상 비대 현상을 보이는 이른바 '건설족이 지배하는 토건국가'라 불리는 후진국형 산업구조는 시급히 개선돼야 한다.

우리나라는 국민경제에서 건설업 비중이 선진국에 비해 지나치게 높다. 각국의 건설업 비중을 살펴보면 우리나라는 1990년대 11~12%대를 기록했고, 2000년대 들어 한자릿수로 낮아졌으나 여전히 9%대를 기록하고 있다. 그러나 선진국은 4~6%대에 머물고 일본의 경우 부동산 거품 붕괴 후 건설업 비중이 낮아져 6%대로 떨어졌으며, 미국도 4%대 전후를 꾸준히 유지하고 있다(한국은행 경제통계국 국민소득팀 2005).

GDP 대비 투자 비중을 봐도 건설업의 비중은 지나치게 높다. 우리나라의 경우 2000년 국내총생산에서 건설투자 비중이 23.4%이지만, 선진 8개국의 비중은 평균 13% 수준에 머물며, 특히 주택 투자와 토목 투자는 우리나라에 비해 각각 3분의 2와 3분의 1 수준에 불과하다.

일정 수준 이상의 주택 재고와 인프라 시설이 갖춰지면, 건설산업의 성장률이 경제성장률을 밑돌게 되는 것이 선진국의 경험이다. 대다수 선진국의 건설업 성장률은 30여 년 전부터 1~2% 대에 머물렀고 성장률이 높다 해도 3%대를 넘지 않고 있다. 반면 한국은 70년대에는 두자릿수 성장률을 기록했고 1980~90년 내내 5.6~7.9%의 가파른 성장세를 계속했으며, 2001년 5.5%, 2002년 2.8%, 2003년 8.1% 등 최근에도 높은 성장세를 이어가고 있다.

우리나라는 또 건설투자 비중이 설비투자 비중보다도 높을 뿐만 아니라, 건설투자가 설비투자보다 성장률에 미치는 영향이 큰 상태여서 선진국형 산업구조와는 거리가 멀다. 적도기니, 투르크메니스탄, 부탄, 레소토, 에리트레아…… 이름조차 생소한 이들 나라는 1996~2000년 사이 건설투자 비중이 높은 20개국 중 상위 1~5위 국가들이다. 한국은 이들 나라 틈에 끼어 세계에서 건설투자 비중이 가장 높은 14위다(권오현 2000).

이처럼 우리나라 건설업이 국민경제에서 차지하는 비중은 과거보다는 약간 낮아졌지만 선진국과 비교해 보면 지나치게 높고, 성장률과 투자율에서도 여전히 그 비중이 높은 후진국형 산업구조에 가깝다.

한화증권경제연구팀의 분석에 따르면 경기순환 주기별로 살펴봤을 때 건설업 증가율은 경기 확장 국면에서는 성장률보다 높은 증가율을 기록하며 경기 상승을 주도하고 있다(한화증권경제연구팀 2003). 또 건설 경기의 변동성은 GDP에 비해 매우 크며 건설투자와 주택 가격의 변동이 경제성장에 미치는 영향이 단기에 집중되는 것으로 나타나고 있는데, 그 이유는 역대 정부가 '골프장이라도 지어 경제를 살려야 한다'는 논리로 건설 경기를 부양해 왔기 때문이다.

1991년에서 1995년까지 매년 63만 채씩 짓던 주택 건설량은 1996년부터는 외환위기의 영향으로 매년 47만 채 수준으로 떨어졌다. 그러나 2000년부터 4차 부동산 투기 국면에 들어서면서 매년 54만 채 수준으로 회복했고, 2007년 현재 일반 건설회사 수는 1998년에 비해 3배나 늘어 1만3,000개다. 그런데도 일반 건설회사 부도율은 급격히 줄어 2000년 이후 계속 1% 안팎을 넘나드는 수준으로 낮다. 물론 건설회사 수가 3배로 늘어난 것은 공공 택지를 분양받기 위해 만들어진 이른바 페이퍼컴퍼니 때문이기도 하지만, 김대중 정부의 분양가 자율화 조치로 몇 년 사이에 분양가가 2배로 뛰면서 건설회사의 수익이 크게 늘었기 때문이다. 분양가가 2배나 오르면서 건설 물량과 회사 수는 늘고 부도율은 크게 떨어졌다. 그러나 그 여파로 주택 가격은 크게 올랐고 서민경제는 어려워졌으며 가계 대출이 크게 늘어 내수가 침체하고 경제는 어려움을 겪게 되었다.

역대 정부가 후진국형 산업구조에 집착하며 건설업을 경기 부양 수단으로 삼은 결과 여러 가지 부작용이 나타나고 있을 뿐만 아니라, 새로운 성장 잠재력을 키워야 한다는 한국 경제의 당면 과제는 갈수록 그 해결이 늦춰지는 것이다.

부동산 시장 투명도 세계 하위권

건설업을 비롯한 부동산 분야는 기형적으로 비대할 뿐만 아니라 시장 투명도도 세계 하위권으로 나타나 투기를 부추기고 경제를 더 어지럽히는 것으로 나타났다.

부동산 시장이 투명하지 못하면 주택투기 세력이 기승을 부려 실수요자는 상대적으로 비싼 비용을 지불하고 주택을 구매할 수밖에 없다. 또한 중·저소득층의 내집마련 기회를 빼앗음으로써 주택 재산의 양극화 현상을 심화시킨다(윤주현 외 2006).

우리나라의 부동산 시장 투명도는 국제 기준에서도 여전히 낮게 평가된다. 세계적인 부동산 투자회사인 존스 랭 라살Jones Lang LaSalle에서는 1999년부터 세계 부동산 시장투명성지수Global Real Estate Transparency를 발표하고 있는데, 2006년 한국은 측정 대상 51개국 중에서 국민소득이 우리보다 적은 말레이시아보다도 낮은 31위다. 한국 부동산 시장의 투명성은 상당히 낮은 수준으로 필리핀, 태국 등과 비슷한 수준이다.

부동산 시장 투명도가 높은 나라는 뉴질랜드, 미국, 영국, 캐나다 등이며 이들 국가는 실거래 가격을 기초로 하는 부동산 가격 평가 체계가 잘 구축되어 있고, 이를 바탕으로 부동산 정책과 세제를 운영하고 있다. 당연히 금융 거래에서도 투명성이 높은 나라들이다(손경환 외 2004).

생산 활동보다 부동산에 눈 돌리는 기업들

'토건국가'에서 살찌는 '건설족' 대부분은 대형 건설업을 겸업하고 있는 한국의 재벌들이다. 재벌 대기업을 비롯한 기업들은 자본 투자이득보다 더 큰 규모의 부동산 투자이득을 노리고 부동산 투기에 적극 나서고 있다.

세계 최고 수준의 부동산 가격 탓에 부동산이 없는 기업은 원가 부담이 커져 기업 할 의욕을 잃는 반면 부동산을 많이 가진 기업은 더 큰 이득을 보게 되어, 기업들도 생산적 기업 활동보다 부동산 투기에 뛰어들었다.

잘 알려졌다시피 재벌들은 3차 부동산 투기 파동이 한창이던 1989년 당시 장부 가격으로 자기자본 18조의 절반이 넘는 10조 원어치의 부동산을 보유하며 생산 활동보다 땅 투기에 열을 올려 국민적인 공분을 산 적이 있다. 토지공개념위원회의 연구에 따르면 1974년에 똑같은 금액을 토지와 자본에 투자해 1987년에 이르렀을 때 토지 투자이득이 자본 투자이득보다 6배 이상 컸다고 한다.

당시 노태우 정권은 부동산 파동으로 체제가 흔들리자 1990년 5·8조치를 발표, 부동산 투기의 주범으로 지적된 기업의 부동산 과다 보유에 제재를 가하고 비업무용 부동산 매각과 신규 매입 금지 조치를 취했다. 그 뒤 토지공개념 3법 도입과 외환위기 발발로 재벌기업의 부동산 투기는 수그러드는 듯했다.

그러나 외환위기가 끝나고 부동산 가격이 폭등하면서 기업들은 다시 부동산 투자에 나섰다. 부동산 투자 이득이 훨씬 높아진 까닭이다. 4차 부동산 투기 파동으로 부동산 가격이 한창 폭등하던 2002년의 경우 제조업체 총자산 수익률은 5.08%였던 반면, 땅값이 9%, 집값이 16%가 올랐다 (삼성경제연구소 2003d).

각 기업이 금융감독원에 제출한 감사보고서에 따르면 2006년 말 현재 시가총액 상위 30개 상장사가 보유한 부동산은 72조693억 원으로 전년도에 비해 6조4,287억 원이 증가했다.

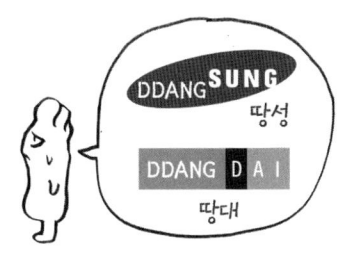

외국과 비교해도 우리나라 기업들은 지나치게 많은 부동산을 갖고 있으며, 그 결과 설비투자의 효율성이 크게 떨어지는 것으로 조사되고 있다. 한국은행이 2001년 말 현재 한국과 미국, 일본 기업의 부동산 보유 실태를 조사한 데 따르면, 우리나라 제조업체들이 보유하고 있는 토지 보유 비중은 총자산 대비 12.5%로 미국(2.1%), 일본(9.9%) 등에 비해 매우 높은 것으로 나타났고, 1980년(4.9%)에 비해 2.6배나 커졌다. 건물의 비중도 12.8%로 1980년(8.7%)에 비해 크게 증가했으나, 설비투자와 직결되는 기계장치의 비중은 1980년(17.9%)보다 낮은 15% 내외를 유지하고 있어 생산과 거리가 먼 부동산 자산을 늘리는 데 힘쓰는 것으로 나타났다(한국은행 2003b).

부동산 자산을 늘리는 데 힘쓰다 보니 총자산 중 유형자산의 비중이 2001년 말 현재 45.2%로 1980년대 이후 지속적으로 증가 추세를 보이고 있을 뿐만 아니라 미국(24.9%), 일본(30.7%) 등 주요 선진국보다 매우 높은 수준이다. 그 결과 우리나라 기업의 총자산 회전율은 미국, 일본과 비슷한 반면 설비투자의 효율성을 평가할 수 있는 유형자산회전율(매출액/유형자산)은 2001년 중 2.18회로 미국(3.67회), 일본(3.25회) 등의 약 3분의 2 수준에 불과했다. 이는 우리나라 제조업체가 동일 규모의 매출을 올리기 위해 미국·일본 기업에 비해 각각 1.7배와 1.5배의 유형자산을 사용한다는 이야기다.

2007년 11월 한 민간 부동산 정보 업체는 서울 구별, 아파트 건설사별 시가총액이란 통계를 발표했다. 이에 따르면 서울에서 삼성물산이 지은 아파트의 시가총액은 26조 원대로 가장 많은데, 강남구에서만 14조 원을 기록했고, 마포구 4조, 성북구 4조, 동작구 3조 원 등으로 집계됐다. 2위는 현대건설(20조 원)로, 서초구(7조 원), 광진구(6조 원), 강동구(3조 원) 등에 많이 지었다. 3위는 송파구에만 14조 원을 기록한 GS건설이다(〈프라임경제〉 2007/11/21). 이런 식으로 서울과 주요 대도시는 건설 재벌이 지은

표 2-2 주요 대기업 집단 소속 건설사 아파트 브랜드와 도급 순위(2008년)

대기업 집단	건설사	아파트 브랜드	도급 순위
삼성	삼성물산	래미안	2
현대건설	현대건설	힐스테이트	3
현대산업개발	현대산업개발	아이파크(I-PARK)	7
현대자동차	엠코	엠코타운	23
GS	GS건설	자이	4
포스코	포스코건설	더샵	6
금호아시아나	대우건설	푸르지오	1
금호아시아나	금호산업	어울림	13
SK	SK건설	SK VIEW	9
한화	한화건설	꿈에그린	12
롯데	롯데건설	롯데캐슬	8
동부	동부건설	센트레빌	22
두산	두산건설	두산위브(We've)	11
대림	대림산업	e-편한세상	5
대림	고려개발	e-편한세상	27
코오롱	코오롱건설	오투빌, 하늘채	18

자료: 공정거래위원회, 대한건설협회

아파트촌이 돼가고 있다. 특기할 만한 점은 재벌 대기업치고 건설업을 겸하지 않는 재벌이 없다는 것이다.

그만큼 아파트를 비롯한 부동산과 건설업에서 많은 이윤을 얻는다는 것인데, 금융감독원 통계를 보면 자산 규모 상위 10대 건설업체들은 2002년 7,631억, 2003년 1조5,979억 원 2004년 2조1,689억 원 등 4차 부동산 투기 시기가 한창이던 3년 동안 총 4조5,298억 원의 당기순이익을 올렸음을 알 수 있다(남경필 2005). 당시 자산 규모 상위 10대 건설업체는 현대중공업, 삼성물산, 삼성중공업, 대우조선해양, 대우건설, 현대모비스, 현대건설, 효성, 두산중공업, 대림산업으로 대부분 굴지의 대기업으로, 건설업에서 막대한 수익을 올린 것이다.

재벌 대기업이 생산 활동보다 부동산 보유와 건설업에 치중하는 행태는 기업들이 생산적 투자 증대에 소홀해지는 비정상적인 경제체제를 뿌리내리게 하고 있다.

궤도 벗어난 금융산업

국민경제에서 건설업 비중이 지나치게 비대한 상황에서 기업들이 부동산 투기에 나서는 가운데 금융기관도 지나치게 부동산 담보에 의존해 대출을 하게 됨으로써 금융 부문에까지 문제가 확대된다.

은행은 금융 중개자이자 자금 배분 조정자로 경제발전에 매우 중요한 기능을 담당하고 있다. 은행이 경제발전을 돕고 동시에 은행도 발전하려면 기업 금융 지원에 적극적이어야 한다. 특히 은행은 내부유보가 크고 자본시장에서 자금을 조달할 수 있는 대기업보다는 내부유보도 적고 자본시장 이용도 어려운 중소·신생기업을 적극 지원해야만 은행과 경제가 함께 발전할 수 있다. 그러나 한국의 은행들은 오래전부터 부동산 담보에 의존해 대출을 해왔다는 점에서 금융 중개자나 자금 배분 조정자로서의 기능은 물론 경제발전을 돕는 적극적인 역할을 제대로 해오지 못했다.

외환위기 후 국내 은행 대부분을 장악한 외국 자본이 수익성 전략의 일환으로 기업 대출 비중을 줄이는 대신 가계 대출을 크게 늘렸고, 특히 부동산 투기를 지원하는 부동산 대출을 급격하게 늘리면서 은행의 자산 운용 행태를 변화시켰다. 특히 제일·외환·시티은행을 비롯해 외국 자본이 경영권까지 장악한 '외국계' 은행들은 주택 담보 대출 등 안정 자산에 치중하는 경영 방침 속에서, 부동산을 담보로 한 가계 대출을 크게 늘리고 자금 사정이 어려워 지원이 필요하지만 상대적으로 신용도가 낮은 중소기업 대출을 급격히 줄였다.

이들 '외국계' 은행은 1998년 말~2003년 9월 사이에 기업 대출 비중을

33.3%나 줄이는 대신, 가계 대출 비중은 무려 35.2%나 늘렸다(한국은행 2003a). 총대출액 중 중소기업 대출 비중은 2000년 40.2%에서 2004년 34.6%로 5.6% 낮아진 대신, 가계 대출 비중은 32.8%에서 56.6%로 무려 23.8%나 높아졌다(한국은행 2005b).

외국 자본이 장악한 은행들의 이 같은 자산 운용 방식은 은행권 전체로 파급됐다. 1997년 일반은행 원화 대출금의 65%가량이 기업에 대출되었고, 가계 대출은 33%를 밑돌았다. 그러나 외환위기 후 국내은행 대부분을 사실상 외국 자본이 장악한 뒤 4차 부동산 투기 파동이 시작된 2001년 한 해 동안 기업과 가계 대출 비중은 48.9% 대 49.1%로 처음으로 역전됐고, 2004년 말에도 가계 대출은 55.1%를 기록한 반면 기업 대출은 43.5%로 줄어들었다. 특히 중소기업 대출이 크게 줄어 중소기업이 극심한 자금난을 겪게 되었다. 1996년 전체 원화 대출 중 중소기업 대출 비중은 54.3%였으나 2003년에는 39.7%로 떨어졌다(삼성경제연구소 2005).

한편 예금은행 기준으로 산업별 대출 비중을 보면 2003년 말 제조업 대출 비중은 37.9%였으나 2007년 3월 현재 36.8%로 낮아졌다. 반면 건설·부동산업 대출 비중은 20.5%에서 26.1%로 높아졌다. 산업 대출에서도 건설·부동산업 진출 비중을 과도하게 높여 온 것이다.

특히 한국은행이 조사 분석한 데 따르면 4차 부동산 투기 파동이 한창이던 2001년 1월부터 은행이 가계에 대출한 돈 중 주택 구입용 대출금은 40%를 훌쩍 넘기며 갈수록 늘어 2002년 들어서는 60% 가까이 모두 주택 구입비로 대출되었다(한국은행 2002). 주택 구입 자금 비중이 어느 지역에서 주로 늘었는지를 보면 그 성격은 더 뚜렷해진다.

투기가 심했던 서초·강남·송파구 등 강남권은 1년 3개월 만에 주택 구입 비중이 19.1%에서 48.2%로 1.5배 이상 뛰었고, 서울 지역도 26%에서 53.1%로 100% 이상 그 비중이 늘었다. 수도권과 비수도권은 각각 65%와

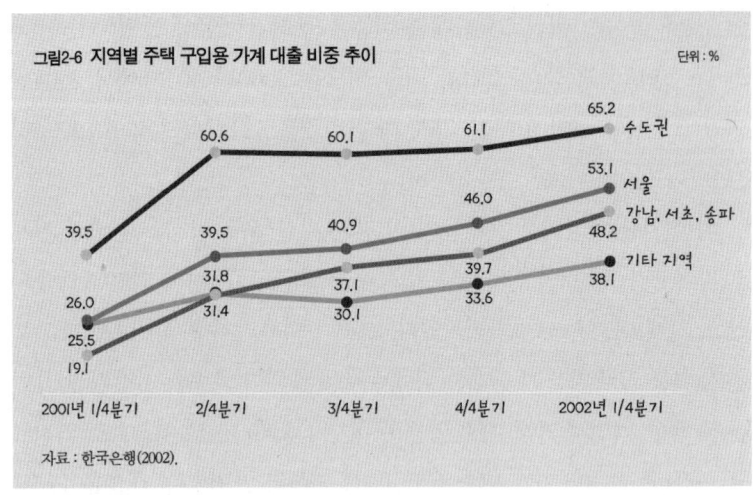

49%가 늘었다. 이 같은 추세는 2000년 대비 2003년 집값이 강남-서울-수도권-지방 순으로 많이 오른 결과와 비례하고 있다.

부동산 가격이 상대적으로 많이 오른 강남권 등 서울과 수도권의 집 가진 사람들에게 대출된 주택 구입 자금은 다름 아닌 부동산 투기 자금으로 사용된 것이다. 또한 대출 규모 중 3,000만 원 초과~1억 원 이하 및 1억 원 초과 대출은 주택 구입용이 각각 65.4% 및 55.0%의 높은 비중을 차지하고 있다.

은행조차 부동산 투기에 몰두함으로써 금융시장의 자금 중개 기능은 크게 약화되어 은행이 경제발전에서 마땅히 해야 하는 기능은 마비되고 있다. 경제성장을 돕고 동시에 은행도 성장하는 은행 본연의 궤도를 이탈한 채, 투기를 부추기고 투기이득을 빨아들여 자신도 살찌는 왜곡된 금융산업의 현실은 부동산 투기가 불러온 또 하나의 심각한 결과다.

5. 투기와 파업에 관한 짧은 통계 보고서

"대규모 부동산 투기는 봉급쟁이들의 대파업을 불러 일으킨다." 투기와 파업의 관계를 통계로 입증하면서 내리게 되는 당연한 결론이다. 먼저 다음 글을 읽어 보자.

"1975~79년간 연평균 땅값 상승률은 30.6%로 같은 기간의 물가상승률(16.7%)과 경제성장률(8.8%)을 훨씬 뛰어넘었다. 특히 1978년에는 경기호황 등에 따라 땅값 상승률이 50%에 육박했고 서울 땅값은 136%나 폭등했다.
집값과 땅값이 급격히 오른 탓에 1980년 전후 극심한 경제·사회 불안이 뒤따랐다. 특히 부동산 가격이 폭등한 결과 1977년에서 1979년까지 주거비 상승률(30.8%~54.9%)이 소비자물가 상승률(10.1%~15.3%)을 크게 뛰어넘는 등 노동자 가정에 주거비가 크게 늘어났다. [당연히 노동자들은 임금을 올려줘야 주거비를 감당한다며 아우성쳤고 부동산 투기가 임금 인상 요인으로 작용해 사회갈등이 깊어지게 됐다. [그 결과 유신시절임에도] 생계 압박을 느낀 노동자들의 노동쟁의가 크게 늘었다. [이 기간 동안 노동쟁의 발생 건수는 그 이전과 비슷했지만] 1979년의 쟁의 참가 인원과 손실일 수는 각각 14,258명과 14,366일로, 1977년의 7,975명과 8,294일의 2배 가까이로 폭증했다.
1970년대 말 [제2차] 부동산 투기는 노동자들의 주거비 상승과 임금인상 요구로 번진 끝에 1979년 8월 YH 사건 이후 야당의 강경 투쟁으로 이어졌고, 국민 저항이 확산돼 계엄령 선포까지 가는 등 노동쟁의와 사회갈등은 경제 혼란을 넘어 정치 위기로 연결되었다."

이상의 내용은 필자가 쓴 게 아니라, 삼성재벌의 싱크탱크 '삼성경제연구소'가 발행하는 『CEO Information』 제402호에 실린 글로 필자가 문맥상 이해를 돕기 위해 내용을 덧붙여([ ] 부분) 재구성한 것이다(삼성경제연구소 2003d).

삼성경제연구소는 계속해서 3차 부동산 투기와 파업의 관계를 다음과 같이 예리하게 분석하고 있다. 역시 필자가 통계와 문장을 일부([ ] 부분) 보완했다.

"[3차 부동산 투기 파동이 몰아친 1980년대 말에는 정치적 민주화 정세와 맞물려 미증유의 노동쟁의가 폭발했다.] 1987~90년간 땅값은 공업 지역을 중심으로 연평균 23.7%, 아파트 가격은 20%가 올라 물가 상승률의 2~3배가 치솟았다.
특히 같은 기간 동안 [전세 가격이 13~19%까지 올랐으며, 도시가구 주거비 상승률도 최고 26%까지 치솟아] 노동자들의 주거비 부담을 가중시켰다. 노태우 정부의 재건축 요건 완화, 분양가 자율화 계획 언급 등은 투기를 더 자극했으며, 전세자 보호를 위해 1989년 12월 임대차보호법을 제정했으나 오히려 전세값을 더 끌어올리게 돼 [세입자들의 고통을 가중시켰다].
주거불안, 산업 간 임금격차 등이 사회불안으로 연결되면서 1987년 마침내 [산업화 과정에서 누적되었던 노동자들의 분노가 정치적 민주화 정세를 타고] 폭발했다. 노동쟁의는 1988년 발생건수가 줄어드는 등 잠시 수그러졌으나, 1989년 [노동쟁의 참가 인원은 전해의 2배를 기록하는 등] 다시 급증했고, 1991년 주택 가격이 안정된 뒤에야 정상화되었다."

이상의 3차 부동산 투기와 노동쟁의의 관계를 통계로 구성하면 〈표 2-3〉과 같다.

'내 눈에 흙이 들어가기 전에 삼성에서 노조는 안 된다'는 무노조 경영으로 악명이 높은 삼성경제연구소의 분석인 점이 아이러니지만, '부동산 투기와 파업의 연관관계'에 대해, 노동운동만 19년을 해온 골수 노동운동가인 필자도 토를 달기 어려운 깔끔한 분석이다.

삼성경제연구소는 1980년대 말(3차 투기)까지만 분석 대상으로 삼았으므로 필자가 4차 부동산 투기가 어떻게 파업으로 이어졌는지 살펴봄으로써 '파업을 낳은 투기의 역사' 서술을 마무리해 보겠다.

표 2-3 3차 부동산 투기와 노동쟁의

단위: %, 건, 명, 일

연도	땅값 상승률	집값 상승률	전세값 상승률	도시가구 주거비 상승률	도시 소비자물가 상승률	노동쟁의 발생 건수	노동쟁의 참가 인원	노동쟁의 손실일 수
1984	13.20	-	-	5.5	2.3	113	16,400	19,900
1985	7.00	-	-	10.3	2.5	265	28,700	64,300
1986	7.30	-	-	7.8	2.8	276	46,941	72,025
1987	14.67	7.1	19.4	7.8	3.1	3,749	1,262,285	6,946,935
1988	27.47	13.2	13.2	12.7	7.1	1,873	293,455	5,400,837
1989	31.97	14.6	17.5	26.0	5.7	1,616	409,134	6,351,443
1990	20.58	21.0	16.8	22.0	8.6	322	133,916	4,487,151
1991	12.78	-0.5	1.9	20.9	9.3	234	175,089	3,271,334
1992	-1.27	-5.0	7.5	14.4	6.2	235	105,034	1,527,612
1993	-7.38	-2.9	2.4	3.2	4.8	144	108,577	1,308,326
1994	-0.57	-0.1	4.6	4.0	6.3	121	104,339	1,484,368
1995	0.55	-0.2	3.6	1.9	4.5	88	49,717	392,581

자료: 건설교통부, 통계청, 노동부.

외환위기로 잠시 하락했던 부동산 가격은 2000년을 기점으로 땅값과 집값이 앞서거니 뒤서거니 하면서 다시 뛰어오르기 시작해 4차 부동산 투기 파동이 일었다. 소득 증대 외에 저금리와 이에 따른 월세 이율 하락 (2001년 8월 1.31% → 2004년 6월 1.05%)으로 이전에 비해 주거비 부담의 상승 정도는 약했지만, 부동산 가격의 폭등은 이전 시기에 비해 노동쟁의 발생 건수나 참가 인원, 손실일 수를 증가시킴으로써 2000년대 초 노동자들의 노동쟁의에 빼놓을 수 없는 배경으로 작용했다.

봉급쟁이는 보통 다섯 번 뜯긴다고 한다. 노동력의 대가에 비해 턱없이 낮은 임금을 받을 때, 소득이 투명하게 드러나는 '유리알 지갑'인 탓에 다른 계층에 비해 소득의 100%에 대해 세금을 낼 때, 독점 가격이 지배하는 높은 물가와 높은 은행 문턱의 금리 그리고 마지막으로 거의 남은 게 없는 상태에서도 터무니없이 비싼 부동산 가격으로 다 뜯긴다는 것이다.

표 2-4 4차 부동산 투기와 노동쟁의

단위 : %, 건, 명, 일

연도	땅값 상승률	집값 상승률	전세값 상승률	도시가구 주거비 상승률	도시 소비자물가 상승률	노동쟁의 발생 건수	노동쟁의 참가 인원	노동쟁의 손실일 수
1996	0.95	1.5	6.5	11.9	4.9	85	79,495	892,987
1997	0.31	2.0	0.8	0.0	4.4	78	43,991	444,720
1998	-13.60	-12.4	-18.4	-7.9	7.5	129	146,065	1,452,096
1999	2.94	3.4	16.8	8.8	0.8	198	92,026	1,366,281
2000	0.67	0.4	11.1	5.2	2.3	250	177,969	1,893,563
2001	1.32	9.9	16.4	19.7	4.1	235	88,548	1,083,079
2002	8.98	16.4	10.1	-8.6	2.7	322	93,859	1,580,424
2003	3.43	5.7	-1.4	4.3	3.6	320	137,241	1,298,663
2004	3.86	-2.1	-5.0	2.4	3.6	462	184,969	1,199,000

자료 : 건설교통부, 통계청, 노동부.

　　노동자들의 사회적 불만과 파업은 그 원인과 배경이 복합적이어서 부동산 투기만으로 설명하는 데는 무리가 따른다. 그러나 한 달 일해 받은 임금 한도 안에서 여러 가지 지출 항목을 쪼개 빠듯하게 써야 하는 노동자 가구는 다른 항목의 지출을 줄이거나 적자 운영을 피할 수 없기 때문에, 주거비가 오르면 가장 민감하게 반응할 수밖에 없고 임금 인상 요인으로 연결되는 것은 필연이다.

　　필자는 1990년대 초 3차 부동산 투기 국면에 부산에서 노동운동을 하고 있었는데, 당시 전·월세 가격이 폭등하면서 집주인들이 하루아침에 보증금을 500만 원, 1,000만 원씩 올려달라는 통에 사상공단이 들썩거렸다. 필자는 당시 노동자, 서민 생활이 어려운 이유와 개선 방법을 담은 유인물을 제작하는 일을 담당하고 있었다. 당시 필자가 만든 '셋방살이 없는 세상에 살고 싶다'라는 제목의 유인물을 동료들이 몰래 가정과 직장에 배포했는데, 다음 날 이 유인물이 화제가 되어 직장인들이 부동산 투기를 함께 성토하거나 심지어 집주인과 셋방 사는 사람 간에 고성이 오갔던 일이 지금도 생생하다.

통계를 보면 부동산 투기가 주기적으로 되풀이되면서 우리나라 노동자 가계부에서 주거비 비중이 비정상적으로 높아지고 있다. LG경제연구원 송태정 연구원의 분석에 따르면 1990년 19만 원 수준이던 노동자 가계부의 주거비는 1995년 45만 원으로, 2000년에는 60만 원으로 늘어났다. 한 달 월급 받아서 주거비에 쓰는 돈의 비중도 1990년 20.5%에서 1998년 27.8%로 껑충 뛰어올랐다. 교육비까지 포함할 경우 더 심각하다. 1990년에는 월급의 25.7%를 주거비와 교육비에 썼는데, 투기로 주거비가 폭등하면서 1998년부터는 월급의 34.3%를 주거비와 교육비에 쏟아 붓고 있다(송태정 2004).

세계에서 부동산 가격이 최고로 비싸다는 일본과 비교해도 한국 노동자들의 주거비와 교육비 부담은 2~3배에 달한다. 일본 노동자 가계부에서 소득 중 주거비가 차지하는 비중이 100이라면 한국 노동자 주거비는 208로 2배가 넘는다. 또 일본 노동자 교육비 비중이 100이라면 한국은 291로 3배에 육박하고 있다(송태정 2003). 또 나이가 들수록 주거비와 교육비 부담이 더 커져 40대 노동자가 투기의 피해를 더 심하게 보고 있다. 연령대별로 소득에서 주거비와 교육비가 차지하는 비중을 보면 20대는 26.1%, 30대는 30.8%, 50대는 27.7%인데 40대는 34.2%로 가장 높다(송태정 2003).

한국조세연구원의 분석에 따르면 2004년 기준으로 전체 조사 대상 노동자 가구 857만 가구 중 18세 미만 부양 자녀가 있는

집은 절반에 육박한다(386만 가구, 45%). 특히 부양 자녀를 둔 386만 가구 중 자기 집이 없어 셋방살이를 하는 가구가 170만(44%)에 달하며, 이 중에 2명 이상 자녀를 키우는 가정도 97만에 달했다(전병목·이상은 2006).

보육 시스템이 엉망인 데다 사교육비가 세계 최고 수준인 대한민국에서 애가 어리면 어린 대로 크면 큰 대로 걱정이 태산인 법인데, 주기적인 투기로 집값까지 폭등하니 170만 가구가 겪어야 하는 집값과 교육비의 이중 스트레스는 수치로 측정하는 게 어려울 정도다.

하물며 자식을 둘 이상 데리고 이집저집 셋방살이를 떠돌아야 하는 97만 노동자 가구의 고통은 말할 수 없는 지경이다. 게다가 97만 가구 중 31만 가구(32%)는 1년 소득을 다 합쳐도 1,700만 원이 안 되는 저소득층으로, 이들에게 부동산 투기는 한마디로 사약이다.

물론 투기는 이들만 괴롭히는 게 아니다. 아이가 아직 없는 젊은 부부라도 투기가 극성을 부리면 내집 장만의 길이 멀어져 출산 계획도 뒤로 미루기 일쑤다. 설사 집을 1채 갖고 있다 하더라도 정도의 차이가 있을 뿐 투기의 피해를 입기는 마찬가지다. 집값이 남들보다 적게 오르면 그만큼 손해를 본 것일 뿐만 아니라, 더 큰 집으로 이사 가거나 자식들 결혼시킬 때 집 사주려던 계획도 전세로 낮춰야 한다.

더구나 앞의 조세연구원 조사 결과를 보면 부양 자녀가 있으면서 내집을 가진 216만 가구 중 186만 가구(86%)는 국민주택 규모인 전용면적 85m²(25.7평) 이하로, 2006년 공시가격 기준 1억이 채 안 되는 것으로 집계되었다. 다시 말하면 부동산 투기가 아무리 극성을 부려도 유독 집값이 오르지 않는 소형 주택이 더 많다는 뜻이다.

현실이 이러니 부동산 투기가 극성을 부려 땅값, 집값, 전세값이 하늘로 치솟을 때 노동자들이 월급을 더 달라고 하지 않는다면 그게 더 이상한 일이다. 땀 흘려 열심히 일하는 봉급쟁이와 불로소득을 노리는 부동산 투기는 상극일 수밖에 없다.

생각해 보면 3대를 세습하며 무노조를 좌우명으로 삼고 있는 삼성재벌이 '파업이 터지는 데는 투기의 책임이 크다'는 주장을 할 만한 경제적 이유가 전혀 없는 것은 아니다. 부동산 투기에 따른 주택 가격과 주거비 상승은 결국 노동자들의 임금 인상 요구로 표출되어 산업자본가의 부담을 가중시키기 때문이다. 다시 말해 부동산 투기로 인해 발생한 노동자 투쟁에 직면해야 하는 부담을 부동산 소유자 대신 자본가·기업가들이 지고 있기 때문이다.

그러나 이 책의 여러 곳에서 살펴보듯이 삼성재벌을 필두로 한국의 재벌과 자본가들은 대부분 산업자본가인 동시에 부동산 투기꾼이므로 결국 자업자득인 셈이지만 말이다(장상환 2004).

간추린 2장 부동산 때문에 한국 경제가 위험하다

26개국의 땅 분배와 경제성장의 관계를 분석한 세계은행 자료는 땅 분배가 공정하지 않으면 경제성장을 위협할 수 있다는 것을 보여 준다. 그런데 지금 한국의 부동산 격차는 경제를 위험하게 할 상황에 이르렀다.

봉급쟁이의 뿌리 뽑힌 삶

- 부동산 가격 폭등기에 주택 공급은 크게 늘어나는데 오히려 전·월세 가구가 더 늘고, 심지어 전세에서 월세로 후퇴하는 등 서민의 주거 환경이 악화되었다.
- 봉급 중 최소한 먹고사는 데 필요한 돈을 빼고 저축해서 아파트 1채를 사는 데 서울은 29년, 강남은 44년이 걸릴 정도로 내집마련이 어려워 국민 4분의 1이 매년 이사를 다니는 등 뿌리 뽑힌 삶을 살고 있다.

부동산 투기와 내수 경제

- 내수 경제의 주역인 중산층은 소득의 29%를 최근 부동산 가격 폭등기에 주택 구입 때문에 빌린 대출금을 갚는 데 쓰느라 소비를 줄이고 있다.
- 젊은 층은 비싼 집값 때문에 결혼도 늦추고 출산도 미루거나 포기하고 있고, 경제력이 있는 노령층도 비싼 집에 돈이 잠겨 소비를 못 하는 등 저출산·고령화 추세와 부동산 때문에 소비가 줄고 내수 경제가 타격을 받고 있다.

제조업이 해외로 나가는 이유

- 제조업이 중국과 동남아로 빠져나가는 주요한 이유는 비싼 땅값을 감당할 수 없기 때문이다. 한국 공장 용지 가격은 중국의 40배에 달하는 등 외국에 비해 최고 100배에 달한다.

- 1㎞당 고속도로 건설비가 30년 만에 1만6,657배로 뛰는 등 땅값 폭등으로 도로와 댐 건설비나 물류비가 치솟는 것도 국내에서 기업을 하기 어려운 조건이 되고 있다.

기형적 산업구조

- 부동산 투기의 영향으로 한국 경제는 건설업이 국민경제에서 차지하는 비중이 지나치게 높은 후진국형 산업구조가 됐고,
- 기업들은 부동산 투자에 눈을 돌리느라 생산 활동에 투자를 소홀히 하며,
- 은행도 중소기업 자금 지원 등 자금 배분 조정 기능보다 부동산 투기 자금을 대고 투기 이익을 나눠 갖는 것에 집중하는 등 경제발전에 역행하는 산업구조가 되고 있다.

투기와 파업에 관한 짧은 통계 보고서

- 부동산값이 오르면 노동자들은 주거비 부담이 커져 임금 인상을 요구할 수밖에 없다.
- 그 결과 투기가 심할 때마다 파업의 건수와 참여 인원 등이 늘어나는 등 투기와 파업의 상관관계가 통계로 입증되었다.

경제발전과 내수 기반 확충, 나아가 산업 평화를 위해서도 부동산 투기를 잡는 것이 매우 시급한 과제다.

13배

• 서울에서 재산세 수입이 가장 많은 구는 강남구다. 가장 적은 강북구의 몇 배나 될까?

• 공기 좋은 시골에 사는 사람이 오래 살까?
아파트값 비싸고 많이 오르는 동네 사람이 오래 살까?

• 서울대 합격은 아파트 가격과 상관있을까?

• 강남구와 관악구 인구는 각각 54만 명쯤 된다.
아파트 값은 강남구가 두 배 이상 비싸다. 은행은 어디가 많을까?

강남이 여섯 배나 많다
(강남구 355개, 관악구 59개)

아파트값 비싼 동네 사람이 오래 산다

3장
부동산이 삶을 다르게 만든다

아파트 값 3억짜리 동네에서 8명 합격하면,
8억짜리 동네는 28명 합격한다

1. 동네별 생활이 달라진다

아파트값과 수돗물의 방정식

2006년 기준으로 서울 시내에서 수돗물을 식수로 쓰는 비율이 가장 낮은 동네는 강남·서초·송파·강동구로, 30%만 수돗물을 그냥 또는 끓여 마시고 65%는 수돗물 대신 생수를 사먹거나 정수해서 마신다. 반면 은평·금천·중랑·강북구에 사는 사람 중에는 45%만 생수나 정수된 물을 먹고, 47%는 수돗물을 식수로 쓰고 있다. 여기에 속하지 않은 일부 사람은 약수나 지하수를 마시고 있다.

2006년 월평균 매매가격 기준으로 강남 4개 구 아파트값은 3.3㎡(1평)당 평균 2,400만 원대, 강남 4개 구 거주 가구의 한 달 평균 소득은 300만 원대이다. 반면 은평·금천·중랑·강북구의 아파트값은 3.3㎡당 평균 750만 원 수준이고, 거주 가구의 한 달 평균 소득은 225만 원 안팎이다.

대체로 아파트값이 비싸고 소득도 높은 동네에 사는 사람은 수돗물 대신 생수나 정수된 물을 마시고, 아파트 가격이 싸고 소득이 낮은 사람이 사는 동네는 수돗물을 끓이거나 그냥 마시는 것이다.

1년 동안 스포츠와 레저 활동에 쓴 평균 비용을 조사해 보니 서초·강남·용산·동작·송파구 순으로 많았고, 동대문·금천·성북·중랑·구로구 순으로 적었다. 역시 소득이 높고 아파트 가격이 비싼 동네와 상대적으로 소득이 낮고 아파트값도 싼 동네는 차이가 컸다.

이 같은 조사 결과는 서울시가 2003년부터 해마다 2만 가구 4만여 명을 대상으로 70여 개 항목을 조사해 서울 시민 생활을 살피고 있는 〈서울서베이〉 조사 중 2006년치를 뽑아본 것이다. 수돗물에 대한 불신이야 동네마다 다를 리 없고, 먹고사는 일에서 잠시 벗어나 레저와 스포츠를 즐기고픈 마음이야 모든 인간의 본능에 가까운 일이지만, 경제적인 조건이 허락하지 않으면 달리 방법이 없는 문제이기에 동네별 경제력 격차와 그에 따른 생활 격차를 상징하고 있다고 하겠다.

실제로 통계를 보면 서울 시내 25개 구별 격차가 뚜렷하다. 2006년 현재 서초·강남·송파구의 가구당 연평균 소득은 3,624만~3,684만 원으로 소득이 가장 적은 중랑·강북·성북(2,616만~2,628만 원)의 1.4~1.6배에 달한다. 소득 격차보다 더 큰 것은 부동산 격차다. 강남·서초·송파구의 아파트를 포함한 공동주택은 1채당 평균 5억6,000~8억8,000만 원으로, 집값이 가장 싼 중랑·금천·강북구 1억3,000~1억7,000의 3.3~6.8배에 달한다.

더구나 1999년 7월부터 2005년 11월까지 약 76개월 동안 강남권에 아파트를 소유하고 있는 사람은 아파트값이 오른 덕에 아파트 1채당 1년에 강남은 평균 8,000만 원, 서초는 7,000만 원, 송파는 5,000만 원씩 재산이 불어났다. 그러나 같은 기간에 중랑·금천·강북구는 1년 평균 996만 원에서 1,620만 원씩 오르는 데 그쳤다(신상영 2007).

강남구와 강북구 재산세 격차 13배

한발 더 나가보자. 구청·시청·군청 등 기초자치단체는 주민들에게 세금을 거둬서 살림을 꾸려 간다. 그런데 서울 25개 구청의 경우 1년 동안 거두는 세금이 500억이라면 417억(83.3%)이 부동산에서 거두는 재산세다. 재산세는 아파트를 포함한 주택, 땅, 상가 등 빌딩에 매기는 세금이기 때문에 비싼 부동산이 많을수록 구청의 살림도 풍족해진다.

자치구별 재정력을 비교할 수 있는 통계로는 기준재정수요충족도가 있는데, 기준재정수입액을 기준재정수요액으로 나눈 것으로 필요한 경비를 자체적으로 조달할 수 있는 능력을 지수화한 것이다.

2007년 현재 25개 구 가운데 재정력지수(기준재정수요충족도)가 100%를 초과한 자치구는 강남구·서초·중구 등 세 곳이고, 송파·종로·영등포·양천·용산·강동·마포구 등 7개 구가 50~100% 사이이며, 나머지 15개 구는 50%를 밑도는 빈약한 재정력을 보이고 있다.

2005년 현재 강남구는 매매가 기준으로 아파트 10채 중 7채가 6억이 넘고 그중 절반은 10억이 넘는다. 아파트 등 공동주택 공시가격 총액 92.5조, 땅값 총액 132.6조, 여기에 강남대로변에 즐비한 초고가 빌딩들도 모두 재산세를 불려 주는 전국 최고가 부동산이다. 그 덕에 강남구는 2,070억의 재산세(2007년 세입예산 기준)를 거뒀고 필요한 경비를 자체 조달할 수 있는 능력을 표시하는 재정력지수도 197.9%로 1위를 기록하며 막강한 재정력을 갖추고 있다.

반면 강북구는 집 1채 값이 강남구의 7분의 1인데다 10억은 물론 6억이 넘는 아파트도 아예 없다. 집값 총액은 강남의 16분의 1, 땅값 총액은 9분의 1 수준에 값비싼 빌딩도 드물어 재산세 수입이 강남의 13분의 1 수준인 159억에 그쳤다.

개별 가구는 개별 가구대로 부동산 재산과 수입의 격차가 크게 나고, 자치구 살림을 꾸리는 구청은 구청대로 부동산 가격 차이로 재정력 차이가 큰 것이다.

아파트값 격차와 생활 격차는 정비례한다?

〈서울서베이〉는 서울을 크게 도심권(종로·중구·용산구), 동북권(강북·도봉·노원·동대문·중랑·성동·성북·광진구), 동남권(강남·서초·송파·강동구), 서북권(은평·서대문·마포구), 서남권(강서·양천·구로·영등포·금천·동작·관악구)의 5개 권역으로 나눠서 생활상을 살피고 있다. 〈서울서베이〉 조사 결과를 보

표 3-1 재정력 지수 순위별 서울시 구별 집값 땅값 총액과 가계의 연평균 수입

단위: 원, %

순위	자치구	자치구 집값·땅값 총액		가계 연평균 수입		자치구 재정 상태	
		공동주택 공시가격 총액	공시지가 총액	아파트값 상승액	연간 소득	재산세 수입	재정력 지수
1	강남구	92.5조	132.6조	8,004만	3,684만	2,090억	197.9
2	서초구	57.8조	80.5조	7,236만	4,272만	1,371억	124.2
3	중구	5.1조	42.9조	1,392만	3,192만	680억	120.8
4	송파구	57.0조	90.5조	5,028만	3,624만	974억	86.9
⋮	⋮	⋮	⋮	⋮	⋮	⋮	⋮
22	금천구	5.3조	14.0조	1,620만	2,712만	181억	32.8
23	은평구	8.7조	23.4조	1,428만	2,772만	204억	27.5
24	강북구	5.8조	14.7조	996만	2,628만	159억	26.7
25	중랑구	7.7조	16.4조	1,068만	2,616만	181억	26.5

주: 1) 집값과 땅값 총액은 2007년 1월 1일 기준 공동주택 공시가격과 공시지가 총액임. 다만 정부가 자치구별 공시가격 총액을 발표한 적이 없기 때문에 각 구별 공동주택 평균 가격에 서울시 〈2007 서울통계연보〉의 각 구별 공동주택 수를 곱해 산출한 수치임. 따라서 일부 수치의 차이가 있을 수 있음. 각 구별 공동주택 가격은 『중앙일보』(2007/05/01) 참조.
2) 1년 평균 수입액 중 아파트값 상승액은 1999.7~2005.11 사이 주택가격 상승으로 인한 자본이득의 연평균치임. 출처: 신상영(2007), 소득은 가구당 월평균 소득의 1년치 수치임. 출처: 〈2006 서울서베이〉.
3) 자치구 예산은 2007년 각 자치구별 예산임. 재정력 지수는 필요한 경비를 자체적으로 조달할 수 있는 능력을 지수화 한 것으로 기준재정수입액을 기준재정수요액으로 나눈 수치. 자치구간 재정력을 비교하는 기본 단위임. 출처: 서울시 홈페이지.

면 생활권마다 부동산 재산을 중심으로 거주하는 사람(가구)과 자치구의 경제력이 큰 차이가 나고 각 분야의 생활에 상당한 격차가 생겨 동네마다 '삶의 질 자체가 다른' 현상이 뚜렷하게 대비된다.

먼저 거주 지역 만족도는 4년 연속 아파트값과 정비례하고 있다. 아파트값이 3.3㎡(1평)당 2,473만 원으로 가장 비싼 강남 4개 구의 동남권이 100점 만점에 60점대를 얻으며 1위를 지키고 있고, 가장 싼 동북권(962만)과 서북권(996만)은 51점대로 만족도가 낮았다. 아파트값이 중간 수준인 도심권(1,522만)과 서남권(1,224만)은 만족도도 56과 53점으로 중간 수준이었다.

주거 여건이 좋은 점도 만족도를 높이고 있다. 강남 4개 구가 속한 동남권은 전체 주택을 10채라 할 때 7채가 아파트인데, 동북·서남권은 5~6채, 서북·도심권은 4채 수준이다. 동남권은 1인당 주거 면적(28.8㎡)도 가장 넓고, 지출 중 주거비 비중(24.1%)도 가장 낮았다. 반면 도심권(28.6㎡)을 제외한 나머지 생활권은 1인당 주거 면적이 26㎡(8평)를 밑돌았고, 주거비 비중도 동북권(24.4%)을 제외하고는 26%를 넘겼다. 최저주거기준 미달 가구가 동북권은 30%, 도심·서남권은 25%, 서북권은 20%인 반면 동남권은 17.4%로 열악한 주거 환경에 사는 비율이 낮았다.

거주 지역의 교육 환경에 대한 만족도 조사에서도 강남 4개 구는 100점 만점에 56점을 얻어 4년 연속 1위를 달리고 있는 반면, 은평·서대문 등이 속한 서북권과 성동·중랑·강북 등의 동북권, 금천·구로 등의 서남권은 8~11점으로 낮다.

교육 환경에 대한 만족도의 차이는 동네마다 가구와 자치구의 재정력에 따라 교육에 투자되는 돈의 비중과 관련이 깊다. 2001~06년 사이 자치구의 교육경비 보조 예산은 동남권이 서남·서북·동북권의 2.5~3배에 달했고, 도심권에 비해서도 20% 높았다. 2005년 예산 기준으로 강남구와 도봉구의 학교 지원 예산은 7.1배의 격차를 보였다. 가계 지출 중 사교육비 비중도 강남 4개 구가 13%로 가장 높았으며, 입시 학원을 포함한 강남 4개 구의 사설 학원 수(3,859개)는 도심권의 7배, 서북권의 3배가 넘었고 동북·서남권에 비해 750개 이상 많았다.

2006년 기준 전체 고교생 중 전문대를 포함한 각종 대학 진학률은 서북권(74%), 도심권(70%), 서남권(69%), 동남권(69%), 동북권(67%) 순이었지만, 4년제와 전문대로 구분해서 살펴보면 4년제 대학 진학률에서 강남·서초·송파구만 62%를 넘겼고 용산구가 51.2%를 기록했을 뿐 다른 자치구들은 모두 50%에 미치지 못했다. 물론 뒤에서 보겠지만 서울대 등 상위권 대학 진학률은 더 격차가 심하다.

주거·교육환경이 삶의 질을 재는 잣대 중 가장 중요한 항목인 점을 감안할 때 부동산값이 비싼 동네와 그렇지 않은 동네 간의 주거·교육환경의 격차는 삶 전체를 갈라놓을 수 있다. 실제로 문화생활·녹지환경·도시위험도 등 다른 생활 분야 통계에서도 부동산 가격이 비싼 생활권과 그렇지 않은 생활권 간 격차는 큰 것으로 나타나고 있다.

먼저 2007년 조사에서 문화환경 만족도는 강남 4개 구의 동남권이 55.8점으로 가장 높게 나타났고, 서북권(52.7)은 가장 낮게 나타났다. 2006년 현재 미술 전시회 이용률은 서초·강남·양천 순으로 높은 반면 강동·동대문·광진 순으로 낮았고, 음악·무용·연극 이용률도 서초·강남·성동은 높은 반면 동대문·용산·강동 순으로 낮았다. 영화관과 대중음악 콘서트장 이용률 모두 중구·서초구·강남구 순으로 높았지만, 금천구·강북구·성북구 순으로 낮았다.

평상시 운동, 식사 조절, 정기 검진 등 건강관리를 하는 비율은 용산·강서·송파·성동·강남구가 80% 이상인 반면, 강동·광진·종로·영등포구는 70% 수준에 머물렀다.

컴퓨터를 2대 이상 가진 비율은 강남·서초·마포구 순으로 많고 동대문·용산·강동·중구 순으로 낮았다. 인터넷 이용자 비율은 서초·강남·송파·강동 순으로 높았고, 금천·성북·중랑·구로 순으로 낮았다.

2007년 〈서울서베이〉 조사 결과를 보면 송파구 주민 59.2%는 녹지환경에 만족감을 표시한 반면, 금천구 주민은 17.1%만 만족감을 표시했고 나머지는 불만족했다. 강남 4개 구가 소속된 동남권의 녹지 만족도는 47.8%로 5개 생활권 중 가장 높았다. 반면 서북권(37.8%)과 서남권(38.2%)은 가장 낮았고, 동북권(41.5%)과 도심권(41.6%)은 중간 수준으로 나타났다.

2007년 동네별 도시 위험도도 강남 4개 구가 소속된 동남권(47.8%)이 가장 낮고, 서북권(49.3%)은 가장 높다. 서울 밤길은 서남권(58.6%)과 서북권(57.2%)에서 위험도가 높고 동남·도심·동북권은 상대적으로 덜 위험했다. 범죄에 대한 두려움도 서남권(58.1%)이 가장 컸고, 도심권(57.1%)·서북권(57.0%) 순으로 컸으며, 동남권(56.4%)과 동북권(55.0%)은 상대적으로 작았다. 서북권은 자연재해(38.1%)에서 도심권은 건축 붕괴 위험(46.2%)에서 가장 위험도가 높았다. 동남권은 자연재해(33.3%)로부터 가장 안전했다.

전국 부동산 격차 = 자산 격차 = 주거 생활 격차

서울시 안에서 살펴본 부동산과 동네별 생활 격차 양상을 전국으로 확대하면 어떨까? 〈서울서베이〉만큼 생활 구석구석을 비교한 통계가 없어 세세하게 알 수는 없지만 국토연구원이 전국 각 지역 1만1,000개 가구를 표본으로 추출해 조사한 결과를 보면 부동산 격차와 자산 격차 그리고 주거 생활 격차 양상을 확인할 수 있다(윤주현·김근용·박천규 2005).

이 결과를 보면 먼저 집값이 비싼 지역의 가구별 순자산과 총소득이 높고, 집값이 낮은 지역의 가구는 순자산과 소득이 낮은 것으로 나타났다.

평균 주택 가격이 2억8,000만 원이 넘는 서울 지역의 가구별 순자산(빚을 제외한 주택자산과 동산자산)과 월별 가구 총소득이 각각 1억9,000만 원과 294만 원으로 가장 높았다. 평균 집값 1억8,000만 원으로 두 번째로 비싼 경기도의 경우도 가구별 순자산과 월별 소득이 1억7,000만 원과 263만 원으로 16개 시도 중 두 번째로 높았다.

반면에 평균 집값이 4,900만 원과 5,100만 원으로 16개 시도 중에서 가장 싼 전북과 전남은 가구당 순자산이 각각 6,800만 원과 6,700만 원, 월평균 소득이 각각 173만 원과 167만 원으로 전국 최하위로 나타났다. 가구당 순자산이 가장 많은 서울과 가장 적은 전남의 자산 격차는 2.8배로 지역 간 격차가 매우 크게 나타났다.

한국은행과 대한상공회의소 조사 통계에서 가계자산의 83%가 주택자산으로 나타났는데(4장 참조), 자산에서 부채를 뺀 순자산의 비교에서도 부동산과 가계자산의 밀접한 연관관계는 여전한 것으로 확인되고 있다.

3.3㎡(1평)당 주택 가격을 기준으로 보면 수도권 집값이 지방에 비해 2.5배 비쌌고, 서울 집값이 농어촌 지역인 군 단위보다 5.9배 비싸다. 순자산은 수도권이 지방의 2배, 서울이 군 단위의 2.8배에 달했다. 소득도 서울, 인천, 경기 등 수도권이 지방에 비해 상대적으로 높은데, 농어촌 지역 소득은 서울의 47% 수준에 불과하다.

시도 간 소득 격차보다 집값 격차가 훨씬 큰 데서도 알 수 있듯이 지방에 비해 수도권 특히 서울에서 집을 사기 힘들고 무주택자의 주거비 부담이 높다. 연소득 대비 주택 가격 비율PIR은 전국 평균이 6.0으로 매우 높고 수도권 특히 8.8을 기록한 서울에서 소득만으로 집을 사기는 사실상 어려운 것으로 나타났다. 소득 대비 임대료 비율RIR은 서울의 경우 무려 27.4%로 나타나 서울의 전·월세 가구의 주거비 부담이 무거운 것으로 나타나고 있다.

농어촌 넓게 살지만 낡은 집 대부분

젊은 층이 수도권을 비롯한 대도시로 대거 이동한 탓에 지방으로 갈수록 가구주 나이가 많고 가구원 수도 줄어든다. 농어촌 지역은 수도권에 비해 단독주택 비율이 월등하게 높고 가구원 수도 낮으니 1인당 주거 면적도 상대적으로 넓다. 또 주택 보급률과 자기 집에 사는 비율도 높은 편이다. 특히 농어촌 지역의 주택 보급률은 무려 116%나 되는데 가구주 연령이 평균 57.1세로 환갑을 바라보며 가구원 수도 전국 평균에 비해 0.5명이 적고 주택의 3분의 2는 단독주택이어서 1인당 주거 면적이 수도권이나 대도시에 비해 훨씬 넓어 33㎡(10평)에 육박한다. 그러나 이 집 중 72%는 단독주택이고 지은 지 평균 24년이나 되는 낡은 집으로 나타났다.

최근 10년 동안 새로 지은 주택의 70%가 수도권과 지방 대도시, 그중에서도 수도권에 집중 공급된 탓에 서울, 경기, 대구, 강원을 제외한 전 시도에서 주택의 건축 경과 연도가 평균 15년이 넘었다. 이에 따라 주택 상태가 불량한 정도가 전북 30.6%, 강원 24.7%, 전남 22.8% 등 도 지역에서 높게 나타나고 있다. 주거 환경 또한 전북 26.8%, 강원 24.1%, 충북 20% 등 도 지역에서 불량하다는 응답이 높게 나타나고 있다. 이에 따라 주택 상태와 주거 환경 만족도는 수도권에 비해 지방이 낮고, 특히 농어촌 지역이 가장 낮게 나타나고 있다.

65세 이상 노인가구 비율은 전라남북도가 30% 이상, 충청남북도와 경상남북도가 20% 이상을 기록하고 있지만, 고령자를 배려한 시설을 설치한 비율은 충남이 17.9%, 충북이 19.7%를 보일 뿐 전라남북도와 경상남북도는 한자릿수를 맴돈다.

부엌, 화장실, 목욕탕 등 주거 시설 구비 비율도 수도권에 비해 지방이, 도시에 비해 농어촌이 열악하다. 입식 전용 부엌은 전국 평균 96.6%로 많이 개량됐지만 농어촌 지역에서는 아직도 6.2%가 불량으로 나타났다. 수세식 화장실과 따뜻한 물이 나오는 전용 목욕 시설은 수도권이 95% 수준인 데 비해 지방은 87% 대에 머물고 있다. 특히 농어촌 지역은 수세식 화장실이 없는 곳이 22.7%에 달하고 온수 목욕 시설이 갖춰지지 않은 곳이 16.5%에 이른다.

평균 거주 기간은 서울 5.4년, 경기 6.0년, 인천 6.4년, 지방 대도시 7.4년 등 도시 특성이 강한 지역일수록 짧다. 도시로 갈수록 셋방살이하는 가구가 많고(수도권 50.4%, 지방대도시 46.3%, 농어촌 16.4%), 가구원 수와 소득

변동에 따라 이사를 많이 하기 때문이다.

그런데 앞으로 2년 안에 이사 계획이 있는 가구 중 "주거비 부담이 비싸서", "임대 기간이 만료돼 집주인이 나가라고 해서"의 이유를 선택한 강제 이동 비율을 보면, 수도권과 지방은 10.6%와 10.2%로 차이가 없고 농어촌은 6.8%로 낮으나, 서울과 중소도시가 각각 12.2%, 13.9%로 높다.

우리나라의 평균 강제 이동 비율은 10.4%로 미국 6.1%, 영국 5.5% 등 외국에 비해서 크게 높다. 평균 거주 기간과 함께 그만큼 도시 지역에서 셋방살이하는 부동산 빈곤층의 주거 안정성이 떨어지고 고달프게 산다는 것을 뒷받침하는 통계라 하겠다.

이처럼 외국에 비해 그리 크지 않은 대한민국 안에서 부동산 격차에 따라 시도마다 재산이나 주거 생활의 격차가 뚜렷하고, 시 안에서도 동네마다 사는 게 다르다.

2. 소득 계층별 생활이 달라진다

돈 벌어 어디에 쓰나 : 첫 번째가 주거비

주택문제와 교육문제가 모두 대한민국 국민이 가장 걱정하는 문제지만, 그중에서도 주택문제는 소득이 적은 가난한 빈곤층에 훨씬 심각한 고통이다.

2000년부터 2005년까지 5년간 소비지출 비중을 분석한 LG경제연구원 송태정 연구원의 통계를 보면 전체 평균 지출 1위가 주거비(14.8%)로 나타난 가운데, 소득 기준 하위 20%에 해당하는 빈곤층은 이보다 훨씬 높

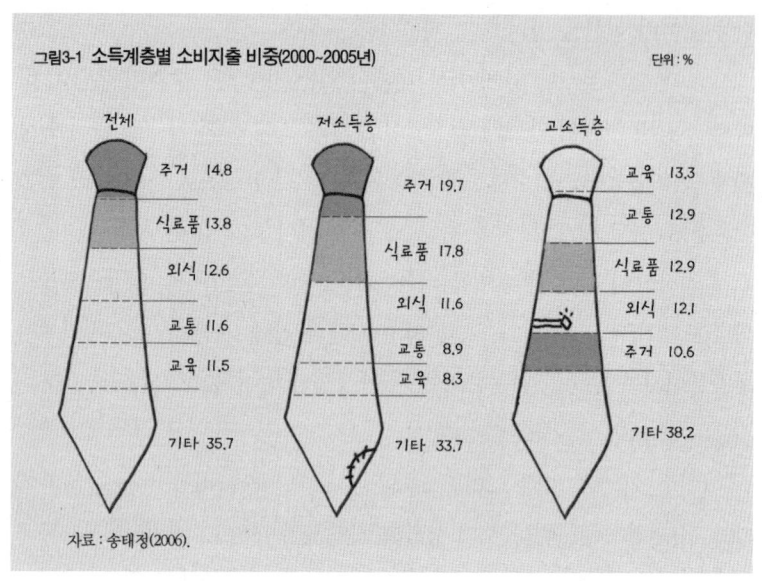

은 19.7%를 주거비에 쓰고 있다. 상위 20% 고소득층은 교육비(13.3%) 지출 비중이 가장 높았고 교통(12.9%), 식료품(12.9%), 외식(12.1%), 주거(10.6%) 순으로, 주거비 지출은 다섯 번째로 밀리고 있다(송태정 2006).

1990~97년 기간의 전체 국민의 평균 소비지출 비중이 식료품(21.3%), 주거(17.2%), 교통(9.5%), 외식(9.3%), 교육(9.3%) 순이었던 점을 감안할 때, 2000년 이후 4차 부동산 투기 국면을 맞아 부동산 가격 폭등 때문에 그만큼 고통이 커졌다고 해석할 수도 있다.

한편 주로 '평균치'로 작성되는 일반 통계는 우리나라 주거 생활이 크게 나아졌다고 말하고 있다.

1970년부터 2005년까지 인구주택총조사에 나타난 주거 지표의 변화를 뜯어보면 주택의 대량 공급에 힘입어 주택 보급률이 높아졌음은 물론 주거 밀도와 주거 시설 등 국민의 주거 생활이 몰라보게 달라졌다. 한 예로 1970년에는 입식 부엌, 수세식 화장실, 온수 목욕 시설이 갖춰진 가구가 열 집 중 한두 집꼴이었지만, 30년 만에 열 집 중 한두 집을 빼고는 모두 갖혀 놀라운 발전을 이루고 있다.

이 통계는 나름대로 일리가 있고 실제로 국민 주거 생활 수준은 예전에 비해 크게 나아졌으며, 중요한 원인 가운데 하나가 현대식 아파트를 많이 지은 데 있다. 1976년부터 2005년까지 30년 동안 공급된 주택 1,238만 채 가운데 아파트는 847만 채(68.4%), 단독주택은 204만 채(16.4%), 연립/다세대 주택은 188만 채(15.2%)였다. 30년간 새로 지은 집 3채 중 2채가 아파트였던 것이다.

그 결과 1970년에는 단독주택이 차지하는 비중이 95.3%, 아파트는 0.8%였으나, 30년 뒤인 2005년에는 단독주택이 총 주택에서 차지하는 비중이 32.2%로 급감한 반면 아파트는 208배가 늘어나, 전체 주택의 절반이 넘는 52.7%로 급증했다. 30여 년 만에 아파트 비중이 절반을 넘기며 단독주택을 제치고 '한국의 집'을 공식 대표하게 되면서 '성냥갑 일색의 획일화된 주거문화'라는 비판에도 불구하고 주거 생활의 수준을 끌어올린 측면이 있다. 문제는 더 넓고 편리한 집에 살게 되었다는 통계는 전체의 평균치일 뿐, 꼭 모든 사람들이 다 그렇게 산다는 것을 뜻하지는 않는다는 데 있다.

부동산 부자들은 한없이 넓고 한없이 편리한 집에서 살고, 부동산 빈곤층은 아직도 좁고 불편한 집에서 살고 있는 데도 그 평균값을 표현하는 주거 수준 통계에는 이것이 나타나지 않을 수도 있다는 말이다. 새로 지은 집의 절반 이상을 집 부자들이 2채에서 1,083채씩 차지함으로써, 주택 보급률이 국민의 절반이 셋방살이하는 현실을 보여 주지 못하게 된 것과 같은 이치다.

실제로 다수의 부동산 빈곤층의 삶은 주거 수준의 발전을 보여 주는 평균치 통계와는 거리가 한참 멀다. 한 동네 안에서도 소득이 많은 사람과 적은 사람, 부자 동네와 가난한 동네의 주거 생활에 관한 통계는 격차가 크다.

소득에 따라 사는 집이 다르다

소득계층별 주거 실태에 대한 가장 최근의 조사는 당시 건교부가 국토연구원에 맡겨 실시한 2005년과 2006년 주거 실태 조사다(윤주현·김근용·박천규 2005; 건교부·국토연구원 2007a).

두 조사 결과는 각각 1만 가구와 3만 가구의 표본 차이와 1년의 시차가 있다. 또 똑같이 소득계층을 저소득층은 1~4분위, 중소득층은 5~8분위, 고소득층은 9~10분위로 나누고 있으나, 2005년의 경우 중소득층을 201만 원부터 고소득층을 397만 원부터 잡는 데 비해 2006년 조사는 150만 원과 301만 원을 기준으로 하고 있어 차이가 있다.

하지만 전체 가구를 크게 저·중·고소득층으로 나눠 주거 생활의 격차를 살피는 데는 큰 문제가 되지 않으므로 2006년 조사 결과를 중심으로 필요할 경우 2005년 결과를 곁들여 소득계층별 주거 생활 격차를 살펴보겠다.

우선 소득에 따라 사는 집이 다르다. 소득이 적은 사람은 주로 단독주택에 살고, 소득이 많은 사람은 아파트에 산다. 2006년을 기준으로 수도권에 사는 저소득층은 52%가 단독주택에 살고 아파트에는 27%가 산다. 나머지는 다세대(12%)나 연립주택(6%) 등에 산다. 반면 고소득층은 64.8%가 아파트에 살고 21.1%는 단독에, 나머지는 다세대(9%)나 연립(4%) 등에 산다. 중소득층은 아파트에 44%, 단독주택에 34%가 산다. 광역시도 서울과 거의 비슷한 양상이다. 농촌 지역이 대부분인 도 지역은 더 구별이 뚜렷해서, 저소득층의 74%가 단독에 살고 아파트에 사는 사람은 19%다.

돈을 잘 버는 사람은 새 집에 살고, 벌이가 시원찮은 사람은 낡고 오래된 집에 산다. 2005년 기준 소득계층별 주택 건축 경과 연수는 고소득층 10.6년, 중소득층 11.4년, 저소득층 17.7년으로 저소득층이 다른 계층에 비해 7년 이상 낡은 집에 산다. 특히 저소득층 중에서도 가장 소득이 낮은 제1분위에 해당되는 밑바닥 사람들은 2005년 기준으로 지은 지 평균 26년이 된 집에서 살고 있고 특히 지방권은 평균 28년, 농촌 지역은 평균 33년 된 낡은 집에서 살고 있다.

저소득층은 좁은 집에, 고소득층은 넓은 집에 살고 있다. 2006년 기준으로 저소득층이 살고 있는 집의 평균 면적은 58㎡(18평)로, 고소득층의 평균 85㎡(26평)의 3분의 2가 채 안 된다. 중소득층은 평균 64㎡(19평)를 기록했다. 또 현재의 집으로 이사 올 때 고소득층은 집을 17㎡ 늘려온 반면, 저소득층은 12㎡ 늘려오는 데 머물렀다. 중소득층은 15㎡ 더 넓은 집으로 이사했다.

특히 대도시의 경우 '세 사람 이상이 단칸방에 사는 비율'은 저소득층이 고소득층에 비해 5배나 높게 나타났다. 2005년 기준으로 서울과 6대 광역시에서 고소득층의 경우 3인 이상 단칸방 거주 가구 비율이 0.8%에 머물렀으나 저소득층은 3.7%로 상대적으로 높았다. 특히 서울은 저소득층(4.2%)이 고소득층(0.5%)에 비해 8배 이상 높았다.

가난한 사람은 형편이 좋은 사람에 비해 시설도 훨씬 좋지 않은 집에서 살고 있다. 전용 입식 부엌, 전용 수세식 화장실, 전용 온수 목욕 시설을 갖춘 가구 비율은 1980년 각각 18.2%, 18.4%, 10%에서 2005년 현재 96.6%, 91.4%, 90.7%로 급격히 나아졌다. 그러나 2005년 현재 부엌, 화장실, 목욕 시설을 갖추지 못한 가구가 고소득층은 0.8%, 1.1%, 1.4%인데

표 3-2 소득 계층별 주거 생활(2006년)

단위 : %, 원

구 분		저소득층	중소득층	고소득층
주택 유형 (수도권)	단독주택	52	36	21
	아파트	27	44	65
	기타	21	20	14
건축 경과 연수(2005년)		17.7년	11.4년	10.6년
주택 사용 면적		58㎡(18평)	68㎡(21평)	85㎡(26평)
주거 시설(2005년)	부엌	94.8	99.0	99.2
	화장실	86.2	97.6	98.9
	목욕탕	85.0	97.9	98.6
점유 형태 (수도권)	자기 집	39	50	65
	전세	28	33	28
	월세/사글세	30	15	6
	무상	3	2	1
강제이동비율		20	11	6
가계수지	월평균 소득	81만	234만	481만
	생활비	68만	145만	234만
	주거비	14만	20만	27만
월소득 대비 임대료 비율(RIR)		28	19	16
연소득 대비 주택 가격 비율(PIR)		6.3배	3.4배	3.6배
월소득 대비 대출금 상환액(PTI)		14	9	9
주택 재산		5,600만	1억	2억7,500만

자료 : 건교부·국토연구원(2007a), 윤주현·김근용·박천규(2005).

반해, 저소득층은 3.2%, 13.8%, 15.0%로 고소득층의 4~13배에 달했다.

집이 얼마나 낡았는지 구체적으로 살펴보면 주거 생활의 빈부 격차는 더 뚜렷하게 보인다.

2005년 현재 전국적으로 주택 상태 및 노후도를 조사 분석한 결과 매우 불량 또는 불량이라고 답변한 비율이 평균 17%로 나타난 가운데, 고소득층의 노후도 비율은 10.5%, 저소득층은 20.9%를 보여 저소득층이 고소득층에 비해 2배나 낡은 집에 살고 있었다. 소음·진동은 소득계층에 상관없이 높게 나타나고 있지만, 내열 방화, 건물 기울어짐, 환기 채광, 빗물

누수, 배선, 습기, 배관, 배선, 화재 붕괴 등 전 분야에서 저소득층의 주거 생활은 아주 열악한 것으로 나타났다.

주거 환경에 대한 불만도도 저소득층(23%)이 고소득층(16%)에 비해 1.5배로 높았다. 고소득층은 지역 유대를 제외하고는 전반적으로 주거 환경 만족도가 높은 반면 저소득층은 의료 시설, 공원 녹지율, 주차 시설, 교육 환경 등 모든 면에서 주거 환경에 대해 불만족도가 높다.

저소득층 '강제 이동률' 2~3배 높아

소득계층별 내집장만과 셋방 사는 비율은 평균적으로는 소득이 높을수록 자기 집 비율이 높고 소득이 낮을수록 셋방 비율이 높은 가운데, 수도권과 지방은 약간 차이를 나타냈다. 수도권의 경우 2006년 기준으로 고소득층은 10명 중 6~7명꼴로 자기 집에서 살고 나머지는 셋방살이를 떠돌았다. 반면 저소득층은 3~4명(38.6%)만 자기 집을 소유하고 있고, 나머지는 셋방살이를 전전했다. 셋방에 사는 경우에도 고소득층은 대부분 전세를 사는 반면, 저소득층은 절반만 전세에 살고 나머지는 월셋방에 살고 있는 것으로 나타났다.

집값이 싼 농촌이 포함된 도 지역의 경우에는 고소득층의 68.5%와 저소득층의 63.2%가 자기 집에 사는 것으로 나타났다. 이는 저소득층은 주로 지방에 살고 60세 이상 가구주의 비율이 높으며 단독주택에 거주하는 비율이 상대적으로 높기 때문이다. 2005년 기준으로 저소득층의 36%는 지방 거주자이며, 22%는 60세 이상 고령층이고, 33%는 단독주택에 산다. 반면 고소득층 중 지방 거주자는 5%, 60세 이상은 1%, 단독주택 거주자는 4%에 불과하다.

현재 사는 집으로 이사 온 이유 중 '집세가 비싸서 또는 집주인이 나가라고 해서'라고 응답한 '강제 이동률'은 저소득층(20%)이 고소득층(6%)의 3배가 넘고, 중소득층(11%)의 2배에 달했다.

2006년 기준으로 고소득층은 한 달 평균 481만 원을 벌어 이 중 생활비로 133만 원(28%)을, 주거비로 19만 원(6%)을 쓰고 있다. 번 돈의 3분의 1로 생활비와 주거비가 해결되는 것이다. 반면 저소득층은 한 달 평균 81만 원을 벌어 생활비와 주거비에 각각 68만 원과 14만 원이 들어 적자가 나고 있다. 특히 주거비 비중이 17%로 고소득층의 3배에 달했다. 저소득층은 저축은커녕 기초 생활비와 주거비를 감당하기에도 소득이 적어 빚이 늘 수밖에 없고, 특히 소득에 비해 주거비 부담이 5분의 1 수준에 육박해 무거운 것으로 나타났다. 중소득층은 234만 원을 벌어 3분의 2를 생활비(145만 원)와 주거비(20만 원)로 지출하고 있다.

임대료 부담도 저소득층이 가장 무거웠다. 한 달 버는 수입 가운데 임대료로 나가는 돈의 비중은 저소득층(28%)이 중소득층(19%)과 고소득층(16%)에 비해 높았다. 저소득층은 한 달 번 돈의 4분의 1 이상을 임대료로 쓰는 셈이다.

한편 2005년 조사에서는 계층별로 비슷하게 주택 가격의 35% 수준에서 은행에서 돈을 빌려 쓰는 것으로 나타났는데, 이 때문에 고소득층과 중소득층은 월평균 소득의 9%를 은행 돈 갚는 데 쓰고 있다. 반면 저소득층은 2배인 18%를 은행 돈 갚는 데 쓰고 있다. 특히 저소득층 중에서도 형편이 어려운 제1분위는 한 달 수입의 34%를 은행 돈 갚는 데 쓰고 있어 상황이 상당히 심각한 것으로 나타났다.

공공임대주택에 대해서는 무주택 가구의 경우 10명 중 4명 이상이 입주할 의사가 있는 것으로 나타나 소득이 많고 적음을 떠나 입주 의사가 높았다. 특히 중소득층(46%)이 고소득층(40%)은 물론 저소득층(39%)보다 높았다.

반면 입주하지 않겠다고 답한 저소득층의 45%는 임대료를 낼 형편이 안 돼서라고 그 이유를 답했고, 공공임대주택에 대한 사람들의 인식이 좋지 않아서(10%), 주택을 분양받아 내집을 마련하기 위해(6%) 등이 뒤를 이었다. 반면 고소득층 중 공공임대주택 입주 의사가 없는 가구의 절반은 사람들의 인식이 좋지 않거나(29%), 내집을 마련하기 위해(25%)이고 임대료 부담(5%)은 소수에 그쳤다. 중소득층의 경우 사람들의 인식이 좋지 않아서(27%), 내집마련을 위해(21%), 임대료 부담(12%) 등의 이유로 입주하지 않겠다고 답했다.

중고소득층의 경우 공공임대주택에 대한 사회적 인식 때문에 입주하려 하지 않는 반면, 저소득층은 입주의사가 있음에도 임대료 부담 때문에 포기하고 있는 셈이다.

내집마련 가능성 소득에 따라 두 배 차이

이 같은 소득 격차는 그대로 주택 재산의 격차로 이어지고 있다. 2006년 기준 평균 주택자산은 저소득층 5,600만 원, 중소득층 1억300만 원, 고소득층 2억7,500만 원으로 집계되고 있다. 중소득층이 저소득층의 2배, 고소득층이 중소득층의 2배에 해당하는 주택 재산을 소유하는 등 소득이 올라갈수록 주택 재산이 큰 폭으로 늘어나고 있는 것이다. 고소득층이 소유한 주택 재산은 저소득층의 약 5배나 된다.

현재 집을 소유하고 있는 사람의 경우에도 고소득층은 저소득층에 비해 처음 집을 장만하는 데 걸린 기간이 짧았다. 고소득층의 최초 주택 구입에 걸린 기간은 평균 6.1년, 중소득층은 7.3년, 저소득층은 10.3년으로 나타났다. 특히 저소득층 가운데는 최초로 집을 사는 데 20년 이상 걸렸다는 사람이 21.8%로 상당히 높게 나타났다.

집을 살 때도 고소득층일수록 새 아파트를 분양받거나 구입하는 것으로 나타났다. 기존 주택을 구입하는 비율은 중소득층에서 높았다. 2006년 기준으로 수도권에서 집을 장만한 사람 중 신축 건물을 분양받거나 구입하는 방법으로 장만한 비율은 고소득층(34%), 중소득층(30%), 저소득층(28%) 순이었다. 반면 기존 주택을 구입하는 방법으로 집을 장만한 비율은 중소득층(62%), 고소득층(59%), 저소득층(56%) 순이었다.

이사할 때 저소득층은 주택 가격을 고려하는 경향이 있으며, 고소득층은 주택 규모를 고려하는 경향이 나타났다. 특히 저소득층은 중소득층과 고소득층에 비해 주택 내부 시설을 고려할 것이라는 비율이 높았는데, 이는 저소득층의 현재 주택 내부 시설이 상당히 불편하기 때문이다. 한편 고소득층일수록 교육 여건과 주변 환경이 개선될 것을 고려해서 이사할 것이라는 응답이 중·저소득층보다 높게 나타났다.

앞으로 2년 이내에 이사할 계획이 있는지에 대해서는 고소득층은 10명 중 3명꼴(31%)로, 중소득층은 4명 중 1명꼴(25%)로 계획을 세우고 있는 것으로 나타났다. 그러나 저소득층 가운데 2년 내 이사 계획을 세우고 있는 사람은 7명 중 1명꼴(15%)로 고소득층의 절반 수준에 머물렀다. 마음은 굴뚝같아도 손에 쥔 게 없어 계획을 세우기가 어렵기 때문이다. 집값이 1년 동안 번 돈의 몇 배에 해당하는가PIR를 보면 저소득층(6.3배)이 중소득층(3.4배), 고소득층(3.6배)보다 약 2배가량 높았다. 저소득층이 내집 장만하기가 고소득층보다 2배나 힘겹다는 뜻이다.

지금까지 살펴봤듯이 소득이 적은 빈곤층과 소득이 많은 부유층 간의 주거 생활 격차는 매우 크게 나타나고 있다. 그러나 제대로 된 해결책을 세우지 않으면 이 격차가 앞으로 더 벌어질 가능성이 높다는 데 더 큰 문제가 있다.

2005년도 조사에 따르면 고소득층의 월평균 소득 중 임대료 비중은

2001년에 비해 3% 줄어든 반면, 저소득층은 8%가 늘었다. 또 고소득층의 소득 대비 주택 가격은 0.3배가 낮아진 반면, 저소득층은 1.4배가 증가했다. 시간이 지날수록 고소득층에 비해 저소득층은 셋방 사는 고통이 커지고 내집마련의 길이 멀어지고 있다는 것이다.

3. 은행 문턱의 높낮이도 부동산이 만든다

부동산 없으면 은행 문턱 닳아도 돈 못 빌려

부동산이 없으면 은행 문턱이 너무 높아 사실상 돈 빌리기도 여의치 않다. 2003년 말부터 통계를 내기 시작한 한국은행의 〈가계신용동향〉을 보면 은행이 일반 가정에 빌려 주는 돈 중 담보 없이 신용과 보증으로 빌려 주는 돈은 갈수록 줄어들어 전체의 3분의 1에 머물렀다. 전체의 3분의 2는 주택과 부동산 등 담보가 있어야만 빌려 주는 담보대출이었다. 5~6년 전만 해도 담보 없이도 가능한 신용·보증대출은 50%가 넘었으나 갈수록 줄어들어 2003년 말 39%, 2004년 말 37.4%, 2005년 말 33.7%로 떨어졌다.

반대로 은행이 일반 가정에 빌려준 돈 중 주택을 담보로 대출한 돈은 2003년 말 49.3%였으나 2004년 51.7%, 2005년 말 54.9%로 늘어났고, 주택 이외에 부동산을 포함한 동산, 예금, 유가증권, 금융자산 등을 담보로 빌려준 돈도 2005년 말 현재 11.4%로 나타났다.

은행은 집이나 땅이 없는 사람한테는 단돈 10원을 빌리려 해도 신발 밑창이 다 닳을 만큼 까다롭게 굴지만, 부동산이 있는 사람이라면 관련 규정을 어기고서 소득이 한 푼 없는 어린아이에게라도 수천만 원씩 손쉽게 빌려 주고 있다. 금융감독원의 조사에 따르면 2005년 6월 말 현재 은행이 미성년자에게 빌려준 주택 담보 대출은 363억 원에 이르며 대출 받은 미성년자는 876명으로 나타났다. 미성년자 1인당 평균 4,000만 원 이상 빌려준 것이다(금융감독원 2005a).

부동산 투기로 부동산 가격이 오르면 은행의 수익률도 덩달아 올라간다는 실증연구를 보면 은행이 왜 부동산 있는 사람에게만 돈을 빌려 주는지 알 수 있다. 한국은행에 따르면 지난 18년 동안 은행의 수익성 지표인 총자산수익률ROA은 부동산 가격 상승률과 같은 방향으로 변동했다. 부동산 가격이 상승세를 보인 1980년대 말과 1999년 이후 대체로 개선되는 모습을 보였으며 부동산 가격이 폭락한 1998년에는 크게 하락했다(한국은행 2006).

은행은 집이나 땅과 같은 담보 없이는 대출을 꺼리고 부동산이 많은 사람에게 집중적으로 대출해 줌으로써 부동산 가격 폭등으로 발생하는 투기 이익을 나눠 갖고 있는 것이다.

'집 놓고 집 먹기' : 집이 집을 낳는 사회

부동산 담보만 있으면 덥석덥석 돈을 대출해 주는 은행의 영업 행태는 집을 담보로 대출을 받아 집을 1채 더 사고 그 집을 담보로 또 1채 더 사는 '연속 투기'를 낳고 있다.

심지어 집을 담보로 10개 금융기관에서 총 134억을 대출받아 강남구 개포동과 대치동에 아파트 36채와 상가 4채를 산 무속인 김 아무개 씨의 사례까지 생겨났다(『한겨레』 2005/06/14). 보도에 따르면 김 씨는 강남 지역의 아파트값이 폭등하자 2004년 11월부터 6개월 동안 아파트 6채를 집중적으로 팔아 13억 원의 투기 이익을 올리고도 양도소득세를 내지 않았

표3-3 귀신도 곡할 무속인 김 아무개 씨의 부동산 투기 내역 단위: 채, 억원

취득자	관계	1999~2005년 취득		대출 목적 근저당액	1999년 이후 양도	
		아파트	상가		아파트	추정 양도 가격
김○○(56세)	본인	29	3	106	7	31
이○○(32세)	장녀	5	-	19	1	6
이○○(30세)	장남	1	1	6	-	-
김○○(28세)	차남	1	-	3	-	-
계		36	4	134	8	37

자료: 『한겨레』(2005/06/14).

다. 국세청의 조사를 받으면서 세상에 알려진 이 사례는, 집 있는 사람에게는 '묻지 마' 대출을 해주고 집 없는 사람에게는 한없이 높기만 한 은행 문턱이 빚어낸 용납해서는 안 될 투기 행위다. 더 나아가서 부동산 담보대출 중심의 단기소매이익을 좇는 은행의 영업 행태와 부동산 투기가 맞물려 집이 집을 낳고 부동산이 부동산을 낳는 부동산 왕국 21세기 대한민국의 모습을 단적으로 보여 주는 사건이었다.

빌린 돈이나 번 돈이나 내지 않은 세금이나 모두 기가 차서 말이 안 나오는 얘기지만 어쨌든 대한민국에서 집 한 칸, 땅 한 평 없이, 있다 해도 간신히 등 붙일 집이 전부인 부동산 빈곤층에게는 별천지 남의 나라 일이다. 그러나 분명한 것은 적어도 21세기 대한민국에서는 집이 없고 땅이 없다는 것은 그것으로 끝나는 게 아니라 생활 전체, 나아가서 인생 전체에서 희망이 보이지 않는 일이라는 사실이다.

제 발등 찍은 '국책은행 외국에 팔아먹기'

은행이 부동산 부자들을 좇아 투기 이익을 나눠 갖는 영업 행태를 한

다고 비난하기에 앞서 곳간을 외국인에게 내주고 이 지경을 만든 김대중 정부의 '제 발등 찍은' 실책부터 따지지 않을 수 없다. 최근 외환은행을 투기자본 론스타에 헐값으로 불법 매각한 일이 논란이 되듯이 외환위기 직후부터 시중 은행을 한둘씩 외국 자본에 팔아먹어 지금은 대부분의 시중 은행이 대한민국 은행이 아닌 외국인 소유 은행이 돼버렸다.

은행권 통폐합을 거쳐 남은 시중 은행 7개 중 우리은행을 제외한 6개가 이미 외국인 지분 50%를 넘겨 외국인 소유 은행이 되었다. 2007년 말 현재 시중 은행의 외국인 지분율을 보면 100%를 기록한 한국씨티와 SC제일은행을 비롯해 국민은행 81%, 외환은행 81%, 하나은행 75%, 신한은행 58%로 우리은행 14%를 제외하고는 모두 절반이 넘는다.

지방 은행 중에서도 경기·충청·충북·강원은행은 통폐합 과정에서 사라졌고 부산은행(62%)과 대구은행(69%)은 외국인 은행이 됐다. 이들 외국인 은행들은 한국 국민이야 어찌 되든 말든, 한국 경제와 사회에 어떤 영향을 미치든 말든, 외국인 주주들에게 배당을 많이 해줄 수 있는 돈 되는 일 중심으로 영업을 하고 있다.

은행이 아직 대한민국 국적 은행이었던 외환위기 이전 국민은행과 주택은행은 서민들이 저축을 넣고 아쉬울 때 돈을 빌리던 서민 금융을 주로 취급했다. 하지만 두 은행이 민영화를 거쳐 하나로 통합돼 현재와 같이 외국인 소유의 은행이 된 뒤 서민 금융 지원 기능은 사라져 버렸다.

정부 정책에 따라 적은 돈이라도 지금보다는 훨씬 '인심 좋게' 서민들에게 빌려 주던 은행은 사라지고 모든 은행이 서민 대상의 소액 대출 규모를 줄이면서 부자들을 상대로 한 영업에만 몰두하고 있다. 부동산과 같은 담보를 설정한 대출이 아니라 신용대출도 마찬가지다. 은행은 신용대출 기준을 엄격하게 적용해 서민들에게 대출을 인색하게 하는 대신 큰손 VIP를 유치하고, 부자들에게 낮은 금리 혜택을 주면서 자산을 맡아 관리하는

PB^{Private Banking} 금융 영업에 몰두하고 있다.

시중 은행이 아니더라도 사정은 마찬가지다. 과거에 민간 서민 금융 구실을 해오던 전당포, 사채업자, 계契 등이 양성화돼 탄생한 상호저축은행, 신용협동조합, 새마을금고, 상호신용금융(농협 단위조합, 수산업협동조합의 단위조합 등) 등은 통상 서민 금융기관이라 불린다. 그러나 이 기관들은 저소득층의 자금 수요가 급격히 늘어나고 있음에도 불구하고 제 기능을 하지 못하고 있다. 우선 서민 금융기관인 상호저축은행과 신용협동조합, 새마을금고의 숫자가 1997년 이래 금융 구조조정으로 40.2%나 줄어 반 토막이 됐다.

서민 금융기관의 대출액도 1997년의 57조238억 원에서 2001년에는 43조231억 원으로 25%나 감소했다. 그 뒤 2005년 5월 말 현재 68조 원으로 1997년 말에 비해 19.6% 증가했지만 같은 기간에 예금은행의 대출액이 200조 원에서 583조 원으로 191% 증가한 것에 비하면 서민 금융기관의 대출액 증가는 이의 10분의 1에 불과하다. 서민 금융기관의 대출액 증가도 그 내용을 보면 서민에 대한 대출이 증가한 결과가 아니라는 데 더 심각한 문제가 있다(현대경제연구원 2006).

상호저축은행의 경우 대출액의 증가에도 불구하고, 소액 대출은 크게 감소하고 있다. 금융감독원에 따르면 2005년 6월 말 현재 소액 신용대출 잔액은 1조6,487억 원으로 2004년 6월 말에 비해 17%가 감소했으며, 2003년 이후 꾸준한 감소 추세를 보이고 있다(금융감독원 2005b).

실제로 상호저축은행의 경우 대출액의 증가는 대부분 주택 등 부동산 담보대출을 늘리고 부자들을 위한 대출 영업을 강화하는 등 서민 금융기관의 구실을 벗

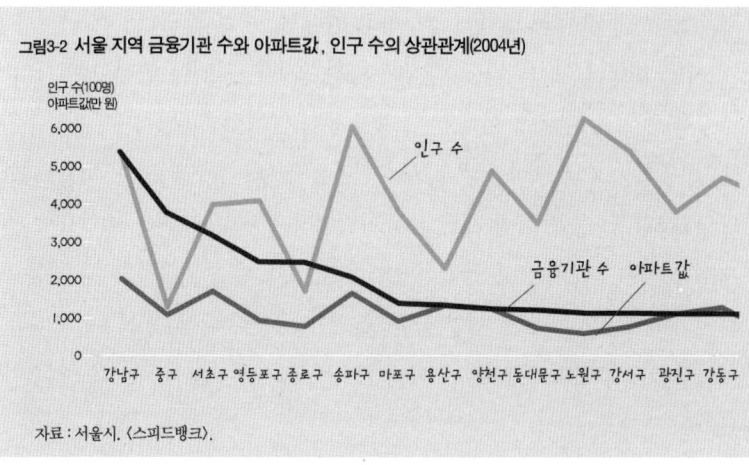

그림3-2 서울 지역 금융기관 수와 아파트값, 인구 수의 상관관계(2004년)

자료: 서울시, 〈스피드뱅크〉.

어난 결과다. 2002년 이후 상호저축은행의 대출금 중 부동산 등 담보대출을 제외할 경우 대출액이 매우 적어서 가난한 사람을 위한 서민 금융기관이라는 이름이 무색할 정도다.

시중 은행이 '부자 마케팅'에 열을 올리고, 서민 금융기관들조차 그 뒤를 따르면서 서민들은 물론이고 가난한 빈곤층들은 아예 금융을 이용할 수 없도록 배제당하고 있다. 더구나 서울보증보험이나 주택금융공사, 보건복지부 등의 자격 조건마저 일정 소득 이상으로 또는 기관이 마련한 신용등급에 따라 소득이 낮거나 신용이 떨어지는 가난한 사람들을 배제하고 있기 때문에 빈곤층이 필요한 소액 자금을 조달하기는 더더욱 어렵다.

서울대사회복지연구소에 따르면 2005년 5월 현재 국내 가구 중 15.8%는 순재산(총재산-부채)이 0원으로 아예 없고, 이를 포함해 3,000만 원에 불과한 가구가 33.2%나 된다. 또 전체의 59.7%는 1억 이내였다(『서울신문』 2005/12/15).

이들 대부분은 부동산이 없는 부동산 빈곤층이다. 그런데 제도 금융기

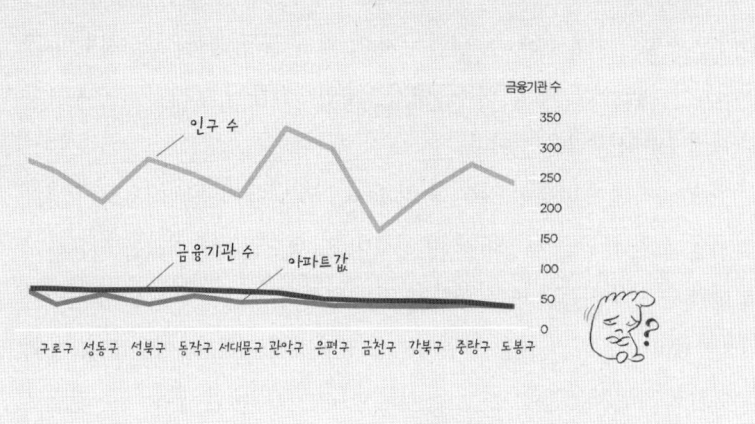

관은 담보물이 없거나 신용등급이 낮아 대출 자격이 안 된다는 이유로 이들을 완전히 외면하고 있는 형편인 것이다.

외환위기 이후 신용불량자라 불리는 극빈층이 급격히 늘어 2004년 말 현재 공식 통계로만 361만5,000명에 이르렀다. 문제가 커지자 노무현 정부는 2004년 12월 신용불량자 제도를 폐지해 '신용불량자'라는 용어를 없애 버렸고, 그 뒤 공식 통계조차 발표하지 않고 있다. 그러나 제도를 바꾸고 용어를 없앤다고 문제가 해결되는 게 아니기 때문에 어림잡아 400만, 경제활동인구의 6분의 1에 육박하는 신용불량자 문제는 가난한 빈곤층의 큰 고통이 되고 있다.

그런데 〈신용정보의 이용 및 보호에 관한 법률〉에 따르면 신용불량자란 '3개월 이상 연체금이 30만 원을 초과하거나 30만 원 이하 연체 건수가 3건 이상일 경우'에 해당하는 사람이다. 단돈 몇십만, 또는 많으면 몇백만 원이 없어 신용불량자가 된 사람이 수두룩하다는 것이다. 2004년 10월 금융감독원이 심상정 의원실에 제출한 자료에 따르면 등록 금액 1,000만 원

이하 신용불량자 수는 173만여 명으로 전체 신용불량자의 절반(47.1%)에 육박하고 있다(심상정 2004). 서민 금융이 제 구실을 해서 어느 정도의 금융지원만 해줬어도 예비 신용불량자(금융연체자)들이 무더기로 신용불량자로 전락하지 않았을 것이다.

한편 조복현에 따르면 2004년 현재 제도권 금융기관을 이용하지 못하는 금융 소외 인구는 약 185만 명 정도이고, 제도권 금융기관을 이용하기는 하나 연체 중이거나 매우 심각한 연체 경험이 있어 특수 관리되는 위험 신용등급(9~10등급)의 금융 차별자는 375만 명에 이른다. 이들 금융 소외자와 금융 차별자를 합친 총 금융 배제자 수는 500여 만 명에 이를 것으로 추정된다. 이들 금융 배제자가 대개는 15세 이상 생산가능인구에 해당한다고 볼 경우(15세 미만 어린이의 경우 대출 연체는 거의 없을 것임), 금융 배제자의 수는 15세 이상 인구 3,787만 명의 14.78%에 해당하는 수치다(조복현 2005).

은행은 인구를 따라가지 않는다?

부동산 담보대출과 부동산을 비롯한 재산이 많은 큰 손들의 재산 관리를 최고의 영업으로 삼게 된 외국인 소유 은행들이 서민 동네 지점 문을 닫고 부자 동네로 옮겨 가는 것은 어쩌면 당연한 일인지도 모르겠다.

『동아일보』가 1999년부터 2005년까지 신한, 조흥, 한국씨티, SC제일은행, 우리은행의 지역별 지점을 분석한 결과를 보면 지점 수는 1,928개에서 2,102

개로 총 174개 늘었지만 수도권과 광역시를 제외한 일반 도 지역에서는 오히려 27개 줄었다. 서울의 은행 지점은 58개가 늘었고, 이 가운데서도 40개가 강남구와 서초구에 몰렸다. 2005년 말 현재 강남·서초구의 은행 지점은 서울 전체(1,000개)의 23.3%인 데 비해 인구는 약 94만 명으로 서울 인구의 9.2%에 그친다(『동아일보』 2006/03/20).

인구를 지점 수로 나눈 '지점당 인구'는 강남구·서초구가 각각 3,756명과 4,514명이지만 강북, 강서, 관악, 도봉, 은평, 중랑구 등은 2만 명이 넘는다. 경기 성남시의 은행 지점은 1999년 41개에서 61개로 20개 늘었는데 이 가운데 19개가 분당 신도시에 집중됐다.

또한 필자가 서울 시내 구별 금융기관 수와 평당 아파트값, 구별 인구 수를 비교해 본 결과 금융기관 수는 인구와는 별 상관관계가 없는 반면, 아파트값과는 밀접한 관련이 있는 것으로 나타나고 있다.

중구와 종로구가 인구에 비해 금융기관 수가 많은데, 이는 금융기관 본사가 몰려 있고, 백화점 등 대형 상가와 기업의 본사와 사무실이 몰려 있는 예외적인 지역에 속한다고 하겠다. 이를 제외하면 금융기관 수와 아파트값은 밀접히 연관되고 있다.

$3.3m^2$(1평)당 아파트값 평균의 2배가 넘는 강남구의 경우 인구는 53만 7,600명으로 서울시 전체 인구의 5%이지만 전체 금융기관의 14%인 335개가 몰려 있다. 반면 인구는 강남과 비슷한 53만5,900명이지만 $3.3m^2$당 아파트값이 강남구의 40%에 지나지 않는 관악구는 금융기관이 59개(2.5%)밖에 안 됐다. 강남구는 인구 1,605명당 한 개의 금융기관이 있는 반면, 관악구는 9,083명당 한 개꼴인 셈이다. $3.3m^2$당 아파트값이 650~700만 원대로 강남구 평당 아파트값의 3분의 1이 채 안 되는 도봉·은평·중랑구는 1개 금융기관당 인구수가 모두 1만 명이 넘었고, 3개 구의 금융기관 수는 124개에 지나지 않아 강남구의 37% 수준이다.

3.3㎡당 아파트값이 1,743만~2,120만 원으로 가장 비싼 강남·서초·송파 등 강남 3개 구의 인구는 155만 명 정도로 서울시의 15%이지만 금융기관 수는 662개로 전체의 28%가 몰려 있다. 인구 2,347명당 한 개꼴이다. 반면, 3.3㎡당 아파트값이 평당 600만 원대로 서울에서 가장 싼 도봉·강북·금천·노원 등 4개 구의 인구는 165만 명 정도로 강남 3개 구와 비슷한 16% 비중이지만 금융기관 수는 193개로 전체의 8%에 불과하며, 인구 8,522명당 한 개꼴이다.

　3.3㎡당 아파트값이 600~700만 원대로 가장 싼 도봉·강북·금천·노원·중랑·은평·성북·구로 등 8개 구에 있는 금융기관 수를 합쳐봐야 416개에 지나지 않는 데, 아파트값이 가장 비싼 강남·서초 2개 구의 금융기관 수는 533개나 된다.

　부동산은 금융을 유혹하고 금융은 부동산을 끌어들여 쌓아올린 투기 바벨탑 대한민국. 부동산 부유층과 외국인 소유 은행이 투기 이익의 단 꿀을 나눠 먹는 사이 부동산 서민과 부동산 빈곤층은 신용불량자가 되거나 2005년 법정 허용한도 이자가 66%나 되는 고리대금을 울며 겨자 먹기로 쓸 수밖에 없었다.

4. 대학 입시도 부동산이 결정한다

아파트값과 서울대 합격률은 어떤 관계일까

　"서울대 합격은 아파트 가격 순이다. 8억대 아파트에 살면 서울대에 28명이 합격하고, 7억대 아파트에 살면 22명, 5억대 아파트에 살면 12명이 합격한다. 4억은 9명, 3억은 8명이 합격한다."

숫자놀음 같은 '아파트값과 서울대 합격률 사이의 상관관계'는 필자가 최근 3년(2004~06학년도) 동안 '서울 시내 일반계 고등학교 졸업생 1,000명당 서울대 합격자 수'와 2007년 1월 1일 국토해양부 공시가격 기준 '서울시 구별 공동주택 평균 가격' 통계를 비교해 얻은 결론이다.

필자는 동네별 평균 공동주택 가격을 기준으로 서울을 1억대부터 7억 이상의 여섯 개 권역으로 나눈 다음 권역별 1,000명당 서울대 합격자 수를 내보았다.

먼저 아파트 등 집값이 7억 이상인 강남구·서초구에서는 고3 졸업생 1,000명당 평균 25명을 서울대에 합격시켰다. 집값이 평균 8억8,000만 원인 강남구는 3년 동안 총 634명을 서울대에 입학시켜 졸업생 1,000명당 28명이 합격하는 가장 높은 진학률을 보였다. 집 1채당 평균 가격이 7억7,000만 원인 서초구는 312명을 합격시켜 1,000명당 22명꼴로 뒤를 이었다. 집값이 나란히 5억6,000~5억7,000만 원인 송파·용산구의 1,000명당 서울대 합격자 수도 나란히 12.1명과 12.5명으로 평균 12명이었다.

평균 집값이 5억이 넘는 강남·서초·용산·송파구에 있는 일반계 고등학교는 모두 45개로 서울시 전체(202개)의 22% 수준인데, 모든 학교가 100% 서울대 합격자를 배출하며 3년간 서울시 전체 합격자(2,909명)의 44%에 해당하는 1,267명을 입학시켰다.

반면 집값이 1억3,000~1억9,000만 원에 머무른 은평·강북·중랑 등 7개 구에서 서울대에 합격한 학생은 고3 졸업생 1,000명당 평균 6명에 머물렀다. 또 집값이 2억1,000~2억9,000만 원 사이인 관악·종로·강서 등 8개 구도 1,000명당 평균 7명에 그쳤다.

평균 집값이 3억이 채 안 되는 이들 15개 구에 있는 일반 고교는 113개로 서울시 전체의 56% 수준이지만, 3년간 서울대 합격자 수는 1,051명으로 서울시 전체 합격자의 36%에 머물렀다.

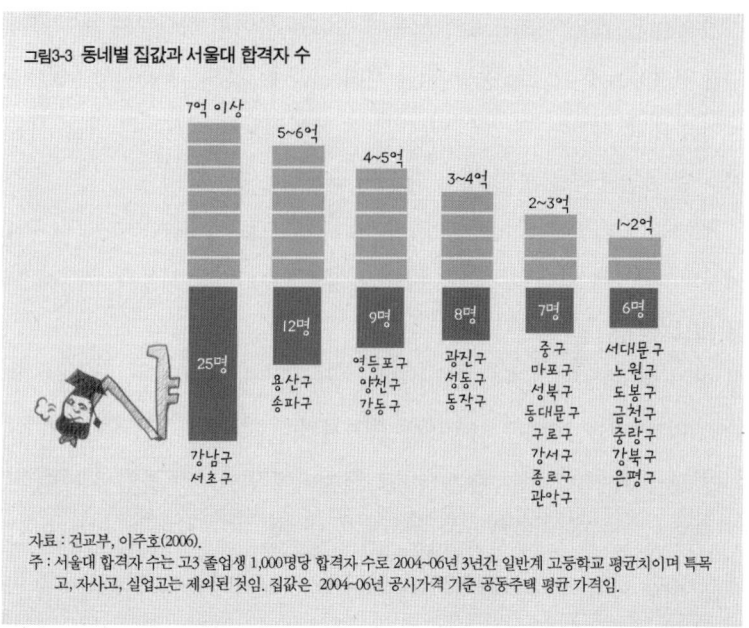

물론 예외도 있다. 집값이 3억대인 동작·성동·광진구의 1,000명당 합격자는 평균 8명이지만, 평균 집값이 3억3,000만 원인 성동구는 평균 3명으로 낮다. 4억대인 강동·양천·영등포구의 평균 합격자는 9명인데 영등포구는 4명에 그치고 있다. 반대로 평균 집값 1억대인 노원구와 서대문구는 9명으로 평균 합격자 수 6명보다 많다. 2억대인 강서구도 11명으로 평균 7명보다 합격자 수가 많다.

그러나 이들 5개 구를 제외한 20개 구는 '아파트값이 비싼 부자 동네에 살수록 서울대에 많이 합격한다'는 법칙에서 크게 벗어나지 않고 있다.

부동산 재산 격차 → 수입 격차 → 사교육비 격차 → 학력 격차

아파트값 격차로 상징되는 부동산 격차가 서울대 합격자 수로 상징되는 교육 격차 또는 학력 격차로 이어지는 이유는 뭘까.

우선 한 달 동안 들어오는 수입의 격차가 크다는 점을 발견할 수 있다. 수입의 격차는 직장 생활이나 장사, 사업 등으로 얻는 소득의 격차도 있지만, 아파트값이 올라서 얻게 되는 자본이득의 격차가 오히려 더 크게 나타난다.

통계를 보면 서울대 합격자 수가 28명으로 가장 많은 강남구의 가구당 월평균 소득은 307만 원으로 서울대 합격자 수가 적은 은평구 등 7개 구 236만 원의 1.3배 수준이다. 그런데 한 달 평균 아파트값이 올라서 얻는 자본이득은 강남구가 667만 원으로 하위 7개 구 105만 원의 6.4배에 달한다.

소득과 아파트값 상승으로 얻는 자본이득을 합친 한 달 평균 수입을 보면 강남구는 974만 원, 서초구는 959만 원, 용산·송파구는 679만 원이다. 수입의 격차만큼 서울대 합격자 수도 28명, 22명, 12명으로 차이가 났다.

한 달 수입이 341만 원으로 가장 적은 은평구 등 7개 구는 6명, 439만 원인 관악구 등 8개 구는 7명을 각각 서울대에 입학시켰다. 481만 원인 광진·성동·동작구는 8명을, 568만 원인 영등포·양천·강동구는 9명을 각각 합격시켰다.

한 달 수입을 1년 단위로 계산하면 연간 소득과 아파트값 상승에 따른 수입이 1억이 넘는 강남·서초구는 서울대에 20명 이상을 합격시켰고, 8,000만 원대(용산·송파)는 12명, 6,000만 원대(영등포 등)는 9명을 합격시킨 셈이다. 또 연 수입 5,772만 원인 광진 등 3개 구와 5,268만 원인 관악 등 8개 구는 각각 8명과 7명을 합격시켰고, 가장 낮은 4,000만 원대인 은평 등 7개 구는 가장 적은 6명을 합격시킨 셈이다.

그러나 아파트값과 서울대 합격률 사이에 더 직접적인 다리 노릇을 하는 것은 사교육비 격차다.

부동산 재산이 많고 수입도 많은 부잣집 자식과, 재산도 없고 수입도 적은 가난한 집 자식이 있다고 하자. 둘 다 머리도 좋고 공부를 열심히 하는데, 부잣집 자식은 가난한 집 자식에 비해 1년간 사교육비를 2배 들여 좋은 과외공부를 시켰다고 하자. "과외비 쓰는 만큼 성적이 올라가나?" 불행하게도 통계는 "그렇다"고 답하고 있다.

2005학년도 대학 입시에서 월소득 300만 원 미만의 부모를 둔 자식은 한 달 평균 20만 원의 사교육비를 쓰고 수능점수 291점을 받았고, 소득 300~500만 원은 사교육비 42만 원을 쓰고 306점을, 소득 500만 원 이상은 64만 원을 써서 317점을 받았다는 통계가 대표적이다(김경근 2005).

이런 사실은 지역별 사교육비와 수능 점수의 연관 관계에서도 그대로 확인되고 있다. 서울시 전체 학생들은 1년간 평균 592만 원의 사교육비를 쓰고 수능점수를 평균 301점 얻었으며, 서울시 전체 고3 졸업생 가운데 1,000명 중 8명꼴(일반고 기준)로 서울대에 합격했다.

그런데 강남·서초구의 경우, 2004년 한 해 동안 쓴 사교육비가 1인당 평균 952만 원이었고, 그해 이 지역 대입 수험생들이 얻은 수능 점수는 평균 314.7로 졸업생 1,000명 가운데 25명이 서울대에 합격했다. 반면 영등포구와 강북구의 사교육비는 493만 원으로 강남·서초구의 절반 수준에 머물렀으며, 수능 점수도 35점이 낮은 평균 279점이었고, 서울대 합격자 수도 1,000명당 5명 수준에 그쳤다(김경근 2005).

시도별로 부동산값과 서울대 연·고대 합격 현황을 살펴보면 부동산 격차가 학력 격차로 이어지는 일은 서울뿐만 아니라 대한민국 전역에서 일어나고 있다. 3.3㎡(1평)당 땅값이 400만 원인 서울의 경우 2005년에 졸업생 1,000명당 서울대에 11.6명, 연세대에 21.1명, 고려대에 19.07명을 각각 합격시켰다(특목고 포함). 반면 3.3㎡당 땅값이 1만5,000원대에 불과한 전남 지역의 경우 고3 졸업생 중 서울대에 합격한 인원수가 1,000명당 2.14명으로 서울의 5분의 1에 불과한 것을 비롯해 연세대와 고려대에 각각 4.49명, 4.62명을 합격시켜 서울의 4분의 1 수준에도 못 미치고 있다.

구체적으로 대전의 경우를 보자. 서울이 부동산과 교육문제를 두고 남북 격차가 뚜렷하다면 대전 지역은 동서 격차가 깊어지고 있다. 대전시 서구와 유성구 등 서부 지역은 2004년 아파트 가격이 3.3㎡당 521~574만 원으로 상대적으로 비싸고 소득수준도 나은 곳으로, 학생 1인당 사교육비가 연간 307만 원으로 높게 나타났으며 특히 둔산 지역의 경우 409만 원으로 가장 높게 나타났다.

반면, 동구와 중구·대덕구가 속해 있는 동부 지역은 아파트 가격이 345~416만 원으로 낮고 국민기초생활수급자가 전체 인구의 3.56~5.41%로 서부 지역(유성구 1.79%, 서구 1.86%)에 비해 비중이 크게 나타나는 등 경제력이 떨어지고 있다. 동부 지역 학생 1인당 사교육비는 연간 210만 원으로 서부의 3분의 2 수준으로 낮았으며 특히 서부 둔산 지역 사교육비에 비해서는 절반도 되지 않았다. 특히 고등학교 월평균 사교육비를 비교해보면 서부 지역은 24만9,000원으로 동부 지역 11만2,000원의 2배, 둔산 지역은 33만5,000원으로 동부의 3배에 이르렀다.

이 같은 부동산을 비롯한 경제력 격차와 교육비 격차는 고스란히 학력 격차로 이어져 2005년도 동부 지역에서 서울에 있는 대학에 진학한 학생 수는 331명인 데 비해, 서부 지역은 849명으로 훨씬 많았다. 1,000명당 진학 학생 수도 동부 지역이 5.7명인 데 비해 서부 지역은 11.5명으로 진학률이 2배에 이르렀다. 서부 지역은 1,000명당 진학 학생 수가 1년 전 11.3명에서 11.5명으로 증가했으나, 동부 지역은 7.5명에서 5.7명으로 감소해 시간이 갈수록 격차가 벌어졌다(지역교육격차해소를위한대전시민연대 2006).

특목고 입학생도 강남권 출신 많아

한편, 사교육비만큼은 아니지만 공교육 영역인 학교 교육비도 부동산 가격이 비싸고 재산이 많은 동네와 그렇지 못한 동네 간에 격차가 있다. 부동산을 중심으로 한 재산이 많으냐 적으냐에 따라 동네 사람들의 경제력 차이가 생겨 자식 교육에 투자하는 돈이 다르고, 자치구가 걷는 재산세 수입을 비롯한 재정력의 차이가 생겨 학교에 지원하는 지원금도 자치구마다 격차가 크다.

2004년 현재 3.3㎡당 아파트 가격이 2,120만 원과 690만 원으로 큰 격차가 있는 서울시 강남구와 금천구를 비교하면 지자체의 학생 1인당 교육비 지원액(초중고 공립학교 기준, 교육비 특별회계 전입금 제외)이 강남구는 9만 6,000원인 데 비해 금천구는 8,000원으로 12배 차이가 난다. 학생 1인당 학부모 부담금도 강남구는 62만5,000원인 데 비해 금천구는 47만6,000원이다. 금천구에서 초중고교를 다니는 학생 1인당 교육비는 50만6,000원으로 78만3,000원인 강남구에 비해 20만 원의 격차가 발생했다. 한편, 2005학년도 대학 입시 기준 서울대 진학률도 강남구가 1,000명당 25.4명인 데 비해 금천구는 4.6명으로 크게 차이가 나고 있다.

또 학교별 학생 1인당 교육비도 많은 차이가 있다. 강남과 서초구 상위권 초등학교는 학생 1인당 100만 원이 넘는 교육비를 투자하는 반면, 강서·중랑·종로구의 하위권 학교는 20만 원대의 투자에 그치고 있다. 강남의 중학교는 93만 원인데, 동대문구는 25만 원에 머물고 있다. 고등학교는 더 심해서 서대문구의 한 과학고는 400만 원이 넘는데 동대문의 한 공고는 40만 원으로 10배의 격차가 나타났다(『한겨레』 2005/10/04). 초등학교를 예로 든다면 이들이 학생 수 1,000명의 같은 규모 학교라면 한 해 8억 원대의 예산 차이를 겪고 있다는 계산이 나온다.

이 같은 격차는 앞서 살펴본 지자체별 재정력 격차에서 비롯된 것인데, 재정력 격차도 결국 부동산 재산 격차 때문에 발생한 것이어서 부동산 격차에서 연유된 공교육비 격차가 결국 학력 격차를 부추기는 셈이다.

한편 강남권 고등학교보다 서울대 등 상위권 대학에 더 많은 합격자를 내는 곳이 바로 외국어고나 과학고 등 특수목적고등학교, 즉 특목고다. 서울시교육청 자료를 바탕으로 2004~06학년도 6개 외국어고와 2개 과학고 등 총 8개 특목고 대학 진학 현황을 분석해 보니 3년 동안 졸업한 7,646명 중 서울대 735명, 연세대 1,719명, 고려대 1,593명, 서강대 375명, 이화여대 694명, 카이스트 302명, 포항공대 60명, 해외 유학 309명으로 나타났다(최순영 2006b).

졸업생이 1,000명이라면 서울대에 96명이 간 셈이니, 이들 8개 특목고의 서울대 합격자 수가 강남·서초·송파 3개 구에 있는 38개 고등학교의 합격자 수(62명)의 1.5배에 달한다. 또 1,000명 중 절반이 넘는 529명이 서울대와 연·고대 등 상위권 세 학교에 진학했다.

그러면 특목고 입학생들의 출신지를 알아보자. 입학생이 총 100명이라면 서울에 있는 중학교 출신이 75명, 경기도가 20명, 기타 시도가 5명 꼴이었다(최순영 2006b). 서울 출신 중에는 노원(13.4%)·강남(9.4%)·양천(8.5%)·송파(7.1%) 순으로 많았고, 경기도 출신 중에는 역시 아파트값이 비싼 분당 지역 중학교 출신이 제일 많았다. 전체 입학생 중 강남·서초·송파구 출신이 21.2%로 나타났으며, 노원구와 양천구를 포함한 5개 구 출신이 43%에 달했다. 이처럼 특목고도 노원구를 제외하고는 결국 강남권과 분당 등 비싼 아파트를 소유하고 소득이 높은 동네 학생들이 입학해 상위권 대학에 진학하는 통로가 되는 것이다.

그렇다면 전체 서울대 입학생 중 강남이나 특목고 출신이 차지하는 비중은 얼마나 될까. 강남, 분당, 용인, 평촌 등 아파트값이 많이 오른 동네의 서울대 합격률이 최근 들어 낮아지고 있다는 분석도 일부 있기는 하다 (김경민·이양원 2007).

그러나 서울대가 국회에 제출한 지난 8년간의 입학생 자료에 따르면 서울대 입학생 중 강남·서초·송파구 소재 고교와 특목고(자립형 사립고등학교 포함) 출신이 차지하는 비중이 2000년 21.7%에서 2007년 31.5%로 오히려 늘고 있다(최순영 2007). 강남권 소재 고교 출신 비중은 2000년 11.4%에서 2007년 14.5%로 늘었는데, 경영대 23.1%, 법대 19.4%, 음대 17.9% 순으로 인기학과에 높은 합격률을 보였다. 또 특목고 출신 비중은 12%에서 8년 만에 20%로 늘었다.

상아탑, '우골탑'에서 '아파탑'으로

우골탑牛骨塔이란 말이 유행한 적이 있었다. 소 팔아 자식 대학 보낸다고 해서 생긴 말이다. 가난한 집 자식이 열심히 공부해서 좋은 대학 들어가면 '개천에서 용 났다'고 했고, 마을 어귀에 '경축 ○○○ 서울대 합격' 펼침막이 걸리곤 했다.

그러나 이제 다 옛말이 됐다. 더 이상 개천에서 용은 나지 않는다. 소 값은 떨어지고 대학 등록금은 1년에 1,000만 원을 훌쩍 넘어 소 팔아서 대학 등록금을 댈 수도 없다. 더 중요한 문제는 이제 대학은 특히 상위권 대학은 가난한 사람이 열심히 공부해서 들어갈 수 있는 곳이 아니라는 점이다.

물론 부잣집 자식이면 다 공부 잘해서 좋은 대학 가고, 가난한 집

자식이면 다 그렇지 못한 건 아닐 것이다. 어려운 조건을 이기고 좋은 결과를 만들어 내는 사람도 많이 있다. 그러나 이런 일이 예전에 비해 극히 예외에 속하는 일인 것만은 분명하다. 특히 상위권 대학은 더 그렇다.

지금까지 살펴본 통계는 아파트를 비롯한 부동산 재산이 많은 집안 자식이 높은 소득과 그보다 더 높은 부동산 자본이득을 배경으로 엄청난 사교육비와 공교육비를 들여서 '투자한 만큼 상위권 대학에 들어가는' 새로운 법칙이 한국 사회를 지배하고 있음을 보여 주고 있다. 상아탑이 '우골탑'을 거쳐 '아파(트)탑'이 된 것이다.

5. 부동산이 수명도 좌우한다

"공기 좋은 시골에서 웰빙 생활하면 건강하게 오래 산다는 게 꼭 맞는 얘기는 아니다. 아파트값이 비싸고 많이 올라 돈벌이가 잘되는 동네에 사는 사람이 오래 산다."

독자들에게는 황당하게 들릴지 모르겠지만, 필자가 동네별 부동산 가격 변동과 5년간 사망률 통계를 비교 분석한 끝에 내린 결론이다. 필자는 왜 이런 결론을 내리게 됐을까.

오래 사는 비결은 따로 있다?

『한겨레』는 2006년 1월 16일부터 여덟 차례에 걸쳐 기획연재 "건강불평등사회"를 보도했다. 이에 따르면 2000년에서 2004년까지 5년 동안 전

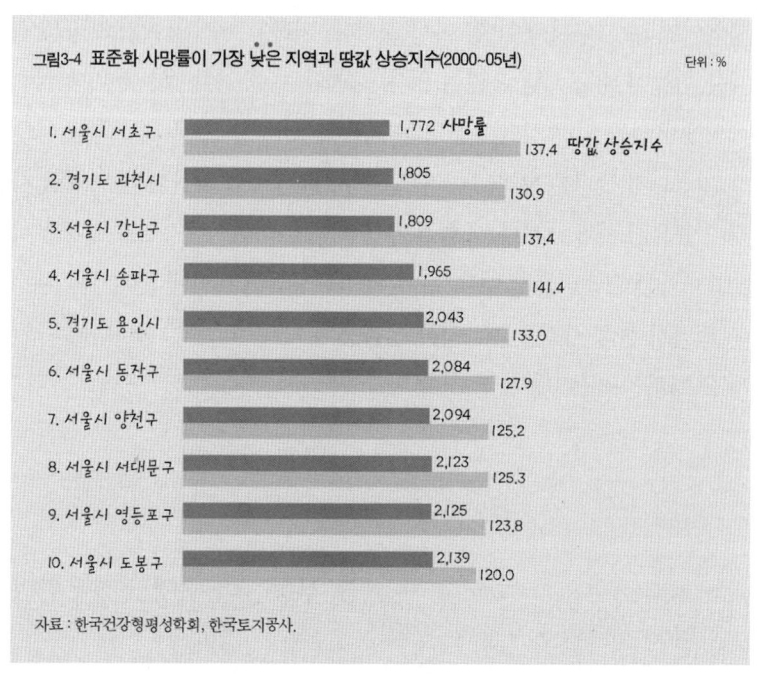

그림3-4 표준화 사망률이 가장 낮은 지역과 땅값 상승지수(2000~05년)　　　단위:%

자료: 한국건강형평성학회, 한국토지공사.

　국 234개 시군구의 사망 등록 자료를 토대로 조사한 결과 학력과 소득이 높은 서초·강남·송파 등 서울 강남 지역은 단연 사망률이 낮았고, 그렇지 못한 강북 지역이나 특히 지방의 낙후 지역일수록 사망률이 높은 양상을 보였고 한다.
　여기서 사용되는 사망률은 '성연령 표준화 사망률'로 사망률 계산에서 시군구별 비교가 가능하도록 성과 나이를 고려해 가공한 사망 지표다. 예컨대, 노인 인구가 많은 지역에서는 더 많은 사람이 사망할 수 있는데, 성연령 표준화 사망률은 이런 지역별 노령화가 사망률 지표에 끼치는 영향을 없애기 위해 성과 나이를 똑같게 만들어 놓고 사망률을 낸 수치다. 따라서 분석 결과 특정 지역의 성연령 표준화 사망률이 다른 곳보다 50% 높

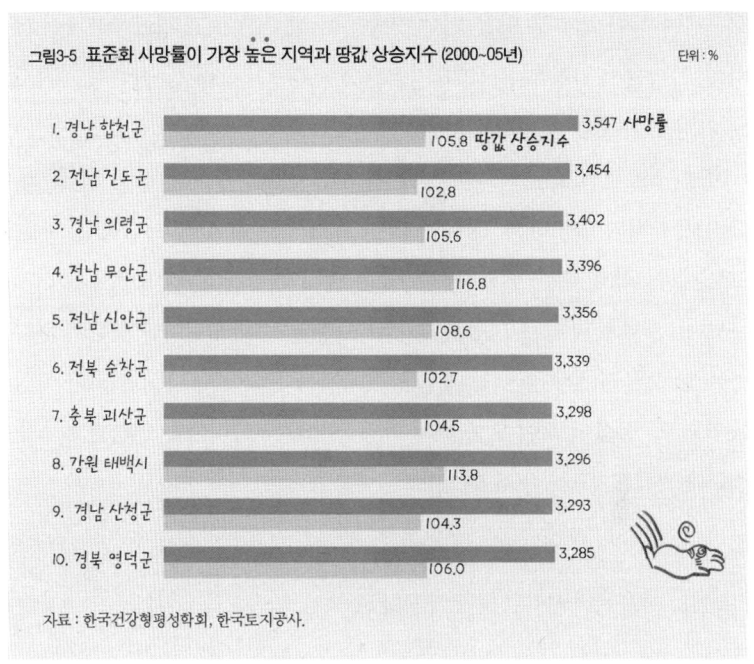

다면, 그 지역에 사는 같은 성과 나이대 사람의 사망 위험이 50% 높다는 것을 뜻한다(『한겨레』 2006/01/16).

필자는 『한겨레』의 협조를 얻어 5년간 234개 시군구별 표준화 사망률 통계와 부동산 관련 통계를 비교해 보았다. 그 결과 땅값이 많이 오른 지역일수록 사망률이 낮고 적게 오른 지역일수록 사망률이 높은 경향을 보였다. 최근 5년 동안 전국 234개 시군구 가운데서 땅값이 가장 많이 오른 곳 중 하나인 서울시 서초구(2000년 1월 1일 기준으로 2005년 1월 1일 137.4% 상승)는 같은 기간에 10만 명당 사망률이 1,772명인 반면, 같은 기간 땅값이 거의 오르지 않은 합천군(105.8% 상승)은 3,547명으로 서초구의 2배에 달했다.

또 234개 시군구 중 사망률이 가장 높은 10개 지역의 땅값 상승지수는 최근 5년 동안 대부분 땅값 지수 상승분이 한 자릿수로 평균 107.1인 데 비해, 사망률이 가장 낮은 10개 지역은 20~40까지 올라 상승지수는 130.2로 훨씬 많이 오른 것으로 나타났다.

특히 234개 시군구 각각의 땅값 지수와 사망률 추세를 견준 그래프를 그려보니 거의 완벽하게 "땅값이 많이 오른 동네에 사는 사람은 오래 살고, 땅값이 적게 오른 동네 사는 사람은 빨리 죽는다"는 말이 저절로 터져 나왔다. 전체 통계를 보면 땅값 상승과 사망률 사이에 별다른 연관이 없는 곳은 일부에 지나지 않는다. 대부분 지역에서 땅값이 적게 오른 곳은 사망률이 높게, 땅값이 많이 오른 곳은 사망률이 낮게 나타나는 연관관계가 뚜렷하다(자세한 자료는 〈부록 3-2〉 참조).

아파트값 비싼 동네 사람이 더 오래 산다

이뿐만이 아니다. 앞에서 아파트값과 서울대 합격자 수를 살필 때 선보였던 아파트 등 공동주택 가격을 기준으로 서울을 6개 권역으로 구분한 통계와 해당 구별 사망률을 견준 결과에서도 부동산이 건강 격차와 짝을 이루며 사람의 죽음에까지 관여하고 있음을 연관 지을 수 있었다.

아파트 등 공동주택 가격이 7억 원 이상으로 가장 비싸고 아파트값 상승분을 포함한 가구별 1년 평균 수입이 1억 원이 넘는 강남구와 서초구는 사망률이 1,791로 가장 낮았다. 반면, 집값이 1억 원대이고 1년 평균 수입도 4,000만 원대로 가장 낮은 강북·금천·중랑구 등 7개 구는 사망률이 2,253으로 가장 높았다. 집값이 비싸고 1년 수입이 많을수록 사망률이 낮고, 집값이 싸고 수입이 적을수록 사망률이 높은 현상은 6개 권역별 통계에서도 예외 없이 나타났다.

아파트 등 공동주택이 1채당 평균 7억7,000만 원이고, 소득 4,272만

표 3-4 서울시 공동주택 가격별 사망률과 연간 평균 수입

단위: %, 원

아파트 등 공동주택 가격	해당 지역	표준화 사망률	가구당 1년 평균 수입(원)		
			합계	소득	아파트값 상승액
7억 이상	강남구, 서초구	1,791	1억1,604만	3,984만	7,620만
5~6억	용산구, 송파구	2,076	8,148만	3,300만	4,848만
4~5억	영등포구, 양천구, 강동구	2,130	6,816만	3,276만	3,540만
3~4억	광진구, 성동구, 동작구	2,169	5,772만	3,072만	2,700만
2~3억	중구, 마포구, 성북구, 동대문구, 구로구, 강서구, 종로구, 관악구	2,230	5,268만	3,048만	2,220만
1~2억	서대문구, 노원구, 도봉구, 금천구, 중랑구, 강북구, 은평구	2,253	4,092만	2,832만	1,260만

주: 1) 아파트 등 공동주택 가격은 '적정가격의 80%'인 2007.1.1 기준 건교부 발표 공시가격을 적정가로 환산한 것임.
2) 표준화사망률은 한국건강형평성학회의 '성연령 표준화사망률 2000~04년' 통계.
3) 1년 평균 수입액 중 아파트값 상승액은 1999.7~2005.11 사이 주택가격 상승으로 인한 자본이득의 연평균 치임. 출처: 신상영(2007). 소득은 가구당 월평균 소득의 1년치 수치임. 출처: 〈2006 서울서베이〉.

원 아파트값 상승액 7,236만 원 등 1년 수입이 1억1,508만 원으로 강남구에 이어 두 번째로 경제력이 좋은 서초구는 5년 동안 인구 10만 명당 1,772명이 숨졌다.

반면 평균 집값이 1억3,000만 원이고, 소득 2,628만 원 아파트값 상승액 996만 원 등 1년 수입이 2,624만 원으로 서울시 25개 구 가운데 경제력이 최하위인 강북구는 5년 동안 인구 10만 명당 2,334명이 숨졌다. 이를 2006년 1월 기준의 강북구 인구(36만 명)로 환산하면 강북구는 서초구에 견줘 5년간 2,023명이 더 숨진 셈이다.

소득·학력·재산 따라 수명 차이 크다

우리나라 학계에서 부동산 재산을 얼마나 갖고 있느냐가 인간의 수명과 연관이 깊다는 통계가 나온 것은 벌써 50년 가까이 된다.

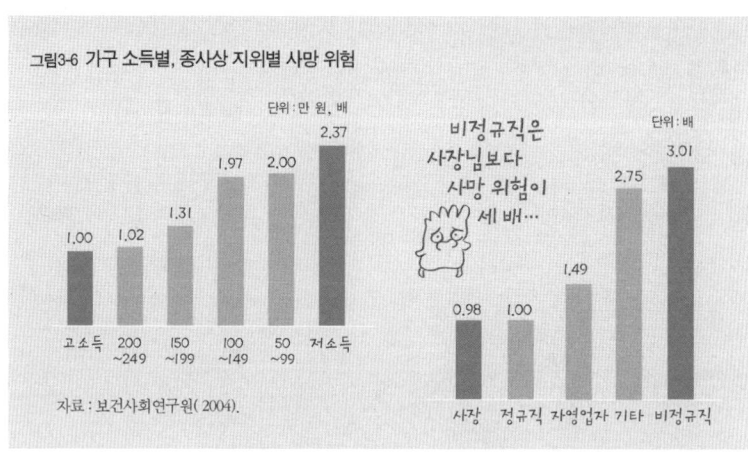

그림3-6 가구 소득별, 종사상 지위별 사망 위험

 박형종이 "우리나라 농촌 지역의 영아 사망에 관한 연구"(『서울의대잡지』 1962/03)라는 논문에서 1959년도 농지 소유 면적과 어머니 교육 수준에 따른 영아 사망률의 차이에 관해 보고한 통계를 보면, 땅을 1,000평 이하밖에 못 가진 농가의 경우, 1,000명의 영아 중 태어난 지 1년 안에 사망한 영아 수가 99.4명으로, 3,000평 이상 가진 농가의 70.4명에 비해 1.4배에 달했다. 또 어머니의 학력이 무학인 경우도 102.7명으로 고등학교 학력 75.6명에 비해 1.4배에 달했다(강영호 2006에서 재인용).
 부동산을 중심으로 한 재산, 소득, 교육 수준 등이 결국 사회계층을 결정하게 된다고 보면 사람 죽고 사는 일이 신이 결정하거나 태어날 때 타고 난 게 아니라, '부동산 계급의 계단'을 밟고 살다가 죽어가는 일이다.
 한국보건사회연구원이 국민건강영양조사와 통계청 사망 자료를 연계해 5년 동안 사망 여부를 추적한 연구 방법으로 제시한 사회계층별 사망 위험 비교 통계를 보면 네 가지 측면에서 이 같은 사실을 뒷받침하고 있다(한국보건사회연구원 2004).

첫째, 돈을 잘 버는 고소득층에 비해 돈을 못 버는 저소득층의 사망 위험이 2.4배 높다. 한 달 평균 가구 소득을 기준으로 250만 원 이상 버는 사람의 사망률을 1.00으로 할 때, 월 가구 소득이 100~149만 원인 사람들의 사망 위험은 1.97배, 50~99만 원의 가구 소득을 가진 사람들은 2.00배 사망 위험이 컸으며, 최저가구소득 집단인 월 50만 원 미만의 가구 소득을 가진 사람들의 사망 위험은 2.37배 높은 것으로 나타났다.

둘째, 많이 배운 사람에 비해 못 배운 사람의 사망 위험은 2.21배 크다. 대학교 이상의 학력을 가진 사람의 사망률을 1.00이라 할 때, 초·중·고졸 학력을 가진 사람도 상대적으로 사망 위험이 크지만, 특히 학력이 없는 무학인 사람은 사망 위험이 2.21배 높게 나타났다.

셋째, 사장 자리에 있는 사람에 비해 비정규직으로 일하는 노동자의 사망 위험은 3배 이상 높다. 정규직이 다수인 상용직 노동자(전일제/시간제)의 사망률을 1.00이라 할 때 사장인 고용주는 0.98로 사망 위험이 낮은 반면, 자영업자는 1.49배로 사망 위험이 크고 특히 비정규직인 임시직과 일용직 노동자는 3.01배로 사망 위험이 매우 크게 나타났다. 이들을 제외한 기타 집단의 사망 위험도 정규직보다 2.75배 높았다.

넷째, 생활 수준이 '보통 이상'이라고 생각하는 사람들을 기준으로 '못 사는 편'이라 여기는 사람들은 사망 위험이 40%가 높았고, '아주 못사는 편'이라 생각하는 극빈층은 사망 위험이 65%가 높았다.

이 밖에도 직업을 비육체 노동자, 육체 노동자 및 기타로 나누었을 때 육체 노동자는 비육체 노동자에 비해 사망 위험이 2.73배로, 기타 직업집단은 4.94배로 사망 위험이 컸다. 직업 계층별로도 노동 계층과 농어촌 자영자 계층의 사망 위험은 중상 계층에 비해 크게 나타났고 특히 하류 계층의 사망 위험은 3.06배, 기타(주부, 학생, 군인 등) 집단은 2.76배 사망 위험이 크게 나타났다.

이렇게 사회경제적 지위가 낮을수록 건강 수준이 낮고 지위가 높을수록 건강 수준이 높은 현상은 사망률뿐만 아니라 병에 걸릴 확률인 유병률에서도 남녀 모두 큰 차이 없이 나타나고 있다. 한국보건사회연구원 연구팀은 연구 결과를 이렇게 적고 있다.

"소득수준·교육수준·직업 계층 등 지표에 대해 공통으로 계단형의 사회경제적 사망 불평등이 발견되었고, 이는 절대적 빈곤층에서뿐만 아니라 사회의 모든 계층에서 사회경제적 사망률 불평등이 존재하는 것을 뜻한다."

한편 보건복지부 2001년 『국민건강·영양조사』 통계에 따르면 대도시 거주 남성에 비해 읍면 지역에 사는 남성은 1.79배, 비육체 노동자 남성에 비해 실업 상태인 남성은 2.66배, 전문대졸 이상 남성에 비해 초등학교 졸업 이하 남성은 3.2배, 월평균 가구 소득 301만 원 이상 남성에 비해 100만 원 이하 남성은 2.94배 각각 유병률이 높게 나타났다. 이 같은 추세는 여성에서도 크게 다르지 않았다(보건복지부 2001).

또 소득계층을 저소득층부터 고소득층까지 10등급으로 나누어서 1997년과 2005년의 의료 이용량과 건강 수준을 연계해 분석한 결과, 소득 1등급 저소득층의 의료비 지출액은 1997년과 비슷하나 소득 10등급 고소득층은 2배 이상 증가했다. 의료 이용량도 고소득층은 50% 이상 증가한 반면 저소득층은 오히려 30% 감소했다. 2002년 양 계층 간 종합병원 이용률은 2배 이상 차이 났다. 환자 부담이 많아서 저소득층은 이용이 제한되는 것인데, 저소득층의 30.1%가 경제적 이유로 의료를 포기한 경험이 있는 것으로 나타나고 있다(최상민 2006).

이처럼 소득수준과 교육수준이 높고 사망 위험이 낮은 직업 계층에 속하는 상대적으로 부유한 사람들이 많이 사는 동네일수록 사망률이 낮을 수밖에 없다. 부동산 등 재산과 직접 연계한 연구 결과는 아직 나오지 않았지만 결국 소득·학력·직업의 차이가 부동산을 포함한 자산의 차이로 종합되기 때문에, 부동산 부유층 동네와 부동산 빈곤층 동네 간 사망률 등 건강 격차는 피하기 어려운 문제라 할 수 있다.

의료 자원 이용도 동네 따라 격차

의사 수나 병원 수 등 보건의료 자원의 격차도 건강 격차에 큰 영향을 미칠 수밖에 없다. 2003년 현재 전국 16개 시도별 의사, 병원, 병상 수를 비교한 통계를 보면 인구수에 비해 보건의료 자원의 불평등 정도가 상당히 심한 것으로 나타났다(보건복지부 2003).

전국적으로 보면 전체 인구의 5분의 1 정도가 사는 서울에 전체 의사의 3분의 1 정도가 몰려 있다. 또 서울시와 6대 광역시의 인구 1만 명당 의사 수(15.5명)는 나머지 지역(9.84)의 1.6배에 이르고 있다. 인구에 비해 의사 수가 가장 많은 서울과 광주는 1만 명당 의사가 각각 18.69명과 16.03명꼴인 데 비해, 인구에 비해 의사 수가 가장 적은 경상북도는 1만 명당 의사가 8.27명과 8.71명으로 최고 2.3배의 격차를 보이고 있다. 의료기관 수도 대전과 서울은 각각 인구 1만 명당 6.44개와 6.15개인데 전남과 경북은 3.75개와 3.92개로 최고 1.7배의 격차를 보였다.

국민건강보험공단 건강보험연구센터가 2004년 말 현재 기준으로 분석한 통계에 따르면 서울 강남구는 1만 명당 의원 수가 28.25곳인데 강북구는 10.29곳에 그쳐 똑같은 서울 지역인데도 두 곳의 격차는 2.7배에 이르렀다. 지방과 비교하면 차이는 더 벌어져서 서울 강남구와 충북 청원군(6.95곳)은 무려 4배의 차이를 보였다(『한겨레』 2006/01/16).

인명재천(人命在天)? 인명재부동산(人命在富動産)!

부동산 등 재산이 많은 사람(동네)의 수명이 길고, 재산이 적은 사람(동네)의 수명이 짧은 원인은 여러 가지겠지만, 뭐니 뭐니 해도 잘사는 사람은 좋은 음식 골라 먹어 건강할 뿐만 아니라 먹고사는 문제를 해결해서 물질적으로나 정신적으로 여유가 충분하니 건강에 그만큼 신경을 많이 쓰게 되기 때문이다. 또 부유층은 건강을 위해 쓸 돈과 시간도 풍부할 뿐만 아니라 부자 동네에는 의사도 많고 병원도 많고 운동 시설도 좋다. 반면 먹고사느라 정신없는 가난한 사람들은 건강에 신경 쓸 여유도 부족하고 온갖 스트레스에 술 담배도 많이 해서 부자들보다 빨리 죽는 것이다.

그러니 '인명은 재천'이 아니라 '인명은 재부在富'인 세상이다. 특히 부동산 재산이 부를 결정하는 21세기 대한민국에서는 '인명은 재부동산'으로 바꾸면 딱 어울릴 세태다.

간추린 3장 부동산이 삶을 다르게 만든다

동네별 생활이 달라진다
- 서울 안에서도 강남·서초·송파구 등 집값이 비싸고 지자체 재정력이 좋은 동네는 수돗물 마시는 비율부터 주거·교육 환경은 물론 밤길 위험도에 이르기까지 '사는 것 자체'가 그렇지 못한 동네에 비해 다르다.

소득계층별 생활이 달라진다
- 저소득층일수록 소득 중 주거비 지출 비중(20%)과 셋방에 사는 비율(수도권 61%)이 높고, 고소득층에 비해 더 낡고 더 좁은 단독·연립·다세대주택(수도권 70%)에 살며, 내집마련 가능성도 고소득층의 절반에 불과할 정도로 소득에 따라 주거 생활 격차가 크다.

은행 문턱의 높낮이도 부동산이 만든다
- 몇 년 전만 해도 은행이 담보 없이 신용과 보증만으로 빌려 주는 돈은 가계 대출금의 절반이 넘었으나 몇 년째 투기가 지속된 뒤인 2005년 말 현재 3분의 1(33.7%)로 줄었고, 3분의 2는 부동산 등 담보를 잡고 빌려 주고 있다.
- 부동산은 금융을 유혹하고 금융은 부동산을 담보로 투기 이익을 나눠 갖는 사이 부동산 없는 서민들에게 은행 문턱은 한없이 높아졌다.

대학 입시도 부동산이 결정한다
- 동네별 집값과 서울대 합격자 수를 비교해 본 결과 집값이 7억이 넘고 연간 아파트값 상승액이 8,000만 원이 넘는 강남·서초구는, 집값이 2억이 안 되고 1년 상승액이 1,000만 원대인 은평 등 7개 구에 비해 서울대 합격자 수가 4배나 많다.

● 우골탑이던 대학은 이제 아파트 재산이 많고 소득이 높은 부모를 만나 비싼 사교육을 받은 학생 순서로 입학하는 아파(트)탑이 되었다.

부동산이 수명도 좌우한다

● 5년간 234개 시군구별 땅값과 사망률을 통계로 비교해 본 결과 땅값이 많이 오른 곳일수록 사망률이 낮고, 땅값이 적게 오른 곳일수록 사망률이 높은 것으로 나타났다.
● 또 서울 안에서 집값이 가장 싼 강북구는 집값이 비싼 서초구에 비해 5년 동안 2,000명 이상 사망자가 많은 것으로 집계돼 부동산 재산과 사망률의 상관관계가 높은 것으로 나타났다.

- 전 국민이 가구당 한 채씩 집을 갖는다면 집은 모자랄까, 남을까?   100만 채나 남는다
- 강남구에서 셋방 사는 비율은 얼마나 될까?   61%
- 서울에서 지하실에 사는 가구는 얼마나 될까?

- 전국에서 쪽방과 잠만 자는 방 등에 사는 가구가 제일 많은 동네는?   명동과 회현동
- 지하방에 햇빛이 드는 시간은 하루 평균 얼마나 될까?   40분
- 우리나라에서 열 살도 안 된 어린아이가 소유주인 땅을 합하면?

열 집 가운데 한 집

4장
부동산 격차가 빈곤 문제의 주범이다

여의도 크기 다섯 배

1. 주택 보급률 100% 시대의 주택문제

주택 보급률 100% 시대 : 집이 남아돌고 있다

정확히 2002년부터 7년째 집이 남아돌고 있다. 주택 보급률이 100%를 넘었기 때문이다. 주택 보급률이란 총 주택 수(빈집 포함)를 총 가구 수로 나눈 값으로, 주거와 관련한 대표적인 지표다. 주택 보급률이 100%를 넘었다는 것은 우리나라 전체 인구가 가구별로 빠짐없이 내집을 갖고 산다 해도 집이 남아돈다는 뜻이다.

2001년까지는 보급률이 98.3%에 머물러 20만 채 이상이 부족했으나, 2002년에는 100.6%로 7만2,000채가 남아돌기 시작했다. 2003년 15만 4,000채, 2004년 27만4,000채, 2005년 73만2,000채, 2006년 90만 채 등 갈수록 남아도는 주택이 늘어나고 있다. 국토해양부에 따르면 2007년 주택 보급률은 108.1%로 정확히 103만 2,800채가 남아돌고 있다. 매년 48~52만 채의 주택 공급이 이뤄지는 현재 추세대로라면, 2012년에는 주택 보급률이 116.7%에 이르러 229만 채가 남아돌 예정이다.

과거에는 집이 부족해서 문제였다면 지금 우리는 '집이 넘치는 시대'에 살고 있으며, 저출산 추세까지 맞물려 이 같은 흐름은 계속될 것이다.

짓고 짓고 또 짓고 : 43년 동안 1,475만 채 공급

이렇게 '집이 넘치는 시대'가 된 것은 역대 정부가 공급 중심의 주택 정책을 앞세운 개발 정책을 펴면서 인구와 가구가 증가하는 것보다 훨씬 많은 집을 지었기 때문이다.

그동안 집은 얼마나 늘었을까. 처음으로 주택센서스가 실시된 1960년 현재 우리나라 총 주택 수는 358만 채였는데, 2007년에는 1,379만 채로 47년 만에 3.9배 늘었다. 같은 기간 가구 수는 438만에서 1,276만으로 2.9배 늘었다.

1965년부터 통계를 내기 시작한 주택 건설 실적을 보면 2007년까지 43년 동안 새로 지은 집은 1,475만 채가 넘는다. 재건축 재개발 등으로 수많은 집이 철거되는 가운데서도 그보다 훨씬 더 많은 집이 지어져서, 주택 수 증가 속도는 가구 수 증가 속도를 능가했다. 1970년부터 2007년까지 가구 수는 2.3배가 늘었는데 주택 수는 3.2배 늘었다.

1988년부터 전세값 폭등과 집 없는 서민들의 잇따른 자살로 조성된 정치적·사회적 위기를 모면하려 추진한 주택 200만 호 공급 정책 이후 주택은 대량으로 집중 공급됐다. 1965년부터 1987년까지는 한 해 평균 17만 채씩 398만 채를 공급하는 데 그쳐 주택 보급률이 정체 하향 추세였으나, 200만 호 공급 정책(1988~92년)이 시작된 뒤에는 2007년까지 한 해 평균 54만 채씩 20년 동안 총 1,072만 채를 새로 지었다.

짓고 또 지은 끝에 1970년 78.2%로 처음 집계되기 시작한 주택 보급률 통계는 32년 만인 2002년부터 100%를 넘어선 것이다.

집만 지으면 뭣하나, 내집은 없는데

그러나 주택 보급률 100%를 넘긴 지 7년이 지나도록 우리 사회는 서민들의 절박한 집 걱정을 해결해 주지 못하고 있다.

주택 보급률과 함께 주거와 관련된 대표적인 지표인 점유 형태별 가구 현황 중 '내집을 갖고 자기 집에 사는 비율'(자가 점유율)을 보면, 주택이 늘어날수록 거꾸로 자가율이 떨어지고 셋방살이가 늘어나는 길을 걸어왔다

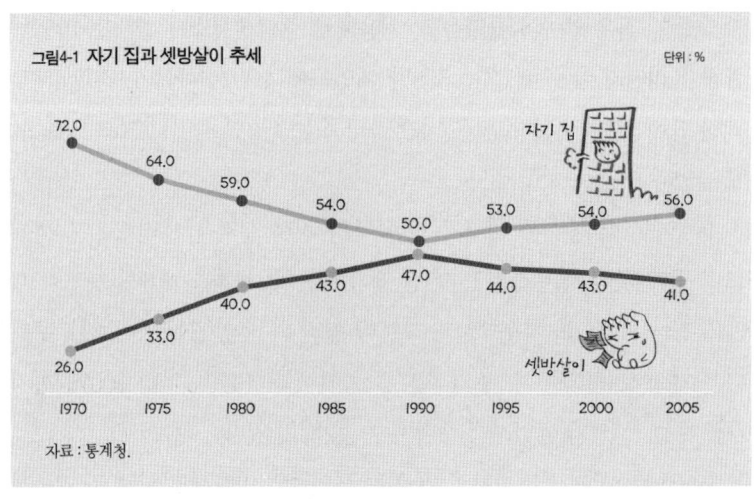

그림4-1 자기 집과 셋방살이 추세 (단위:%)
자료: 통계청.

(통계청 인구주택총조사). 점유 형태별 가구 현황이란 전체(일반) 가구를 자기가 소유한 집에서 사는 가구(자가점유가구)와 전·월세 및 사글세 가구(임차 가구), 무상 가구 등으로 분류한 통계다.

처음 통계를 냈던 1970년에는 72%가 자기 집에 살았고 셋방 사는 사람은 26%에 불과했다. 그러나 그 뒤 자기 집에서 사는 비율은 계속 떨어져 1975년에는 64%로, 1985년에는 54%로, 다시 1990년에는 50%대로 곤두박질쳤으며, 가장 최근 통계인 2005년 현재 55.6%에 머무르고 있다. 내집을 마련했지만 돈이 없어 세를 주고 더 싼 셋방을 떠도는 4.2%를 포함한 자가 보유율도 60%가 채 안 된다. 국민 10명 중 6명만 자기 집을 가진 셈이다.

반면 전세와 월세를 포함해 셋방살이하는 가구의 비율은 1970년에 26%였으나 1980년 40%, 1990년에는 47%까지 올라갔다가, 2005년 현재 41.0%를 기록하고 있다. 국민 10명 중 4명은 셋방을 떠도는 것이다.

역대 정권의 개발 정책이 진행되는 과정은 가구 수보다 더 많은 주택을 대량으로 공급해 주택 보급률을 100% 이상 끌어올리는 과정이었을지 몰라도, 집 없는 서민들에게는 포크레인과 불도저를 앞세운 강제 철거, 10년 주기로 되풀이돼 온 부동산 투기와 세계 최고의 부동산 가격에 따른 주거비 폭등 과정이었다.

집이 100만 채 넘게 남아도는데 왜 국민 절반은 셋방살이를 떠돌까? 주택문제를 해결할 실마리는 이 소박한 의문점을 푸는 데서 찾아야 한다.

강남 아파트 사들인 사람을 조사해 보니

4차 부동산 투기가 한창이던 2005년 7월 1일, 다급해진 이주성 당시 국세청장은 전국 지방국세청 조사국장회의를 열어 강남 투기꾼 세무조사 방침을 밝히면서 깜짝 놀랄 통계를 내놓았다(국세청 2005).

내용은 이렇다. 국세청은 2000년 1월에서 2005년 6월까지 5년 반 동안 아파트 1채 값이 평균 3억8,000만 원에서 10억7,000만 원으로, 6억9,000만 원이나 오른 강남구, 서초구, 송파구, 강동구의 9개 단지 아파트를 구입한 사람을 조사했다. 이 중 6개 단지는 재건축 단지였다.

조사 결과 이 기간에 아파트를 산 사람의 60%는 집을 3채 이상 소유한 집 부자로 집계되었다. 아파트를 산 2만6,821명 가운데 집을 3채 이상 가진 사람이 1만5,761명이나 되는 것이다. 예를 들면 강남구 개포동 우성아파트 149㎡(45평형)는 5년 반 동안 무려 8억7,000만 원이 올랐는데, 가격이 한참 폭등하던 2002년 한 해 동안 이 아파트를 산 사람 147명 가운데 109명(74%)이 집을 3채 이상 갖고 있었다. 또 5년 반 동안 우성아파트를 산 사람 535명 중 349명(65%)이 집 3채 이상 가진 집 부자였다.

당시 국세청 조사국장이었던 한상렬 씨는 "이번 조사를 실시하기 전까지만 해도 3주택 이상자의 강남 아파트 구입 비율이 60%에 이를 것이라고는 전혀 생각지 못했다"며, "통계의 정확성을 기하기 위해 서너 차례 조사를 반복했을 정도"라고 말했다.

일주일 뒤인 7일 국세청은 서울 강남·경기도 분당 등 아파트값이 폭등하는 지역에 집을 4채 이상 가진 사람 중 탈세 혐의가 있는 변호사·의사·기업체 대표 등 212명에 대한 세무조사에 착수했다고 발표했다. 이들 212명이 갖고 있는 집은 모두 1,500채로 한 사람당 평균 7채를 갖고 있는데, 4채 가진 사람이 42명, 5채 47명, 6채 40명, 7채 28명, 8채 17명, 9채 10명이다. 또 10채 이상 소유한 사람도 28명이나 되는데 이들이 가진 집을 합치면 435채이며, 혼자서 43채를 소유한 집 부자도 있다고 한다.

또 서울 5곳, 경기 6곳 등 집값이 많이 오른 전국 15개 지역에서 집을 3채 이상 가진 사람은 2만130명이나 됐다. 이들을 포함해 전국에서 집을 3채 이상 가진 사람은 18만874명이며 이들이 가진 집은 75만1,820채로 한 사람당 4.2채씩 소유했다고 밝혔다.

집은 남는데 국민 절반이 셋방살이를 떠도는 이유가 바로 집 부자들이 혼자서 투기 목적으로 여러 채를 차지하고 있기 때문이란 사실을 국세청은 아주 실감 나게 알려준 셈이다.

'집 먹는 하마'가 사는 나라

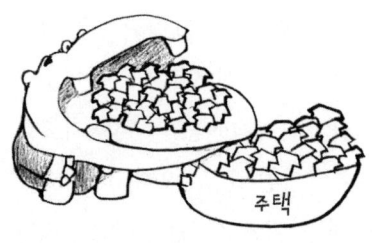

국세청 조사는 아파트 투기꾼의 사냥터가 된 강남 아파트 9개 단지에서 5년 반 동안 거래된 내용을 조사한 것이다. 그렇다면 이

것은 아파트값이 폭등하던 특수한 시기, 특수한 아파트 단지에 한정된 문제일까?

필자는 이 문제에 대한 해답을 얻기 위해 통계청의 인구주택총조사 결과를 바탕으로 15년 동안(1990~2005년) 늘어난 주택이 누구에게 돌아갔는지 분석해 보았다. 그 결과 새로 공급된 주택 587만 채 중 54%만 무주택자의 '내집마련' 몫으로 돌아갔고, 나머지 46%는 이미 집을 가진 사람의 '집 불리기'에 이용된 것으로 나타났다.

좀 더 따져 보자. 1990년 주택 보급률은 72%로 집이 필요한 1,017만 가구에 비해 주택 수가 281만 채나 모자랐다. 그런데 15년 동안 새로 지은 집은 한 해 평균 56만 채씩 847만 채에 달했다. 그 결과 같은 기간 동안 재건축, 재개발 등으로 헐린 멸실 주택 259만 채를 대체하고도 587만 채가 불어났다.

15년 동안 늘어난 가구 수(232만 가구)의 2.5배나 되는 집을 지었으니 2005년 현재 국민 모두 자기 집을 갖고도 73만 채가 남아돌 정도가 된 것이다. 만약 늘어난 집이 모두 무주택자의 내집마련 몫으로 돌아갔다면 전체 국민의 73%가 자기 집을 갖게 되고, 무상으로 거주하는 50만 가구를 제외하면 셋방을 떠도는 사람은 24% 수준으로 줄어들게 된다. 그러나 실제로는 2005년 자기 집에 사는 사람이 883만 가구(56%)로, 15년 동안 317만 가구(늘어난 주택의 54%)가 늘어나는 데 머물렀다.

새벽종이 울리고 새 아침이 밝으면 모두 모두 일어나 1년에 50만 채꼴로 수십 년 동안 집을 지었지만 마치 '집 먹는 하마'라도 사는 것처럼 어디론가 사라져 버린 것이다. 나머지 집은 어디로 갔을까. 나머지 270만 채(46%)는 이미 집을 소유하고 있던 사람이 사들인 것이다. 그 결과 15년 동안 주택 보급률은 무려 33.5%가 급증했지만 자기 집에 사는 비율은 5.7% 늘고, 셋방 사는 비율은 5.5% 주는 데 그쳤다.

이런 현상은 집값이 많이 오른 서울, 그중에서도 가격이 폭등한 강남 3개 구에서 더 심각했다. 15년 동안 서울에서 늘어난 주택 수는 88만 채인데, 이 가운데 무주택자에게 돌아간 몫은 47%인 41만 채에 머물렀고, 절반 이상이 집 가진 사람의 투기 수요에 충당됐다. 그 결과 수도 서울은 2005년 현재 자가 점유율이 전국 평균보다 11%나 밑도는 45%로 16개 광역시도 중 가장 낮았다. 반면, 셋방 사는 비율은 전국 평균보다 12%나 웃도는 54%로 가장 높은 전국 최악의 주택난을 겪고 있다.

강남을 보자. 서울시 강남구에서 15년 동안 늘어난 주택 수는 3만 7,000채로 한 해 평균 2,500채씩 늘었고, 그 결과 주택 보급률이 104%로 가구에 비해 집이 4,600채나 남아돌게 됐다. 그러나 늘어난 주택 중 무주택자에게 돌아간 것은 1,800채(5%)에 지나지 않았고 3만5,000채(95%)는 이미 집을 가진 사람들의 투기 수요에 충당됐다. 서초구와 송파구의 경우에도 15년간 새로 공급된 주택의 20%만 무주택자의 내집마련에 충당됐고, 나머지 80%는 이미 집을 가진 사람이 사들였다.

그 결과 강남 3개 구에 사는 사람 중 내집에 사는 사람은 41%로 전국 평균(56%)은 물론 서울시 평균(45%)보다도 낮다. 반면 셋방 사는 비율은 평균 57%(강남 61%, 서초 52%, 송파 56%)로 전국 평균(41%)과 서울시 평균(54%)보다 높다. 특히 강남구는 관악구(64%), 광진구(61%)에 이어 서울시 25개 구 가운데 셋방 사는 비율이 세 번째로 높다.

역대 정부가 서민의 내집마련을 위해 국민 세금을 지원해 가며 주택 공급을 늘렸지만 무주택자 몫보다 투기꾼 몫이 훨씬 컸던 것이다. 집을 아무리 많이 짓더라도 무주택자의 내집마련으로 연결되는 징검다리를 놓지 않는 한 주택 공급은 집 있는 사람들의 집 사재기로 귀결될 가능성이 높다.

국가는 국민에게 둘 중 하나는 해줘야 한다

　돈 있는 사람에게는 아파트나 부동산이 황금알을 낳는 재테크 수단일지 몰라도 대다수 서민에게 집은 가족이 함께 잠자고 밥 먹고 오순도순 생활하는 삶의 보금자리다. 이런 서민들이 집 걱정 없이 안심하고 먹고살려면 사회가 적어도 다음 두 가지는 해결해야 한다. 첫째, 땀 흘려 열심히 일하면 몇 년 안에 내집을 장만해서 살 수 있어야 한다. 둘째, 내집을 장만하기 어려운 사람에게는 저렴한 임대료를 내면서 쫓겨나지 않고 안정되게 살 수 있는 공공임대주택을 제공해야 한다.

　물론 역대 정부의 개발 정책도 '중산층과 서민의 내집마련' '무주택자의 주거 마련' 지원을 명분으로 했다. 그런데 집이 넘치기 시작한 지 7년이 된 지금까지도 두 가지 중 어느 것 하나 해결하지 못하고 있다. 더 나아가서 주기적인 부동산 투기와 가격 폭등으로 내집마련의 길은 갈수록 멀어지고 전세 월세가 크게 올라 셋방 사는 서민들이 피눈물을 흘려야 하는 게 한국 주택문제의 현실이다.

　물론 외국도 자기 소유의 집에서 사는 비율이 그리 높지는 않다. 그러나 선진국에서는 내집이 아니더라도 정부가 마련한 값싼 임대주택에서 최소 30년 이상 '방 빼' 소리를 듣지 않고 살 수 있다. 내집이나 다름없이 살 수 있는 공공임대주택을 많이 공급해 무주택 서민의 주거 안정을 실현하고 있기 때문이다.

　그러나 '무주택 서민의 주거 안정을 위해 주택을 대량으로 공급한다'던 역대 정부는 20년 동안 1,000만 채, 40여 년 동안 1,500만 채라는 경이로운 주택 공급에도 불구하고 무주택 서민에게 필요한 공공임대주택은 아예 짓지 않았다 해도 지나친 말이 아니다.

　1965년 이후 2006년까지 새로 지은 주택은 1,415만 채로, 이 중 민간 건설업체가 공급한 주택은 931만 채, 대한주택공사 등 정부 차원에서 공급한 주택은 484만 채다. 그런데 전체 공급 주택 중 공공임대주택은 2006년 현재 40만3,543만 채로 전체의 3%에 지나지 않는다.

민간은 민간이니 그렇다 치고 정부가 지은 주택의 92%도 모두 분양 주택, 즉 판매용 주택이었으며, 무주택 저소득층 서민을 위해 지은 공공임대주택은 10채에 1채도 안 되는 것이다.

물론 통계상으로는 '임대'자가 붙은 주택이 2006년 말 현재 133만 채로 전체 주택의 10%에 이른다. 모두 국가에서 예산을 지원받아 지은 것들이다. 그러나 이 중 대부분은 이름만 '임대', 즉 입주 후 2년 6개월이 지나면 분양되는 무늬만 임대주택일 뿐, 10년 이상 임대할 수 있는 실제 임대주택은 영구임대주택·50년임대주택·국민임대주택 40만3,543채가 전부다. 그 결과 공공임대주택이 턱없이 모자라 무주택 저소득 서민을 위해 제 구실을 못하는 상황이다.

'집 안심률'과 '집 걱정률' 국제 비교해 보니

누가 봐도 우리나라 주택문제는 심각하다. 물론 주택 사정과 주택 정책은 나라마다 차이가 있기 때문에 단순 비교는 어렵다. 예를 들어 싱가포르의 경우 정부에서 모든 국민에게 내집을 갖게 하겠다는 자세로 정부가 직접 공공주택을 지어서 값싸게 대량 공급해 국민 92%가 자기 집을 소유하고 있다.

반면 서유럽 나라들은 자기 집 비율이 높아 봐야 60%대이고 심지어 40%대인 나라도 여럿이다. 우리처럼 국민 10명 중 4명 이상은 셋방에 사는 것이다. 그런데 우리와 서유럽이 다른 점은 서유럽은 대부분 전체 주택의 20% 이상을 공공임대주택으로 공급하고 있다는 점이다.

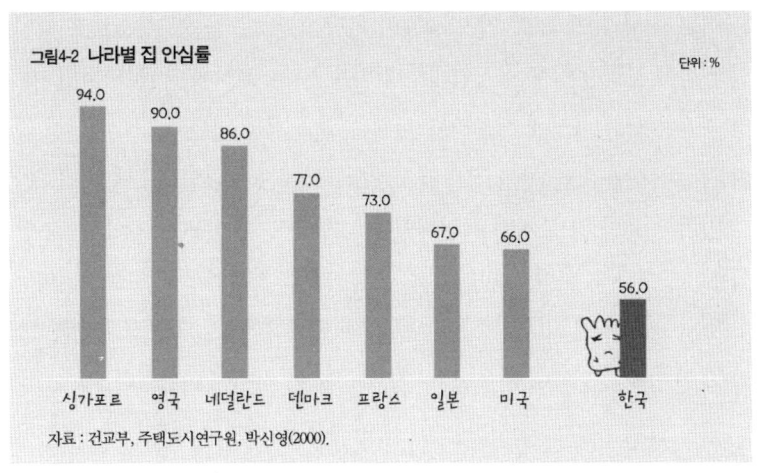

예를 들면 2000년 한국의 자가 점유율은 54%로 2002년 네덜란드 자가 점유율 54%와 같다. 그러나 2000년 현재 한국은 공공임대주택 비율이 전체의 2%에 불과해 자가와 공공임대에 거주하는 56%를 제외한 40% 이상이 집 걱정에 시달리고 있다. 하지만 네덜란드는 공공임대주택 비중이 36%에 달해 자가를 포함 국민의 86%(2000년 기준 자가율은 50%)가 집 걱정 없이 살고 있는 것이다. 국가가 싼값으로 30년 이상 안정적으로 살 수 있는 임대주택을 대량으로 제공하기 때문에 자기 집이 없더라도 우리나라만큼 주택문제가 심각하지 않은 것이다.

내집을 마련해 사는 사람과 30년 이상 '방 빼' 소리 듣지 않고 공공임대주택에서 사는 사람이 차지하는 비중이 어느 정도 되느냐 하는 것이 진정한 주거 선진국의 잣대라 하겠다. 필자는 이런 의미에서 '자가+공공임대'의 비중을 '집 걱정 없이 안심하고 살 수 있는 비율', 즉 '집 안심률'이라는 이름을 붙여 나라별로 비교해 봤다.

비교 대상 10개국 중 집 안심률이 가장 높은 나라는 싱가포르로 자기 집에 사는 사람 92%에 공공임대주택 비율 2%로 94%에 달했다. 국민 100명 중 6명만 집 걱정에 시달리고 94명은 집 문제를 기본적으로 해결한 것이다. 영국도 68%는 자기 집을 갖고 있고, 22%는 공공임대주택을 제공받고 있어 90%의 집 문제가 해결되었다. 네덜란드, 덴마크, 프랑스는 집 안심률이 73~86% 사이로 나타났고, 일본·미국·스웨덴·독일도 60% 이상이었다. 그러나 우리나라는 2000년 현재 자가율 54%, 공공임대주택 2%로 집 안심률이 56%에 머물렀고, '집 걱정률'이 44%에 이르렀다.

집은 많이 지었으되 서민들의 '집 안심률'을 높이는 방향으로 주택 정책을 펼치지 못한 것이다. 지금부터라도 세계 최고 수준의 '집 걱정률'을 낮춰 서민의 집 근심을 덜어줄 정책을 펼쳐야 한다.

2. 빈부 격차는 곧 부동산 격차다

2007년 10월 『한국대학신문』이 대학생 2,000명에게 우리 사회의 가장 심각한 갈등 구조가 무엇이냐고 물었더니 절반이 '부유층 대 빈민층' 사이의 갈등을 꼽았고, 우리 사회가 풀어야 할 가장 시급한 과제도 '빈부 격차 해소'라고 대답한 응답자가 가장 많았다고 한다. 일반 국민을 상대로 물었다 해도 대답은 크게 다르지 않았을 것이다.

최근 몇 년 사이 우리 사회의 최대 화두는 빈부 격차 문제다. 부익부 빈익빈, 불평등 문제라 부르기도 하고, 노무현 정부 때는 빈부 격차의 극단적 형태인 양극화란 단어를 많이 썼다. 부자와 가난한 사람 간의 격차는 돈을 버는 데서도(소득) 생기고, 번 돈이 쌓이는 과정(재산 또는 자산)과, 번 돈을 쓰는 소비 영역 등 여러 분야에서 나타난다. 그야말로 소득-재산-소비의 격차는 서로 뗄 수 없는 문제다.

그러나 돈을 많이 벌고 재산이 많아야 소비도 마음껏 할 수 있기 때문에 소비보다는 소득과 재산의 격차를 살피는 게 우선이다. 소득과 재산의 격차 역시 분리하기 어려운 문제지만, 그러나 우리의 경우는 재산 격차가 중요하다. 재산 격차가 소득 격차보다 훨씬 크고 부자인지 가난한 사람인지를 결정하는 더 큰 요소는 재산이기 때문이다.

재산 격차가 소득 격차의 2~4배나 된다

실제로 각종 통계를 종합해 보면 소득 차이도 크지만 재산 차이는 훨씬 크게 나타나 소득 격차만으로 빈부 격차를 설명하는 것은 불충분함을 알 수 있다. 통계청의 소득 격차 통계에서는 우리나라 도시근로자 가구를 100가구로 가정할 때, 2005년 현재 고소득 20가구의 한 달 평균 소득은 633만 원으로, 저소득 20가구의 116만 원에 비해 5.4배가 많다. 이 같은 소득 격차 통계를 근거로 하면 국민소득이 높은 30개국의 평균인 6.4배보다 훨씬 낮아서 한국이 꽤 평등한 나라로 평가된다.

또 다른 소득 격차 통계인 지니계수도 2005년 현재 0.310으로 100개국가 중 26위다. 이탈리아 통계학자 지니Corrado Gini가 제시한 계산법에 따라 0과 1 사이의 값으로 불평등 정도를 표시하는 지니계수는 1에 가까울수록 불평등하고 0.4를 넘으면 상당히 불평등한 것인데 0.3 수준이니 '한국 사회는 상당히 평등하다'는 결론이 나온다.

그러나 재산 격차를 측정한 통계를 보면 영 딴판이다. 2005년 삼성금융연구소가 실시한 〈가계금융이용실태조사〉 결과를 보자. 실제 조사 대상 2,000가구를 설명하기 좋게 100가구로 바꿔 따져보면 재산이 가장 많은 20가구의 평균 재산은 7억2,302만 원으로 재산이 제일 적은 20가구 3,938만 원의 19.5배에 달한다. 자산 5분위 배율(19.5)이 소득 5분위 배율(5.4)에 비해 4배에 달한다. 다시 말하면 소득 격차에 비해 재산 격차가 4배나 더 크다는 말이다(삼성금융연구소 2006).

또 한국은행 금융경제연구원 남상호 사회경제연구실장이 분석한 자산 지니계수는 2004년 현재 0.638로 같은 해 통계청의 소득 격차 0.310에 비해 2배가 훨씬 넘는다. 또 우리나라 전체 가구를 100가구로 가정한다면 2006년 현재 고소득 최상위 10가구의 소득은 전체 가구 소득의 26.1%를 차지하고 있다. 반면 재산이 많은 부유층 최상위 10가구의 총재산은 전체 가구 재산의 49.4%를 차지하고 있어 소득보다 재산이 훨씬 심하게 집중돼 있다(남상호 2007).

부자는 갈수록 부자가 되고 가난한 사람은 갈수록 가난해지는 부익부 빈익빈 현상도 소득보다 재산에서 훨씬 심각하게 나타나고 있다. 위 삼성 금융연구소 실태조사에서 나타난 부유층 20가구의 평균 재산은 2년 전보다 4,684만 원이 늘어났고, 빈곤층 20가구의 재산은 오히려 569만 원이 줄었다. 2년 만에 재산 격차가 17.9배에서 19.5배로 1.6배나 더 벌어진 것이다.

전체 자산 중 빚을 뺀 순자산의 집중도를 따져보면 재산의 부익부 빈익빈 현상은 더 실감난다. 전체 가구를 100가구로 가정할 경우 1999년 최고 부잣집 1가구가 가진 순자산은 우리나라 전체 순자산 중 9.7%였고, 부자 5가구는 30.9%를, 부자 10가구는 46.2%를 소유하고 있었다. 그런데 2006년에는 최고 부잣집 1가구가 우리나라 전체 순자산의 16.7%를 차지하게 됐고, 5가구는 39.8%, 10가구는 절반이 넘는 54.3%를 차지하게 됐다(남상호 2008). 7년 동안 부자들이 재산을 더 많이 긁어모음으로써 재산 빈부 격차가 더 벌어진 것이다.

이처럼 소득이 아니라 재산이 얼마나 차이가 나는지를 봐야 빈부 격차나 부익부 빈익빈의 실상을 제대로 알 수 있다.

재산 격차 부동산 때문

그렇다면 부잣집과 가난한 집의 재산이 이처럼 엄청나게 차이가 나는 핵심 이유는 무엇일까. 결론부터 말하면 부동산 때문이다.

자본주의 사회에서 한 가정의 자산은 크게 부동산과 금융자산으로 구성되어 있다. 그런데 우리나라의 경우 가계 자산 구성에서 부동산과 금융자산의 비중이 8대2로 부동산 비중이 지나치게 높다. 미국의 경우 가계 자산 중 부동산 비중이 36% 수준이고, 캐나다는 50%, 일본은 62% 수준인 데 비해 우리나라는 조사 기관에 따라 부동산 비중이 최소 79%에서 최고 89%에 이르러 기형적인 자산 구성 형태를 띠고 있다.

2006년 대한상공회의소가 조사한 데 따르면 우리나라 국민의 가계자산 중 부동산 비중은 평균 89%에 이른다. 전 재산이 3억이라면 그중 2억 6,700만 원은 부동산 자산이고, 예금이나 적금 등 금융자산과 비금융자산을 합쳐봐야 3,300백만 원 수준이란 얘기다. 주택이 2억5,000만 원(총재산의 83.4%)으로 대부분을 차지하고 있고, 나머지 부동산은 1,500만 원(총재산의 5.2%) 수준이다(대한상공회의소 2006).

한국은행(주택자산 비중이 83%), 국민은행(80%), 삼성금융연구소(79%), 통계청(전·월세 포함 81%)의 조사 결과도 정도의 차이가 있을 뿐 전체 자산 중 부동산이 5분의 4 수준이거나 그 이상이라는 점에서는 똑같다.

왜 이렇게 기형적으로 부동산 비중이 높을까. 부동산 가격이 터무니없이 비쌀 뿐 아니라 국민 대부분이 부동산을 선호하기 때문이다. 왜 선호할

표 4-1 5분위 별 자산·소득 현황(2005년)

단위: 원

		자산			월평균 소득	
		총자산	부동산	금융 자산	도시근로자	전국 가구
부유층(상위)	20%	7억6,986만	6억2,006만	1억4,980만	633만	600만
	20~40%	3억563만	-	-	379만	348만
	40~60%	1억9,435만	-	-	287만	255만
	60~80%	1억742만	-	-	210만	178만
빈곤층(하위)	20%	3,938만	2,700만	1,237만	116만	79만
평균		2억7,912만	2억1,935만	5,977만	325만	292만
5분위 배율=상위 20% ÷ 하위 20% (2003년)		19.5 (17.9)	23.0	12.1	5.43 (5.22)	7.56 (7.23)

자료: 자산은 삼성금융연구소의 2005년 5월 "가계금융이용실태조사결과." 소득은 통계청 "2005년 가계수지 동향."

까. 여유 자금이 생길 경우 부동산에 투자하는 게 가장 수익이 높기 때문이다. 한국은행 조사국 통화재정팀 강희돈 과장에 따르면 2000년 1월부터 2006년 5월까지 아파트에 투자했을 때 얻는 수익률은 71%로 주식(28%), 정기예금(37%), 회사채(47%)에 투자했을 때보다 훨씬 높았다. 특히 서울(110%)과 한강 이남(149%) 지역은 주식 투자나 저축에 비해 3~5배의 수익이 났다(강희돈 2006).

국가 경제의 관점에서 보면 부동산에 묶인 돈은 가장 비생산적인 투자 자금이기 때문에 결코 이로울 게 없다. 다른 한편으로는 부동산 비중이 워낙 높다보니 부동산이 있느냐 없느냐, 있으면 얼마나 있느냐가 부자냐 가난한 사람이냐를 판가름한다는 점이다.

통계청이 2006년에 전국 9,300가구를 대상으로 실시한 "가계자산조사"에 따르면 부동산이 있는 가구의 재산은 3억7,497만 원으로 부동산이 없는 가구의 4,062만 원에 비해 9배가 넘었다.

앞서 살펴본 대로 2005년 현재 부잣집(상위 20%) 평균 재산은 7억

2,302만 원이고 가난한 집(하위 20%)은 3,938만 원이다. 그런데 부잣집 재산은 부동산 6억2,006만 원, 금융자산 1억4,980만 원으로 구성돼 있다. 반면 가난한 집 자산은 부동산 2,700만 원, 금융자산 1,237만 원으로 구성돼 있다. 다시 말해 부잣집과 가난한 집의 격차에서 금융자산은 12.1배인 데 반해 부동산 재산은 23배나 된다는 얘기다. 결국 부자가 부자인 이유도 부동산이 많아서이고, 가난한 사람이 가난한 이유도 부동산이 없어서인 것이다.

부익부 빈익빈 현상도 부동산에 가장 큰 원인이 있다. 2006년 현재 빚을 뺀 순자산 기준으로 빈부 격차 총액이 100이라면 이 가운데 부동산 자산으로 생긴 격차가 93으로, 우리나라 재산 빈부 격차는 대부분 부동산의 불평등 때문에 생겼다. 부동산 자산의 불평등 기여 지수는 1999년 74에서 7년 만에 19가 더 높아져 시간이 갈수록 부동산 격차가 빈부 격차를 부채질하고 있다. 반면 금융자산은 1999년 18.4에서 2006년 11.9까지 하락하고 있다. 흥미로운 것은 부채의 빈부 격차 기여 지수인데, 1999년 7.8에서 2006년에는 −5.1로 하락해 마치 빈부 격차가 완화된 것처럼 보인다. 그러나 이는 실제와 다르다. 최근 부유층이 부동산 취득액보다 더 큰 규모의 부동산 담보부 부채를 짊어지고 있어서 나타난 현상이기 때문이다. 결국 문제의 핵심은 부동산인 것이다(남상호 2008).

네 사람의 운명을 가른 부동산

21세기 대한민국에서 부동산이 어떻게 빈부 격차와 부익부 빈익빈 현상의 핵심이 되고 있는지 실제 예를 들어 살펴보자. 이 사례에 등장하는 인물들은 모두 가공인물이지만 소득과 아파트값 및 상승률은 통계청과 국토해양부의 공식 통계를 적용한 것이다.

T산업 임원 K 씨(53세)는 한 달 평균 월급이 900만 원이다. 우리나라에서 가장 잘나가는 100대 상장기업 임원의 2007년 상반기 평균 월급은 5,200만 원인데 그 가운데 꼴찌에서 세 번째로 월급이 적다.

그러나 K 씨는 다른 회사 임원에 비해 적은 월급에 크게 신경 쓰지 않는다. 5년 전에 분양받은 아파트값이 그새 5배 가깝게 올랐기 때문이다. K 씨가 2001년 9월 강남구 삼성동 현대아이파크 146㎡(55평)형을 분양받을 당시 분양가는 7억6,230만 원이었다. 그런데 국토해양부 아파트 실거래가를 조회해 본 결과 5년 반만인 2007년 3월 33억5,000만 원에 같은 평형이 팔렸다. 가만히 앉아서 25억8,770만 원을 번 것이다. 월평균 3,921만 원, 1년 평균 4억7,049만 원씩 번 셈이니 회사에서 받는 월급의 4.4배를 아파트에서 번 것이다.

K 씨가 이 아파트를 분양받을 당시인 2001년 월급은 665만 원이었으니 35%가 올랐다. 같은 회사 비정규직 여성노동자 L 씨(29세)는 한 달 평균 월급이 98만 원으로 6년 전 76만 원에 비해 29%가 올랐다. 월급도 적고 형편도 어려운 L 씨는 6년째 연립주택 전세방에 살고 있는데 6,000만 원이던 전세금을 500만 원씩 두 차례에 걸쳐 1,000만 원을 올려 주었다.

통계청 〈소득분위별 가구당 월평균 가계수지〉에 따르면 K 씨와 L 씨는 도시노동자 가구 중 소득이 가장 높은 10%(2007년 10분위 월평균 임금 888만 원)와 가장 낮은 10%(1분위 월평균 임금 98만 원)로 두 사람의 소득 격차는 2001년 8.8배에서 2007년 9.0배로 약간 더 벌어졌다. 그런데 두 사람의 부동산 자산 격차는 2001년에 12.7배에서 6년 만에 47.9배로 벌어져 살아생전에는 좁히기 어려운 거리가 돼버렸다.

한 가지만 더 예를 들어 보자. 같은 T산업 입사 동기인 P차장(41세)과 J차장(42세)은 연봉도 5,200만 원으로 엇비슷하다. 두 사람은 2001년에 똑같이 전용면적 85㎡(33평형) 아파트를 분양받았다. P차장은 2억7,000만

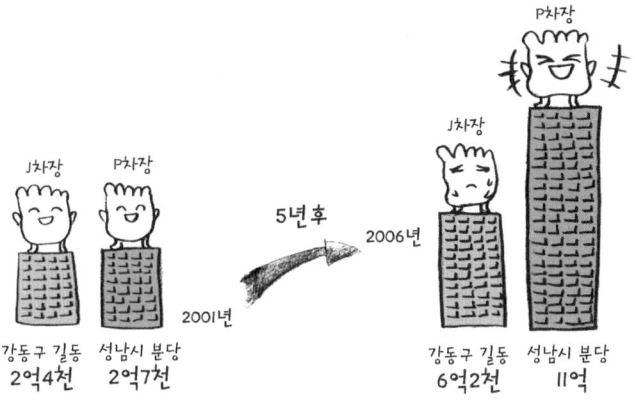

원에 경기도 성남시 정자동 분당파크뷰를, J차장은 2억4,000만 원에 서울시 강동구 길동 강동LG자이를 각각 분양받아 회사 동료들과 돌아가며 집들이까지 했다. 그런데 6년 새 분당파크뷰는 11억까지 올라간 반면(국토해양부 2006년 4월 실거래가), 강동LG자이는 6억2,000만 원(2006년 12월 실거래가)에 머물렀다.

두 사람의 소득 격차는 없지만, 자산 격차는 2배 가까이 벌어진 것이다. 똑같은 월급 받고 똑같은 돈 주고 똑같은 평형의 아파트를 샀는데 P차장은 J차장보다 무려 5억이나 재산이 많은 '다른 계급'이 돼버린 것이다. 같은 회사 안에서 6년 동안 이 네 사람의 운명을 가른 것은 소득과 부동산의 차이였지만, 결정적인 것은 부동산이었다.

'부동산 격차 온도계'가 100℃로 치닫고 있다

임원 K 씨가 사는 삼성동 현대아이파크를 비롯해 타워팰리스, 도곡렉슬, 동부센트레빌 등 3.3㎡(1평)당 최고의 가격을 자랑하는 대형 평수의 고가 아파트는 상류층의 상징자본symbolic capital이 되고 있다. 집 없는 서민들에게 고액의 아파트 브랜드는 그림의 떡을 넘어 완전히 다른 세상 사람들의 표식이자 또 다른 의미의 '명품'으로 자리 잡았다.

강남에 있는 고급 아파트가 오죽 비싸면 '비싼 아파트값 올림픽 경기'에서 세계 1위를 차지했을까. 『매일경제』에 따르면 삼성동 아이파크는 국민소득을 감안해 환산한 3.3㎡당 아파트값이 5,000만 원을 기록해 뉴욕 타임워너센터(4,750만 원), 런던 첼시맨레사로드(3,913만 원), 파리 몽테뉴 주변 저택(2,742만 원), 도쿄 가든힐스(2,340만 원)를 모두 제치고 세계에서 가장 비싼 아파트로 뽑혔다(『매일경제』 2006/03/13). 삼성동 아이파크 245㎡(74평형)가 2008년 4월 3.3㎡당 무려 8,751만 원에 거래된 사실을 볼 때 이같은 추세는 더 심해지고 있다.

상류층을 위한 상징자본이 된 수십억대 아파트에 산다는 것은 하루 주거 비용으로 따지면 1년 365일을 특급호텔에서 사는 것과 같다. 임원 K 씨가 사는 아이파크 1채 값이 33억이니 연이자 5%로 계산하면 하루 평균 46만 원으로, 2006년 강남 JW메리어트호텔 주니어스위트룸 하루 숙박비 42만5,000원보다 많다. 또 2006년 최고가인 53억6,000만 원에 팔린 타워팰리스 1차 245㎡(101평형)는 하루 평균 73만 원으로 같은 호텔 디럭스룸 숙박비 52만 원을 내고도 21만 원이 남는다(『서울신문』 2006/03/24).

한편 2007년 현재 그룹 임원 평균 연봉 20억으로 10대 그룹 중 1위를 차지한 삼성그룹 임원들은 유독 타워팰리스에 많이 사는데, 그 가운데 3명은 타워팰리스만 2채씩 소유하고 있다(『시사IN』 2008/01/22). 만약 이들이 자신이 사는 아파트를 제외한 나머지 1채(333㎡)를 전세로 내놓게 되면 현재 전세 시세로 약 20억 원을 별도로 굴릴 수 있게 된다. 20억이면 또 다른 아파트를 살 수도 있고 은행에 넣어 두기만 해도 1년치 이자소득만 1억에 달한다. 부동산 격차가 다시 재산 격차를 확대하거나 소득 격차로 이어지는 것이다. 빈부 격차의 악순환, 그 한가운데 부동산이 똬리를 틀고 있는 것이다.

부동산의 소유 격차는 이처럼 우리 사회를 송두리째 뒤흔들 수 있는 시한폭탄의 뇌관이 되고 있다. 부동산 소유 지니계수(0.0 완전 평등 ↔ 1.0 완전 불평등)를 보면 곧 폭발할 것만 같은 비등점으로 치닫는 부동산 빈부 격차가 한눈에 들어온다.

2005년 현재 소득격차 지니계수는 전국 가구 기준 0.348, 도시근로자 가구 기준 0.310이다. 그러나 2005년 9월 행자부 발표 토지 보유 현황에 나타난 금액 기준 토지 소유 빈부 격차는 가구별로는 0.747을, 개인별로는 0.888을 기록하고 있어 소득 격차보다 훨씬 심각하다(김유선 2005).

심각하기는 주택도 마찬가지여서 2004년 부과된 재산세 및 종합토지세 과표를 분석해 산출한 개인별 주택 소유 빈부 격차는 무려 0.960을 기록했다. 또 같은 조사에서 토지와 주택을 개인별로 합산한 값으로 구한 지니계수는 0.940을 기록함으로써 부동산 소유의 불평등 현상이 극단으로 치닫고 있음을 보여 주고 있다(대통령자문 빈부격차·차별시정위원회 2005). 요컨대 토지와 주택 재산의 격차는 소득 격차의 3배 수준을 기록하며 우리 사회를 완전한 불평등 사회로 밀고 가는 핵심 요인이다.

상속 재산 75%가 부동산 …… 대물림되는 부동산 빈부 격차

문제는 여기서 끝나지 않는다. 국세청의 『국세통계연보』에 따르면 1987년에서 2006년까지 최근 20년 동안 부모가 자식에게 물려준 재산 가운데 75%가 부동산 재산이었다. 부동산 빈부 격차는 당대에서 끝나지 않고 대물림되고 있는 것이다.

행자부가 발표한 "연령대별 부동산 소유 현황"(2005/03/22)을 보면 2004

년 12월 31일 현재 20세가 채 안 된 미성년자가 소유한 땅이 서울 여의도 면적(8.4㎢)의 21배인 180㎢(5,400만 평, 국토의 0.3%)에 달하고, 10세 이하인 어린이들도 여의도의 5배에 해당하는 42㎢(1,200만평)의 땅을 소유하고 있는 것으로 조사됐다. 게다가 돌이 채 지나지 않은 아이들도 상당한 토지를 갖고 있는 것으로 알려졌다. 또 20세가 안 된 미성년자가 소유한 주택 등 건물도 3만5,316채(5.6㎢), 10세 이하 어린이들이 소유한 건물도 5,435채(911,000㎡)나 된다.

미성년자, 심지어 돌이 채 지나지 않은 영아가 엄청난 부동산을 소유하고 있다는 통계는 부동산 빈부 격차가 부모 세대에서 자식 세대로 대물림되고 있는 빙산의 일각일 뿐이다.

부동산 투기를 뿌리 뽑으면 우리나라 빈부 격차의 절반 이상을 해결할 수 있다는 말이 있는데, 어쩌면 빈부 격차의 90% 이상을 해결할 수 있다는 얘기가 더 정확할 것이다. 부동산이 사람의 운명을 정하는 사회, 땀 흘려 일하는 사람보다 투기로 한몫 잡는 사람이 우대받는 사회, 부동산 격차가 빈부 격차를 한없이 벌리는 사회가 바로 21세기 대한민국의 자화상이다.

3. 1,000만 부동산 빈곤층 어떻게 살고 있나

신新 '인간생활 3요소'

보통 의·식·주를 '인간 생활의 3대 요소'라고 한다. 그중 주거 생활은 인간답게 사는 데 꼭 필요한 삶의 기반이자 밑바탕이다. 인간 생활에 꼭 필요한 요소도 시대 변화의 흐름을 탄다고 보면, 21세기 대한민국에서 입는 것과 먹는 것은 큰 문제가 되지 않는다. 하지만 집은 중요한 문제이며 여기에 덧붙여 자녀 교육과 의료 문제에 대한 관심이 매우 커졌다. 그렇다면 21세기 대한민국에서 인간 생활의 새로운 3대 요소는 주·교·의住敎醫라고 해야 하지 않을까.

어쨌든 집이 제 구실을 하려면 인간이 인간답게 사는 데 문제가 없어야 한다. 과연 우리나라 국민들은 인간답게 사는 데 아무 문제가 없는 집에서 살고 있을까?

최저주거기준 미달 가구 현황 통계를 보면 답이 나온다. 최저주거기준은 한마디로 주거 생활의 절대 빈곤선이다. 인간이 인간으로서 품위를 지키면서 살 수 있는 최소한의 기준, 이것이 충족되지 않으면 인간답게 산다고 할 수 없는, 말 그대로 최저 수준을 정부가 정해 고시한 것이다. 이 기준에도 미달이면 적어도 주거 생활 면에서는 절대 빈곤 가구다.

이제부터는 최저주거기준 미달 가구를 '부동산 빈곤층'으로 보고 그 규모와 실태를 살펴보려 한다. 최저주거기준을 법적 기준으로 도입해 국민들이 그 이상의 조건으로 살 수 있도록 유도하는 것은 우리 사회의 오랜 과제였다. 2000년 건교부가 처음 그 기준을 마련해 고시했지만 법적 근거가 없는 임의 기준이었으며, 2003년 11월에야 주택법이 개정돼 법적 근거가 마련됐고 2004년 6월 15일 노무현 정부가 최저주거기준을 공식적으로 공고했다. 그러나 최저주거기준의 법제화가 영국처럼 기준 미달 가구의 처지를 개선할 강력한 법적 수단까지 동원하겠다는 것이 아니고 '참조해서 정부 정책에 반영하는' 수준이어서 실효성이 떨어지고 있다.

2004년 공고된 최저주거기준은 2000년 건교부 기준을 일부 수정 보완한 것인데, 기준의 내용은 면적·침실·시설·구조와 성능 및 환경 네 가지 영역에서 최저주거기준 미달 여부를 판단할 수 있게 돼 있다. 2004년 고시된 최저주거기준을 적용한 가장 최근의 최저주거기준 미달 가구 현황을 분석한 통계로는 통계청의 2005년 인구주택총조사 전수 자료를 이용한 국토연구원의 2007년 통계가 있다(김혜승 2007, 이하 〈2007년 국토연구원 통계〉로 줄임).

그러나 이 통계는 최저주거기준 가운데 면적·침실·시설 기준만을 적용한 것으로 구조·성능·환경 기준은 제외돼 실제 존재하는 부동산 빈곤층의 규모를 제대로 반영하지 못한 한계가 있다. 정부는 구조·성능·환경 기준을 최저주거기준으로 규정은 했으나 구체적인 측정 기준을 제시하지 않아서 인구주택총조사에도 이와 관련한 조사 항목이 포함되지 않았다. 아무튼, 있는 통계라도 살펴보자.

침실 기준 미달 : 부부와 스무 살 딸이 한방을 쓰다

최저주거기준에 미달되는 집에 산다는 게 실제로 어떤 것인지 분야별 통계를 살펴보자.

첫째, 쉽게 와 닿는 침실 기준부터 보자. 나이가 차서 남녀 태가 뚜렷한 여자 아이와 남자 아이(8세 이상)를 한방에 재우거나, 아이가 5세가 넘었는데 따로 재울 방이 없어 엄마 아빠와 날마다 한방에서 자거나, 심지어 나이 든 부모도 따로 모실 방이 없어 온 식구가 부부와 한방에서 자는 경우는 없어야 한다는 것이다. 또 부부는 별도의 침실을 사용해야 한다는 것이다.

다시 말하면 부부가 부부만의 침실을 따로 쓰지 못하고 다섯 살이 넘은 가족 누군가와 같이 자야 하는 딱한 처지에 있는 가구가 침실 기준 최저주거기준 미달 가구다.

> 사실 아이들이 이렇게 크다 보니 집이 너무 좁다. 우리 부부와 딸(20세)이 한방을 쓰고 아들들이(26세, 18세) 한방을 쓴다. 딸도 불만이 많고, 아들들도 불만이 많다.

거의 성인인 아이들이 부모와 이 좁은 방에서 맞닥뜨려 있으려니 답답할 것이다. 그래서인지 아이들이 밤에 늦게 들어온다. 딸애가 늦게 들어오는 것은 걱정된다. 그러나 집에 와도 어디 편히 다리 뻗고 앉을 자리가 없으니……(문○애, 52세, 여)
서울시정개발연구원(2002).

이렇게 사는 사람이 최소 16만7,000가구, 41만7,500명에 이른다. 서울 3만4,000가구, 경기 3만3,000가구, 인천 8,000가구 등 수도권에만 절반 가까운 7만6,000여 가구가 살고 있다. 부산은 2만 가구, 대구와 경남은 각각 1만여 가구가 침실 기준 미달 가구다. 경북 8,000, 충남 7,000, 전북·충북 6,000, 광주·대전·강원 5,000, 울산 4,000, 전남 3,000, 제주 1,000여 가구가 각각 침실 기준 최저주거기준 미달 가구로 나타났다.

전국 234개 시군구 가운데 침실 기준 미달 가구 수가 1,000가구가 넘는 곳은 59개로 시도별로는 서울(16개 구), 부산(10개 구), 경기(9개 시군), 대구(5개 구), 인천·경남(4개 구군) 순이다. 특히 경기도 부천시는 4,516가구로 가장 많았으며, 경기도 수원시, 충북 청주시, 부산시 사상구, 대구시 달서구 등 네 곳도 침실 기준 미달 가구가 3,000가구가 넘었다. 이 밖에 경기도 고양시, 경기도 성남시, 서울시 강남구·노원구·강동구, 경기도 안산시, 부산시 사하구 등 13곳은 2,000가구 이상 3,000가구 미만을 기록했다.

시설 기준 미달 : 화장실 없는 집에서 살다

둘째, 시설 기준을 보자. (전용 입식) 부엌이 없는 집, (전용 수세식) 화장실이 없고 씻거나 목욕할 수 있는 시설도 없는 집이라면 인간 생활의 요소로서 제 구실을 할 수가 없을 것이다. 너무나 당연한

얘기지만, 문제는 이런 집에서 사는 빈곤층이 너무나 많다는 것이다.

> 이○숙 씨(46세, 여) 집은 온수가 나오지 않아 샤워나 목욕을 집에서 할 수 없는 상황이다. 화장실 역시 주택 내부에 설치되어 있지 않아서 마을 내에 있는 공동 화장실을 사용하고 있는데, 이동식 재래 화장실이라 지저분하고 위생적으로도 과히 좋지 않다.
>
> 국가인권위원회·한국도시연구소(2003).

    2005년 현재 136만 가구 340만 명이 화장실이 없어서 아무 데서나 일을 보거나 화장실이 있어도 재래식이다. 그래서 동네 공중변소 앞에서 아침저녁으로 바지춤을 잡으며 줄을 서고 있거나, 부엌이 없어 하루에 세 번씩 주인집 눈치를 보며 부엌을 빌려 밥을 지어먹고 있다. 부엌과 화장실이 있어도 재래식이어서 불편할 뿐만 아니라 냄새가 코를 찌르고, 목욕 시설이 따로 없고 싱크대에서 양치질을 하기도 한다. 연속극에 나오는 30~40년 전 장면이 아니다. 21세기 대한민국에서 정부가 공식 발표한 통계에 나온 얘기다.

    전용 수세식 화장실이 없는 집에서 사는 사람은 115만 가구 290만 명이다. 따뜻한 물이 나오는 목욕 시설이 없는 집에서 사는 사람은 71만 가구 176만 명이다. 전용 입식 부엌이 없는 집에서 사는 사람은 36만 가구 90만 명이다.

    시도별로는 경상남북도가 약 40만 가구로 가장 많고, 전라남북도(20만 가구), 충청남북도(13만 가구) 등 6개 도에 전체의 절반이 살고 있다. 또 부산(13만 가구), 경기(12만 가구), 서울(10만 가구), 강원(8만 가구), 대구(7만 가구)가 뒤를 이었으며 인천·광주·울산·제주는 각 3만 가구를 기록했고 대전은 2만 가구로 가장 적었다.

234개 시군구별로는 인천시 연수구(822가구)와 옹진군(832가구), 경기도 의왕시(971가구)와 과천시(294가구), 충남 계룡시(368가구), 경북 울릉군(515가구) 등 여섯 곳을 제외한 228곳에 모두 1,000가구 이상의 시설 기준 미달 가구가 살고 있다. 103개 시군구는 5,000가구 이상 시설 기준 미달 가구가 살고 있으며, 22곳은 1만 가구 이상이 살고 있다. 특히 경북 포항시(22,670)와 경주시(20,739)에는 2만 가구 이상이 시설 기준 미달 가구로 나타났다.

면적 기준 미달 : 제사 지내러 온 시누이 바깥에 있다 그냥 가다

셋째, 면적 기준을 보자. 59㎡(18평)형 아파트의 경우 보통 복도식이고 전용면적이 36㎡(11평) 남짓 되는데, 간신히 방 2칸 나오고 화장실 겸 샤워실, 밥은 해먹을 수 있지만 식탁을 놓기도 비좁은 부엌과 베란다면 끝이다. 여기서 부부만 산다면 몰라도 아이라도 키워야 한다면, 물론 불가능한 일은 아니겠지만 너무 좁아서 '인간답게 사는 모습'이라 보기는 어렵다. 부부만 사느냐, 아이가 있으면 몇이냐, 부모님을 모시고 사느냐 등의 가구구성에 따라 최소한 몇 평 이상은 돼야 한다는 기준을 정한 것이 면적 기준이다.

> 명절 때 집에서 제사를 지낸다. 시누이 내외 등 친지들이 몇 분 오시기도 하지만, 집이 좁아서 밖에 있다가 그냥 가 버린다. 손님들이 오는 경우는 아예 없다.
> "명절 때는 이쪽(집)으로 친지들이 오세요. 제사를 여기서 지내요. 손님 오시는 것도 그렇고…. 시누이나 시누이 남편 오시는데요. 바깥에 있다 그냥 가세요. 한걸음에……." 이○숙(46세, 여)
>
> 국가인권위원회·한국도시연구소(2003).

그런데 최저주거기준 중 면적 기준은 지나치게 짜다. 부부와 8세 이상 자녀 2명 등 네 식구의 최저 주거 면적은 현행 기준으로 전용면적 37㎡(11.2평)이다. 만 8세 이상 남녀 아이 둘을 키우는 부부가 '최소한 인간으로서 품위를 잃지 않고' 살려면 부부만 따로 쓰는 침실이 있어야 하고 여자아이와 남자아이 방을 따로 줘야 하니 방이 최소한 3개는 있어야 한다. 거기에 밥해 먹을 부엌과 볼일 볼 화장실 겸 욕실도 있어야 하고, 이것저것 넣을 수납공간이나 텔레비전 볼 공간이라도 나와야 한다. 그런데 세 사람도 살기 어려운 전용면적 37㎡(11.2평)에서 이것을 다 해결하라니 짜도 심하게 짜다.

외국과 비교해 봐도 이 기준 면적이 얼마나 좁은지 알 수 있다. 일본과 프랑스는 4인 가구 기준으로 각각 50㎡(15.1평)와 56㎡(16.9평)인 것과 비교하면 우리나라는 최대 19㎡(5.7평), 최소 13㎡(3.9평)가 좁다. 13~19㎡(3.9~5.7평)면 방 2개는 충분히 나오는 면적이니, 외국보다 방 두 개가 적은 것이다. 지나치게 기준을 낮춰 잡았는데도 이 기준조차 미달하는 가구가 많다는 것은 보통 문제가 아니다.

2005년 현재 82만8,000가구 207만 명이 식구가 함께 살기에는 너무 좁디좁은 집에서 살고 있다. 서울(27만 가구), 경기(15만 가구), 인천(4만 가구) 등 수도권에 절반이 살고 있고 부산(8만 가구), 대구·경남(5만 가구), 경북(3만 가구) 순으로 많이 살고 있다. 광주·대전·강원·충북·충남·전북·전남·울산에 각 2만 가구가 살고 있고 제주에는 8,000가구가 살고 있다.

234개 시군구 가운데 145곳에 1,000가구 이상의 면적 기준 미달 가구가 살고 있다. 58개 시군구에는 면적 기준 미달 가구가 5,000가구 이상 살고 있으며, 21곳은 1만 가구 이상이 살고 있다. 특히 경기도 성남시(26,498가구), 서울시 관악구(22,187가구)에 사는 면적 기준 미달 가구는 각각 2만이 넘는다.

한편 시설과 침실 기준에 중복 미달된 가구는 3만1,000가구, 시설과 면적 기준 중복 미달 가구는 17만8,000가구, 침실과 면적 기준 중복 미달 가구는 10만8,000가구, 세 기준 모두 중복 미달 가구는 2만4,000가구로 각각 집계되었다.

따라서 중복 미달 가구를 제외하면 2005년 현재 전체 가구의 13.0%인 206만2,248가구가 최저주거기준 미달 가구로 나타나고 있다. 가구원 수는 평균 2.5명으로 최저주거기준에 미달하는 곳에서 사는 인구수는 총 515만5,620명이다.

구조·성능·환경 기준 미달 : 곰팡이, 바퀴벌레와 함께 살다

마지막으로 주택의 구조·성능·환경 기준 미달 가구를 보자. 눈비가 오거나 날씨가 풀리면 무너질 위험이 있거나, 불에 잘 타고 습기에 약한 재질로 된 집에서 산다면 주거 수준의 최저 최고를 따질 정신도 없을 것이다. 방음이 안 돼 사생활을 보장받을 수 없고, 창문도 없는 집, 종일 햇볕이 들지 않는 집, 불을 때도 때도 추운 집, 차가 지나가면 고무 다리처럼 흔들리는 집, 썩은 냄새가 진동하고 세균과 함께 사는 집, 해일·홍수·산사태 등 자연재해 위험에 크게 노출된 집도 마찬가지일 것이다.

해가 들지 않고 통풍이 잘 안 되어 곰팡이가 자주 피는 방에서 생활하다 보면 건강에도 좋지 않은 영향을 미치리라는 것은 충분히 상상이 될 법하다. 더군다나 고령으로 육체노동을 하는 사람에게 있어서는 더욱 부정적인 효과를 미칠 것이다. 지하 주거에 생활하는 이○자 씨(여)가 대표적인 경우이다. 현재 69세로 손자와 함께 두 식구가 생활하고 있는 이○자 씨는 다음과 같이 이야기한다.

"곰팡이가 피고 그래서 이렇게 내가 몸이 자꾸 아픈가 봐요. 감기도 자주 걸리고…… 공기도 나쁘고…… 머리도 무겁고……. (손자도) 목에 편도선이 있어서 고

생했는데 감기 들까 봐 그냥 미리 옷을 많이 입혀요."

국가인권위원회·한국도시연구소(2003).

그러나 이미 말했듯이 2007년 국토연구원 통계에서 이 분야는 제외돼 있어 그 규모를 알 수 없다. 다만 2005년 건교부가 국토연구원에 맡겨 1만1,000개 표본으로 공동 설문조사 형식으로 분석한 통계는 구조·성능·환경 기준 관련 항목에 대한 불만족 정도를 측정해 지수화하는 방법으로 최저주거기준에 대한 미달 가구 규모를 나름대로 제시하고 있다(윤주현·김근용·박천구 2005).

이에 따르면 환경에 대한 불만은 전체 가구의 10.1%, 성능에 대한 불만은 9.8%, 구조에 대한 불만은 7.0%로 나타났다. 소득 계층별로는 저소득층에서, 점유 형태별로는 월세/사글세에서, 지역별로는 수도권의 경기를 비롯해 지방의 대전, 광주, 전라남북, 충청남북도에서 높은 비중을 차지하고 있다.

구조·성능·환경 기준 관련 항목에 대한 불만을 나타낸 가구는 중복 미달 가구를 제외하고 계산할 경우 272만8,000가구로 당시 조사 대상 가구당 평균 가구원 수가 3.4인이었던 점을 감안하면 인구수로는 927만5,200명에 달한다. 조사 대상과 방법이 달라서 단순 비교는 어렵지만 구조·성능·환경 기준 항목 미달(불만) 가구 수가 침실·시설·면적 기준 미달 가구 수보다 67만 가구가 많고, 인구수로는 400만 명 이상 많게 나타나고 있다.

이 같은 사실은 현행 최저주거기준 미달 통계가 매우 부실하다는 증거라 하겠다. 이처럼 통계가 부실하다 보니 2007년 국토연구원 통계에는 그 자체가 '인간이 살기에는 적절하지 않은 곳에 사는' 반지하를 포함한 지하방에 사는 58만6,649가구 가운데 14만9,526가구만 최저주거기준 미달 가구에 포함되었고, 나머지 43만7,123가구는 포함되지 않았다. 또 판잣집·

비닐하우스·움막·숙박업소 객실·기숙사 및 특수 사회 시설·기타(공사장의 임시 막사, 업소의 잠만 자는 방, 동굴) 장소에 사는 부동산 극빈층 4만9,742가구도 구조·성능·환경 기준은 물론이고 면적·침실·시설 기준 미달 여부를 판단할 수 있는 정보를 얻을 수 없어 통째로 제외되었다.

이처럼 굳이 면밀한 기준을 적용하지 않아도 최저주거기준 미달 가구가 명백한 최소한 (반)지하·판잣집·비닐집 등에 사는 48만6,865가구(가구원 수 121만7,163명)를 합칠 경우 전체 가구의 16.0%인 254만9,114 가구 (637만2,785명)로 국민 7명 중 1명꼴이다. 또 시설·침실·면적 기준 미달 가구(2007년 국토연구원 통계)와 구조·성능·환경 기준 항목 불만 표시 가구(2005년 국토연구원 통계)를 단순 합산할 경우 최저주거기준 미달 또는 관련 항목에 불편을 표시한 사람이 479만 가구, 1,565만 명으로 국민 3명 중 1명꼴이다.

법에 정해진 대로 최저주거기준을 제대로 적용할 경우 미달 가구 규모는 중복 가구를 제외한다 하더라도 300만 가구 1,000만 명 이상으로 판단된다.

부동산 빈곤층 고통, 사회가 해결해야

부동산 빈곤층인 최저주거기준 미달 가구의 전체적 특성을 짚어 보자. 우리나라 전체 가구 중 여성 가장이 22%인 데 반해 최저주거기준 미달 가구 가장 중 여성 가장의 비율은 31%다. 전체 가구주 가운데 60세 이상은 22%인데, 이 중 최저 가구주가 37%나 된다. 또 최저 가구주 85%는 4년제 대학을 나오지 못하고 17%는 무학으로 나타나, 65%가 대학을 나오고, 무학 비율도 5.7% 수준인 전체 가구 평균에 비해 교육 정도도 낮았다.

또 전체 가구 중 1인 가구는 20%인데, 그중 최저 가구는 33%로 혼자

표4-2 최저주거기준 구성 요건별 미달·불만 가구 현황(2005년)   단위 : 만 가구

시설·침실·면적 기준 미달 가구		구조·성능·환경 기준 불만 가구	
구성 요건	가구 수	구성 요건	가구 수
시설	136.0	구조	110.5
침실	16.7	성능	154.5
면적	82.8	환경	159.9
시설·침실	3.1	구조·성능	72.4
시설·면적	17.8	구조·환경	57.5
침실·면적	10.8	성능·환경	64.3
시설·침실·면적	2.4	구조·성능·환경	42.1
계	206.2	계	272.8

자료 : 김혜승(2007), 윤주현·김근용·박천규(2005).

사는 가구 비율이 높았다. 최저 가구 100가구 중 14가구꼴로 가족 중 장애인이 포함돼 있고, 이 가운데 3가구는 장애인이 2명 이상이었다. 2005년 현재 월평균 소득은 129만 원 평균 생활비는 82만 원이었으며, 10가구 중 4가구가 저축을 하고 있었다. 저축을 하는 이유로는 내집마련(22.2%)이 가장 많았고, 자녀 교육비 마련(21%), 노후 대비(18%) 순이었다.

가구당 총재산은 5,115만 원으로, 가구당 빚이 1,236만 원에 달해 빚을 뺀 순재산은 가구당 3,879만 원이었다.

최저주거기준 미달 가구의 가구당 방 수는 2.9개로 우리나라 전체 가구 평균 3.6개보다 0.7개 적었다. 평균 방 수가 2.9개로 생각보다 많은 것은 농촌 지역과 노인을 포함한 1인 가구의 비중이 크게 반영되었기 때문이다. 가구당 평균 주거 면적은 38㎡, 1인당 주거 면적은 20㎡로 나타났다. 시설 면에서도 열악했다. 우리나라 전체 가구 중 입식 부엌을 사용하는 가구는 98%, 수세식 화장실 94%, 온수 목욕 시설이 있는 가구는 96%인 데 비해 최저가구는 입식 부엌 83%, 수세식 화장실 44%, 온수 목욕 시

설 66%로 주거 시설 면에서 크게 뒤떨어졌다.

2005년 현재 전체 가구의 경우 42%가 아파트에 사는 데 비해 최저 가구 중 아파트 거주 가구는 6.4%에 불과하다. 대신 단독주택에 사는 비율이 87%에 달해 전체 가구 45%에 비해 매우 높았다. 최저 가구 중 전·월세에 사는 가구 비중은 52.7%로, 우리나라 전체 가구의 셋방 사는 비율(41.4%)보다 높았다. 반면 내집을 소유하고 자기 집에 사는 비율은 최저 가구가 42.4%로, 55.6%인 전체 가구 평균보다 낮았다. 특히 읍면동 중 도시 지역인 동에 사는 최저주거 가구 중 자기 집에 사는 가구는 23.2%에 불과하고 72.7%는 전·월세를 전전하고 있다.

우리나라 전체 주택 중 67.8%가 1990년 이후 지은 새집인 데 비해 최저주거기준 미달 가구가 사는 집은 33.2%만 1990년 이후에 지었다. 특히 지은 지 45년이 넘은 낡은 집이 14.5%로, 3.3%인 전체 가구 평균에 비해 오래 되고 지나치게 낡은 집에 살고 있는 것이다.

최저주거기준 미달 가구 100가구 중 62가구는 셋방을 떠돈 지 10년이 넘었고 14가구는 5년에서 10년이 됐다. 또 100가구 중 83가구는 이사 계획을 세우지 못하고 있다. 또 3명 중 1명꼴(30%)로 공공임대주택에 들어가 살고 싶다고 밝혔다.

한편 공공임대주택에 입주한다 하더라도 최저주거기준 미달이라는 빈곤층의 처지에서 벗어날 수 있을지는 알 수 없다. 정부가 공급한 공공임대주택 중 하나인 영구임대주택 거주 가구의 경우에도 두 집 건너 한 집꼴(34.6%)로 최저주거기준에 미달되는 것으로 나타나 있기 때문이다(건설교통부·한국도시연구소 2005).

영구임대주택 중 최저주거기준 미달 가구는 방 수 기준 미달 가구가 20.8%, 면적 기준 미달 가구가 32.7% 중복 미달 가구가 18.6%로 나타났다. 지역별로는 경기 지역이 37.7%, 서울 지역이 37.2%로 서울을 포함한 수도권이 가장 높은 비율을 나타내고 있다.

어림잡아도 최소 600만 명에서 최고 1,000만 명 이상으로 판단되는 부동산 빈곤층의 딱한 삶이야말로 부동산 투기가 한국 사회에 남긴 가장 큰 상처라 하겠다. 주택 정책의 제1순위는 바로 이들의 아픔을 어루만지고 더 이상 고통받지 않도록 하루 빨리 대책을 세우는 일이다.

4. 160만 부동산 극빈층 어떻게 살고 있나

21세기 대한민국에서 '베이징원인'을 찾아내다

필자는 국회에서 부동산 통계를 추적해 발표할 때마다 가능한 16개 광역시도는 물론 234개 시군구, 나아가 3,573개 읍면동별 통계로 구체화하려 했다. 그래야 문제의 실체가 손에 잡히고 '우리 동네 우리 지역에서부터 문제를 해결해 보자'는 분위기를 만들 수 있지 않을까 해서였다. 그러다 보니 그때마다 지역과 동네에서 활동하는 분들과 지역 언론사 기자들의 전화에 시달려야 했다.

전화 내용은 크게 두 가지 종류였다. 예를 들면 '최고 집 부자 1명이 주택 1,083채를 소유하고 있다'로 시작되는 100대 집 부자 통계를 발표하면 "설마~"가 깔린 목소리로 "그게 누구냐?"는 식의 질문이었다. 다른 하나는 3,573개 읍면동별로 발표한 각종 통계에 대해서는 "그게 어디 있느냐, 찾질 못하겠다"는 내용이었다. 하지만 어쩌랴, 정부 각 부처가 개인 정보라는 이유로 개인 신상 명세는 제출하지 않고 있으니. 또 관련 공무원들 고생시켜 가며 읍면동까지는 통계를 냈지만 '몇 번지 몇 통 몇 반까지는 만

표 4-3 거주층 및 거처 종류에 따른 가구 현황(2005년)

단위: 가구, 명, %

	합계		지하(반지하)		옥상(옥탑)		판잣집·비닐집·동굴·움막 등	
	가구	가구원	가구	가구원	가구	가구원	가구	가구원
전국	683,025 (100.0)	1,617,062 (100.0)	586,649 (100.0)	1,419,784 (100.0)	51,139 (100.0)	87,766 (100.0)	45,237 (100.0)	109,512 (100.0)
수도권	633,216 (92.7)	1,501,542 (92.9)	559,415 (95.4)	1,358,040 (95.7)	45,264 (88.5)	75,514 (86.0)	28,537 (63.1)	67,988 (62.1)
서울시	399,530 (58.5)	920,571 (56.9)	355,427 (60.6)	845,493 (59.6)	34,098 (66.7)	53,765 (61.3)	10,005 (22.1)	21,313 (19.5)
경기도	186,876 (27.4)	460,528 (28.5)	159,281 (27.2)	396,367 (27.9)	10,465 (20.5)	20,336 (23.2)	17,130 (37.9)	43,825 (40.0)
인천시	46,810 (6.9)	120,443 (7.4)	44,707 (7.6)	116,180 (8.2)	701 (1.4)	1,413 (1.6)	1,402 (3.1)	2,850 (2.6)

자료: 통계청.

들어낼 수가 없었다. 전화 거는 사람이나 받는 사람이나 답답하기는 마찬가지였다.

가장 대표적인 통계가 '동굴에 사는 사람'에 관한 것이었다. 2006년 국정감사 때인 9월 말 '판잣집·움막·동굴에 11만 명이 산다'는 통계를 발표하자 '동굴'이 문제가 됐다. 과연 동굴에 사는 사람이 있느냐, 있으면 어디에 사는지 좀 알려달라는 전화였다.

사실 필자도 통계청에서 이 통계를 받고 혼자 골똘히 생각했다. 인간이 땅속에 주거 공간을 만들어 산 첫 흔적은 기원전 50만 년 전 원시시대 베이징원인들의 동굴 주거지까지 올라간다고 한다. 우리나라의 경우 구석기 시대 유적지인 평양시 상원 검은모루 동굴에 구석기 시대 인간이 산 흔적이 남아 있다고 한다.

그러나 원시시대도 아니고 21세기 세계 10대 경제 대국, 집이 100만 채 이상 남아도는 대한민국에서 동굴에 사는 사람이 있다는 얘기는 믿기 어려운 일이었다. 하지만 2007년 현재 동굴에 사는 사람이 대한민국에 있

자료: 『부산일보』
(2007/01/08).

었다. 종교적인 이유도 아니고 너무나 가난한 탓에 달리 살 곳을 마련하지 못해 동굴에서 살고 있었다.

　동굴 속 인간을 찾아낸 것은 『부산일보』 특별 취재팀이었다. 필자가 『부산일보』 기자의 전화를 받은 것은 2006년 10월에서 11월경으로 기억된다. 지하방 판잣집 동굴 움막 등에 사는 사람이 상당수라는 통계 내용이 너무 충격적이어서 특별 취재팀을 꾸려 부산 지역 주거 빈곤층의 실태를 세상에 알리고 싶으니 자세한 통계를 보내 달라는 것이었다.

　당연히 그러마 하고, 필자가 갖고 있는 통계를 보내 주었다. 물론 그전에도 중앙 일간지나 공중파 방송은 물론 경기·인천·경남·대구 지역의 신문 방송에 자료를 보내 주었으나 "지하방에 사는 사람을 찾을 수가 없다"거나 "통계에는 동굴 거주자가 꽤 있는 것으로 나오는데 아무도 아는 사람이 없다"는 하소연을 몇 차례 들었던 터였다.

그런데 『부산일보』는 얼마 뒤인 2007년 1월 8일부터 기획특집 "신음하는 주거복지"를 싣기 시작했는데, 그 첫 편이 "한 달간 부산 지역 동굴집과 토굴집을 수소문했지만 10여 곳을 찾는 데 그쳤다"며 시작한 "문명이 비껴간 동굴·토굴집" 편이었다. 취재 기자가 동굴집에서 2박 3일간 실제로 살아 보는 등 심층 취재를 거친 이 기획물은 1, 2부로 나뉘어 1월 24일까지 8차례 이어져 다음 달 '이달의 기자상'까지 받게 됐다. 드디어 동굴에 사는 사람을 찾아낸 것이다.

달동네서 쫓겨나 지하로 비닐하우스로 쪽방으로

1,000만 부동산 빈곤층 중에서도 가장 밑바닥 층으로 동굴, 움막, 쪽방, 판잣집, 비닐하우스, 지하방, 옥탑방, 공사장의 임시 막사와 같은 인간으로서는 살기 어려운 주거 조건에서 사는 사람들이 있는데 이들을 극히 빈곤한 층이란 의미에서 '부동산 극빈층'이라 부르려 한다.

필자는 2006년 국정감사 당시 통계청으로부터 관련 통계를 제출받을 때까지만 해도 이들의 규모가 약 80만 명 수준이라고 알고 있었다. 그러나 2005년 인구주택총조사에서 사상 처음으로 포함된 '거주층별 가구 조사'와 '판잣집·비닐집·움막' 및 '기타' 항목 구분 조사 결과 극빈층 규모는 총 68만 3,000가구 161만 7,000명으로, 알려진 것보다 2배 이상인 것으로 집계됐다.

부동산 극빈층이 사는 지하방과 비닐촌, 쪽방 등이 형성된 배경은 1980년대 후반 3차 부동산 투기 때로 거슬러 올라간다. 1980년대 초부터 시작된 대규모 불량 주택 재개발 사업으로 빈곤층이 살던 산동네, 달동네, 판자촌이 대부분 헐리고 나서 불어 닥친 부동산 투기는 집값과 전·월세 임대료를 천정부지로 끌어올렸고 가진 것도 없고 내집도 없고 벌이까지 시원찮은 빈곤층은 심각한 타격을 받을 수밖에 없었다.

국민은행 통계를 보면 1986년부터 1994년까지 8년 새 집값은 54% 상승했으나 전세값은 그 2배가 넘는 118% 상승률을 보였다. 이러한 전세값 상승은 달동네, 산동네, 판자촌에서 셋방을 살다가 그조차 재개발 사업으로 헐리고 나서 갈 곳이 없던 빈곤층을 무허가 지하 셋방, 비닐하우스촌, 옥탑방으로 몰아넣은 것이다(대한주택공사·한국도시연구소 2005b).

두더지도 아닌데 땅속에 산다

전망 좋은 호텔 맨 꼭대기 층을 보통 펜트하우스라 부른다. 요즘은 고층 아파트 맨 꼭대기 층에 값비싼 펜트하우스가 들어서 '구름 위의 집' '별과 구름을 안고 사는 집'으로 불리며 인기가 하늘을 찌르고 있다. '내려다보는 경치가 끝내 준다'는 '조망권 값'에 부의 상징인 '특권층 값'까지 얹혀 가격도 상상을 초월하고 있다.

이렇게 모두가 세계 최고가 아파트를 좇아 하늘로 하늘로 올라가려 하는 21세기 대한민국에서 두더지도 아닌데 땅속에 집을 짓고 사는 사람들이 있다. 지하방에 사는 사람들이다. 그 실태조차 정확히 조사된 적이 없는 이들은 2005년 통계청이 인구주택총조사를 실시할 때 '지하에 사느냐, 지상에 사느냐, 옥상에 사느냐'는 객관식 질문 항목 하나를 추가하면서 사상 처음으로 그 규모를 세상에 드러냈다.

통계청에 따르면 2005년 현재 전국에서 반지하를 포함한 지하에 사는 사람은 58만6,649가구 141만9,784명이다. 인구 기준으로 59.6%가 서울에 살고, 27.9%는 경기도에 살아, 수도권에 95.4%가 집중돼 있다.

서울 강남구 세곡동과 경기도 과천시 문원동에 사는 사람 3명 중 1명은 (반)지하방에 산다. 세곡동의 1,792가구 중 630가구, 문원동의 1,991가구 중 688가구가 반지하를 포함한 지하방 거주 가구다. 이 두 곳의 가구 수 대비 지하 가구 비율은 나란히 35%로 전국 3,573개 읍면동 가운데 가장 높다. 서울시 25개 구 산하 522개 동에는 동당 평균 717가구 1,705명이 지하방에 살고 있다. 경기도 31개 시군 산하 524개 읍면동에는 한 곳당 평균 330가구 822명이 지하에 살고 있다.

2005년에 한국도시연구소가 대한주택공사의 의뢰를 받아 수도권 지하 거주 462가구를 대상으로 실태를 조사한 데 따르면 한부모 가구의 비중(12.8%)이 전국 평균(7.9%)보다 높게 나타났고, 장애인이 있는 가구가 12.8%에 달했으며 이 중 절반(51.9%)은 지하에서 생활하기에는 너무나 어려운 지체 장애인으로 조사됐다. 조사 대상 가구는 평균 7년씩 지하방에서 살고 있고, 11년째 사는 사람도 14.3%나 됐다(대한주택공사·한국도시연구소 2005b).

조사 가구의 84.2%가 한 달 평균 소득이 200만 원이 안 됐고 이 중 40.9%는 100만 원도 안 됐다. 88.2%는 월세나 전세를 살았고, 이 가운데 절반(44.9%)은 가구당 평균 보증금 983만 원을 맡기고 한 달에 21만8,000원씩 내는 월세를 살았다. 42.8%가 평균 2,974만 원을 내고 전세를 살았고, 지하실이지만 내집이라며 사는 사람도 열 중 한 가구꼴은 됐지만 이들의 평균 집값은 4,467만 원에 불과했다.

통계청의 2005년 인구주택총조사 결과를 봐도 지하방 거주 가구 중 자기 집에 사는 비율은 14.4%로 전체 가구 자가 비율 55.6%의 4분 1밖에 안 됐다. 반면 전세 37.9% 월세 45.7% 등 전·월세 비율이 83.6%에 달해 전체 가구 전·월세 비율 41.4%의 2배에 달했다. 특히 전체 가구 중 월세 사는 가구는 19.0%인 반면, 지하방의 월세 비중은 45.7%에 달해 절반이 월셋방에 사는 것으로 나타났다. 전체의 절반은 단독/다가구주택 지하실에서 나머지 절반은 다세대나 연립주택 지하에서, 일부는 점포 주택의 지하실에서 살고 있었다.

땅속에 사는 이들에게 '3,000만 원이 생기면 어디에 쓰겠느냐'고 물었다. 응답자의 74%가 지상으로 나가겠다고 대답했다. 6.3%는 빚을 갚겠다, 3.9%는 더 넓은 지하방으로 옮기겠다, 다른 3.9%는 아픈 몸을 치료하겠다, 3.1%는 일단 저축해 놓겠다고 응답했다(홍인옥 2002). 그러나 3,000만 원이 생기면 지상으로 갈 수 있을지는 지역에 따라 달랐다. 통계청의 2005년 인구주택총조사 결과에 따르면 지상층과 지하 거주 전세 가구의 평균 전세금 격차는 서울이 4,904만 원, 경기가 3,379만 원, 인천이 2,058만 원에 달했기 때문이다.

3,000만 원만 있으면 지상으로 나가고픈 이들의 생활공간은 그 자체가 최저주거기준 미달이다. 앞서 살펴본 한국도시연구소의 실태 조사 결과, 주택의 구조·성능·환경 최저주거기준을 제외하고도 지하 주거가구 중 최저주거기준 미달 가구는 전체 가구 평균치의 3배가 넘는 43.3%에 이르렀다.

한국 사회에서 지하방의 법적 뿌리는 1970년 박정희 정권이 남침에 대비해 대피소가 있어야 한다며 주택의 지하층 설치 의무 규정을 만들면서 시작되었다. 이렇게 시작된 지하실은 1980년대 들어 '산동네' '달동네' '판자촌'이라 불리던 빈민 거주지에 대한 대대적인 철거로 쫓겨난 사람들이 부동산 가격까지 폭등하자 밀리고 밀린 끝에 찾아든 극빈층의 보금자리 아닌 보금자리가 되기 시

작했다.

  사람이 살기 어려운 지하실에서 사는 것 자체가 인간의 품위를 유지할 수 없는 일이지만, 가장 큰 문제는 습기와 곰팡이, 햇볕이 들지 않고 오염된 공기 때문에 어린아이와 노약자들이 겪어야 하는 고통이다.

> 부천시 오정구 원종동 J연립 지하층에서 사는 임하용(85세) 씨와 이부순(72세) 씨 부부는 아침에 일어날 때마다 목이 칼칼하고 머리가 지끈거린다. 임씨의 단칸방에는 검푸른 곰팡이가 피어 있고 퀴퀴한 냄새가 코를 찌른다. 햇볕이 오후에만 잠깐 들어올 뿐 방안이 온종일 어둡고 습기로 가득하기 때문이다.
> 부엌 겸 거실 구석에는 하수구 구멍이 뚫려 있어 장마철만 되면 역류한 하수가 안방까지 흘러들어 매년 물난리를 겪는다. 부엌 한쪽에는 갈라진 벽에서 물까지 새어나와 하루 한 번씩 바가지로 물을 퍼낸다.
>
>   『문화일보』(2003/05/23).

  한국도시연구소의 실태조사 결과를 보면 지하실에서 생활할 때 가장 문제가 되는 생활환경이 무엇이냐는 물음에 절대 다수가 습기라 대답했고, 그다음이 햇볕이 들지 않는 것, 환기 문제, 악취 순이었다. 현장 습도 조사에서는 여름철 지하방 실내 습도가 바깥보다 최고 85% 높게 측정돼 장마철의 누수, 결로, 높은 외기 습도 등이 지하방 습도를 높이는 것으로 분석되고 있다. 그 결과 현장 조사 대상 지하방의 73%가 이슬 맺힘 현상이 나타나 벽지나 장판, 천장에 얼룩과 곰팡이가 피었지만 제습기를 갖춘 집은 한 곳도 없었다.

  지하 주거 공간에 햇볕이 드는 시간은 하루 평균 40분 정도로 1시간도 되지 않기 때문에 낮에도 불을 켜지 않고는 지내기 어렵고, 공기가 심하게 오염돼 있어 조사 대상의 93%가 심한 악취가 났지만 환풍기가 설치된 곳은 3분의 1도 되지 않았다. 또 가스레인지 후드가 제대로 설치되지 않아

가스레인지를 쓸 때 발생하는 이산화탄소가 기준치 이상으로 그대로 남는 것으로 조사됐다.

이 같은 요인들은 서로 상승작용을 일으켜 세균과 곰팡이가 번식하기 좋은 환경을 만드는 데 총부유 세균은 기준치의 2배가 넘고, 곰팡이도 습기가 많은 여름철에 위험수위로 번식하는 것으로 측정돼 실내가 심각하게 오염된 것으로 조사되었다. 습기와 햇볕 부족, 환기가 안 되는 지하방의 열악한 생활환경은 과다한 습기로 인한 세균 번식, 햇볕 부족으로 인한 영양 결핍과 살균 기능 상실, 유해 먼지로 인한 호흡기와 폐질환 및 심한 경우 암을 유발시킬 수 있는 라돈과 같은 위험한 성분이 도사리기에 충분한 조건이 되고 있다.

지하방 거주민들은 이사를 간다면 더 넓은 지하방과 작아도 좋으니 지상 방 중 어디로 가고 싶냐는 물음에는 99%가 지상으로, 어떤 집에서 살고 싶으냐는 물음에는 40%가 아파트에서 살고 싶다고 했다. 언젠가 이사 갈 계획이 있다는 가구는 40.2%로 나타났는데, 1년 안에 이사 가겠다는 가구는 10.8%밖에 안 돼 희망대로 이사할 수 있는 가구는 많지 않았다. 이들이 가장 원하는 주거 대책은 저렴한 공공임대주택을 제공해 달라는 응답이었다.

앞의 시설·침실·면적 기준만 적용한 최저주거기준 미달 가구(2007년 국토연구원 통계) 현황에서도 전체 최저주거기준 미달 가구의 0.4%인 8,249가구가 옥탑방으로 나타났듯이, 옥탑방 역시 '겨울에는 시베리아 여름에는 적도' 식으로 사람이 살기에 적절하지 못한 주거 환경인 곳이 많다.

2005년 현재 옥탑방에 사는 사람은 5만1,139가구 8만7,766명이다. 인구 기준으로 61.3%가 서울에 살고, 20.5%가 경기도에 사는 등 86%가 수도권에 살고 있다.

원시시대도 아니고 대한민국이 세계 10위 경제 대국이 된 21세기에 지하와 옥상에서 살아야만 하는 부동산 극빈층의 고통이야말로 한국 사회 주택문제의 벌거벗은 모습이다.

비닐하우스에서 산다

부동산 극빈층 주거지로서 지하·옥탑방 다음으로 규모가 큰 게 '비닐하우스촌'(이하 비닐하우스는 비닐집으로, 비닐하우스촌은 비닐촌으로 부름)이라 불리는 신종 무허가 정착지, 판잣집, 움막에 사는 사람들이다.

비닐촌은 농업용 비닐하우스를 개조해 그 내부를 얇은 판자로 구분해 여러 가구가 살거나, 처음부터 판자나 천막 또는 비닐로 무허가 주택을 짓고 사는 빈민 집단 주거지다.

1980년대 초까지만 해도 100만~200만 원 하는 보증금을 내고 월세 살던 빈민들은 서울 지역 재개발 철거로 밀려나면서 전세금 폭등으로 살 곳이 없자 가까운 곳인 강남·서초·송파구의 빈 땅에 비닐하우스를 치고 정착했다. 이곳은 1970년대 말 대규모 토지구획정리사업 과정에서 정부와 지자체가 환수한 잉여 토지와 개발에 대비한 사유지가 빈 땅으로 있던 자리다. 서울에 정착하지 못한 빈민들은 고양, 광명, 시흥, 안양 등 인접 지역 또는 신도시 인근에 비닐촌을 만들어 정착했다.

비닐촌은 무허가라는 이유로 건물이 등재되지 않고 철거되는 곳이 많다 보니 보고에 따라 규모가 수천에서 1만 가구까지 엇갈렸다. 그러나 판잣집이나 움막 거주에 관한 통계는 비공식으로도 추정된 적이 아예 없었다.

비닐집·판잣집·움막 거주 가구에 대한 공식 통계 역시 통계청이 2005년 인구주택총조사에서 '주택의 요건을 갖추지 못한 거주공간' 기타 항목을 다시 판잣집·비닐집·움막과 기타(동굴·건설 공사장 임시 막사·업소의 잠만 자는 방 등)의 두 개 항목으로 쪼개 조사함으로써 세상에 모습을 드러냈다.

통계청에 따르면 2005년 현재 사람의 거처로 이용되는 판잣집·비닐집·움막은 모두 2만2개다. 이곳에는 모두 2만3,000여 가구 약 5만7,000여 명이 살고 있다(집단 가구 포함). 물론 판잣집과 비닐집, 움막을 포함해 한꺼번에 조사했기 때문에 각각의 통계는 나오지 않았다. 판잣집·비닐집·움막에 사는 사람의 48%가 경기도에, 23%가 서울에 살고, 73%가 인천을 포함한 수도권에 산다.

경기도 고양시 덕양구 홍도동은 전체 가구의 27%가 판잣집·비닐집·움막에 산다. 서울시 강동구 강일동(22%), 강남구 세곡동(21%), 경기도 성남시 분당구 판교동(20%) 역시 20% 이상이 판잣집·비닐집·움막에 산다. 이 네 곳은 전국 3,573개 읍면동 가운데 가구 수 대비 판잣집·비닐집·움막 거주 비율이 가장 높은 동네다.

서울시 강남구 개포1동에 사는 전체 7,883가구 가운데 14.6%인 1,154가구 2,146명은 비닐집·판잣집·움막에 산다. 개포2동에도 전체 가구 6,857가구 중 9%인 614가구 1,253명이 비닐집·판잣집·움막에 산다. 개포1, 2동은 전국 3,573개 읍면동 중 비닐집·판잣집·움막에 사는 가구 수가 가장 많은 두 곳이다.

농작물이나 키우는 비닐집에 사람이 사는 것 자체가 하나부터 열까지 최저주거기준에 미달하는 주거 조건이지만, 가장 큰 문제는 화재 위험과 불법 주거 취급을 받아 생기는 각종 애로사항이다. 불에 타기 쉬운 재료로 지은 비닐촌은 겨울철만 되면 사소한 불이 화재로 변하고 대형 참사를 겪어 가뜩이나 없는 살림을 다 날리고 심지어 목숨까지 잃고 있다. 불에 약한 재질로 지은 집일 뿐만 아니라 아무런 계획 없이 비닐과 판자 등으로 집을 짓다 보니 소방도로도 제대로 갖춰지지 않은 생활환경에 전기 설비와 공급 방식의 문제로 화재 위험에 크게 노출된 것이다.

이 책의 서문에 소개된 서울 서초구 원지동 개나리마을 화재 사건(2005

년 10월) 외에도 서초구 방배동 전원마을(2001년 1월), 서울 강남구 세곡동 율암마을(2001년 3월), 경기도 성남시 복정동(2002년 2월), 서울 서초구 내곡동 안골마을(2003년 2월), 서울 송파구 장지동(2004년 2월), 경기도 광명시 소하동(2004년 11월), 서울 강남구 율현동(2005년 2월) 등 화마는 매년 비닐촌을 비켜가질 않았다. 실제로 주민들의 설문조사에서 비닐촌 거주민들이 가장 힘들어하고 두려워하는 것이 화재나 붕괴 위험으로 나타나고 있다.

화재 위험은 주민들이 두 번째로 힘들어하는 주민등록 문제와 연결돼 있다. 비닐촌은 '불법'이다 보니 그동안 주민등록 등재조차 해주지 않고, 전기도 공급되지 않아 농업용 전기를 인근 지역에서 '불법'으로 끌어다 쓰게 되고, 상수도 공급이 안 돼 우물을 파거나 지하수를 끌어올려 수질이 좋지 않다. 특히 전기 시설은 엉망이어서 누전 사고가 잦다.

물론 사회문제가 되면서 소송을 거쳐 주민등록 등재가 된 곳도 있지만 '불법 주거지' 취급을 받아 실제 사는 비닐촌 거주지에 주민등록이 등재되지 못하다 보니 자녀들이 가까운 학교에 다니지 못하고 1~2시간 걸리는 곳까지 통학하기도 한다. 우편물도 제대로 전달되지 않아 각종 공과금에 과태료를 물기도 한다. '불법'이니 당연히 철거 위협에 시달린다.

한국도시연구소 조사(2005)에 따르면 비닐촌 주민의 68.2%가 자기 집 화장실이 없어 대부분 재래식인 공동 화장실을 쓰고 있고, 주거 시설은 부엌과 세면장이 섞여 구별이 어려울 정도로 열악하다. 77.2%는 근로소득 기준으로 한 달 소득이 150만 원이 안 되고, 그중 절반은 50만 원이 안 된다.

자신의 처지에서 언제쯤 정상적인 주거 지역으로 이사 갈 수 있겠느냐는 물음에 55%가 평생 불가능하다, 4.8%가 21년 이상, 19.9%는 10~20년, 20.7%는 10년 이내라고 응답해 80%가 10년 이내에 비닐촌을 벗어날 희망 자체를 품지 못하는 것으로 나타났다.

부동산 극빈곤층의 마지막 잠자리 쪽방

쪽방 거주자 김○서 씨(69세, 남), 권○이 씨(62세, 남)는 각각 한 평이 채 못 되는 작은 쪽방 안에서 가스버너로 커피, 라면 등을 끓여 먹는다. 협소한 방안에서 가스버너를 사용하고 있으므로 화재 위험이 상존하는 것은 말할 필요조차 없다.
이 밖에 가재도구란 처음에 입주할 때 받은 홑이불 정도이다. 새 이불도 아니고 지저분하지만 갈아주지 않는다. 방안에 TV가 한 대 있지만 전파가 잘 안 들어와서 TV는 잘 나오지 않는다고 한다. 창문도 하나 없다. "여기 들어와 사는 사람들은 사람 대접받을 생각은 아예 하지 말라는 뜻이야"(권○씨)라고 한다. 빨래는 방안에서 널어 건조시킨다.

국가인권위원회·한국도시연구소(2003).

'쪽방'이라 불리는 미인가 숙소는 부동산 극빈곤층이 노숙인이 되기 직전에 머무는 '마지막 잠자리'다. 쪽방은 주로 쪽방 밀집 지역이나 여관·여인숙, 심지어 일반 주택가나 고시원에도 있는데, 성인 한 사람이 잠만 잘 수 있을 정도의 1평 남짓한 방으로, 부엌은 별도로 없고 화장실이나 세면 시설도 공동으로 사용하고 있다. 심지어 일부 지역에서는 건물 내 공동 화장실조차 개조해 쪽방으로 사용하고 있어 볼일을 보려면 동네 공중 화장실을 이용해야 하는 형편이다. 건물 또한 오래된 것이 많고 일부는 목조 건물이어서 화재 위험도 매우 크고, 비좁은 내부 공간 때문에 골목길에 가재도구를 내놓거나 창고를 만들기도 해서 통행이 어려운 곳이 많다.

통계청의 2005년 인구주택총조사에서 쪽방은 '업소의 잠만 자는 방, 건설 공사장의 임시 막사, 동굴 등 '기타' 항목에 포함돼 있다. 쪽방 거주자들이 어디에 얼마만큼 사는지 정부 차원에서 정확한 공식 실태 조사를 해본 적도 없기 때문에 조사 항목에서도 아예 빠진 채 '기타' 인간으로 분류된 것이다. 어쨌든 이에 따르면 2005년 업소의 잠만 자는 방·건설 공사장의 임시 막사·동굴 등에 사는 사람은 2만2,000여 가구 5만 3,000여 명에 이른다(집단 가구 포함).

가구 수 기준으로 경기(28.3%)와 서울(21.3%)에 절반 가깝게 살고 있고, 나머지는 경상남북도(12%), 충청남북도(10%), 부산(6%), 전라남북도(6%), 강원(5%), 대구(4%), 인천(3%) 등 전국에 골고루 분포돼 있다.

서울 한복판인 서울 중구 명동과 회현동에 사는 가구 열 중 셋꼴로 업소의 잠만 자는 방, 건설 공사장의 임시 막사, 동굴 등에 사는 것으로 나타났다. 두 동에 사는 3,844가구 가운데 33.6%인 1,291가구가 여기에 해당하는 것이다. 이곳에 동굴이 있을 리 없고 공사장도 드물어서 이들은 대부분 '업소의 잠만 자는 방' 등에 사는 사람들이다. 남대문 일대에 쪽방이라 불리는 일셋방이 많기 때문이다.

보건복지부에 따르면 2003년 현재 쪽방은 약 1만여 개가 있고 여기에 거주하는 사람도 1만 명 안팎이라고 한다. 서울이 중구 남대문로 5가, 용산구 동자동 등 5개 밀집 지역에 4,085개로 가장 많고, 대구와 대전이 각각 1,760개, 1,459개로 그다음을 차지하고 있으며, 부산과 인천은 1,000개 미만의 쪽방이 존재하는 것으로 나타났다.

1960~70년대부터 역이나 인력시장 근처에 형성돼 있던 쪽방은 2001년 말 이후 급격하게 늘어났다. 외환위기 이후 빈곤층이 빠르게 늘고 4차 부동산 투기 국면을 맞아 집값이 폭등하면서 지하방이나 비닐집에도 갈 수 없을 정도로 딱한 극빈층이 쪽방으로 밀려난 것이다.

한국도시연구소가 2004년 6월1일부터 7월10일까지 서울, 대전, 대구, 부산, 인천, 전주 지역 쪽방 거주 436가구를 대상으로 실시한 생활실태조사에 따르면 조사 대상자의 80%가 건물 내 공동 화장실을 이용하고 있고 나머지는 동네 공중화장실(14%)과 인근 전철역이나 기차역 화장실(1.6%)을 이용하고 있었다. 쪽방 건물 내 공동 화장실은 대개 한 건물에 하나 정도 있고, 많게는 수십 개의 방이 있는 쪽방 건물에 화장실 하나만 있는 경우도 있다. 이 화장실 25.7%는 재래식이었다(대한주택공사·한국도시연구소 2005b).

또 조사 대상자의 53%는 쪽방 내 수도시설을 이용해 목욕을 하고, 유료 공중목욕탕을 이용하는 사람은 26%, 종교·복지 단체의 무료 목욕권을 이용해 공중목욕탕을 이용하는 사람은 12%로 나타났다. 쪽방 건물 내 수도 시설은 대개 건물 층별 또는 건물별로 하나 정도 설치된 키 낮은 수도 꼭지가 전부이며, 여러 사람이 함께 사용하는 개방 공간이기 때문에 맘 편히 목욕할 수 있는 조건은 못 된다.

세탁 공간도 부족하기는 마찬가지이고, 개별적인 난방 조절이 불가능해서 외풍이 많은 겨울철에는 전기장판을 사용하기도 한다. 냉장고, 텔레비전, 세탁기, 전화기, 라디오, 선풍기, 조리 기구, 전기장판, 이불, 전기밥통 등 10가지 생활 도구를 조사한 결과 평균 3분의 1은 쪽방 거주 기간 동안 주인이 빌려 주고 있었다. 자기 것도 없고 집주인이 빌려 주지도 않아 아예 세탁기 없이 사는 가구가 65%, 냉장고는 42%, 전화기나 휴대폰은 56%, 전기밥통은 40%가 없고, 라디오·카세트가 없는 가구도 66%에 달했다.

쪽방 주민(가구주)의 평균 나이는 53세, 이 중 87%는 혼자 사는 단독 가구이고 나머지는 2인 가구다. 전체의 86%가 남자이며 중졸 이하가 77% 고졸이 20%로 대체로 저학력이다. 53%는 직업이 없고 가장 많은 직업은 건설일용직인데 전체 가구주의 26%로 직업 가진 사람의 절반이 넘는다. 62% 이상의 가구주는 6개월 이상의 만성 질환을 1개 이상 앓고 있고, 전체의 3분의 1은 장애를 갖고 있다. 그러나 생활이 어려운 탓에 의료보험료를 정기적으로 내는 경우는 35%에 불과하고 나머지는 못 내고 있거나 잘 모른다는 응답으로 정상적인 의료보험 혜택을 받지 못할 가능성이 큰 것으로 나타났다.

절반 가까운 주민이 2000년 이후 쪽방에 들어왔고 1990년대부터는 전체의 3분의 1, 이미 1980년대부터 쪽방 생활을 시작한 사람도 12%나 됐다. 43%가 노숙 경험을 한 것으로 나타나 쪽방이 노숙을 넘나드는 경계선임을 알 수 있고, 4명 중 1명은 신용불량자로 나타났다. 전체의 3분의 1 이상은 가족, 친지와 아예 연락을 끊고 살고 있고 21%는 연락할 만한 가족, 친지가 없다고 대답하는 등 절반 이상이 가족, 친지 관계로부터 완전히 고립돼 살고 있었다.

조사 대상자의 60%가 기초생활보장제도에 따른 수급자로 생계급여를 받는 저소득 가구인데 생계급여를 포함한 월평균 가구 소득은 36만 원에 불과했다. 집세는 전세나 월세도 아니고 날마다 5,000~6,000원씩 사용료를 내는 일세가 주종을 이루는데, 한 달 평균 12만~18만 원에 달해 가구별 주거비 부담 비중은 평균 48%, 다시 말해서 소득의 절반을 집세로 내고 있었다. 식대까지 합치면 지출의 74%나 되니 자고 먹고 나면 쓸 돈이 거의 남지 않아 전체의 90%가 저축은 엄두를 내지 못하고 있었다. 10%는 저축을 한다고 응답했는데 이 중 절반이 저축해 놓은 돈이 100만 원에 못 미쳤고, 나머지 절반도 많아 봐야 500만 원이 안 되는 게 대부분으로 나타났다.

한쪽에서는 부동산 투기가 수십 년째 기승을 부리며 불패 신화가 되고 있는 사이, 다른 한쪽에서는 수십만 년 전에 인류가 살았던 동굴이나 지하실에서 살아가야 하는 160만 명이 넘는 부동산 극빈층의 절망이 21세기 대한민국의 어깨를 무겁게 짓누르는 듯하다.

간추린 4장 부동산 격차가 빈곤문제의 주범이다

주택 보급률 100% 시대의 주택문제

- 지난 15년간(1990~2005) 서울 강남·서초·송파구에서 늘어난 주택의 95%를 이미 집을 갖고 있는 사람이 사들였고 전국적으로도 46%가 투기 수요에 충당되었다.
- 그 결과 20년간 주택 1,000만 채를 공급해 2002년부터 주택 보급률이 100%를 넘어섰고 2007년 현재 100만 채가 남아도는데도 국민 10명 중 4명이 셋방을 떠돌고 있다.
- 집값을 잡아 내집을 살 수 있게 하고 공공임대주택을 늘리는 등 주택 정책을 근본적으로 전환해야 한다.

빈부 격차는 곧 부동산 격차다

- 상위 20% 가구의 재산은 하위 20% 가구의 20배로, 이는 5배 차이인 소득 격차보다 훨씬 심각하다.
- 따라서 자산 격차를 봐야 빈부 격차를 알 수 있으며, 자산 격차는 가계자산의 89%를 차지하는 부동산이 핵심이다.
- 부동산 가격이 오를수록 부동산을 많이 가진 사람은 더 부유해지고, 그렇지 못한 사람은 빈곤해지고 있으며, 토지와 주택의 지니계수가 0.9를 넘어 완전 불평등 상태로 치닫고 있다.

1,000만 부동산 빈곤층 실태

- 침실·면적·시설 기준 미달 가구가 206만, 구조·성능·환경 기준 미달 가구가 273만 가구에 이르는 등 2005년 현재 최소 300만 가구 1,000만 명 이상이 인간다운 주거 생활의 최저 기준에 미달하는 집에서 생활하고 있다.
- 투기의 피해자로서 광범위한 부동산 빈곤층이 양산되고 있다.

160만 부동산 극빈층 실태

- '달동네' '산동네' 등지에 살던 극빈층은 하늘로 치솟는 집값을 감당하지 못하고 사람이 살기에 적합하지 않은 (반)지하·옥탑방이나 농작물을 키우는 비닐하우스와 판잣집·쪽방, 심지어 동굴이나 움막에서 살고 있는데 그 규모가 68만 가구 162만 명에 달한다.
- 투기가 불패신화가 되는 사이에, 수십만 년 전 인류가 살았던 동굴이나 지하에서 살아가야 하는 극빈층의 딱한 삶은 부동산 빈부 격차의 상징이 되고 있다.

- 집 100채 가진 사람은 집 부자 30위 안에 들까? — 못 든대(107채 가진 사람이 37위)
- 초대형 아파트가 가장 많은 동네는? — 타워팰리스가 있는 서울시 강남구 도곡동
- 우리나라에서 가장 비싼 집은?
- 10대 재벌 중 땅 재산이 가장 많은 재벌은? — 1등은 롯데, 2등은 삼성
- 고위 공직자 중 부동산 재산이 가장 많은 사람은?
- 아파트 부자 100명이 몰려 사는 곳은? — 이명박 대통령

96억 원에 달하는 삼성 이건희 전 회장의 집

5장
대한민국 부동산 100대 부자

강남구 삼성동, 도곡동, 청담동

부동산과의 전쟁에서 참패한 노무현 정부가 물러났다. 그러나 새로 들어선 이명박 정부 첫 내각은 '부동산 부자 내각'이란 별명을 단 채 출발했다. 정권은 바뀌었어도 부동산은 여전히 한국 사회를 설명하는 중심 키워드다.

한국 사회에서 '부동산 불패 신화'의 그림자를 지우는 것은 불가능한 일일까. 결국 소유 문제다. 한정된 부동산 재산을 독점하면서 투기로 불로소득을 거머쥐는 부동산 부자들이 부동산 왕국을 지탱하는 한 쉽지 않다. 그 실체를 캐고 투기로 떼돈을 버는 먹이사슬을 끊어야만 가능하다.

그렇다면 부동산 부자의 실체는 무엇일까. 부동산 문제를 파고들수록 소유 문제, 그중에서도 부동산을 많이 소유한 부동산 부자의 실체와 그들의 보이지 않는 손을 드러내는 것이 매우 어렵다는 사실을 깨닫게 된다. '종합부동산세 납부 1위는 삼성그룹 이건희 회장'이란 언론 보도가 오보라는 정부 관계자 얘기를 듣고 '과연 이건희 회장을 누른 진정한 부동산 강자는 누구일까' 하는 의문을 떨치기 어려웠다.

그러나 부동산 부자와 관련된 통계는 어디서도 찾을 수가 없었다. 역대 정부가 부동산과 관련된 수많은 통계를 발표하면서도 부동산 부자에 관한 것은 아예 내놓지 않았기 때문이다. 그 결과 필자는 지난 2년여 동안 버나드 쇼가 지적하듯이 "통계학자들은 넘치는 데 통계는 없는 카오스"(쇼 외 2007)를 떠돌아야 했다.

그러나 일상의 혹독한 현실보다 강력한 통계는 없다. 지금부터는 현실 세계에서 실체로 움직이고 있지만 통계로는 기록된 적이 없는 부동산 100대 부자에 관한 필자의 탐구 결과를 제시하려 한다.

왜 하필 100명인가? 특별한 이유는 없다. 100명쯤은 돼야 집단으로서의 부동산 부자의 실체를 손에 만질 수 있을 것 같았고, 1,000명이나 1만 명도 욕심을 내고 싶었지만 '100명 자료 확보'도 어려운 현실을 생각하지 않을 수 없었다.

　부동산 부자의 실체를 더듬기 위해 국세청, 행정안전부, 국토해양부, 통계청에서 제출받은 자료를 퍼즐 맞추듯 해야 했다. 종합부동산세가 부동산 부유층만 내는 세금이란 점에 주목해 국세청에 종합부동산세 납부자 상위 100인 현황 자료를 요구해 개인과 법인의 주택과 토지자산의 전체 규모를 파악했다. 그러나 100명 각각에 대한 자료는 개인 정보라는 이유로 제출하지 않아 알 수 없었고 지역별 현황도 파악하기 어려웠다.

　통계청의 2005년 인구주택총조사 결과 중 연건평별 주택 현황은 정확히 집 부자 100명에 대한 통계는 아니지만 면적 기준으로 크고 넓은 집이 어디에 몇 채가 있는지 알 수 있는 자료로, 부동산 부자들이 어느 동네에서 얼마나 살고 있는지를 가늠할 수 있게 해주었다.

　노무현 정부 당시 부동산 정보를 통합 관리하고 있던 행정자치부에 요구해 받은 주택 보유 기준 상위 100인 주택 소유 현황과, 행자부가 발표한 주택·토지 소유 현황, 건교부의 100대 임대사업자 현황과 연도별 공시가격 통계도 100대 부동산 부자 퍼즐의 빈칸을 메우는 데 유용했다.

　그러나 부동산 부자의 이름 석 자와 신상을 알 수 있는 자료는 접근이 어려웠다. 다만 시사주간지 『시사IN』을 비롯한 몇몇 언론 보도와 드문드문 나오는 정부 발표를 종합해 가능한 선에서 100명의 면면을 살피려 했다. 또 행정부·입법부·사법부·지자체 공직자윤리위원회가 매년 발표하는 고위 공직자 재산 변동 신고 자료를 활용해 '부동산 공직자 100대 부자' 명단을 추렸다.

　투기로 떼돈을 벌면서 부동산 왕국을 떠받치고 있는 부동산 부자의 실체를 밝히기에 이 글은 아직 허점이 많다. 통계를 모은 데 머물러 이를 해석하고 파고들어 실체를 거머쥐는 데까지 나아가지는 못했다. 통계도 부실한 면이 많다. 더 정확히 더 자세하게 대한민국 부동산 부자의 실체를 캘 수 있을 때까지 앞으로도 탐구를 계속할 것이다.

자, 이제 대한민국 부동산 100대 부자를 찾아가 보자. 꽁꽁 묶인 부자 통계 탓에 코끼리 다리 만지는 기분이 들더라도 말이다.

1. 통계로 보는 100대 집 부자

부동산 중 주택 재산에 대해 가격과 주택 수, 주택의 크기를 기준으로 상위 100명에 관한 통계를 먼저 살펴보자.

'비싼 집 소유' 순서로 본 100대 집 부자

국세청에 따르면 개인 주택분 종부세 납부자 중 상위 100인의 집값 총액은 6,596억 원이다(2006년 신고실적 기준). 1~50위는 1인당 79억씩 3,943억 원, 51~100위는 1인당 53억씩 2,653억 원의 주택 재산을 소유하고 있다.

집 부자 100명의 1인당 평균 주택자산은 공시가격 기준으로 66억인데, 2006년 당시 공시가격을 시가의 70% 수준으로 본다면 그 뒤 집값이 오른 점을 감안할 경우 1인당 평균 100억 원 이상의 주택자산을 갖고 있는 셈이다.

2006년 공시가격 기준 주택 1채당 평균 가격이 9,754만 원이므로, 상위 100명은 1인당 평균 주택 68채를, 100명 전체는 6,762채를 소유하고 있는 셈이다. 물론 상위 100명이 소유한 주택은 일반 주택보다 비싸기 때문에 실제 보유 주택 수는 이보다 적다.

'여러 채 소유' 순서로 본 100대 집 부자

가격과 상관없이 집을 여러 채 소유한 순서로 본 100대 집 부자 현황을 보자. 1장에서도 살펴보았듯이 대한민국 최고 집 부자는 혼자서 1,083채를 소유하고 있다. 2위는 819채, 3위는 577채, 4위는 512채, 5위는 476채, 6위는 471채, 7위는 412채, 8위는 405채, 9위는 403채, 10위는 341채를 각각 소유하고 있다.

행정자치부의 〈다주택 소유자 상위 100인 현황(2005/08/12 기준)〉을 보면 '집을 여러 채 소유한' 기준으로 집 부자 100명이 갖고 있는 집은 모두 1만5,464채다. 최상위 집 부자 10명이 소유한 집은 모두 5,508채로 한 사람 평균 550채이며, 이들을 포함해 30명이 9,923채, 50명이 1만1,948채를 갖고 있다.

집을 200채를 갖고 있어도 집 부자 20위에 들기 어렵고(21위가 212채), 100채 이상 소유한 사람도 37명에 달하며, 집을 가장 적게 가진 100위가 57채니, 집 50채 소유한 사람은 명함도 내밀기 어렵다(자세한 내용은 〈부록 5-2〉참조).

'큰 집 소유' 순서로 본 100대 집 부자

'아흔아홉 칸 양반집' '고래등 같은 기와집' '구중궁궐' 등은 옛날부터 넓은 땅에 크고 비싼 집 짓고 살며 권세를 부리는 부유층의 집을 상징하는 말이다. 타워팰리스로 상징되는 초고가 아파트가 있는 서울시 강남구 도곡동에 있는 빌라형 아파트 힐데스하임은 공급면적이 661㎡, 옛 평형 기준으로 210평이다. 전용면적만도 424㎡(129평)에 달하는 것으로 알려졌다. 농구장 공식 넓이가 420㎡니 아파트 실내에서 공식 농구경기를 해도 될 만큼 크고 넓다는 얘기다.

통계청 인구주택총조사(2005년) 중 연건평별 주택 현황에 따르면 전용면적 327㎡(99평) 이상 아파트는 전국에 290채가 있다. 아파트마다 차이는 있지만 전용면적 327㎡(99평)이면 복도, 엘리베이터 등 공용면적을 포함할 경우 당시 면적 단위였던 평형 기준으로 최소 120평이 넘는 초대형 아파트다. 또 초대형 연립주택은 69채, 다세대주택은 15채가 있다.

988㎡(299평) 이상의 대지에 전용면적 기준 연건물 면적 327㎡(99평) 이상의 초대형 단독주택은 일반 단독주택 1,041채, 다가구 단독주택 659채, 영업 겸용 단독주택 273채가 있다.

최근 10년간 초대형 주택은 1,152채에서 2,347채로 103.4%가 증가했는데, 특히 아파트가 10채에서 290채로 2,900% 급증했다. 연립주택은 18채에서 69채로 283%, 단독주택은 1,124채에서 1,973채로 75.5% 늘었다. 다세대주택은 1995년 327㎡ 이상 초대형이 없었으나 2000년 4채, 2005년에는 15채로 늘어났다.

2. 현대판 '아흔아홉 칸 부자' 동네를 찾아서

통계청의 인구주택총조사(2005년) 결과 중 연건평별 주택 현황을 이용해 지역별로 현대판 아흔아홉 칸 부잣집에 해당하는 전용면적 327㎡(99평) 이상 초대형 주택을 소유한 집 부자 실태를 살펴보자.

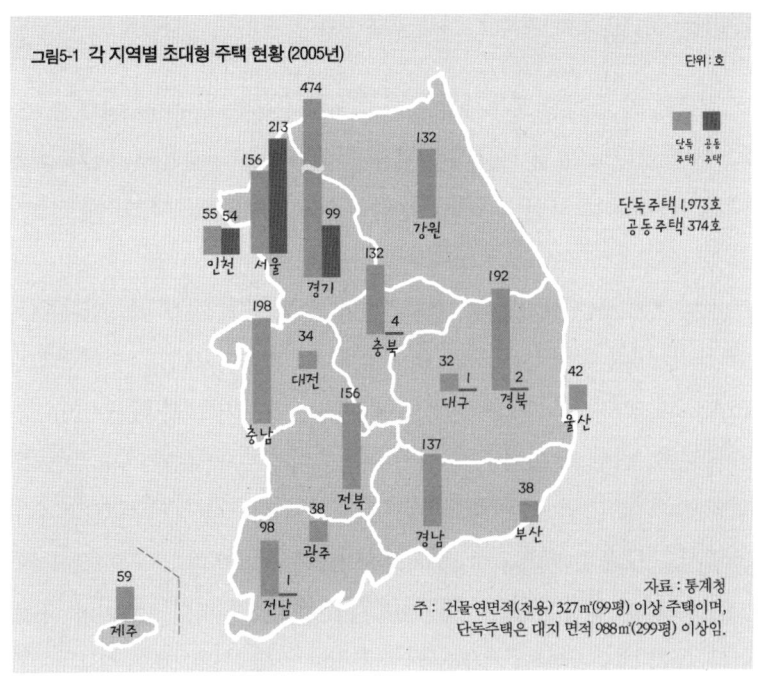

그림5-1 각 지역별 초대형 주택 현황 (2005년)

넓은 아파트는 수도권, 단독은 지방에 많아

초대형 주택은 시도별로는 경기도가 573채로 가장 많고 서울시 369채, 충남 198채, 경북 194채 순으로 수도권에 44.8%가 집중돼 있다. 단독주택은 지방권에, 공동주택은 수도권 특히 서울에 집중돼 있다. 단독주택은 경기도 474, 충남 198, 경북 192, 서울·전북 156채로 경기도가 많았다. 단독주택 중 수도권 비중은 34.7%, 서울 비중은 7.9%다. 반면 공동주택은 서울 213채, 경기 99채, 인천 54채, 경북 2채, 전남·대구 각 1채로 서울이 많은데, 327㎡(99평) 이상 공동주택의 97.9%가 수도권에, 57.0%가 서울에 집중되어 있다.

강남에는 아파트 부자, 강북에는 단독주택 부자

집값이 가장 비싼 서울시에 있는 초대형 주택은 모두 369채로 이 중 57.7%가 아파트·연립·다세대 등 공동주택이다. 또 전체의 89.2%가 강남·서초·성북·종로·용산 등 5개 구에 몰려 있고, 특히 강남·서초구에 58.0%가 있다.

강남·서초구는 아파트 등 공동주택이, 성북·종로·용산구는 단독주택이 몰려 있다. 강남·서초구는 서울 시내 아파트의 87.7%, 연립주택의 95.5%, 다세대주택의 62.5% 등 공동주택의 89.2%가 몰려 있다. 특히 강남구 도곡2동 한 개 동에 서울 시내 초대형 아파트의 71.7%인 90채가 집중돼 있다. 또 강남구 논현1동과 서초구 양재1동·반포4동·서초3동 4개 동에 서울 시내 초대형 다세대주택의 85.1%가 몰려 있다.

성북·종로·용산구에는 서울 시내 초대형 단독주택의 62.8%가 몰려 있다. 특히 다가구·영업 겸용을 제외한 일반 단독주택의 경우 성북 37채, 종로 32채, 용산 12채 등 3개 구에 75.7%가 집중돼 있다.

서울시 안에 있는 초대형 주택을 아파트와 일반 단독주택으로 좁혀 보면 강남구(99채)와 서초구(22채)는 아파트 부자 동네로, 성북구(37채)와 종로구(32채)는 단독주택 부자 동네로 나타났다. 또 용산구는 아파트(11채)와 일반 단독주택(12채)이 비슷하게 많은 것으로 나타났다.

서울 이외, 넓은 단독주택 많아

경기도 35개 시군에 있는 초대형 주택은 573채로 이 중 82.7%가 단독주택이며, 전체의 66.3%가 김포시(77채), 용인시(68채), 파주시(60채), 화성시(49채), 안성시(31채), 평택시(27채), 광주시(24채), 여주군(22채), 남양주

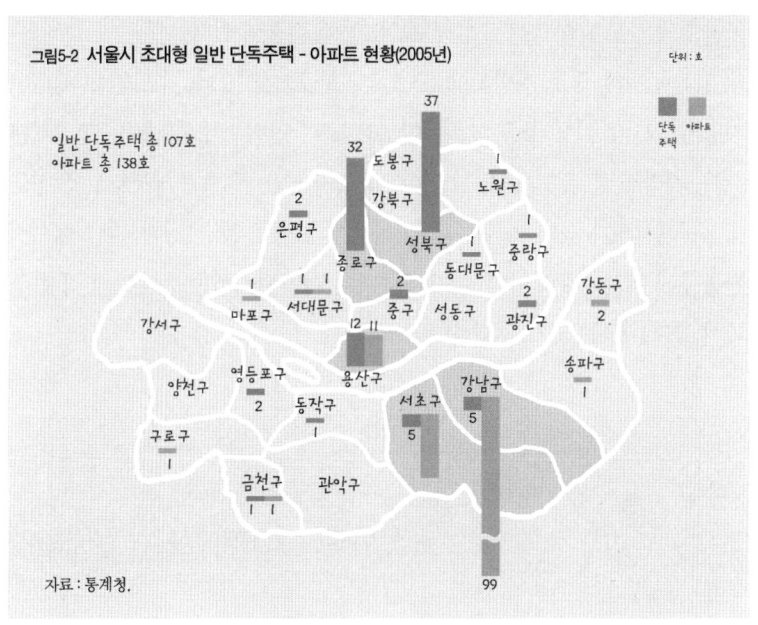

시(22채) 등 9개 시군에 집중돼 있다.

단독주택은 일반 단독주택 236채, 다가구 단독주택 162채, 영업 겸용 단독주택이 76채로 용인시(64채), 화성시(48채), 파주시(35채), 안성시(31채) 순으로 많다. 공동주택은 아파트 94채와 다세대주택 5채로 327㎡ 이상 연립주택은 없다. 아파트 중 96.8%가 김포시 통진읍(66채), 파주시 금촌1동(25채)에 몰려 있고, 나머지는 광명·용인·화성시에 1채씩 흩어져 있다. 다세대주택은 용인시에 3채, 광명·과천시에 각 1채씩 있다.

인천에는 단독주택 55채, 공동주택 54채로 남구(54채), 강화군(17채), 중구(15채), 옹진군(10채) 순으로 많다. 단독주택은 일반단독 31채, 다가구주택 16채, 영업 겸용 8채로 강화·중구·옹진군에 76.4%가 집중돼 있다.

공동주택은 모두 아파트로 남구 주안8동에 집중돼 있다.

단독주택의 경우 지방권에 65.3%가 분포돼 있으나, 수도권을 제외한 지방의 327㎡ 이상 공동주택은 아파트 4채, 연립 2채, 다세대주택 2채뿐이다. 지방권 중 유일하게 초대형 아파트가 있는 곳은 충청북도로 음성군 대소면에 4채가 있다. 연립주택은 대구시 수성구 황금1동과 전남 여수시 쌍봉동에 각각 1채씩 있다. 다세대주택은 지방권에서는 유일하게 경북 구미시 공단1동에 2채가 존재한다.

3. 아파트 100대 부자는 누구인가

아파트 부자 100명이 사는 곳

국토해양부가 매년 발표하는 아파트 공시가격에 따르면 2008년 1월 1일 현재 대한민국에서 가장 비싼 아파트는 서울시 강남구 삼성동에 있는 현대아이파크 단지 내 343㎡(104평)형으로 48억2,400만 원에 달한다.

두 번째로 비싼 아파트는 강남구 청담동 상지리츠빌카일룸2차 618㎡(187평)형으로 40억4,000만 원이다. 참고로 상지리츠빌카일룸2차는 전용면적이 444㎡가 넘지만 2006년에 분양돼 앞의 통계청 2005년 인구주택총조사에는 빠져 있다. 세 번째는 강남구 도곡동 타워팰리스1차 333㎡(102평)형으로 40억1,600만 원에 달한다. 4위는 서초구 서초동 트라움하우스 3차 611㎡(185평)형 38억4,000만 원, 5위는 타워팰리스 2차 340㎡(103평)형 37억400만 원으로 나타나 있다.

표 5-1 가장 비싼 아파트가 있는 단지 현황(2008년)

단위: ㎡, 원

	단지 이름 (총 아파트 수)	공급면적 (평형)	전용 면적	공시가격 (2008년)	가장 넓은 아파트 거주 가구 현황
강남구 삼성동	아이파크(449)	343(104평)	269	48억2,400만	343㎡×2, 317㎡×2, 290㎡×2
강남구 청담동	상지리츠빌카일룸2차(15)	618(187평)	444	40억4,000만	618㎡×7
강남구 도곡동	타워팰리스1차(1297)	333(102평)	245	40억1,600만	409㎡×60, 333㎡×102
서초구 서초동	트라움하우스3차(19)	611(185평)	274	38억4,000만	611㎡×1, 595㎡×16, 538㎡×2
강남구 도곡동	타워팰리스2차(817)	333(101평)	243	37억400만	333㎡×32, 307㎡×40, 297㎡×16

자료: 국토해양부. 각 단지 정보는 인터넷을 이용해 필자가 정리.

 이 밖에 타워팰리스3차(36억8,000만 원), 상지리츠빌카일룸(32억1,600만 원, 강남구 청담동), GS한강자이(31억9,200만 원, 용산구 이촌동)가 6~8위를 차지했고, 강남구 신사동 중앙하이츠파크(31억2,000만 원)와 강남구 도곡동 힐데스하임(31억2,000만 원)이 9위와 10위를 기록했다.

 가장 비싼 아이파크 343㎡(104평)형은 현대아이파크 단지 안에 두 가구가 있다. 또 이보다 약간 작은 317㎡(96평)형은 2007년 공시가격이 44억5,600만 원으로 2위인 상지리츠빌카일룸2차보다 훨씬 비싸다. 또 타워팰리스1차 안에는 333㎡(102평)형이 무려 102가구나 있다.

 결국 정부가 발표한 가장 비싼 아파트 10채 순위는 정확히 말하면 가장 비싼 아파트가 있는 단지 10곳이고, 해당 단지에서 1채씩 가장 비싼 아파트 10채를 추린 것이다. 따라서 대한민국에서 가장 비싼 아파트를 소유한 아파트 부자 100명은 더 갈 것도 없이 아이파크, 상지리츠빌카일룸2차, 타워팰리스1차 안에 다 살고 있는 것이다.

타워팰리스 124평의 비밀

한 가지 더 분명히 할 게 있다. 타워팰리스1차에는 정부가 발표한 333㎡(102평)보다 훨씬 넓은 409㎡(124평)형이 60가구나 존재한다. 그렇다면 국토해양부의 비싼 아파트 목록에 409㎡(124평) 대신 333㎡(102평)이 올라간 이유는 뭘까. 다음 기사를 보면 실마리를 잡을 수 있다.

> "한집이지만 1가구 2주택으로 분류되는 이상한 집이 서울에 있다. 강남구 도곡동의 대표적 주상복합인 타워팰리스의 124평형이다. …… 중략 …… 왜 2주택이냐면 전용면적 74평이 넘으면 '호화주택'으로 분류되는 현행법 때문이다. 일반주택은 취득가액의 2%를 취득세로 내지만 호화주택은 10%를 세금으로 내야 한다. 이런 이유로 이 집은 법적으로는 32평형+92평형 2채로 구성돼 있다.
> 현관도 두 군데이고, 화장실은 4군데나 있다. 최초 분양가가 25억 원이었으며 현재 호가는 75억 원이다. 32평형을 12억 원에 먼저 팔고 약간의 시차를 둔 다음 92평형을 63억 원에 파는 것이 이 집 거래의 정석이다. 처음 32평형에서는 취득이익의 50%가 양도세로 중과세되지만, 다음 92평형에서는 취득이익의 36%만 양도세로 내면 되기 때문이다. …… 타워팰리스 124평형은 '1억을 깔고 앉아 있는 집'이라는 수식어가 붙어 있다. 올해 부과된 종합부동산세가 8,100만 원인데다, 대략 평당 1만7,000원 선인 관리비를 생각하면 기본적으로 1년에 1억 원을 '유지비용'으로 국가와 지방자치단체에 납부해야 하기 때문이다"(『신동아』2007/07).

결국 타워팰리스1차 409㎡(124평)형은 전용면적 245㎡(74평)를 초과하는 고급주택에 중과세하는 법망을 피해 세금을 덜 내려고 아파트 2채를 분양받아 1채로 만든 초대형 주택이다. 또 정부 발표에는 나오지 않지만 실제로는 시가 75억 이상에 거래되는 엄연한 초대형 아파트인 것이다.

한 가지 더 짚어 볼 일은 국토해양부가 세금을 부과하는 기준으로 발표한 공시가격은 실제 아파트값보다 낮은 수준이기 때문에, 이들이 보유한 주택자산은 공시가격보다 훨씬 많다는 점이다.

국토해양부는 강남구 삼성동 현대아이파크 343㎡형의 2008년 공시가격을 48억2,400만 원으로 공시했지만, 3분의 2 크기인 241㎡형의 2008년 4월 거래 실가격은 무려 57억 원에 달했다.

타워팰리스1차 333㎡의 경우 2006년 공시가격은 40억1,600만 원이지만, 아파트 실거래가 조회 결과 2006년 12월에 53억6,000만 원에 팔고 산 것으로 나타났다. 공시가격 38억4,000만 원의 타워팰리스3차 340㎡는 50억에, 공시가격 36억8,000만 원의 타워팰리스3차 333㎡는 45억에, 공시가격 31억2,000만 원의 힐데스하임빌라 661㎡는 49억2,000만 원에 매매되었다.

아파트 100대 부자는 누구인가

그렇다면 대한민국 아파트 100대 부자는 구체적으로 누구일까. 현재 확보한 자료로는 한 사람이 여러 채 소유한 경우를 파악하기 어렵다는 한계 아래, 1채를 기준으로 가장 비싼 아파트에 사는 100명을 추려 보자.

공동 1위는 강남구 삼성동 아이파크 343㎡(104평) 공시가격 48억2,400만 원짜리에 사는 황 아무개 씨와 유명 병원 원장 이 아무개 씨다. 공동 3위 2명도 44억5,600만 원(2007년 기준)에 빛나는 아이파크에서 나왔다. 재벌그룹 큰딸 정 아무개 씨와 기업체 회장 박 아무개 씨다.

강남구 청담동 상지리츠빌카일룸2차 공시가격 40억400만 원 짜리 1채씩을 소유하고 있는 가수 조영남 씨를 비롯한 7명은 공동 6위를 기록했다. 공동 12위 셋도 아이파크다. 공시가격 40억1,600만 원(2007년)짜리 아파트 1채씩 소유하고 있는 모기업체 사장 이 아무개 씨 등이다.

물론 앞에서 말했듯이 타워팰리스1차에서 아파트 2채를 터서 409㎡(124평)에 사는 사람들의 아파트 2채를 합친 공시가격이 나온다면 순서는

표 5-2 가장 비싼 아파트 100채의 소유자(2007년 공시가격 기준)

단위: 원

번호	순위	소유자	공시가격	소유자 참고 사항	주소	아파트 이름	호수
1	1	황문○	48억2,400만		서울 강남구 삼성동	아이파크	웨스트윙동×××1호
2	1	이상○	48억2,400만	우리들병원 원장	서울 강남구 삼성동	아이파크	이스트윙동×××1호
3	3	정숙○	44억5,600만	정세영 전 현대 회장 장녀	서울 강남구 삼성동	아이파크	웨스트윙동×××4호
4	3	박세○	44억5,600만	세종공업 회장	서울 강남구 삼성동	아이파크	이스트윙동×××4호
5	5	조영남	40억4,000만	가수	서울 강남구 청담동	상지리츠빌 키일룸2차	1동××1호
6	6	구자용	40억4,000만	E1 대표이사 사장	서울 강남구 청담동	상지리츠빌 키일룸2차	1동×××1호
7	6	김일○	40억4,000만		서울 강남구 청담동	상지리츠빌 키일룸2차	1동×××1호
8	6	손경식	40억4,000만	CJ대표이사 회장	서울 강남구 청담동	상지리츠빌 키일룸2차	1동×××1호
9	6	허영○	40억4,000만	SPC그룹 회장	서울 강남구 청담동	상지리츠빌 키일룸2차	1동×××1호
10	6	김광○	40억4,000만	현대스위스상호저축은행 회장	서울 강남구 청담동	상지리츠빌 키일룸2차	1동×××1호
11	6	양승희	40억4,000만	가야금 인간문화재	서울 강남구 청담동	상지리츠빌 키일룸2차	1동×××1호
12	7	황준○	40억1,600만		서울 강남구 삼성동	아이파크	웨스트윙동×××3호
13	7	이동○	40억1,600만	전 리타워테크놀러지스 대표이사 사장	서울 강남구 삼성동	아이파크	이스트윙동××3호
14	7	양민○	40억1,600만		서울 강남구 삼성동	아이파크	사우스윙동×××3호
15	15	정숭○	40억800만		서울 강남구 도곡동	타워팰리스1	C동××3호
16	15	황문○	40억800만		서울 강남구 도곡동	타워팰리스1	C동×××3호
17	15	윤종용	40억800만	삼성전자 대표이사 부회장	서울 강남구 도곡동	타워팰리스1	C동×××3호
18	15	전긍○	40억800만	유신코퍼레이션 회장	서울 강남구 도곡동	타워팰리스1	C동×××3호
19	15	이훈○	40억800만		서울 강남구 도곡동	타워팰리스1	C동×××3호
20	15	정성○	40억800만		서울 강남구 도곡동	타워팰리스1	C동×××4호
21	15	이우희	40억800만	에스원 대표이사 사장	서울 강남구 도곡동	타워팰리스1	C동×××4호
22	15	진국○	40억800만		서울 강남구 도곡동	타워팰리스1	C동×××4호
23	15	방준○	40억800만		서울 강남구 도곡동	타워팰리스1	C동×××4호
24	15	김○○	40억800만	타워팰리스 F동에도 1채 소유	서울 강남구 도곡동	타워팰리스1	C동×××4호
25	15	조문○	40억800만		서울 강남구 도곡동	타워팰리스1	B동×××3호
26	15	이해○	40억800만	전 일간공업신문 이사	서울 강남구 도곡동	타워팰리스1	B동×××3호
27	15	이환○	40억800만	대륭종합건설 대표이사 사장	서울 강남구 도곡동	타워팰리스1	B동×××3호
28	15	백성○	40억800만	전 경기도지사	서울 강남구 도곡동	타워팰리스1	B동×××3호
29	15	이창○	40억800만	일본삼성 사장	서울 강남구 도곡동	타워팰리스1	B동×××3호
30	15	김인주	40억800만	삼성전략기획실 사장	서울 강남구 도곡동	타워팰리스1	B동×××3호
31	15	최광해	40억800만	삼성전략기획실 부사장	서울 강남구 도곡동	타워팰리스1	B동×××3호
32	15	이완○	40억800만	신성이엔지 대표이사 회장	서울 강남구 도곡동	타워팰리스1	B동×××4호
33	15	허병○	40억800만	우신시스템 대표이사 사장	서울 강남구 도곡동	타워팰리스1	B동×××4호
34	15	진대제	40억800만	전 정보통신부 장관 전 삼성전자 사장	서울 강남구 도곡동	타워팰리스1	B동×××4호
35	15	김세○	40억800만		서울 강남구 도곡동	타워팰리스1	B동×××4호
36	15	조병○	40억800만	화일상공운수 대표이사	서울 강남구 도곡동	타워팰리스1	B동×××4호
37	15	최혜○	40억800만		서울 강남구 도곡동	타워팰리스1	B동×××4호
38	15	박○○	40억800만	전 삼성구조본 전무의 상속자	서울 강남구 도곡동	타워팰리스1	B동×××4호
⋮	⋮	⋮	⋮	⋮	⋮	⋮	⋮
100	15	○○○	40억800만		서울 강남구 도곡동	타워팰리스1	×동×××호

자료: 『시사IN』 2008/01/08.

당연히 바뀐다.

그러나 건교부 발표 공시가격으로 한다면 타워팰리스1차에서 똑같은 공시가격 40억800만 원짜리 아파트에 사는 102명이 공동으로 15위를 차지하고 있어서 누구까지를 끊어서 아파트 100대 부자로 추려야 할지 난감한 상황을 만나게 된다.

『시사IN』 보도에 따르면 타워팰리스에는 유독 삼성재벌 관련 인사가 많이 산다. 이학수 전략기획실장(G동 69XX호·69XX호), 김인주 전략기획실 사장(A동 59XX호·59XX호·B동 60XX호), 최광해 전략기획실 부사장(A동 54XX호·B동 61XX호), 전용배 전략기획실 상무(G동 54XX호) 등이 모두 타워팰리스에 산다(직책은 보도 당시 기준임).

성영목 호텔신라 사장(A동 14XX호)과 배호원 삼성증권 사장(G동 17XX호), 민경춘 삼성사회봉사단 상무(A동 49XX호), 그리고 윤종용 삼성전자 부회장(C동 52XX호·B동 65XX호)과 같은 고위 임원은 물론 이상훈 전략기획실 부사장, 장충기 전략기획실 기획홍보팀장, 이순동 전략기획실 사장 등 이루 셀 수 없는 삼성그룹 임원들이 타워팰리스 입주자 명단에 올라 있다고 한다.

가장 최근에 지어진 G동 펜트하우스는 이학수 실장이 2채를 터서 산다. A동 펜트하우스는 김인주 전략기획실 사장이 쓴다. B동 펜트하우스 4채 중 2채는 박명경 비서실 상무(B66XX호·B66XX호)와 박 상무의 직속 상관 김준 비서실장(B66XX호·B66XX호)이 쓰고 있다(『시사IN』 2008/01/29).

한편 2007년 공시가격 기준으로 가장 비싼 아파트에 사는 아파트 부자 100명의 주택자산 총액은 4035억7,600만 원으로 1인당 평균 40억3,600만 원에 달한다.

4. 연립주택이라 얕봤다간 큰 코 다친다

초대형 빌라·다세대주택 80%가 서초·강남에

흔히 연립주택이나 다세대주택은 낡고 가격도 싸다고 알고 있다. 물론 대부분 그렇다. 그러나 부자들이 소유하고 있는 극히 일부는 아파트나 단독주택 못지않게 크고 넓고 비싸다.

먼저 크고 넓은 연립·다세대주택을 보자. 통계청 2005년 인구주택총조사 중 연건평별 주택 현황에 따르면 2005년 현재 연립주택과 다세대주택은 각각 52만312채와 116만4,251채로 이 가운데 96.0%와 98.8%의 연립·다세대주택이 129㎡(39평) 미만이다. 그러나 연립주택의 4%, 다세대주택의 1.2%는 전용면적 129㎡(39평) 이상의 대형 주택이며, 특히 연립주택 69채와 다세대주택 15채는 전용면적 327㎡(99평) 이상의 초대형 주택이다.

전용면적 기준 327㎡ 이상 초대형 연립주택은 지방에 2채를 제외하고는 모두 서울에 있으며, 서초구와 강남구 64채(92.8%)가 몰려 있다. 서초구에는 모두 41채가 있는데 양재1동 21채, 반포4동 10채, 서초3동 5채, 방배본동·방배4동 각 2채, 방배3동 1채 순으로 많다. 강남구에는 논현1동에 21채, 삼성1동에 2채가 있다. 종로구와 성북구에는 각각 2채, 1채가 있다. 지방에는 대구시 수성구 황금1동, 전남 여수시 쌍문동에 1채씩 있다.

초대형 다세대주택은 모두 15채로, 서울과 경기에 각각 8채와 5채가 있고 경북에 2채가 있다. 서울 안에는 모두 8채가 있는데 강남구에 5채, 용산구에 2채, 성동구에 1채가 있다. 경기도에는 용인시에 3채가 있고, 과천시와 광명시에 1채씩 있다. 경북에 있는 2채는 모두 구미시 공단2동에 있다.

표 5-3 가장 비싼 연립주택 5(2008년)

단위: ㎡, 원

	주소	단지 이름	공급면적(평)	전용면적	공시가격
1	서울 서초구 서초동	트라움하우스5	760(230)	274	50억4,000만
2	서울 강남구 청담동	청담빌래(95)	268 (81)	242	24억8,000만
3	서울 서초구 양재동	신동아빌라C	294 (89)	297	24억
4	서울 서초구 양재동	신동아빌라B	294 (89)	297	23억6,800만
5	서울 용산구 한남동	코번하우스	393(119)	274	23억4,400만

자료: 국토해양부

아이파크·타워팰리스보다 비싼 연립주택이 있다

국토해양부 발표에 따르면 2008년 현재 연립주택은 45만 채, 다세대 주택은 140만 채다. 연립의 91.7% 다세대의 98.1%가 공시가격 2억 원 이하 주택으로, 연립의 7%, 다세대의 1.9%는 2억~6억 원 사이의 가격대를 형성하고 있다. 그러나 연립주택 중에서도 1.3% 5,932채, 다세대의 0.02% 321채는 6억이 넘는 주택이며, 특히 연립 1,401채와 다세대 71채는 공시가격 9억이 넘는 고급 주택이다.

연립주택 중 최고가는 서울시 서초구 서초동 트라움하우스5 760㎡ (230평)형으로 공시가격만 50억4,000만 원이다. 공동주택 중에는 아파트 최고가인 아이파크를 제치고 가장 비싸며, 6년째 공동주택 최고가를 기록하고 있다. 공동주택 중 5층 이상은 아파트, 4층 이하는 연립 또는 다세대 주택이라는 건축법 시행령 규정에 따라 12층 건물인 트라움하우스3은 아파트로, 4층 건물인 트라움하우스5는 연립주택으로 분류된다.

또 강남구 청담동 청담빌라가 2위를 차지한 가운데, 서초구 양재동 신동아빌라는 3·4·9위를, 강남구 논현동 논현아펠바움은 6위와 8위, 또 청담동의 효성빌라와 두산빌라는 각각 7위와 10위를 기록하는 등 서초·강남구에 있는 고급빌라가 가장 비싼 연립주택 열 중 아홉을 차지했다. 강북에서는 용산구 한남동 코번하우스가 유일하게 5위를 차지했다. 다세대주택 중에는 강남구 청담동 278㎡(84평)형이 26억800만 원으로 최고가를 기록했다.

'꿈의 저택' 트라움하우스에 사는 사람들

트라움하우스Traum Haus는 독일 말로 '꿈의 저택'이다. 진도 7의 지진을 견딜 수 있게 설계하고, 핵전쟁에 대비해 200명이 2개월 견딜 수 있는 시설을 갖춘 방공호를 설치했고, 유압식 출입문의 무게가 350kg에 달해 비밀번호를 모르는 외부인은 출입할 수 없는 것으로 유명하다. 트라움하우스5차는 760㎡(230평)가 4채, 707㎡(214평)가 8채가 있다고 알려졌다.

타워팰리스나 아이파크보다 비싼 연립주택을 소유한 사람은 누구일까. 『시사IN』에 따르면 가장 비싼 760㎡(230평)형은 직업이 밝혀지지 않은 홍 아무개 씨와 법인인 주식회사 트라움하우스가 각각 1채씩 소유하고 있다. 2007년과 2008년 공시가격이 동일하게 50억4,000만 원이지만 단 한 번도 거래된 적이 없어 실거래가격은 알 수 없고, 70억이니 100억이니 하는 말만 돌고 있다고 한다.

같은 평형으로 보이는 3~4위 45~47억대 2채는 주식회사 트라움하우스와 강덕수 STX그룹 회장이 각각 소유하고 있다. 707㎡(214평)로 알려진 A동의 4채는 2007년 기준 공시가격 43억8,400만 원으로 전 기업체 대표이사 김 아무개 씨를 비롯한 개인 4명이 각각 소유하고 있다. 2007년 기준 41억2,800만 원의 A동의 또 다른 2채는 제지회사 공동대표이사부회장 오 아무개 씨 등 2명이, 40억8,000만 원의 B동 2채는 화학업체 부회장 김

표 5-4 트라움하우스5에 사는 사람들(2007년 공시가격)

단위: 원

	단지 이름과 호수	소유자	소유자 참고사항	공시가격
1	트라움하우스5 C동××1호	홍계○		50억4,000만
2	트라움하우스5 C동××1호	㈜트라움하우스	법인	50억4,000만
3	트라움하우스5 C동××1호	㈜트라움하우스	법인	47억3,600만
4	트라움하우스5 C동××1호	강덕수	STX그룹 회장	45억4,400만
5	트라움하우스5 A동××1호	김용○		43억8,400만
6	트라움하우스5 A동××2호	김석○		43억8,400만
7	트라움하우스5 A동××1호	김세○		43억8,400만
8	트라움하우스5 A동××2호	이덕○	전 봉우양행 대표이사	43억8,400만
9	트라움하우스5 A동××1호	오상○	대화제지 공동대표이사 부회장	41억2,800만
10	트라움하우스5 A동××2호	곽정○		41억2,800만
11	트라움하우스5 B동××1호	김성○		40억8,000만
12	트라움하우스5 B동××2호	김근○	울산화학 부회장	40억8,000만

자료: 『시사IN』 2008/01/08.

아무개 씨 등이 각각 소유하고 있다.

2007년 공시가격 기준으로 트라움하우스5의 12채 가격은 총 533억이 넘고 가장 낮은 가격도 40억8,000만 원에 달한다. 이는 44~48억대의 강남구 삼성동 아이파크 343㎡, 317㎡보다는 낮지만, 40억800만 원인 타워팰리스1차 333㎡는 물론 40억4,000만 원인 상지리츠빌카일룸2차 618㎡보다 높은 가격이다.

5. 성북·종로·용산은 단독주택 부자촌

축구장보다 넓은 저택의 주인은?

대한민국에서 가장 비싼 집을 갖고 있는 삼성재벌 이건희 전 회장이 소유한 주택 3채의 대지 면적은 6,513㎡, 건물 연면적은 7,631㎡에 달한다(2007년 기준). 국제축구연맹FIFA이 정한 국제 규격 축구장 넓이가 길이 105m, 폭 68m로 7,140㎡인 점을 감안하면 혼자서 축구장만 한 집을 소유하고 있는 셈이다. 더구나 2008년 공시가격 2위를 기록한 LS전선 구자열 부회장의 경기도 성남 단독주택의 대지는 7,298㎡로 집 1채가 축구장보다 넓다.

통계청 2005년 인구주택총조사를 보면 대지 988㎡(299평) 이상 건물 연면적(전용부분) 327㎡(99평) 이상 초대형 단독주택은 전국적으로 모두 1,973채로, 일반 단독주택이 1,041채, 다가구 단독주택이 659채, 영업 겸용 단독주택이 273채로 나타났다. 시도별로는 경기도가 474채로 가장 많고, 충남 198채, 경북 192채 순이고 서울과 전북이 각각 156채로 뒤를 잇고 있다.

일반 단독주택은 경기도가 236채로 가장 많고 경북 110채, 충남 109채, 서울 107채 순이다. 다가구 단독주택은 경기 162채, 충남 72채, 경북 61채, 전북 54채 순이다. 영업 겸용 단독주택은 경기 76채, 강원 24채, 경북 21채, 전북 19채 순이다.

집값이 가장 비싼 서울을 중심으로 현대판 아흔아홉 칸 대저택이 어디에 얼마나 있는지 살펴보자.

먼저 일반 단독주택을 보자. 2005년 전국에서 가장 비싼 집 10채 중 4채가 몰려 있는 곳이 바로 부동산 부자들이 많이 사는 곳으로 유명한 서울시 성북구 성북동이다. 2008년 초 복덕방에 매물로 나온 성북구의 한 저택은 대지 1,024㎡(310평)에 건물 연면적이 661㎡(200평)에 달하고 가격은 56억 원에 이른다. 이 집을 포함해 성북구에 있는 대지 988㎡ 건물 연면적 327㎡가 넘는 초대형 일반 단독주택은 37채에 이른다.

2005년 공시가격 59억7,000만 원으로 서울시 종로구에서 가장 비싼

한 주택은 대지 5,433㎡(1,644평)에 건물 연면적 1,091㎡(330평)에 달한다. 이 집을 포함해 종로구에 있는 초대형 일반 단독주택은 32채다.

서울시 용산구에는 삼성 이건희 전 회장의 95억9,000만 원짜리(2008년 기준) 집을 비롯해 초대형 단독주택 12채가 있다. 성북, 종로, 용산 3개 구의 일반 단독주택은 모두 81채로 서울시 전체의 75.7%가 해당돼 일반단독주택 부자들이 이곳에 몰려 사는 것으로 나타났다.

한편 서울시에 있는 다가구와 영업 겸용 단독주택은 모두 49채다. 강남구가 14채로 가장 많고, 용산 8채, 종로 6채 등 3개 구에 전체의 57%가 집중돼 있다. 성동·마포·동작·관악에 각각 3채씩 있고 구로구에는 2채가 있다.

집 한 채 값이 96억, 89억, 84억!

가장 비싼 단독주택은 서울 용산구 이태원동에 있는 삼성재벌 이건희 전 회장 자택으로 2008년 공시가격 기준 95억9,000만 원이다. 2008년 공시가격을 시가의 80% 수준으로 보면 시가로는 120억 원에 달한다. 공동주택 993만 채 단독주택 401만 채 등 전국의 주택 1,334만 채를 통틀어 가장 비싸며, 4년째 최고 집값 자리를 지키고 있다.

두 번째로 비싼 집은 경기도 성남시 분당구 운중동의 단독주택으로 89억1,000만 원이다. 대지 면적 7,298㎡(건물 연면적 428㎡)의 이 거대한 주택은 2007년까지는 별장으로 분류돼 개별단독주택가격 공시 때 나오지 않았으나 별장이라기보다는 단독주택으로 보는 게 맞다는 판단에 따라 추가됐다. 보도에 따르면 이 집은 범 LG계열인 LS전선 구자열 부회장의 소유다(『머니투데이』 2008/04/29).

세 번째로 비싼 주택은 서울시 동작구 흑석동에 있는 대지 5,096㎡

표 5-5 가장 비싼 단독주택(2008년)

단위: 원, ㎡

	소유자	공시가격	대지면적	주소
1	이건희 삼성그룹 전 회장	95억9,000만	2,143	서울 용산구 이태원동
2	구자열 LS전선 부회장	89억1,000만	7,239	경기도 성남 분당구 운중동
3	방상훈 조선일보 사장	83억6,000만	5,003	서울 동작구 흑석동
4	이건희 삼성그룹 전 회장	82만2,000만	2,760	서울 중구 장충동 1가
5	○○○	81억2,000만	1,929	서울 종로구 신문로2가

자료: 국토해양부

(1,542평) 건물 연면적 813㎡(246평)의 대저택으로 조선일보 방상훈 사장 소유다. 공시가격 83억6,000만 원을 기록하고 있다.

네 번째로 비싼 집도 이건희 전 회장 소유 서울 중구 장충동 1가 단독주택으로 82억2,000만 원짜리다. 다섯 번째는 81억2,000만 원짜리 종로구 신문로 2가 단독주택인데, 일반 개인 소유로 알려졌다.

6~10위는, 용산구 한남동(78억7,000만 원), 용산구 이태원동(77억 원), 성북구 성북동(62억8,000만 원), 성북구 성북동(58억5,000만 원), 중구 장충동(57억1,000만 원) 단독주택으로 보도되고 있다.

지역별로는 서울시 용산구가 3채로 가장 많고, 성북구와 중구가 각각 2채, 종로와 동작구 1채 등 경기도 분당 1채를 제외하고는 모두 서울 강북 지역에 자리 잡고 있다.

재벌 총수는 '단독'을 좋아해

단독주택 부자 명단을 순서대로 알 방법은 없으나, 수십억대 단독주택을 소유한 사람 25명의 면면을 알 수 있는 자료는 있다. 주요 재벌 총수 소

표 5-6 주요 재벌 총수 소유 주택 공시가격(2007년)

단위: 원

	소유자	공시가격	주소
1	이건희 삼성그룹 회장	91억4,000만	용산구 이태원동
		76억9,000만	중구 장충동 1가
		74억1,000만	용산구 이태원동
		합계 242억4,000만	
2	조석래 효성그룹 회장	57억5,000만	성북구 성북동
3	현정은 현대그룹 회장	49억6,000만	성북구 성북동
4	김승연 한화그룹 회장	49억	종로구 가회동
5	강덕수 STX 회장	45억4,400만	서초구 서초동(연립주택)
6	조남호 한진중공업 회장	42억700만	용산구 한남동
7	이준용 대림산업 회장	40억9,000만	종로구 신문로
8	정몽구 현대차 회장	29억6,000만	용산구 한남동
		8억2,400만	종로구 청운동
		합계 37억8,400만	
9	최태원 SK 회장	35억9,000만	강남구 논현동
10	구본무 LG 회장	35억7,000만	용산구 한남동
11	신춘호 농심 회장	35억1,000만	용산구 이태원동
12	박삼구 금호아시아나 회장	33억	용산구 한남동
13	허창수 GS그룹 회장	31억9,200만	용산구 이촌동(아파트)
14	김영대 대성그룹 회장	31억6,000만	성북구 동소문동
15	손경식 CJ 회장	30억7,200만	강남구 압구정동
16	정의선 기아차 사장	29억6,000만	용산구 한남동
17	신동윤 율촌화학 사장	28억1,000만	용산구 이태원동
18	서경배 태평양 사장	27억5,000만	용산구 이태원동
19	이명희 신세계 회장	22억7,000만	용산구 한남동
20	장형진 영풍 회장	22억300만	강남구 논현동
21	신동익 메가마트 사장	21억9,000만	용산구 이태원동
22	이웅렬 코오롱그룹 회장	21억7,600만	강남구 압구정동(아파트)
23	김준기 동부그룹 회장	20억8,000만	용산구 한남동
24	담철곤 오리온 회장	20억6,000만	성북구 성북동
25	이재용 삼성전자 전무	20억5,400만	용산구 한남동

자료: 『일요신문』 692~696, 782~783호, 월간 『이코노미플러스』 2007/06, 『머니투데이』 2007/03/15.

유 주택 가격 자료가 그것이다.

이에 따르면 2007년 공시가격 기준으로 이건희 전 삼성 회장이 주택 3채에 242억4,000만 원으로 가장 많고, 조석래 효성그룹 회장은 57억

5,000만 원으로 2위를 기록했다. 현정은 현대그룹 회장 49억6,000만 원을 비롯해 40억대 주택을 보유한 사람은 5명이다. 김승연 한화 회장, 강덕수 STX 회장, 조남호 한진중공업 회장, 이준용 대림산업 회장이 여기에 속한다.

정몽구 현대자동차 회장은 2채 37억8,400만 원이며, 최태원 SK 회장, 구본무 LG 회장, 신춘호 농심 회장, 박삼구 금호아시아나 회장, 허창수 GS그룹 회장, 김영대 대성그룹 회장, 손경식 CJ 회장 등이 30억대 주택을 소유하고 있다. 정의선 기아자동차 사장, 신동윤 율촌화학 사장, 서경배 태평양 사장 등 10명은 20억대 주택자산 대열에 이름을 올렸다. 이 가운데 강덕수 STX 회장(트라움하우스5차), 허창수 GS 회장(용산구 이촌동 아파트 펜트하우스 307㎡, 93평형), 이웅렬 코오롱 회장(강남구 압구정동 아파트) 등 빌라와 아파트에 사는 3명을 제외하고는 모두 단독주택 부자들이다.

한편 〈재벌닷컴〉이 공정거래위 자산총액 기준 주요 그룹 총수의 자택 소유지를 조사한 결과 46개 그룹 총수 중 15명(33%)이 한남동과 이태원 등 용산구에, 11명(24%)이 성북동을 비롯한 성북구에 사는 것으로 나타났다. 이어 서초(8명), 강남(4명), 종로(4명), 중구(3명) 등으로 광주에 사는 1명을 제외한 총수 45명 전원이 6개 구에 몰려 사는 것으로 나타났다(〈재벌닷컴〉 2008/04/30).

6. 100대 법인 집 3만 채 소유, 집값만 1조6,000억 원

100대 법인 주택 재산 1조6,000억 원

개인이 아닌 법인(기업 포함) 기준 100대 집 부자 현황은 국세청의 〈법

표 5-7 강남·서초·송파구 아파트 소유 기업 순위(건설회사 제외, 2007년 공시가격 기준)

단위: 호, 원

	아파트 보유 수	보유 수	가격 총액	위치	관련 아파트
1	삼성생명보험	55	272억0200만	수서동	삼성아파트 등
2	천주교서울대교구 유지재단	24	138억3,400만	개포동	개포주공아파트 등
3	기독교대한감리회 유지재단	25	86억5,400만	압구정동	신현대9차 등
4	학교법인 한양학원	16	85억2,600만	잠실동	잠실주공아파트 등
5	기독교대한감리회 광림교회	16	60억6,200만	신사동	현대타운 등
6	충현교회 유지재단	23	58억2,800만	도곡동	대림아크로빌 등
7	(주)한섬	30	34억8,500만	수서동	까치마을아파트 등
8	대한예수교장로회 창신교회	13	33억3,600만	서초동	서초현대아파트 등
9	학교법인 만강학원	26	29억6,200만	서초동	서초이오빌 등
10	인천광역시 상수도사업본부	11	10억5,000만	오금동	예림파크텔 B동

자료: 『시사IN』 2008/01/08.

인 주택분 종합부동산세 납부자 상위 100인 주택자산 현황(2006년 신고 실적기준)〉을 보면 알 수 있다.

이에 따르면 소유한 주택 가격이 비싼 순서로 내는 법인 주택분 종부세 납부자 중 상위 100인의 집값 총액은 1조5,573억 원이다. 1개 법인당 156억에 달하는 주택자산을 갖고 있는 것이다. 1~50위는 1조1,738억으로 법인 1개당 117억, 51~100위는 3,835억 원으로 1개당 28억 어치 주택자산을 갖고 있다. 2006년 당시 공시가격을 시가의 70%로 본다면 1개 법인당 223억 원 이상의 주택자산을 갖고 있는 셈이다.

기업을 비롯한 100대 집 부자 법인이 소유한 주택 수는 모두 3만1,187채로, 1개 법인당 312채를 갖고 있는 셈이다. 1~50위는 2만2,096채로 1개 법인당 442채, 51~100위는 9,091채로 1개 법인당 평균 182채를 소유하고 있다.

이들 100대 집 부자 법인의 면면을 정확히 알기는 어려우나, 아파트값이 전국에서 가장 비싼 서울시 강남·서초·송파구에서 건설회사를 제외하고 비싼 아파트를 가장 많이 소유한 10개 법인의 얼굴은 알 수 있다.

『시사IN』에 따르면 1위는 272억(2007 공시가격 기준)의 삼성생명보험으로 강남구 수서동 삼성아파트 등 55채의 아파트를 소유하고 있다. 2위는 천주교서울대교구유지재단으로 강남구 개포주공아파트 등 24채 138억 원어치의 주택을 소유하고 있다. 3·5·6·8위도 모두 종교 관련 법인으로 이들 5개 종교법인이 강남권에 소유한 아파트는 101채 337억1,400만 원에 달한다. 이들 10개 법인이 소유한 강남권 아파트는 총 239채로 809억 3,900만 원어치에 달한다.

100대 임대사업자 31만 채 소유

한편 '임대사업자'란 명목으로 주택을 가장 많이 소유한 기업 현황은 국토해양부의 〈임대사업자 상위 100위 현황(2007년 3월 현재)〉에서 알 수 있다.

2006년 말 현재 전체 주택 중 133만 채 이상이 임대사업자 소유로 돼 있으며, 임대사업자는 3만8,613명으로 사업자당 평균 34채씩 소유하고 있다. 이 가운데 주택 수 기준으로 상위 100대 임대사업자가 소유한 주택 수는 31만6,587채에 달한다. 1명당 3,166채를 소유한 셈이다. 1위는 (주)부영으로 10만9,073채, 2위는 동광주택산업으로 1만2,924채, 3위는 한국토지신탁으로 1만2,861채다.

7. 통계로 보는 100대 땅 부자

땅 부자(개인) 100명에 대한 통계는 딱 두 개가 있다. 하나는 국세청의

〈개인 토지분 종합부동산세 납부 상위 100명 현황(2006년 신고실적기준)〉이고, 다른 하나는 2005년 8월 행정자치부(현 행정안전부)가 발표한 〈세대별 토지보유 현황〉이다.

땅 부자 100명 2조 원어치 소유

먼저 국세청 통계를 보자. 종합부동산세는 부동산 부유층만 내는 세금이므로, 세금을 가장 많이 내는 사람 100명을 분야별로 추려내면 부동산 부자 100명의 부동산 재산을 알 수 있다.

2006년 기준 개인 토지분 종부세를 내는 사람 중 가장 비싼 땅을 갖고 있는 땅 부자 100명이 소유한 땅값은 공시지가 기준으로 2조641억, 1인당 평균 206억 원이다. 1~50위는 1인당 237억씩 1조1,852억을, 51~100위는 1인당 176억씩 8,789억 원을 각각 갖고 있다. 세금 매기는 기준이 되는 공시지가는 시세보다 한참 싼 가격이니 실제 토지자산은 이보다 훨씬 많다.

'전국구' 땅 부자 100명에 끼려면 500억은 돼야

한편 행정자치부(현 행정안전부) 통계로는 가격 기준으로 땅 부자 100명의 재산이 국세청 발표보다 2배가 넘는다. 100명의 토지자산이 5조624억이니 1인당 500억 원이 넘는다. 이들은 전국적으로 추린 땅 부자 100명이다. 말하자면 '전국구 땅 부자'인 셈이다. 이 중 10명의 토지자산은 1조2,190억으로 1인당 평균 1,219억 원어치다.

지역별로 땅 부자 100명의 토지자산을 보면 역시 서울이 3조7,349억 원으로 가장 많다. 서울 땅 부자 100명은 1인당 평균 375억 원을 갖고 있

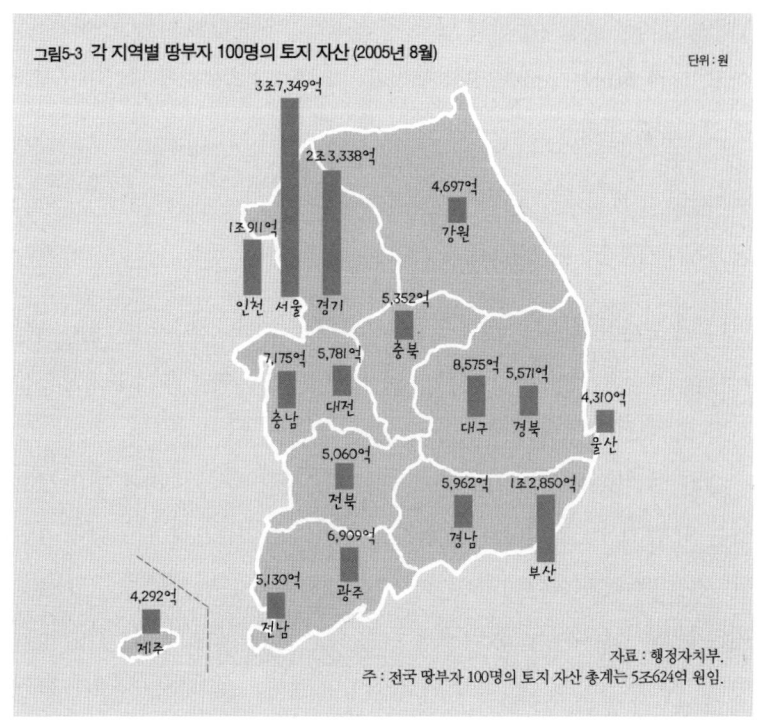

는 셈이다. 다음이 경기도 땅 부자로 1인당 233억씩 2조3,338억, 부산 1인당 129억씩 1조2,850억, 인천 110억씩 1조911억 원 순이다. '재산이 적은' 땅 부자는 제주도와 울산, 강원순이지만 모두 다 1인당 40억을 훌쩍 넘기고 있다. 각 시도별로 100명씩 뽑힌 '지역구 땅 부자' 1,600명의 총 토지자산은 15조3,262억이니까, 1인당 평균 96억 원이다.

땅 부자 전국구에 들려면 500억은 돼야 하고, 지역구에 들려 해도 100억은 족히 있어야 명함을 내밀 수 있다. 물론 행자부 통계도 공시지가 기준이기 때문에 실제로는 이보다 훨씬 큰 액수다.

100명이 서울시 면적 3분의 2만큼의 땅

　행정자치부(현 행정안전부) 통계는 면적 기준으로 땅 부자 100명의 통계를 따로 내놓고 있다. 기업이나 문중 소유가 아니고 개인이 소유한 땅 중에 가장 넓은 땅을 가진 100명의 땅은 404㎢다. 서울시 전체 면적이 605㎢니 땅 부자 100명이 정확히 서울의 3분의 2만큼의 땅을 차지한 셈이다.

　100명 중 최고 부자 10명이 가진 땅 면적은 71㎢다. 54만3,400가구 159만5,114명이 살고 있는 서울시 광진구(17㎢), 양천구(17㎢), 동대문구(14㎢), 금천구(13㎢), 중구(10㎢)를 합친 면적이 71㎢니, 땅 부자 10명이 160만 명이 살고 있는 서울시 5개 구 만한 땅을 소유하고 있는 셈이다.

　면적 기준 '지역구' 땅 부자를 보자. 서울 땅 부자 100명은 12㎢를 소유하고 있어 여의도 면적(8.5㎢)의 1.2배 정도의 땅을 소유하고 있다. 경기도 땅 부자 100명이 가진 땅은 19㎢로 분당 면적(19.5㎢)과 맞먹는다. 인천 땅 부자 100명의 땅은 28㎢로 영종도 면적(47.3㎢)의 절반이 넘는다. 이들 16개 시도별 '지역구 땅 부자' 1,600명이 소유한 땅 넓이는 1,539㎢로 1인당 0.96㎢다.

　한편 앞의 행자부 통계에 따르면 2005년 현재, 세대 기준으로 전체 국민 10명 중 4명이 땅을 한 뼘도 갖지 못하고 있다. 또 땅을 가진 국민의 세대당 평균 땅값은 1억1,800만 원, 평균 소유 면적은 4,555㎡이다. 따라서 행자부 통계 기준으로 땅 부자 100명의 1인당 땅값은 일반인 땅값의 175배, 면적 기준으로는 878배를, 땅 부자 10명의 1인당 땅값은 일반인 땅값의 1,033배, 면적 기준으로는 1,559배를 각각 소유하고 있는 셈이다.

100대 땅 부자는 누구인가?

100대 땅 부자의 얼굴은 현재 확보한 자료로는 알기 어렵다. 다만 땅값이 가장 비싼 곳 중 한 곳인 서울시 강남·서초·송파구에 비싼 땅을 많이 소유한 개인 땅 부자 일부의 면면을 살필 수 있을 뿐이다.

유명 제지 회사 단 아무개 회장은 개인 명의로 대치동 일대 땅 9,292㎡(3만687평) 1,877억6,380만 원 어치를 소유하고 있다(2007년 공시지가 기준). 유명 맥주회사 이사를 지낸 임 아무개 씨는 압구정동 일대 1만6,598㎡ 1,527억528만 원 어치를 소유하고 있다. 또 유 아무개 씨는 가락동 일대 2만625㎡ 1,167억3,524만 원 어치를, 강 아무개 씨는 역삼동 일대 1만7,762㎡ 1,131억4,521만 원 어치를 각각 소유하고 있다(『시사IN』 2008/01/08).

8. 100대 땅 부자 기업 땅값만 60조 원

사업 관련 없는 땅 많이 소유

땅 부자 기업(법인)에 대한 통계는 국세청이 심상정 의원실에 제출한 〈법인 토지분 종부세 납부자 상위 100개 주택자산 현황(2006년 신고실적 기

표 5-8 30대 기업이 보유한 토지 가격(2006년)

단위: 억 원

	기업	공시지가		기업	공시지가		기업	공시지가
1	한국전력	5조290	11	SK	1조2,071	21	현대건설	4,779
2	KT	4조8,024	12	현대중공업	1조1,197	22	두산중공업	4,567
3	롯데쇼핑	4조125	13	LG전자	1조885	23	S-Oil	4,266
4	삼성전자	3조5,238	14	SK네트웍스	1조649	24	삼성물산	4,100
5	포스코	2조8,063	15	외환은행	6,318	25	LG필립스LCD	4,032
6	현대자동차	2조2,663	16	기업은행	6,234	26	GS건설	3,818
7	신세계	2조1,410	17	대우조선해양	5,679	27	하이닉스	2,725
8	기아자동차	1조6,443	18	SK텔레콤	5,068	28	현대모비스	2,293
9	국민은행	1조3,071	19	삼성중공업	4,944	29	KTF	1,425
10	KT&G	1조2,375	20	대우건설	4,812	30	LG카드	171

자료: 각사 감사보고서(〈연합뉴스〉 2007/03/26에서 재인용).

준)〉이 유일하다.

비싼 토지를 가장 많이 소유하고 있어 종부세를 가장 많이 낸 상위 땅부자 100대 법인이 소유한 토지자산은 60조4,678억이다. 한 개 법인당 6,048억 원어치 땅을 소유하고 있는 것이다. 공시지가 기준이니 시가로는 금액이 크게 올라갈 것이다.

1~50위가 소유한 땅값은 47조8,776억, 한 개 법인당 9,576억 원에 달한다. 51~100위는 12조5,902억으로 한 개 법인당 2,519억 원꼴이다.

100대 법인이 소유한 땅 면적은 모두 188㎢다. 종부세를 많이 내는 땅은 상대적으로 비싸기 때문에 이들 100대 땅 부자 법인이 소유한 토지면적을 다른 땅 넓이와 단순 비교하는 것은 적절치 않지만, 편의상 비교한다면 서울시(605㎢)의 3분의 1에 해당하는 면적이다. 또 서울시 강남구(40㎢)의 5배, 종로구의 8배에 달하는 면적이다.

이들 법인이 갖고 있는 땅은 다 사업에 필요한 것일까? 그렇지는 않다.

2006년 신고실적 기준으로 토지분 종부세를 내고 있는 1만1,000개 법인이 낸 종부세는 9,177억이다. 이 가운데 상가, 빌딩, 공장 등 일반 건축물의 부속 토지 등 사업용 토지가 4,555억, 나대지·잡종지나 일부 농지 임야 목장 용지 등 사업과 관련 없는 땅이 4,622억 원으로 비사업용 토지가 더 많다.

100대 땅 부자 법인은 누구인가?

100대 땅 부자 법인의 면면 역시 순위별로 정확히 알 수는 없지만, 2006년 현재 상위 30대 기업의 토지소유 현황을 보면 어느 정도 미루어 짐작할 수 있다.

1위는 한국전력으로 2006년 공시지가로 5조290억 원의 땅을 소유하고 있다. 2위 KT와 3위 롯데쇼핑은 4조 원대, 4위 삼성전자는 3조5,000억 대의 땅을 소유하고 있다. 포스코와 현대자동차, 신세계는 2조 원대를 소유하며 5~7위를 기록했다. 1조 원대의 땅을 소유한 기아자동차, 국민은행, KT&G, SK, 현대중공업, LG전자, SK네트웍스는 8~14위를 기록하고 있다. 이들 30대 기업이 소유한 땅은 모두 39조7,735억 원어치로 한 기업당 1조3,258억 원이다.

한편 공기업 및 민영화된 공기업을 제외하고 자산총액 10대 그룹 계열사(12월 결산 383개 대상)의 감사보고서를 바탕으로 2007년 공시지가를 분석한 통계에 따르면 이들은 모두 45조 원어치를 소유하고 있는 것으로 집계되었다(〈재벌닷컴〉 2008/05/08).

이 가운데 최고 땅 부자 재벌은 롯데로 롯데쇼핑 4조161억을 비롯해 소속 44개 계열사가 11조93억 원어치를 소유하고 있다. 2위는 삼성재벌로 삼성전자 3조9,720억을 비롯해 50개사가 7조9,530억 원이었다. 3위는 현대·기아차그룹으로 6조7,659억, 4위는 SK그룹으로 5조728억, 5위는 LG 그룹으로 3조3,912억 원을 기록했다. GS그룹 3조1,501억, 금호아시아나 그룹 2조3,289억, 한화그룹 2조2,413억이 6~8위로 뒤를 이었으며, 현대중공업그룹(1조6,511억)과 한진그룹(1조4,475억)이 9위와 10위를 기록했다.

이들 대기업은 땅값이 비싼 곳 중 한 곳인 서울시 강남·서초·송파구에 많은 땅을 소유한 것으로 나타나고 있다(『시사IN』 2008/01/18).

롯데그룹은 2007년 공시지가 기준으로 강남권에 2조4,343억 원 어치를 소유하고 있다. 삼성은 1조9,473억 원, 한국전력은 1조8,752억 원, 포스코는 6,940억 원어치를 소유하고 있다. 또 KT 5,253억, SK 4,006억, LG 2,461억, 현대차 617억 등 이들 8개 대기업이 강남권에 소유한 땅값 총액은 8조1,849억으로 1개 기업당 평균 1조231억 원에 달한다.

학교법인들도 강남권에 많은 땅을 갖고 있다. 강남에 수도전기공고를 소유한 한국전력학원은 7,911억, 가톨릭의대를 소유한 가톨릭학원은 5,048억, 숙명여고 소유자 숙명학원은 4,457억 원어치를 소유하고 있다. 이 외에도 해청학원 3,399억, 휘문의숙 2,236억, 연세대 1,948억, 서울현대학원 1,855억, 중동학원 1,844억, 단국대학 1,627억, 중앙대학 1,165억 등 강남에 비싼 땅을 소유한 10대 학교법인의 땅값 총액은 3조1,495억 원에 달했다. 한 개 학교법인당 3,000억 원이 넘는 것이다.

또 천주교 서울대교구, 기독교대한감리회, 조계종 봉은사, 충현교회 등 종교단체 10곳이 강남권에 보유한 땅값 총액도 1조428억에 달해 종교 단체 한 개 당 평균 1,000억 원이 넘었다.

9. 얼굴 없는 100대 빌딩 부자

스타들의 빌딩 재산

이명박 정부의 초대 문화관광체육부 장관이 된 유인촌 씨의 부동산 재산이 화제가 되면서 연예인을 비롯한 스타들의 부동산 투자가 관심거리가 되고 있다.

보도에 따르면 가수, 연예인과 프로야구 선수 등 일부 스타들이 강남 지역에 수십억에서 수백억의 빌딩을 소유하고 있는 것으로 알려졌다. 가수 서 아무개 씨는 논현동에 195억대 빌딩을, 야구선수 박 아무개 씨는 신사동에 147억대 빌딩을, 연예인 고 아무개 씨는 청담동에 104억대 빌딩을 각각 소유하고 있다고 한다.

그런데 연예인들이 소유하고 있는 빌딩 가격은 인근 빌딩 거래가를 바탕으로 한 이른바 비교 사례에 의한 평가 방식으로 추정한 것이다. 정부는 각종 과세기준으로 삼으려고 토지에는 공시지가를, 주택에는 토지와 건물을 합친 공시가격을 매기고 있지만, 빌딩·상가·사무실 등은 토지가 포함되지 않은 시가표준액만 내고 있기 때문이다. 더구나 시가 표준액이 실제 가격과는 완전히 동떨어져 있어 이를 근거로 실제 빌딩 가격을 아는 것은 불가능하다.

어쨌든 스타들의 100억대 빌딩 소유 보도를 통해 토지와 주택 못지않게 중요한 부동산 재산인 고가 빌딩을 소유하고 있는 빌딩 부자 면면의 일부를 확인할 수 있었다. 그러나 빌딩 부자의 얼굴을 정확히 확인하는 것은 현재 확보한 자료로는 여의치 않다.

표 5-9 연예인 소유 빌딩 현황(2007년 추정가)

단위: 원, ㎡

	소유자	빌딩 가격	위치	층수	대지 면적	건물 면적
1	서○지	195억3,000만	강남구 논현동	지상 6층, 지하 3층	723	3,729
2	박○호	147억	강남구 신사동	지상 13층, 지하 4층	213	5,544
3	고○영	103억7,000만	강남구 청담동	지상 5층, 지하 2층	445	1,472
4	신○엽	72억	강남구 청담동	지상 6층, 지하 1층	311	989
5	신○훈	58억6,000만	강남구 신사동	지상 6층, 지하 2층	242	1,746
6	이○철	57억2,000만	강남구 삼성동	지상 4층, 지하 2층	369	931
7	이○환	56억5,000만	강동구 성내동	지상 5층, 지하 1층	389	1,016

자료: 『일간스포츠』 2008/01/04.

청와대 '빅4'의 빌딩 재산

물론 뒤에서 자세히 살피겠지만 스타만이 아니라 공직자 중에서도 빌딩 부자들은 쉽게 찾아볼 수 있다. 가장 쉽게는 '강부자' 정부라 불리는 청와대에서 찾을 수 있는데, 청와대에서 부동산 재산이 가장 많은 네 사람이 갖고 있는 건물 재산만 552억 원에 달한다.

우선 이명박 대통령 자신이 고위 공직자 중 가장 빌딩재산이 많다. 이 대통령이 소유하고 있는 서초구 서초동 영포빌딩은 142억7,275만 원짜리다. 이 대통령은 서초동에 또 다른 상가 101억9,794만 원짜리도 갖고 있다. 그뿐만 아니라 서초구 양재동에 85억7,541만 원짜리 영일빌딩도 소유하고 있다. 이 대통령의 빌딩재산은 330억4,610만 원에 달하며 주택을 포함한 건물 재산은 368억9,610만 원이다.

이 대통령을 제외하고 청와대 안에서 부동산 재산이 많은 김은혜 부대변인(94억), 곽승준 전 국정수석비서관(78억), 김병국 전 외교안보수석비서관(55억) 등 세 사람의 부동산 재산 중 건물 재산만 183억에 달했다(직위

표 5-10 30대 기업 소유 건물의 가격(2006년)

단위: 원

	기업	건물 가격		기업	건물 가격		기업	건물 가격
1	삼성전자	5조4,564억	11	기아자동차	1조435억	21	GS건설	3,387억
2	KT	2조9,139억	12	SK텔레콤	8,606억	22	대우건설	3,038억
3	현대자동차	2조6,346억	13	국민은행	7,968억	23	삼성물산	3,015억
4	롯데쇼핑	2조4,806억	14	하이닉스	7,853억	24	SK	3,009억
5	신세계	2조2,278억	15	삼성중공업	5,433억	25	KTF	2,701억
6	한국전력	1조9,267억	16	KT&G	4,605억	26	두산중공업	2,448억
7	포스코	1조8,487억	17	대우조선해양	4,543억	27	SK네트웍스	1,879억
8	LG전자	1조6,444억	18	기업은행	3,740억	28	S-Oil	909억
9	LG필립스LCD	1조6,184억	17	현대모비스	3,708억	29	현대건설	668억
10	현대중공업	1조3,959억	20	외환은행	3,456억	30	LG카드	81억

자료: 각사 감사보고서, 장부가 기준(〈연합뉴스〉 2007/03/26에서 재인용).

는 재산변동신고 시점 기준임).

그러나 토지와 주택과 달리 빌딩, 사무실, 상가 등에 대한 가격관리 자체가 안 되고 있고, 시가표준액을 바탕으로 재산세를 부과하는 것도 해당 지역 지자체여서 빌딩 부자들의 재산 규모, 순위나 면면을 확인하는 것은 현재로서는 어렵다.

재벌들의 빌딩 재산

개인이 아닌 기업의 경우도 마찬가지인데, 다만 워낙 눈에 띄는 대형 빌딩이 많고 그중 상당수는 재벌기업 본사 건물이기 때문에 어느 정도는 접근할 수 있다.

30대 재벌 대기업 감사 보고서를 보면 장부가격 기준으로 2006년 현재 대형 빌딩을 포함한 30대 기업의 건물 재산은 32조2,956억에 달한다. 한 개 기업당 1조765억 원 어치다. 10대 기업은 24조1,474조 원으로 한

개 기업당 평균 2조4,147억에 달한다.

1위는 삼성전자로 5조4,564억이다. KT, 현대차, 롯데쇼핑, 신세계는 2조 원대 건물을 소유하고 있다. 한국전력, 포스코, LG전자, 기아차 등 네 곳은 1조 원대 건물 재산을 갖고 있다.

대형 빌딩은 외국 자본 사냥감

한편 2007년 7월 서울역 앞 옛 대우센터 빌딩이 외국 자본인 모건스탠리에 9,600억에 팔린 것을 바탕으로 서울 지역 대형 빌딩 10채 가격을 비교 사례에 의한 평가 방식으로 추정한 자료를 보자(『해럴드경제』 2007/07/26).

가장 비싼 빌딩은 강남구 역삼동 강남파이낸스센터로 1조5,293억이다. 대치동 포스코센터는 1조3,142억, 여의도 63빌딩은 1조1,194억, 강남구 삼성동 아셈타워는 1조514억 원이다. 서울 시내 대형 빌딩 열 곳의 가격은 9조375억으로 빌딩 1채당 평균 9,000억이 넘는다.

또 서초동 삼성타운은 삼성생명·삼성물산·삼성전자의 소유로 총 3개 동 전체 연면적이 39만여㎡에 달해 단순계산만으로도 2조8,197억에 달하며 강남이라는 입지 조건을 감안하면 훨씬 높을 것이다.

한 가지 더 주목할 게 있는데 대형 빌딩 중 상당수가 외국 자본 소유라는 점이다. 가장 비싼 강남파이낸스센터와 6위 서울파이낸스센터는 싱가포르투자청이 사들였고, 5위 대우센터는 미국 자본인 모건스탠리가 사들였다.

싱가포르투자청은 이 외에도 무교동 현대빌딩, 중구 코오롱빌딩과 프라임타워 등 5개 대형 건물 3조4,419억 원어치를 소유하고 있는 것으로 알려졌다. 모건스탠리는 서초동 한국전자빌딩까지 사들여 1조2,214억 원의 건물 재산을 소유하고 있다. 이 밖에도 독일 자본인 도이체방크는 삼성생명의 삼성동·여의도동·충무로빌딩을 비롯 9,535억 원, 독일계 알리안츠는 제일생명빌딩을 비롯해 4,665억 원, 미국 자본 GE는 강남메트로빌딩 등 4,380억 원대의 빌딩 재산을 각각 소유하고 있다(『주간한국』 2007/09/18).

10. 2008 '부동산을 사랑한 공직자' 100명

2008년 초 이명박 정부 첫 환경부 장관에 내정됐다가 땅 투기 의혹으로 사퇴한 박 아무개 씨는 "자연의 일부인 땅을 사랑했을 뿐 투기와는 상관없다"며 억울해했다. 박씨의 부동산 재산은 집 3채와 오피스텔 1채 그리고 서울 평창동과 경기도 김포 등에 토지 4건 등 23억 원대다.

"땅을 사랑했을 뿐……"이란 박 씨의 발언은 서민들 가슴에 못을 박는 이야기였지만, '부동산 사랑이 넘치는' 다른 고위 공직자들을 보면 박 씨가 억울해 할 법도 하다.

고위 공직자 100명 부동산 재산 8,909억

고위 공직자들은 공직자윤리법 제10조에 따라 1년에 한 번씩 재산 변동 신고를 해야 한다. 이 가운데 신고한 재산이 공개되는 대상자는 2007년 말 기준으로 5,490명이다(행정안전부 2008a).

필자는 2008년 3월부터 7월 사이에 각 기관 공직자윤리위원회가 정부 관보와 기관 공보를 통해 공개한 약 5,600여 명의 재산 신고 내역을 기초로 부동산 재산을 가장 많이 신고한 고위 공직자 상위 100명을 뽑아 보았

표 5-11 고위 공직자 부동산 재산 신고액 상위 100인 현황(2008년)

단위: 명, 억 원

재산 규모		계	중앙			지방				
			행정부	국회	법원	광역단체	광역의회	기초단체	기초의회	교육위원
300억 이상		2	1	1	–	–	–	–	–	–
200~300억		4	–	2	–	–	1	1	–	–
100~200억		13	–	5	1	–	2	1	4	–
90~100억		5	2	–	–	–	–	1	2	–
80~90억		12	2	2	–	1	2	–	5	–
70~80억		13	2	1	–	–	3	1	5	1
60~70억		19	3	5	–	–	4	2	5	–
50~60억		32	3	4	3	–	2	3	14	3
합계	인원	100	13	20	4	1	14	9	35	4
	1인당 평균 재산액	82	93	97	67	80	83	90	75	60
	총액	8,210	1,308	1,166	268	80	1,415	899	2,835	239

자료 : 정부·국회·대법원·헌법재판소·중앙선관위·16개 광역시도 공직자윤리위원회(2008).

다(직위는 신고 당시 기준이며 퇴직자도 포함됨).

 고위 공직자 상위 100명이 소유한 부동산 가격 총액은 8,909억 원으로, 땅 재산은 3,238억 원, 주택과 상가, 빌딩 등 건물 재산은 5,671억 원이다. 1인당 평균 땅 32억 원과 건물 57억 원 등 89억 원의 부동산 재산을 소유하고 있는 셈이다. 대부분 2007년 공시가 기준으로 신고한 것이니 시세로는 더 비싸고, 현재 시점에서는 가격이 더 올랐을 것이다.

 부동산 재산이 많은 공직자 1위는 382억 원을 기록한 이명박 대통령이다. 2위는 김세연 한나라당 의원으로 350억 원에 달한다. 3위는 진태구 충남 태안군수로 270억 원, 4위는 김귀환 서울시의원으로 223억 원이다. 이들을 포함해 6명이 200억 원이 넘고, 19명이 100억 원이 넘는다.

 90억대는 5명, 80억대 12명, 70억대 13명, 60억대 19명, 50억대 32명이다. 종합 순위 100위는 50억800만 원으로 50억은 넘어야 100위 안에

드는 것으로 나타났다.

인원수 기준으로는 지방 공직자 63명, 중앙(행정·입법·사법부) 공직자 37명으로 지방이 1.7배 이상 많았다. 지자체 기초의원이 35명으로 가장 많고, 국회(20명), 16개 시도의 광역의원(14명), 행정부(13), 기초단체장(9명), 법원(4명)과 시도 교육위원(4명)이 뒤를 이었다.

금액 기준으로는 중앙 공직자의 1인당 평균 부동산 재산이 102억 원으로, 지방 공직자 81억 원보다 21억 원이 많았다. 특히 중앙 공직자의 1인당 평균 건물 재산은 71억 원으로 지방 공직자(48억 원)보다 23억 원이 많았다. 1인당 땅재산은 31억과 33억 원으로 오히려 지방 공직자가 2억 원이 많았다. 1인당 평균재산은 국회의원 등 입법부가 113억 원으로 가장 많았고, 행정부(97억 원), 기초단체장(94억 원), 광역의원(90억 원) 순이었다.

중앙 공직자 중 행정부 소속은 모두 13명인데 부처별로는 청와대가 4명으로 가장 많았고, 현직 장관 중에는 유인촌 문화관광체육부 장관(73억)이 유일하게 포함됐다. 입법부 20명 중 19명이 국회의원이고 이 중 16명이 (전현직) 한나라당 소속이다. 현직(18대) 의원은 모두 13명이 포함됐는데 이 중 12명이 한나라당 의원이며 1인당 평균 부동산 재산은 109억 원이다. 한나라당 소속이 아닌 현직 의원은 무소속 김일윤 의원(205억)이 유일하게 포함됐다.

'빌딩을 사랑한' 고위 공직자

부동산 공직자 종합 1위를 차지한 이명박 대통령은 빌딩 재산이 가장 많은 공직자다. 이 대통령의 전체 부동산 재산은 382억인데, 강남구 논현동에 31억 원짜리 단독주택과 12억대 땅, 서울 종로구 가회동 7억 단독주택 전세금 등을 빼고도 빌딩 재산만 330억으로 전체 부동산 재산의 87%

에 해당한다.

종합 2위 김세연 한나라당 의원도 부산시 부산진구 110억대 빌딩을 비롯해 동구에 28억대 빌딩 및 동래구에 18억대 상가 등 건물 재산만 256억 원에 달한다.

부동산 공직자 종합 4위 김귀환 서울시의원도 빌딩 재산형이다. 김 의원은 본인 명의로 서울 관악·동작구와 경기도 광명시 등에 빌딩·상가·창고 8건 139억의 빌딩 재산과, 서울 구로에 배우자 명의로 71억대 상가 등 빌딩 재산만 210억이 넘는다.

부동산 재산 204억으로 종합 6위를 기록한 무소속 김일윤 의원은 서울 서대문구 충정로에 104억과 48억짜리 빌딩 두 채 등 빌딩 재산만 150억이 넘는다.

부산에서 병원을 운영하는 한나라당 정의화 의원(종합 7위)의 재산도 병원 관련 건물과 배우자 명의 빌딩 재산 126억 등 빌딩 재산 비중이 높다. 부동산 재산 170억으로 종합 9위를 기록한 이종학 서울시의원도 30억대 정비공장을 비롯해 서울 금천구와 경기도 안양 일대 공장 건물과 근린생활시설 6건의 재산만 100억이 넘었다.

류호담 충북 충주시의원(종합 14위)은 서울 성동구 성수동에 본인 명의로 사무실 2건과 기숙사 등 100억대 건물 재산을 신고했다. 최찬기 부산 동래구청장은 부산 동래구 온천동에 있는 56억대 빌딩과 부산 강서구 55억대 공장 등 건물 재산을 포함 115억으로 종합 15위를 기록했다.

김동오 부산고법 부장판사(종합 19위)는 자신과 가족 명의로 서울 강남구 삼성동과 신사동에 70억대 근린생활시설과 압구정동 아파트 등 100억대 건물 재산을 신고했다.

MBC 앵커 출신인 김은혜 청와대 부대변인(종합 23위)도 배우자 명의로 강남구 대치동에 87억대 빌딩 재산을 신고했다.

표 5-12 건물재산 60억 이상 신고 고위 공직자 현황(2008년)

단위 : 억 원

	성명	직위	땅	건물	합계
1	이명박	대통령	12.9	369.0	381.9
2	김세연	한나라당 국회의원	94.4	260.0	354.4
3	김귀환	서울시의원	11.7	211.4	223.1
4	김양수	전 한나라당 국회의원	32.1	180.7	212.8
5	김일윤	무소속 국회의원	33.9	169.6	203.5
6	정의화	한나라당 국회의원	35.3	150.5	185.8
7	류호담	충북 충주시의원	2.7	113.4	116.1
8	이종학	서울시의원	58.1	111.5	169.6
9	최찬기	부산 동래구청장	3.3	111.4	114.7
10	이은영	전 민주당 국회의원	1.7	109.9	111.6
11	김동오	부산고법 부장판사	0.1	100.7	100.8
12	김은혜	청와대 부대변인	0.9	94.0	94.9
13	임동규	한나라당 국회의원	31.5	91.4	122.9
14	이종필	서울시의원	0.8	83.9	84.7
15	김청	행자부 함경남도지사	-	83.7	83.7
16	조진형	한나라당 국회의원	81.9	82.0	163.9
17	김연선	서울 중구의원	-	81.3	81.3
18	김영일	경상북도 정무부지사	3.2	76.9	80.1
19	김영립	경남 김해시의원	24.9	71.8	96.7
20	정철식	서울 성북구의원	10.3	71.1	81.4
21	김석조	부산시의원	16.1	70.0	86.1
22	나재암	서울시의원	6.7	68.8	75.5
23	김용철	서울 강동구의원	18.8	67.5	86.3
24	심재철	한나라당 국회의원	-	65.7	65.7
25	곽승준	청와대 국정기획수석비서관	12.4	65.6	78.0
26	기숙란	경북 경산시의원	9.4	64.0	73.4
27	이재복	경남 진해시장	27.1	63.7	90.8
28	정현옥	부산 동구청장	8.3	61.6	69.9
29	유인촌	문화관광체육부 장관	12.8	60.6	73.4

자료 : 각 기관 공직자윤리위원회(2008).
주 : 반올림에 따라 일부 수치에 차이가 있을 수 있으며, 직위는 재산 신고 당시 기준임.

300억대 1명, 200억대 2명을 포함해 건물 재산 100억 이상 신고자만 11명이며, 90억은 2명, 80억은 4명, 70억대는 4명 순이다. 또 8명은 60억, 17명은 50억, 13명은 40억, 9명은 30억, 16명은 20억, 9명은 10억대의 건물 재산을 신고했다. 건물 재산이 10억이 안 된다고 신고한 7명은 대신 최소 48억에서 262억 원대의 땅을 갖고 있다고 신고했다.

'아파트를 사랑한' 고위 공직자

한편 건물 재산을 많이 신고한 사람 중에는 아파트나 주택 재산이 많거나 여러 채 소유한 공직자가 눈에 띄었다.

부동산 공직자 종합 2위 김세연 한나라당 의원은 38억대의 서울 서초구 트라움하우스3차 등 본인 명의의 아파트 3채 단독 2채와, 모친 명의의 단독주택 2채 등 주택만 7채를 신고했다.

건설업체 사장 출신인 한나라당 김양수 전 의원은 건물 재산만 181억을 신고했다. 부산 시내 '서면노르웨이아침' 대지와 건물 155억 외에도 본인과 배우자 명의로 아파트 4채를 별도로 소유하고 있고, 11억대 상가와 건물 2채, 32억대 토지 재산 등 213억을 신고해 종합 5위를 기록했다.

91억을 신고해 종합 24위를 기록한 이재복 경남 진해시장은 아파트 52채, 상가 32채 재산이 64억이다. 아파트는 본인 명의로 경남 진해에 18채를, 배우자 명의로 경남 마산에 34채를 소유하고 있다. 상가는 본인 명의로 경남 진해에 17채를, 배우자 명의로 경남 마산에 15채를 소유하고 있다. 이 시장은 또 경남 진해·거제 일대 임야, 대지, 논밭 18건 27억대 땅도 신고했다.

부동산 재산 신고액 종합 28위 김석조 부산시의원이 신고한 내역을 보자. 먼저 주택은 본인 1채, 배우자 4채, 장남 4채, 차남 1채 등 10채를 신고했다. 오피스텔은 장남 4채, 장녀 2채 등 6채를 신고했다. 김 의원은 여기에 부부 명의의 학원 및 기숙사 시설 4건, 근린생활시설 2건 등 70억의 건물 재산과 16억의 토지재산 등 86억의 부동산 재산을 신고했다.

김영립 경남 김해시의원(부동산 재산 97억, 종합 21위)은 본인과 배우자 명의 3채, 차남 명의 1채 등 아파트 4채를 포함시켜 신고했다. 정철식 서울 성북구의원(부동산 재산 81억)은 단독 3채 아파트 1채 등 4채를 부부 명의로, 박노설 경기도 부천시의원은 집 3채를 각각 신고했다.

부동산 재산 127억으로 종합 12위를 기록한 최귀녀 강원도 평창시의원은 평창 일대 상가 13건과 사무실 및 건물 3건과 함께, 본인 명의로 서울 여의도·강남·서대문에 주택 3채, 서울 종로·강동구에 장남과 차남 명의로 오피스텔과 아파트 각 1채를 신고했다.

부동산 재산 73억을 신고한 박동건 경북교육위원은 본인 명의 아파트 3채와 부부 명의 단독 2채 등 주택만 6채를 신고했다. 부동산 재산 71억을 신고한 이강수 전북 고창군수는 서울 잠실주공아파트 등 부부 명의로 4채, 장남 차남 각 1채 등 주택을 모두 6채 신고했다.

부동산 재산 63억을 신고한 김욱 외교통상부 인천시국제관계자문대사는 본인과 배우자 명의로 서울 강남·용산·마포·중구 일대에 아파트 5채, 다세대 1채 등 주택 6채를 신고했다. 부동산 재산 54억 원을 신고한 지근수 부산 사하구의원은 본인 명의로 단독주택 3채와 다세대 주택 7채 등 주택 10채와 오피스텔 16채를 소유하고 있다. 역시 54억을 신고한 이종백 전 국가청렴위원장은 건물 재산으로 본인 명의의 강남아파트 2채 47억 원을 신고했는데 아파트값이 각각 26억과 21억 원이다.

'땅을 사랑한' 고위 공직자

부동산 공직자 100명 가운데 땅 재산이 가장 많은 이는 진태구 충남 태안군수로 부동산 재산의 97%가 땅이다. 진 군수는 충남 태안군 안면도 일대에 본인 명의로 밭 27건, 논 15건, 대지 11건, 임야 18건, 도로 3건,

표 5-13 땅 재산 60억 이상 신고 고위 공직자 현황(2008년)

단위: 억 원

	성명	직위	땅	건물	합계
1	진태구	충남 태안군수	262.3	8.2	270.5
2	홍순목	인천 서구의원	159.0	24.3	183.3
3	이동수	경기 의왕시의원	157.7	10.3	168.0
4	김세연	한나라당 국회의원	94.4	256.0	350.4
5	정성진	전 법무장관	91.9	8.0	99.9
6	정순영	국회정무위수석전문위원	89.9	24.7	114.6
7	조진형	한나라당 국회의원	81.9	82.0	163.9
8	최귀녀	강원 평창시의원	77.4	49.1	126.5
9	고희선	전 한나라당 국회의원	73.1	14.9	88.0
10	이현호	경기 이천시의원	70.7	18.4	89.1
11	신철식	전 국무조정실 정책차장	68.8	15.5	84.3
12	유해준	경기 평택시의원	66.8	28.5	95.3
13	김용완	경기 안성시의원	61.9	2.6	64.5
14	이학기	서울 강남구의원	61.6	19.8	81.4

자료: 각 기관 공직자윤리위원회(2008).
주: 반올림에 따라 일부 수치에 차이가 있을 수 있으며, 직위는 재산 신고 당시 기준임.

염전 3건, 잡종지 5건 등 82건 262억대의 땅 재산을 소유하고 있다.

홍순목 인천시 서구의원(종합 8위)과 이동수 경기도 의왕시의원(종합 10위)도 각각 150억대의 토지 재산을 신고했다. 홍 의원은 본인 명의로 4건, 부모 명의로 13건을 신고했다. 이 의원은 경기도 의왕과 수원, 김포 일대에 본인과 배우자 명의로 전, 답, 과수원 등 30건, 158억 원어치를 소유하고 있다고 신고했다.

한나라당 조진형 의원은 인천시 중구에 80억대 땅을 소유하고 있다. 조 의원은 이외에도 인천시 부평에 64억대 상가와 17억대 복합 건물 등 총 164억 원으로 종합 11위를 기록했다.

정성진 전 법무부 장관(종합 20위)은 서울과 경기도 일대 대지와 밭, 임야 등 배우자와 본인 명의의 땅 재산 92억 원을 포함 100억에 육박하는 부동산 재산을 신고했다. 부동산 재산 115억으로 입법부에서 국회의원이 아닌 유일한 공직자로 종합 16위를 기록한 정순영 국회 정무위원회 수석전문위원은 서울시 종로구 명륜동에 부부 명의로 대지 90억 원어치를 소유하고 있다.

최귀녀 강원도 평창시의원과 이현호 경기도 이천시의원도 각각 70억 원대 땅 재산을 신고했다. 최 의원은 본인과 배우자 명의로 강원도 평창, 서울 강남·마포·서대문구 일대에 77건의 대지, 전, 답, 임야 73억 원과 장남·차남·삼남 명의 17건 4억 원 등 77억 원의 땅 재산을 신고했다. 89억을 신고한 이현호 경기도 이천시의원(종합 25위)은 본인과 배우자 명의로 경기도 이천 일대의 잡종지, 대지, 전, 답 등 71억 원의 땅재산을 신고했다.

신철식 전 국무조정실 정책차장이 본인과 배우자 명의로 30건 69억을 신고하는 등 고위 공직자 4명이 60억대 땅 재산을 신고했다. 유해준 경기도 평택시의원(종합 22위, 95억)도 경기도 평택과 안성 일대에 본인 명의의 전, 답, 임야 등 23건 67억 원어치를 신고했다.

부동산 재산 109억으로 종합 18위를 기록한 백종헌 부산시의원이 부산과 경남 양산 일대 56억 원어치 땅 재산을 신고한 것을 비롯해 50억대 땅을 신고한 사람은 6명이다. 부동산 재산 59억을 신고해 경제부처 최고의 부동산 부자로 보도된 원인희 전 국토해양부 기반시설본부장의 재산도 본인과 배우자 명의의 서울 종로와 중구, 대전 유성 일대 대지와 논밭 등 19건 50억대 땅 재산이 큰 비중을 차지하고 있다.

이 밖에도 10명은 40억대, 11명은 30억대, 13명은 20억대, 18명은 10억대의 땅 재산을 각각 신고했다. 땅 재산이 10억이 안 되거나, 아예 없다고 신고한 사람도 28명이나 됐는데, 이들은 대신 빌딩이나 아파트 재산이 많았다. 땅 재산이 없다고 신고한 5명은 모두 최소 51억에서 최고 84억 원어치의 건물 재산을 신고했다.

공직자부터 이처럼 떵떵거리는 부동산 부자들이니 부동산 문제가 잘 해결되길 기다리기는 쉽지 않은 현실이다. 정치가 바뀌어야 하고 정부도 공직자들도 바뀌어야 할 것이다. 바뀐다면 어떻게 할 수 있을까? 이제부터는 본격적으로 부동산 계급사회로부터 벗어날 수 있는 정책적 대안을 살펴보자. 언젠가 제대로 된 정부가 들어선다면 부동산 서민의 고통을 해결할 구체적 방안을 실천할 수 있을 것이다.

간추린 5장 대한민국 부동산 100대 부자

통계로 보는 100대 집부자

- 가장 비싼 집을 소유한 집부자 100명의 주택 재산은 2006년 공시가격 기준 6,596억으로 1인당 평균 66억 원에 달한다.
- 집을 여러 채 소유한 집부자 100명이 소유한 주택 수는 1만5,564채로 1인당 평균 156채를 소유하고 있다.
- 현대판 99칸 양반집이라 할 전용면적 327㎡(99평) 이상 아파트는 최근 10년 동안 10채에서 290채로 29배가 늘었다.
- 327㎡(99평) 이상 초대형 아파트를 소유한 부자들은 서울 강남(99)·서초(22)·용산(11)구에 몰려 살고, 대지 988㎡(299평) 이상 연건물 면적 327㎡(99평) 이상 초대형 단독저택을 소유한 부자들은 성북(37)·종로(32)·용산(12)구에 몰려 살고 있다.
- 가장 비싼 아파트 100채는 아이파크, 상지리츠빌카일룸, 타워팰리스 등 서울 강남구 아파트로 소유자는 유명 병원 원장, 재벌가 딸, 대기업 회장, 연예인 등으로 특히 타워팰리스에는 삼성재벌 임원들이 많이 살고 있다.
- 이들 100명이 소유한 아파트 1채 평균 가격은 2007년 공시가격 기준으로 40억대로 밝혀졌다.
- 연립/다세대 주택 중에는 면적과 가격이 아파트 뺨치는 고급 주택이 있는데 서울 서초구에 있는 연립주택 트라움하우스는 공시가격 최고가 아파트보다 비싼 50억4,000만 원을 기록하고 있으며 여기에는 주로 기업체 회장들이 살고 있다.
- 가장 가격이 비싼 초대형 단독저택 소유주는 이건희 전 삼성 회장, 구자열 LG전선 부회장, 방상훈 조선일보 사장 등 재벌과 보수언론 사주들로 특히 재벌총수들이 아파트보다는 단독주택을 선호하는 것으로 나타났다.
- 기업을 포함한 100대 집부자 법인이 소유한 주택의 가격 총액은 2006년 공시가격 기준 1조5,573억 원이며, 주택 수는 3만1,187채에 달한다. 삼성생명은 강남구 수서동에 아파트 55채를 소유하고 있는데 가격이 272억에 달한다. 100대 임대사업자가 소유한 집도 31만 채나 된다.

통계로 보는 100대 땅 부자

- 국세청 자료에 따르면 종합부동산세를 내는 개인 기준 땅부자 100명이 소유한 땅은 2조641억 원어치로 1인당 평균 206억 원이다.
- 행정안전부 자료에 따르면 가격 기준 땅부자 100명이 소유한 땅값은 5조624억 원으로 1인당 500억이 넘는다. 또 지역별 땅부자 100명의 1인당 땅값이 서울 375억, 경기 233억, 부산 129억 등 평균 96억에 달한다. '전국구'는 500억, '지역구'는 100억은 돼야 땅부자 100명에 낄 수 있는 현실이다.
- 면적 기준으로 땅부자 100명이 소유한 땅은 404㎢로 서울시 전체 면적(605㎢)의 3분의 2에 달하며, 10명이 소유한 땅은 71㎢로 광진·양천·동대문·금천·중구 면적을 합친 넓이에 해당한다.
- 기업 등 100대 법인이 소유한 땅값 총액은 60조4,678억 원으로 법인당 6,000억대 땅을 소유한 셈이다. 이들이 소유한 땅 면적은 188㎢로 서울시 면적의 3분의 1, 강남구의 5배에 달한다. 10대 재벌 중에는 롯데(11조), 삼성(8조), GS(3.1조), SK(5.7조), LG(3.3조) 순으로 땅재산이 많다.

얼굴 없는 100대 빌딩 부자

- 200억대 빌딩을 소유한 연예인, 300억대 빌딩재산가인 대통령 등 빌딩 부자 일부가 드러나 있지만 빌딩은 토지·주택과 달리 가격 관리 자체가 안 되고 있어 면면을 알기 어렵다. 그러나 삼성전자 5조5,000억 원을 비롯해 30대 기업이 소유한 건물 재산이 장부가 기준으로 32조 원에 달하며, 특히 주요 대형 빌딩 대부분이 외국 자본에 팔려 나간 상태여서 100대 빌딩 부자의 상당수는 외국 자본으로 추정된다.

2008 '부동산을 사랑한' 100대 공직자

- 고위 공직자 100명의 부동산 재산은 8,909억으로 1인당 89억씩 소유하고 있다. 1위는 이명박 대통령(382억), 2위는 김세연 한나라당 의원(350억), 3위는 진태구 충남 태안군수(270억), 4위는 김귀환 서울시의원(223억)이다. 부동산을 사랑한 공직자는 '빌딩 사랑형' '아파트 사랑형' '땅 사랑형'으로 나뉘는데, 200억 이상이 6명, 100억대 13명, 90억대 5명 등이며 100위의 재산이 50억800만 원에 달했다. 또 지자체 기초의원 35명, 광역의원 14명 등 지방 공직자가 전체의 63%를 차지했다.

- 집을 두 채 이상 가진 가구 수는? — 105만 가구가 평균 다섯 채씩 총 477만 채 소유

- 선분양제는 건설업체와 소비자 중 누구에게 유리한가? — 건설업체

- 집이 경매에 넘어갈 경우 세입자가 건질 수 있는 돈은 얼마나 될까? — 최대 1,600만 원 (2008년 7월 현재)

- 뉴타운 도심재개발 이후 원래 살던 동네 주민의 재정착율은?

6장
대안을 찾아서

평균 37%
(길음 4구역은 원주민 재정착률이 20%에 불과)

1. 주택 계급별 맞춤형 주택 정책

　1967년 영국의 사회학자 존 렉스John Rex와 로버트 무어Robert Moore는 주택 자원의 배분을 둘러싼 영국 사회의 빈부 격차를 주택 계급housing class 이란 새로운 개념으로 통찰한 바 있다(천현숙 1997).

　렉스와 무어의『인종, 공동체 그리고 갈등』Race, Community and Conflict에는 주택 소유자, 공영주택 임차인, 개인주택 임차인, 하숙집 임차인 등 영국 버밍햄 지방 스파크브룩Sparkbrook 시가 구역에 사는 일곱 개의 주택 계급이 등장한다. 이들 중 형편이 제일 좋은 사람들은 선망의 대상인 교외 주택에 몰려 살고, 가장 어려운 사람들은 도심에 산다.

　형편이 어려운 사람들은 남의 집에 세 들어 살거나 대출을 받아 집을 살 수 있지만, 은행 대출이 중산층 이상에만 유리하기 때문에 설사 대출을 받아 집을 사더라도 높은 이자를 감당할 수 없어 대부분 다시 세를 놓는다. 이들은 자신의 처지를 처량하게 여기며 상위 계급으로 이동하려는 성향을 갖고 있다고 한다. 내집마련이 소원인 대한민국 서민들의 주택 상향 욕구, 부동산 부자들이 사는 동네와 가난한 사람들이 사는 동네가 따로 있는 점 등 한국의 도시 사회를 설명하기에 쓸모가 많은 이론이라 하겠다.

　이 같은 문제의식에서 필자는 맞춤형 주택 정책을 짜기 위한 기초 자료로 거칠게나마 한국 사회를 여섯 개 주택 계급으로 분류해 보았다. 필자의 구분은 주택 소유 여부와 주거 빈곤층이라는 단순한 기준을 1차로 적용했다. 주택 소유자는 다시 1가구 1주택자와 다주택자, 그리고 집을 소유했지만 경제적 여력이 안 돼 셋방에 사는 집단으로 3분했다.

　셋방 사는 사람은 내집마련을 꿈꿔 볼 수 있는 경계선인 보증금 5,000만 원을 기준으로 둘로 나누었다. 주거 극빈층은 주택 소유 여부를 따지지

그림6-1 주택 계급과 맞춤형 주택정책

집 있음

- 1계급: 1가구 다주택 (6.6%, 105만 가구) → 택지 국유화 / 임대 소득세·보유세 강화
- 2계급: 1가구 1주택 (48.4%, 769만 가구) → 보호·주거 상향 지원
- 3계급: 유주택 전·월세 (4.2%, 67만 가구) → 내 집 입주 지원

집 없음

- 4계급: 보증금 5,000만 원 이상 (6.2%, 95만 가구) → 부활! 내 집 꿈 정책
- 5계급: 보증금 5,000만 원 미만 (30.3%, 481만 가구) → '셋방 스트레스' 푸는 정책

주거 극빈층

- 6계급: 지하/옥탑/비닐집/판잣집/움막/동굴 등 (4.3%, 68만 가구) → 지하방 탈출 '사다리' 정책

자료: 통계청

주: 1) '유주택 전·월세 가구'는 집 1채로, 전·월세 가구 보증금 규모 조사 대상에서 제외된 영업 겸업 가구는 5,000만 원 이하로, 지하방과 옥탑방 자가 가구는 타지 주택 소유 여부를 따지지 않고 1가구 1주택으로, 판잣집·비닐집·움막·업소의 잠만 자는 방·건설 현장의 임시 막사·동굴 및 기타 거주 가구는 모두 보증금 5,000만 원 이하 전·월세 및 사글세 가구로 추산.
2) 1~5의 각 계급에서 1)의 방법으로 분류한 판잣집·비닐집·움막·업소의 잠만 자는 방·건설 현장의 임시 막사·동굴 및 기타 해당 거주 가구 수를 제외함.
3) 무상 가구 중 2)의 방식으로 추산된 475,941가구는 보증금 5,000만 원 미만 전세, 월세, 사글세 가구에 포함함.

않고 한 집단으로 묶었다. 필자의 이 같은 구분은 학문적으로 엄밀한 분석 틀을 세워서 한 게 아니고, 주택 정책의 대상을 명확히 함으로써 맞춤형 주택 정책을 제시하기 위한 편의적인 구분임을 밝힌다. 주택 계급별 특성과 계급별 맞춤형 주택 정책의 방향을 정리하면 다음과 같다.

1계급은 집을 2채 이상 여러 채 가진 105만 가구(6.6%)인데 이들이 소유한 주택 수는 총 477만 채로, 가구당 평균 약 5채씩 소유하고 있다. 이들은 부동산에 대한 사유재산 제일주의를 넘어 부동산 투기로 집값이 폭등할 경우 그 불로소득의 대부분을 독식하는 계급이다. 따라서 1계급에 대한 주택 정책은 이들이 현재 살고 있는 집을 제외하고 투기 목적으로 소유하고 있는 비거주 주택에 대한 택지 국유화를 단행하는 것이다. 그래야 공동체의 평화와 행복을 꾀할 수 있다. 택지 국유화 이전이라도 임대소득과 보유세를 강화해서 투기 목적으로 소유하고 있는 주택에 대한 불로소득을 제대로 환수해야 한다. 주택 정책은 1계급의 해체를 목표로 삼아야 한다.

2계급은 집을 1채 소유하고 그 집에서 현재 살고 있는 1가구 1주택자로 전체 가구의 48.5%, 769만 가구가 여기에 해당한다. 2계급은 거주 목적으로 현재의 집에 살고 있는 실수요자이므로 주택 정책도 이들을 보호하는 데 기본 목표를 둬야 한다. 이들은 집값이 폭등할 경우 당장은 절대 재산이 늘지만 더 큰 집으로 이사하거나 자식 세대의 주택 마련에 더 큰 비용이 들어간다는 점에서 투기의 잠재적 피해자이므로 부동산 투기를 반드시 옹호하는 계급은 아니다. 또 살기에 불편한 도심 변두리 주택이나 농촌의 값싼 주택 1채를 소유한 상당수의 사람도 포함돼 있고, 최저주거기준 미달 가구도 존재하므로 이들에 대해서는 번듯하게 사람이 살만한 집에서 사람답게 살 수 있는 주택 정책을 펼쳐야 한다. 다만, 이들 가운데는 수십 억대 집 1채를 소유한 사람도 일부 있기 때문에 이들에 대해서는 종합부동산세와 재산세 등 보유세와 양도소득세를 원칙대로 부과해 불로소득을 환수해야 한다.

3계급은 집을 마련했으나 경제적인 이유로 남의 집 셋방살이를 전전하는 사람들이다. 전체 가구의 4.2% 67만 가구가 이런 '이중인생'을 살고 있다. 이들은 자기 집이 포함될 경우 집값이 오르는 것은 반대하지 않지만, 전·월세 가격이 오르면 고통을 겪는다. 주택 정책에서 이들은 보호 대상이며 자기 집에 들어가 살 수 있도록 해야 한다.

4계급은 현재 전세나 보증금 있는 월세에 사는 가구 중에서 보증금이 5,000만 원이 넘는 사람들로 전체 가구의 6.2%, 95만 가구가 여기에 해당한다. 주택 가격이 절반 또는 3의 2 수준만 돼도 돈을 좀 융통해서 몇 년 안에 내집마련의 꿈에 도전해 볼 만한 사람들이다. 부동산 투기를 근절해야만 전·월세값과 집값이 폭등하지 않아 셋방 고통을 덜 받는 한편 내집의 꿈을 이룰 수 있기 때문에 투기를 강력히 반대하는 계급이다. 주택 정책은 이들이 셋방 사는 스트레스를 덜 겪도록 하는 한편 내집마련의 꿈을 이룰 수 있도록 지원해야 한다.

5계급은 사글세, 보증금 없는 월세, 보증금이 있더라도 5,000만 원이 안 되는 전·월셋방에 사는 사람들로 481만 가구, 전체의 3분의 1(30.3%)에 해당하는 전형적인 셋방 인생이다. 이들은 설사 집값이 절반으로 떨어진다 해도 현재의 경제력이 너무 처지기 때문에 제 힘으로 자기 집을 마련하기는 힘에 부친다. 5계급에게 부동산 투기는 당장 셋방 스트레스를 가중시키는 일일 뿐만 아니라, 꿈으로라도 간직하고 있던 내집마련의 소원을 영영 불가능하게 하는 악의 근원이다. 주택 정책은 5계급에 실현 가능성이 크지 않은 내집 꿈을 꾸게 하기 이전에 우선 당장 셋방 사는 스트레스를 없애주는 것을 우선 과제로 삼아야 한다.

6계급은 판잣집·비닐집·움막·업소의 잠만 자는 방·건설 현장의 임시 막사·동굴 및 지하방·옥탑방 등에 사는 주거 극빈층이다. 2005년 말 현재 전체 가구의 4.3%인 68만 가구, 인구수로는 162만 명이 이렇게 살고 있다. 이들은 부동산 투기의 가장 큰 피해자들이자, 주택 정책을 통해 최우선적으로 구출해야 하는 가장 밑바닥에서 고통받는 계급이다. 이들에게는 지하방으로 상징되는 인간이 살기에 부적절한 주거 공간, 동굴과 움막으로 상징되는 처참한 상황에서 탈출할 수 있도록, 주거의 상향 이동을 지원하는 사다리 정책housing ladder을 펼쳐야 한다.

이처럼 주택 계급별로 다른 주택 정책을 펌으로써 부동산 자산을 재분배해야만 부동산 투기를 잡고 부동산 빈부 격차를 완화할 수 있으며 서민의 집 근심을 풀 수 있다. 이제부터 앞서 제시한 각각의 정책이 갖는 타당성과 실효성 및 구체적 추진 방법을 살펴보겠다.

2. 제2의 토지개혁과 택지 국유화

제2의 토지개혁이 필요하다

국토가 좁다. 그뿐만 아니라 국토의 많은 부분이 산지다. 그런데 인구는 많다. 이것이 대한민국이 안고 있는 조건이다. 바다를 메워 국토를 넓힌다 한들, 산을 뭉개고 논밭을 갈아엎어 집이나 공장이 들어설 자리를 만든다 한들 이 조건을 크게 바꾸기는 어렵다. 지난 수십 년간 간척과 개발의 역사가 이를 잘 보여 준다. 또 출산율이 떨어지는 추세라 해도 좁은 땅덩어리에 맞춰 당장 인구를 절반이나 3분의 1 수준으로 뚝딱 줄일 수는 없다. 따라서 좁은 땅덩어리 위에서 더불어 함께 살 수 있는 지혜를 모아야 한다.

지구 상에는 좁은 국토에 많은 인구가 사는 나라가 여럿 있지만 우리나라처럼 땅값이 하늘로 치솟기만 하는 나라는 찾기 어렵다. 주어진 자연환경이 문제가 아니라 인간이 땅을 어떻게 대하느냐, 다시 말하면 더불어 사는 지혜를 짜느냐 아니면 정반대의 길을 가느냐에 따라 땅문제, 부동산 문제의 양상이 달라지는 것이다.

땅은 인간의 소유 대상이기 이전에 물이나 공기처럼 생명체가 생존하는 데 없어서는 안 되는 자연의 일부다. 땅은 그 위에 지은 집과 함께 인간이 살아가는 데 가장 중요한 보금자리다. 또한 땅은 노동과 더불어 생산의 근원을 이룬다. 이것을 있는 그대로 존중하는 것이 인간이 땅을 대하는 가장 바람직한 태도이자, 더불어 사는 지혜다.

그러나 소수의 욕심쟁이가 땅을 독차지하고 생활공간이나 생산수단으로 쓰기보다 상품화·자본화해 재산 증식을 위한 투기 수단으로 악용한다면 문제는 달라진다. 욕심쟁이들이 땅을 독차지해 땅이 귀해지고, '땅 맛'을 본 욕심쟁이들이 개발을 부추겨 투기 불로소득을 얻고, 그 불로소득으로 더 많은 땅을 차지해 다시 개발을 부추기는 악순환이 되풀이된다.

불행하게도 해방 후 역대 정권은 사실상 벌거벗은 투기 촉진 부동산 정책으로, 욕심쟁이들이 땅을 독차지하고 재산 증식 수단으로 악용하는 것을 법과 제도로 뒷받침해 왔다. 국가보안법의 엄호를 받는 '사유재산 제일주의'로서의 절대적 토지 사유권을 보장하고 '해방 후 최초의 부동산 투기'인 귀속재산 헐값 불하를 단행한 이승만 정권, 공업 중심의 산업화와 도시화 과정에서 각종 개발 정책을 추진한 박정희 정권이 그 출발점에 해당한다(장상환 2000a).

물론 지나친 투기 촉진 부동산 정책으로 땅값, 집값이 치솟고 국민의 저항이 격렬해져 정권과 체제가 위기에 처하게 되면 정권 차원에서 이 위기를 해소하기 위해 일시적이나마 투기를 억제하는 정책을 펴기도 한다. 1980년대부터 역대 정권이 땅값 안정을 정책 목표로 삼은 것, 특히 3차 부동산 투기 때인 1980년대 말 '정권 차원의 토지공개념' 제도가 그 본보기다. 그러나 이 같은 정책은 정권과 체제의 위기를 모면하려는 미봉책으로, 소수가 땅을 재산 증식 수단으로 삼아 투기를 일으키고 불로소득을 독차지하는 것을 사전에 해소하기보다는 이미 발생한 개발이익을 뒤늦게 환수하거나 투기 거래자를 색출하는 등 겉으로 드러난 문제점을 제거하는 것이 주요한 정책 목표가 된다.

1990년대 세계화를 내세운 김영삼 정권의 준농림지 도입과 난개발 정책, 외환위기 극복을 내세운 김대중 정권의 토지공개념 제도 폐기와 다양한 투기규제 완화정책은 정권과 체제의 위기가 어느 정도 해소되면 다시 투기 촉진정책으로 되돌아가는 모습을 그대로 보여 주었다(임석희 2004).

또한 4차 부동산 투기로 땅값 집값이 치솟고 빈부 격차가 극단적으로 치닫자 노무현 정권이 종합부동산세 도입 등 투기를 잠시 자제시키는 정책을 폈다면, 부동산값 폭등세가 수그러드는 모습을 보이는 가운데 집권한 이명박 정권은 초기부터 각종 개발 정책을 쏟아 내며 '벌거벗은 투기 촉진정책'으로 되돌아간 것이라 할 수 있다.

이처럼 역대 정권의 부동산 정책은 '벌거벗은 투기 촉진'과 '일시적인 투기 자제'의 차이가 있을 뿐, 부동산 투기를 뿌리 뽑고 빈부 격차를 해소할 근본적인 부동산 정책은 펴지 않았다는 점에서는 아무런 차이가 없다.

필자는 부동산의 소유 문제를 해결하지 않고는 부동산 문제를 근본적으로 해결하기 어렵다고 생각한다. 땅 문제의 핵심은 만인이 공유해야 할 자연의 일부인 국토의 70% 이상이 사유지로 투기에 노출된 현실, 그마저도 사유지의 63%를 5% 땅 부자가 독점(면적과 가구 기준)하고 있는 비상식적 상황이다. 집 문제의 핵심 역시 집이 100만 채 이상 남아도는 상태에서 국민 10명 중 4명이 셋방을 떠도는데, 집 부자 열 사람이 5,508채를 소유하고 심지어 한 사람이 1,083채를 소유하고 있는 극단적인 부동산 소유 격차다.

부동산 문제를 근본적으로 해결하려면 지금이라도 좁은 땅덩어리 위에서 더불어 함께 살 수 있는 지혜를 모아야 한다. 그러기 위해서는 조세, 값싼 주택 공급, 금융 등 다양한 정책이 필요하지만 근본적으로는 부동산 소유제도 그 자체를 변혁해 완전한 토지 공유화(또는 국유화)를 이루어야 한다(임종철 1985).

토지 사유제를 변혁해 공유화하는 방법은 크게 두 가지다. 하나는 토지 관련 세금과 임대료를 '제대로' 거둬 사유지를 사들이는 방법과, 다른 하나는 채권 발행을 통해 한꺼번에 사들인 뒤 토지 소유자가 살아있는 동안은 이자만 지급하고 사망했을 때 원금을 갚되 상속세로 환수하는 방법이 있을 수 있다. 역대 어느 정권도 시도하지 않았지만 투기를 뿌리 뽑고 빈부 격차를 해결하기 위해서는 이처럼 소유 문제를 정조준해야 하며 국가적 의지를 모아 추진한다면 한 세기 이내에는 공유제를 실현해 부동산 문제를 근본적으로 해결할 수 있을 것이다(임종철 1991).

한 세기면 100년이다. 100년의 장기적인 전략과 근본적인 처방 없이는 '백약이 무효'인 부동산 망국병을 치료할 수 없는 게 솔직한 현실이다.

'집 짓는 땅'부터 투기가 불가능하게

국가백년지대계의 전략 아래 1단계로 추진해야 할 일은 인간 생활에 가장 필요하면서도 극단적으로 사유화돼 투기에 가장 크게 노출된 택지를 국유화하는 일이다.

필자는 택지의 규모와 투기에 노출된 정도를 파악하기 위해 2007년 당

표 6-1 지적공부상 지목이 "대"인 토지의 소유 구분별 현황(2005년)

단위: ㎢, 10억

	합계	국공유지			사유지					
		소계	국유지	공유지	소계	개인	법인	비법인	외국인	기타
면적	2,533	181	85	96	2,352	2,068	213	63	2	6
(%)	100.0	7	3.3	3.8	93	81.6	8.4	2.5	0.1	0.2
가액	1,185,308	76,098	36,488	39,610	1,109,210	904,198	184,360	15,491	3,311	1,852
(%)	100	6	3.1	3.3	94	76.3	15.6	1.3	0.3	0.2

주: 2005년 12월 31일 기준으로 면적은 공시지가 산정되지 않은 토지를 포함한 면적이며, 가액은 2005년 개별 공시지가 × 면적이다.
자료: 행자부가 2007년 6월 심상정 의원실에 제출한 자료.

시 행자부에 택지 관련 통계를 요청했으나 행정자치부는 현행 통계제도에서 택지 통계를 알기 어렵다며 대신 이에 가장 가까운 대지 통계를 제출했다. 택지가 얼마나 되며 투기에 어느 정도 노출되었는지 행정자치부의 〈지목이 "대"인 토지의 소유 구분별 현황〉을 바탕으로 살펴보자.

대지란 영구적 건축물 중 주거·사무실·점포와 박물관·극장·미술관 등 문화시설과 이에 접속된 부속 시설물의 부지 및 정원과 택지조성 공사가 준공된 토지를 뜻하는 것으로 택지보다는 범위가 더 넓지만, 현행 통계에서 택지에 가장 근접한 개념이라 할 수 있다.

우리나라 국토가 100이라면 그중 86이 임야와 농경지이고 집과 건물 등을 지을 수 있는 대지는 2.5(2,533㎢)에 불과할 정도로 적다. 그중에서도 전체 대지 중 투기가 원천적으로 불가능한 국공유지는 7%에 지나지 않는다. 나머지 93%는 사유지로 무방비 상태로 투기에 노출된 것이다. 투기에 노출돼 있는 93% 중에는 개인 소유 대지가 2,068㎢(전체 대지의 81.6%)로 가장 많고, 법인 소유 213㎢(8.4%), 비법인 소유 63㎢(2.5%), 외국인 소유 2㎢(0.1%), 기타 6㎢(0.2%) 순이다. 국공유 대지는 중앙정부 소유의 국유지가 85㎢(전체 대지의 3.3%), 지방정부 소유의 공유지가 96㎢(3.8%)이다.

전체 대지 가격은 2005년 12월 31일 공시가격 기준 1,185조3,080억 원으로 전체 국토 가격의 3분의 1이 넘는다. 그런데 이 가운데 94%인 1,109조 원어치를 개인과 법인 등 민간인이 소유하고 있고, 중앙 및 지방 정부가 소유한 대지는 6%인 76조 원어치에 불과하다. 결국 집과 각종 사무실 점포 건물 등을 지을 수 있는 대지의 93%(면적 기준)~94%(가격 기준)가 사유지로서 투기에 노출된 셈이다.

이처럼 택지를 포함한 대지의 대부분이 투기에 노출돼 있기 때문에 투기의 여파가 곧 바로 주택문제로 번지는 원인이 되고 있어 서민들의 고통이 매우 크다. 또한 택지는 전체 국토 중 40분의 1이 채 안 되는 극히 일부분에 불과한데도 투기가 집중된 까닭에 가격이 전체 국토 가격의 3분의 1이 넘는다. 따라서 택지를 국유화할 경우 투기로부터 서민을 보호하는 바람막이를 만들 수 있을 뿐만 아니라, 투기의 핵심 무대를 없애는 효과를 얻을 수 있다.

택지를 국유화하는 방법에는 여러 가지가 있을 수 있겠지만, 사회적 혼란을 최소화하기 위해서는 유상몰수, 즉 정부가 사들이는 방법이 바람직하다. 현재의 주택 소유자가 살아있는 한 현재 소유하고 있는 주택의 택지를 죽을 때까지 국가에 팔지 않더라도 무방하게 만드는 것이 기존 주택 소유자들의 권리를 최대한 존중하는 방법이 될 것이다. 다만 주택을 타인에게 판매하거나 상속, 양도할 경우에는 반드시 택지를 국가에 판매하고 건물만 판매, 상속, 양도하도록 해야 한다. 이렇듯 점진적인 매입 방식으로 택지 국유화가 진행되도록 한다(강남훈 2007).

매입 대금을 일시불로 현금 지급하는 것은 막대한 재정이 소요되므로 실현 불가능한 일이다. 그리고 일시불 지급은 장기적인 차원에서 노후를 대비해서 주택을 소유하고 있는 많은 주택 소유자의 입장에서 보더라도 결코 바람직한 일이 아니다. 그러므로 매년 이자를 지불하는 영구채권을 발행하는 것이 실현 가능하고 또 바람직한 방법이다. 이것은 국가가 현재의 주택 소유자들에게 일종의 연금을 지불하는 것과 마찬가지다. 영구채권의 이자지급액은 국가가 택지 관리를 통해 거둬들일 택지 사용료와 연동시킴으로써 국가의 재정 부담을 없앨 수 있다(강남훈 2007).

첫 단추는 집 부자들의 투기용 주택

부유층의 독점적 택지 소유를 해소하고 택지 국유화를 추진하기 위해서는 집을 여러 채 소유하고 있는 집 부자들의 비거주용 주택 택지를 국유화하는 것으로 첫 단추를 꿰는 것이 필요하다.

동시에 신도시 건설 등의 과정에서 공공 택지는 민간 건설업체에 넘기지 않고 공영개발하고, 도심 내 매입 임대주택을 포함한 공공임대주택을 획기적으로 확대해 나가야 한다. 중기적으로는 모든 주택의 판매, 상속, 양도 과정에서 택지를 국유화하는 정책도 추진해야 한다.

통계청과 행자부에 따르면 택지 국유화의 첫 단추인 집 부자들의 비거주용 주택은 373만~538만 채로 전체 주택의 29~39%에 달한다. 만약 1가구 2주택까지를 제외하고 3주택부터 택지 국유화 우선 대상으로 삼을 경우에도 전체 주택의 약 20%, 260만 채가 해당된다. 어떤 경우에도 전체 택지의 최소 5분의 1, 많게는 3분의 1에서는 원천적으로 부동산 투기가 불가능해지는 것이며, 사람이 사는 집을 가지고 장난치는 부동산 투기는 더 이상 발붙일 수 없다는 사회 분위기를 확고하게 만들 수 있는 것이다.

집 부자들이 살지 않고 투기목적으로 소유하고 있는 주택의 택지를 국유화하기 위해서는 다주택자들을 상대로 현재 살고 있는 집을 제외한 비거주용 주택을 일정기간 안에 모두 팔도록 특별법을 제정해야 한다. 아울

표 6-2 '집 여러 채 소유' 가구의 비거주용 주택 수 현황

단위: 호, 가구

조사 기관	조사 대상 주택 수	다주택 소유 가구 수와 주택 수			비고
		가구(세대) 수 (A)	주택 수 (B)	비거주 주택 수 (A-B)	
행자부(2003년)	13,700,331	2,760,822	8,143,687	5,382,865	20채 초과 보유 제외
통계청(2005년)	13,222,641	1,046,857	4,773,706	3,726,849	유주택 셋방 가구는 1주택 소유로 전제

자료: 행정자치부 "2003 세대별 주택소유현황", 통계청 "2005년 인구주택총조사 결과".
주: 행자부가 2005년에 발표한 "세대별 주택 및 토지보유현황"에 따르면 다주택 보유 가구 수와 주택 수가 각각 887,180가구와 1,486,732호로 이들이 보유한 비거주 주택 수가 1,486,732호로 나타남. 그러나 이 통계는 조사 대상 주택 수가 11,193,602호로 2003년 행자부 및 2005년 통계청 조사에 비해 203~251만 호가 적어 신뢰도가 떨어짐.

러 다주택자들이 1가구 1주택 외의 주택을 팔거나, 상속, 양도할 때 택지는 정부에 판매하고 건물만 판매, 상속, 양도하도록 함으로써 택지를 정부가 사들이는 방식으로 국유화한다.

건교부(현 국토해양부) 추산에 따르면 2005년 초 기준 전체 주택에 딸린 택지(부속 토지) 가격은 605조 원이다. 따라서 전체 주택의 20%에 해당하는 택지를 사들이는 비용은 121조 원이며, 이 가격이 시세보다 적게 추산될 가능성을 감안한다 해도 약 150~200조 원이면 충분하다.

만약 5년 안에 집 부자들의 3주택 이상 주택 택지를 국유화한다면 매년 30~40조 원씩 택지 보상을 위한 영구채권을 발행해야 하고, 10년에 걸쳐 국유화를 한다면 매년 15~20조를 발행하면 충분하다.

이 정도의 채권을 발행할 경우 채권시장에 무리한 영향을 주는 것은 아닐까 염려할 수도 있다. 2006년 기준 전체 채권 발행액은 381조 원(잔액 총액 779조 원)이므로, 적게는 연 15~20조 많게는 30~40조의 택지 보상 영구채권을 발행할 경우 채권시장에 영향을 줄 수는 있겠으나 잠재적인 채권 수요를 고려한다면 감당할 수 있다(심상정 2007a).

그 근거는 다음과 같다. 첫째, 2006년 국고채 발행액이 61조 원인데 2005년 국고채 평균 응찰률(응찰액/낙찰액)이 160%에 달할 정도로 채권시장에서 국고채 수요가 크다. 둘째, 강력한 채권 수요자로서 국민연금기금이 빠르게 성장하고 있다. 국민연금기금은 2007년 4월 200조 원을 넘었고 2010년 300조 원, 2012년 400조 원을 돌파할 것으로 전망되어 5년 내 200조 원의 추가 자산 운용처가 필요한 상황이다. 2007년 4월 현재 국민연금기금 200조 원 중 채권 투자가 152조 원(76%)이며, 향후 증가하는 기금 역시 안정적 채권에 투자되는 것이 바람직하다. 택지 보상 영구채권의 이자율을 시장 금리에 근접하게 지급할 경우 충분히 현실성 있는 상품이 될 것이다.

그렇다면 국가 채무에 미치는 영향은 어떨까. 2005년 기준 우리나라 국가 채무는 248조 원으로 GDP의 30.7% 수준으로 OECD 평균 채무율 76.9%에 비해 낮은 수준이다. 특히 국가 채무 중 융자금 회수, 자산 매각 등으로 자체 상환이 가능한 금융성 채무 147조 원을 제외하면 적자성 채무는 101조 원으로 GDP 12.5% 수준이다. 새로 발행되는 택지보상채권 역시 자산을 획득하는 비적자성 채권이며 택지 사용료와 채권 이자를 지급하므로 국가재정에 추가 부담은 없다.

1가구당 2주택까지를 제외하고 3주택부터 택지를 국유화한다 하더라도 집 부자들은 저항할 가능성이 높다. 왜냐하면 집투기를 통해 불로소득을 벌어들이지 못하게 되기 때문이다. 그러나 이 같은 부당한 저항은 꺾어야 한다. 더 이상 사람이 사는 집이나 땅으로 투기 장난을 치며 떼돈을 버는 일은 후손을 위해서도 중단시켜야 한다. 그렇다고 집 부자들에게 부당한 피해를 주는 것은 아니다. 지금까지 번 돈으로 만족하고 적절한 시점에 3채 이상의 주택 택지에 대해서는 정부에 팔고 그 돈을 가지고 쓸데 쓰면 되는 것이다. 다만 투기만 하지 말라는 것이다.

표 6-3 주택 가격 인하폭에 따른 내집마련 가능 시기(2005년)

단위: 원, 가구

보증금 규모별 전·월세 가구	65%로 인하시		50%로 인하시		대상 가구 수
	24평 (1억4,820만 원)	33평 (2억3,595만 원)	24평 (1억1,400만 원)	33평 (1억8,150만 원)	
전세 2억 원 이상	즉시	즉시	즉시	즉시	30,951
전세 1억~2억 원	즉시	3년	즉시	즉시	211,445
전세 5,000~1억 원	4년	9년	2년	6년	705,097
월세 보증금 5,000만 원 이상	4년	9년	2년	6년	55,934
계	즉시: 242,396 4년 내: 761,031	즉시: 30,951 3년 내: 211,445 9년 내: 761,031	즉시: 242,396 2년 내: 761,031	즉시: 242,396 6년 내: 761,031	1,003,427

주: 1) 대상 가구 수는 통계청 2005년 인구 주택 총 조사 결과에서 전·월세 보증금 5,000만 원 이상 가구 중 타지 주택 미소유 가구임.
2) 주택가격은 2006년 3월 판교 신도시 주공 공공분양아파트 분양가 기준임.
3) 내집마련 비용은 현 전·월세 보증금에 도시근로자 가구의 평균 저축 가능액을 더한 것임. 단, 필요할 경우 전·월세 보증금+저축액의 50%까지 대출 또는 차입하는 조건임.
4) 2006년 3/4분기 현재 도시근로자 가구 평균 저축 가능액은 연 914만 원(금리 5%)을 적용함.
5) 분양 가격, 보증금, 임금은 편의상 불변 가격으로 계산함.

택지 국유화의 가장 큰 목적은 투기를 뿌리 뽑는 것이지만 동시에 일거양득의 효과도 볼 수 있다. 집 부자들이 소유한 수많은 주택 중 3주택 이상을 팔게 한다면 최소한 260만 채의 주택 매물이 생긴다. 신도시 하나에 많이 지어봐야 주택 5만 채 정도라 할 때, 5년 안에 다주택자 택지 국유화를 완료할 경우 그린벨트를 해제하거나 환경을 파괴하지 않고도 매년 신도시 10개씩 5년 동안 50개를 건설하는 공급 효과를 낼 수 있다. 더 나아가서 집을 사려는 국민은 땅을 제외한 건물값만 주고 살 수 있기 때문에 무주택자들의 내집마련에 큰 도움을 줄 수 있다.

필자가 통계청 자료 중 전·월세 보증금 규모별 가구와 도시근로자 가구 평균 저축 가능액을 연동시켜 추산해 본 결과, 내집마련 가능 계층이라 할 수 있는 주택자산(전·월세 보증금) 5,000만 원 이상에 사는 100만 가구는 5년 안에 모두 내집을 장만할 수 있는 것으로 나타났다.

구체적으로 택지 국유화에 따라 땅값을 뺀 건물값을 내는 방식으로 주택 구입비가 현재의 절반 또는 3분의 2(65%) 수준으로 가격이 떨어질 경우 2005년 현재 1억 원 이상 전·월세 보증금을 내고 사는 24만 가구는 판교신도시 분양가 기준 79㎡(24평형) 아파트를 즉시 장만할 수 있으며, 109㎡(33평형)는 늦어도 3년 안에 마련할 수 있다. 또 보증금 5,000만~1억 원을 내는 80만 가구의 경우 79㎡(24평형) 아파트를 2년에서 늦어도 4년 안에 마련할 수 있고, 109㎡(33평형)의 경우 6~9년이 걸리는 것으로 나타났다.

국가재정에 아무런 부담이 없고 사회적 혼란도 최소화하는 방법으로 투기를 완전히 뿌리 뽑고 부동산 문제를 근본적으로 해결할 방법이 있는데도 토지 국유화를 하지 않고 국민과 후손들에게 부동산 투기로 골병드는 극심한 고통을 물려준다면 참으로 어리석은 일이다.

3. 공공 택지 공영개발·공공주택 공급

복지부에 주택청을 설립하자

부동산 문제 특히 주택문제를 해결하려면 맨 먼저 바꿔야 할 게 정부 정책이다. 역대 정권의 주택 정책은 주택을 많이 지어 공급하는 정책이 주를 이뤘다. 주택 정책 담당 주체도 건설교통부(현 국토해양부)와 재경부(현 기획재정부) 등 경제부처의 부동산 관벌官閥이었고, 정책의 최대 수혜자는 건설 재벌과 땅 부자, 집 부자들이었다. 주택 정책이 이들 부동산 관벌의 손에 있는 한 경기부양 수단이 되어 부동산 투기를 촉진할 뿐, 서민의 주거 안정을 위한 주택 정책은 요원하다.

더구나 주택의 건설과 공급은 넘치고 넘쳐서 집이 100만 채 넘게 남아도는 상황이다. 또 주택과 땅을 일부 부유층이 독점한 상태에서 집값 땅값이 주기적으로 폭등함으로써 불로소득을 소수가 독점하고 다시 투기로 이어지는 악순환이 거듭되고 있다. 또 그 피해는 고스란히 집 없는 서민과 주거 빈곤층에게 돌아가고 있다.

이제 건설과 공급이 주택 정책의 목표가 되는 시대는 끝났다. 건설과 공급 중심의 주택 정책이 아니라 복지 중심의 주택 정책으로 바꿔야 한다. 그러자면 주택 정책을 부동산 관벌의 손에서 복지정책의 품으로 옮기는 일부터 시작해야 한다. 이를 위해 복지부 산하에 (가칭)주택청을 설립해야 한다. 국토해양부 주택 관련 부서와 토공, 주공 등 주택, 주거복지 관련조직을 모두 정비해 복지부 주택청으로 일원화해야 한다. (가칭)주택청에서 택지 국유화 및 국유 택지의 관리를 비롯해 택지의 수용과 조성 및 시공, 공공주택의 건설과 공급, 유지 및 관리, 주택기금의 관리 등 주거복지정책을 총괄하도록 해야 한다.

부동산 통계부터 제대로 내야

부동산 관련 통계도 제대로 정비해야 한다. 부실한 통계도 문제지만 잘못된 통계는 더 문제가 아닐 수 없다. 통계의 빈곤은 정책의 빈곤으로 이어지지만, 잘못된 통계는 잘못된 정책을 만들기 때문이다. 부동산 통계와 정책이 그 예이며, 땅값 통계가 대표적이다. 국토해양부는 2008년 공시지가를 3,227조로 발표하고 있으나 전국 땅값 시세는 5,000조가 넘는 것으로 분석되고 있다. 그 결과 부동산 시장을 왜곡되게 진단함으로써 투기의 대책이나 불로소득의 규모 및 이를 환수하기 위한 세제가 모두 현실과 어긋나고 있다.

부동산 관련 통계를 국토해양부가 아니라 국가 통계를 담당하는 통계청에서 통계이론과 원칙에 맞게 생산하도록 이관하고, 필요에 따라 행정안전부 등 관련 부처와 업무를 나누도록 해야 한다. 특히 땅과 집의 소유에 관한 통계는 국가지정 통계로 삼아 주기적으로 반드시 공개하도록 법제화해야 한다. 또 주택 양도소득공제제도와 임대차 등록제 등을 도입해 부동산 실거래가를 정착시킴으로써 현실을 있는 그대로 반영하는 부동산 통계를 만들 수 있도록 뒷받침해야 한다.

'국민의 땅' 건설 재벌에 주지 말고 공영개발해야

그간 신도시 개발 정책은 국민이 소유한 땅을 공권력을 이용해 강제 수용해 건설 재벌에게 헐값으로 독점 공급한 뒤 원가도 공개 않고 선분양함으로써, 건설 재벌과 투기꾼을 살찌우고 투기를 조장하며 주변의 집값을 끌어올리는 결과를 초래했다. 그 결과 서민의 주거 환경을 개선한다는 취지는 사라지고, 거꾸로 집값 폭등을 부채질함으로써 집 없는 서민의 내집 마련을 더 어렵게 해왔다.

이 같은 폐해를 바로잡으려면 '국민의 땅'인 공공 택지는 민간에게 팔지 않고 공공주택을 지어 공급하는 것을 원칙으로 삼아야 한다. 중앙정부(주택청)나 지방정부(예, SH공사)가 시행자로서 시공까지 담당해야 하며, 직접 시공하지 못할 경우에만 입찰을 통해 민간 건설사에 시공을 맡겨야 한다.

공영개발을 통해 공공임대주택과 공공분양주택 등 공공주택을 공급하되, 분양할 경우에는 환매조건부 분양주택을 원칙으로 하며 대지임대부 분양주택도 환매 조건으로 공급해야 한다. 공공주택은 원칙적으로 집이 없는 사람만 분양 또는 임대받을 수 있게 해야 한다. 공공임대주택은 전세와 월세를 혼합해 무주택자의 처지와 조건에 맞게 선택할 수 있을 것이다.

공공 택지뿐만 아니라 재개발 재건축 과정에서도 개발이익환수 차원에서 공공주택을 일정 비율 이상 의무적으로 짓도록 해야 한다.

이를 위해 '공공 택지 공영개발·공공주택 공급' 원칙을 담은 특별법을 제정해서 '국민의 땅'이 건설 재벌의 투기 무대로 제공되는 일을 제도로써 금지해야 하며, 이를 통해 택지 국유화를 실질적으로 달성하는 한편 집 없는 서민의 집 근심을 푸는 주택 정책이 되게 해야 한다.

공공 택지 공영개발 '송파모델'

주춤하던 집값을 흔들어 깨우는 것은 언제나 ○○신도시, ××뉴타운 발표였다. 낡은 집을 헐고 새집을 짓는 일을 아예 하지 않을 수는 없을 것이다. 또 아직 주택이 부족한 서울과 수도권에 신도시를 아예 건설하지 않을 수는 없다.

그러나 이제껏처럼 신도시나 재건축, 재개발이 서민의 주택난을 해결하기보다 거꾸로 아파트값을 끌어올려 서민을 울린다면 하지 않느니만 못하다. 현행 방식의 수도권 신도시나 도심 재건축, 재개발은 백지상태에서 재검토해야 한다. 목적의 타당성, 방식과 공급되는 주택의 성격 등을 재검토해서 건설 재벌과 투기꾼이 아니라 무주택 서민의 주거 안정에 철저히 복무하는 방향에서 진행해야 한다. '투기 바이러스'가 아니라 '투기 백신'이 되는, 집 있는 사람이 아니라 집 없는 사람을 위한, '국민의 땅'을 건설 재벌이 아니라 국민에게 돌려주는, 그러면서도 재정적으로 아무 문제가 없는 신도시와 도심 재개발이 돼야 한다.

약 30만 채 가까운 주택을 공급했던 분당, 일산, 평촌, 산본, 중동 등 제1기 신도시 건설(개발 기간 1989~96)에 이어 현재는 2001년부터 시작된 제2기 신도시가 한창 추진되고 있다. 2015년까지 판교, 송파거여, 화성동탄

1, 2차, 광교, 김포, 파주, 양주, 검단, 고덕 등 2기 신도시 10곳에 모두 57만5,000채를 새로 지을 예정이며, 이 가운데 2007년까지 판교와 화성동탄1차 등에서 6만3,000채가 이미 분양되었다(국토해양부 2008).

송파거여(위례)신도시 개발 방침은 집값이 한참 폭등하던 2005년 8월 당시 노무현 정부가 8·31 투기 대책의 하나로 발표했으며, 2006년 7월 205만 평을 택지개발 예정 지구로 지정해 아파트 4만5,000채, 단독 800채, 연립주택 200채 등 모두 4만6,000채 건설을 계획했다. 당시만 해도 노무현 정부의 후분양제 로드맵이 폐기되지 않았기 때문에 일반 분양 아파트의 경우 40% 이상 공정을 마친 뒤인 2009년 9월부터 분양될 예정이었다. 그러나 2008년 7월 이명박 정부는 선분양 방침을 밝혀 상황이 바뀐다.

송파거여신도시는 집값 폭등의 진원지였던 서울 강남구와 연결돼 있어 집값에 큰 영향을 미칠 수 있는 지역일 뿐만 아니라, 개발 대상 토지가 대부분 군부대 등 국공유지여서 정부가 하기에 따라서는 신도시 정책의 시금석이 될 수 있는 상징적인 곳이다. 국민의 땅인 공공 토지를 건설 재벌에게 헐값에 넘겨주고 개발이익을 건설 재벌과 일부 소비자가 나눠 갖는 분양 중심의 민영개발 방식이 아니라 공영개발을 통해 공공주택을 지음으로써, 투기 백신 신도시를 실현할 수 있는 조건을 갖춘 곳이다.

국회에서 일할 당시 필자는 위와 같은 문제의식 아래 토지공사로부터 관련 자료를 제출받은 뒤 경실련 등 전문가들과 함께 송파거여신도시의 사업성을 분석해 보았다. 그 결과 공영개발이 충분히 가능할 뿐만 아니라, 민영개발 방식보다 경제성이 훨씬 뛰어나다는 결론을 얻었다.

'송파거여신도시대안모델'(이하 '송파모델'로 줄임)은 서울시 송파구 송파거여신도시를 건설 재벌에 넘겨주지 않고 100% 공영개발하는 데서 출발한다. 민간 건설회사들은 필요에 따라 입찰을 통해 시공에 참여시키겠지만, 토지수용과 택지조성, 주택의 건설과 임대 및 유지 관리를 모두 복지

표 6-4 송파거여신도시 공공 보유주택 사업성 분석

단위: 억 원

		총액	2008년	2009년	2010년	2011년	2012년	2013년	비고
사업비 지출	① 수용 및 개발비	50,601	20,240	20,240	10,121	–	–	–	
	② 주택 건설비	65,501	–	13,100	19,650	13,100	13,100	6,551	군인아파트 건설비 7,067억 원은 미포함
	③ 간접비용 (시행사+광역)	3,600	100	100	100	1,100	1,100	1,100	연 100명(연봉 1억 기준)
	④ 이자비용(연7%)	8,380	1,424	2,341	2,091	994	994	536	(1+2+3)×7% 이자율
	⑤ 군부대 이전 및 시설비	16,850	1,685	3,370	3,370	3,370	3,370	1,685	국·공유지 매입비로 충당
	소계	128,082	21,764	35,781	31,962	15,194	15,194	8,187	1+2+3+4(5항은 제외)
사업 수입	⑥ 택지 판매비	140,185	–	–	70,093	70,092	–	–	2010년, 2011년 각각 매각 전제
	⑦ 임대 소득(연간)	4,843	–	–	–	–	–	–	군인아파트 5,000세대 임대 소득은 제외
	소계	140,185	0	0	70,093	70,092	0	0	
합계 (2013년까지) [사업 수입 – 사업비 지출]			-21,764	-35,781	38,131	54,898	-15,194	-8,187	
누계			-21,764	-57,545	-19,414	35,484	20,290	12,103	2014년부터 매년 4,843억 원씩 누적

자료: 심상정 의원실(2007a).

부에 설립할 주택청에 맡긴다.

신도시 개발에 필요한 최소한의 재정을 마련하기 위해 공공 택지 중 일부만을 시세대로 매각하고 나머지 모든 공공 택지는 공영개발을 통해 100% 공공주택을 짓는다. 이 공공주택은 분양하지 않고 100% 무주택자들에게 소득수준에 따라 최고 시세의 절반 가격에 30년간 임대하며, 임대 방식은 전세금을 낼 수 있는 사람은 전세로 월세를 선호하는 사람은 월세로 선택권을 주는 것으로 했다.

그 결과 단독주택 800채와 상업용인 주상복합을 제외한 아파트 4만 5,100채 및 연립주택 200채 전체를 공공임대주택으로 지은 뒤, 집 없는 서민들이 계약 기간 30년 동안 집 걱정 없이 살 수 있도록 하고도 수익이 남는 것으로 분석되었다.

'송파모델' 사업성 분석 결과의 주요 내용은 다음과 같다(심상정 2007a). ① 공공 택지 중 상업용지와 단독주택 용지를 시세대로만 팔 경우 10조 7,559억의 수익이 발생한다. 여기에 공공성이 강한 공공시설용지를 감정가와 조성원가로 판매해 얻는 3조2,625억을 더하면 총 14조185억의 수익을 얻을 수 있다. 반면 사업지출 비용은 토지수용 및 조성비와 간접비 6조 3,031억, 공공보유주택 4만5,300호를 평당 362만 원의 건축비로 건설하는 데 드는 6조5,501억 등 총 12조8,082억으로 나타났다. 이에 따라 완공예정인 2013년을 기준으로 송파 신도시는 사업 순이익이 약 1조2,000억에 달해 경제성이 매우 뛰어난 것으로 나타났다.

② 더구나 아파트 4만5,100호와 연립주택 200호 및 해당 택지를 모두 (가칭)주택청이 보유하게 되는 데, 그 자산가치를 시세에 맞춰 따져보니 아파트의 경우 38조2,100억 원, 연립주택은 1,900억에 달해 총 38조 4,000억의 자산을 보유하게 된다. 이처럼 사업 순이익에 더해 38조 원대의 수익이 추가로 발생함으로써 총 경제적 이득이 40조 원에 달한다.

③ 또한 전용면적 60㎡(18평) 이하의 소형 주택과 60㎡~85㎡(18평~25.7평) 이하는 시세의 65%, 85㎡(25.7평) 초과 아파트와 연립주택은 시세의 80% 수준의 파격적인 가격으로 전세 또는 월세로 임대하더라도 2014년부터는 매년 4,843억의 임대소득이 추가로 발생한다.

신도시나 도심 재개발을 꼭 해야 할 경우 '송파모델'과 같은 방식으로 한다면 건설 재벌의 폭리와 인근 지역 아파트값 폭등, 원주민의 10명 중 8명이 쫓겨나는 일, 개발이익의 사유화 등 대부분의 폐해를 상당 부분 해결할 수 있을 것이다. 물론 군부대 보유 토지가 다른 지역보다 많은 송파거여 지역의 특수성은 감안해야 하겠으나 공영개발을 통해 무주택 서민들에게 혜택을 주는 개발 방식이란 원칙은 크게 달라지지 않을 것이다.

특히 주택문제가 심각하고 집 없는 서민의 고통이 극심한 수도권에서는 신도시를 개발하거나 도심 재개발을 하게 될 경우에는 전체 주택 중 공공주택의 비율이 20%가 될 때까지 '송파모델'과 같이 공영개발을 통해 필요한 최소한의 분양주택 외에는 전량 공공임대주택으로 공급하는 방안을 적극 검토해야 할 것이다.

4. '부동산 특권' 폐지하고 내집 꿈 부활시키자

대한민국에서 집 없는 설움만큼 서러운 게 없고, 내집 꿈 만큼 달콤한 게 없다.

그러나 아파트 분양가는 고공행진을 거듭하고 내집 꿈은 내리막길만 걷는다. 아파트를 분양하는 건설 재벌들이 아파트 분양 원가도 감춘 '선분양 특권'을 이용해 폭리를 취하고 있기 때문이다. 집은 남아도는데 국민 10명 중 4명이 셋방을 떠돌고 있다. '투기 불로소득'을 얻으려 집을 여러 채씩 소유한 이들에게 국가는 법과 제도로 세금 특혜까지 주고 있다.

부동산 투기 세력에게 주어진 특권과 특혜를 과감하게 폐지해야 한다. 그래야 집값을 잡고 투기 불로소득을 환수해 서민의 집 근심을 풀 수 있다.

'아파트 선분양 특권' 폐지하고 분양 원가 공개 의무화해야

짓지도 않은 아파트를 먼저 팔 수 있게 한 현행 선분양제는 1977년 박정희 정권이 분양가 규제를 대가로 건설업체에 제공한 비정상적 특권이다. 그러나 1998년 김대중 정부가 분양가를 전면 자율화한 뒤에도 바로잡지 못함으로써 건설업체가 폭리를 취하는 온상이 되고 있다. 노무현 정부는 선분양제의 문제점을 알면서도 제대로 고치지 않아서 분양가 폭등을 방조했다.

선분양제는 건설업체에 일방적으로 유리하고, 소비자는 일방적으로 불리한 비정상적인 제도다. 3.3㎡(1평)에 최고 4,000만 원을 받는 선분양 아파트는 거품 그 자체이며, 거품만큼 건설업체가 폭리를 취하는 것이다. 더구나 신규 아파트 고분양가가 인근 집값 폭등을 부추기고 다시 신규 분양가를 올리는 악순환이 꼬리를 물고 있다.

선분양제를 폐지하고 최소한 공정의 80%를 마친 뒤 분양하도록 민간 아파트를 포함한 모든 아파트 분양 제도를 후분양제로 바꿔야만 소비자와 공급자가 대등한 자리로 돌아올 수 있고, 건설 재벌의 폭리를 막아 아파트 분양가를 정상으로 되돌릴 수 있다. 물론 후분양제 전환을 위해 금융(자금 조달), 보증(미분양 대비)제도 등 관련 제도를 정비할 필요가 있다.

더구나 짓지도 않은 아파트를 파는 것도 모자라 분양 원가 내역도 상세히 공개하지 않고 '부르는 게 값'으로 팔 수 있으니 아파트 분양가가 하늘로 치솟지 않을 수 없다. 선분양제가 비정상적 특권이라면, 분양 원가 비공개는 '특권 위의 특권'인 것이다.

선분양 아파트를 분양할 때는 민간과 공공을 막론하고 반드시 60개 항목 이상 상세하게 원가를 공개하고 그 내역서를 분양 계약서에 포함시킴으로써, 사후 검증이 가능하고 소비자가 책임을 물을 수 있게 해야 한다. 건설업체의 분양 원가 허위 신고를 방조하는 공무원은 엄하게 처벌하고, 시도별분양원가검증위원회에 소비자와 시민사회단체의 참여를 반드시 보장해야 한다.

표 6-5 주택 임대료 총액 추계(2005년)

단위: 원

구분	계	전세	월세		
			보증부 월세	무보증 월세	사글세
가구 수(a)	6,568,615	3,556,760	2,394,557	333,206	284,092
보증금 평균(b)	-	5,109만	1,157만	-	-
월세/사글세 평균(c)	-	-	21만	21만	28만
보증금 총액(d)	209조4,199억	181조7,149억	27조7,050억	-	-
월세/사글세 총액(e)	6,524억 (연 7조8,288억)	-	5,029억 (연 6조348억)	700억 (연 8,400억)	795억 (연 9,540억)

자료: 통계청, 2005년 인구주택총조사 결과를 필자가 분석한 결과임.
주: 월세 전환 이율은 연 10%로 추산함.

집 부자 '임대소득 비과세' '임대사업 비과세' 특권 폐지해야

집이나 땅을 많이 소유한 사람들에게 대한민국은 불로소득을 마음껏 올릴 수 있는 천국이다. 투기 불로소득을 보장하는 각종 세금 특혜 때문에 너도나도 부동산을 사들이고 그 결과 부동산 가격이 더 오르는 악순환이 계속되고 있는 것이다. 집 부자들에 대한 임대소득 비과세 특혜가 대표적이다.

필자가 통계청 2005년 인구주택총조사 결과를 분석해 보니 전·월세 사는 656만8,615가구가 1년에 집주인에게 내는 월세와 사글세 총액은 7조8,288억에 달하며, 전·월세 보증금도 209조4,199억 원에 달하는 것으로 나타났다. 여기에 주택 이외에 상가와 사무실, 공장, 토지에 대한 임대료를 더하면 부동산 임대소득은 천문학적 규모로 추산된다.

그러나 부동산 임대소득은 제대로 과세도 하지 않고, 세원 자체도 파악되지 않고 있다. 필자가 세금을 걷는 국세청에 임대소득 관련 자료를 요구했더니 돌아온 답변은 현행 과세제도에서는 임대소득 과세 현황을 알기 어렵다는 것이었다. 현행 종합소득 세제는 부동산 임대소득을 이자·배당·사업·근로·기타·일시재산·연금소득 등 다른 소득과 합산해 신고·납부하게 돼 있어 부동산 임대소득이 얼마나 과세되고 있는지조차 알 수 없게 돼 있다. 이는 '소득 있는 곳에 세금 있다'는 조세 원칙에도 어긋날 뿐만 아니라, 불로소득을 보장하고 투기를 부채질하는 잘못된 제도가 아닐 수 없다.

임대소득세 과세가 세 사는 사람들에게 전가되는 것을 방지하기 위해 〈주택 및 상가 임대차 보호법〉을 개정해 세입자 보호 장치를 마련하는 것을 전제로 〈소득세법〉을 개정해 부동산 임대소득을 조세 원칙에 따라 과세해야 한다. 또 고액 임대소득자에 대해서는 중과세해야 한다. 임차금에 대한 소득공제와 임대차 등록제를 도입하는 등 실제 임대소득을 파악할 수 있는 제도적인 장치도 마련해야 한다.

다주택자의 세금 회피를 위한 피난처가 되는 임대사업자에 대한 세금 특혜도 폐지해야 한다. 1994년 김영삼 정권 때부터 시작된 임대사업 등록자에 대한 특혜는 집을 여러 채 소유한 사람들의 세금 회피를 위한 피난처가 되고 있다.

평소에는 임대소득을 올리고 집값 폭등 때는 막대한 불로소득을 얻고 있는 다주택 소유자들에게 여러 채 갖고 있어도 임대사업자 요건만 갖춰 등록하면 취·등록세를 면제 또는 깎아 주고, 종합부동산세와 양도소득세도 피할 수 있게 해주는 것은 합법적인 투기를 보장해 주는 것이기 때문이다.

이 같은 특혜 때문에 1994년 105명이 3만2,935채로 시작한 임대사업자는 2007년 말 현재 3만7,457명이 133만4,951채가 넘는 주택을 소유하는 규모로 불어났다. 집을 2채 이상 소유한 사람들의 비거주용 주택 370만~540만 채 중 130만 채 이상이 임대사업이란 이름으로 세금 특혜의 피난처에 들어앉은 것이다.

선진국의 예를 보면 주택 임대사업은 중앙정부나 지방정부 또는 비영리단체의 몫이지, 이윤을 목적으로 한 민간사업자의 몫은 아니다. 임대사업이란 이름으로 보유하고 있는 주택은 택지 국유화 대상으로 삼아 재분배해야 한다.

그 이전이라도 집 부자의 별명인 임대사업자에 대한 부당한 특혜를 폐지하고 임대소득에 대한 과세는 물론 종부세·양도세·취득세·등록세 면제 등 부당한 세금 특혜를 개선해야 한다. 또 다주택 소유 가구의 경우 소유한 주택 수에 따라 종합부동산세를 중과세하는 등의 방법으로 선진국 수준의 보유세 실효 세율 1%를 조기에 실현해야 한다.

고위 공직자 부동산 백지신탁제 도입해야

대한민국 주요 뉴스 중의 하나가 고위 공직자들의 부동산 투기 의혹이다. 실제로 개발 정보를 미리 알고 투기를 일삼거나, 심지어 자신이 부동산을 소유하고 있는 곳에 개발 정책을 시행했던 공직자들이 있는 것으로 드러나기도 했다. 개발 정보를 미리 알 수 있거나, 개발 정책에 개입할 수 있는 공직자들이 권한을 악용할 경우 충분히 가능한 일이다.

이 같은 논란을 사전에 예방하기 위해서는 주식(2006년부터 실시 중)과 같이 부동산에 대해서도 합리적인 기준을 만들어 백지신탁하는 제도를 도입하는 방안을 적극 검토할 필요가 있다. 백지신탁제도란 고위 공직자와 직계존비속 소유의 부동산 가운데 실수요임을 증명하지 못하는 부동산은 백지신탁해서, 퇴직 때 시가와 매입가의 원리금 중 낮은 금액을 돌려주도록 하는 방안이다. 이렇게 한다면 재직 기간 동안 불로소득을 얻지 않게 됨으로써 투기 논란도 잠재울 수 있을 것이다.

내집마련 가능 계층 집 장만 지원해야

　부동산 세력에 대한 특권과 특혜를 폐지하고 집값을 인하함으로써 서민이 내집마련에 한발 다가서도록 해야 한다. 그러나 필자가 통계청의 2005년 인구주택총조사 결과를 분석해 추산한 결과 집 없이 셋방살이를 떠도는 가구 가운데 67%는 전·월세 보증금이 3,000만 원이 채 되지 않는다. 보증금 3,000만 원 이상 5,000만 원 미만 가구도 16%에 지나지 않고, 5,000만 원 이상 가구는 17% 수준이다.

　따라서 셋방 사는 국민들을 위해서는 우선 셋방살이라도 안정되게 할 수 있는 임시방편을 마련하고(이 책의 '셋방살이 스트레스' 푸는 주택 정책 참조), 집값 거품이 빠지는 등 여건 변화에 따라 내집마련이 가능한 계층에게는 내집마련을 지원하는 정책을 펴야 한다. 또 상당기간 전·월세로 살 수밖에 없는 계층을 위해서는 공공임대주택 공급과 주거비 보조 등 처지에 따른 맞춤형 종합 대책이 필요하다.

　우선 분양주택은 무주택자에게 분양하는 것을 원칙으로 해야 한다. 그래야 새로 공급되는 주택이 집 부자들에게 돌아가는 것을 차단하고 집 없는 사람의 내집마련으로 이어질 수 있다. 이를 위해 무주택 세대주에게 아파트 분양 청약 자격 가산점을 부여하도록 법제화해야 한다. 다만, 1가구 1주택의 주거 상향 요구를 실현할 수 있도록 일정 기간 안에 기존 보유 주택을 처분하는 조건에서만 허용할 수 있을 것이다.

　내집마련을 위한 금융 지원도 확대할 필요가 있다. 2주택 이상에 대해서는 총부채상환비율^{DTI}에 의한 주택 담보대출을 원칙적으로 적용하되 무주택자에게는 대출 규모를 일정하게 확대해 내집마련에 어려움이 없도록 해야 한다. 이미 대출된 2주택 이상 주택 담보대출 중 비거주용 주택에 대한 대출금은 상환하게 해서 투기자금으로 쓰이는 것을 차단해야 한다.

5. '셋방살이 스트레스' 푸는 주택 정책을

여기에 더해 택지 국유화에 따라 무주택자가 택지 사용료만 내고 건물을 살 수 있게 하고, 공공 택지는 공영 개발을 원칙으로 삼아야 하며, 분양 주택을 공급할 경우에도 환매 조건으로 시세보다 낮게 내집을 장만할 수 있게 해야 한다. 또 민간 건설업체 아파트 분양의 경우 후분양제와 분양원가 상세공개제도를 도입하면 아파트 분양가도 많이 내려갈 것이다. 다만, 그렇다 하더라도 현실적으로 현재 셋방 사는 가구 중 내집마련 가능 계층은 100만을 밑돈다는 점을 냉정하게 인정할 필요가 있다.

셋방을 떠도는 가구는 국민 10명 중 4명꼴(전체 가구의 41.4%)인 656만여 가구, 1,700여만 명에 이른다. 이 중 전세방에는 356만 가구 1,000만 명이 살고, 월세와 사글셋방에는 300만 가구 660만 명이 살고 있다. 셋방 사는 국민 중 절반이 넘는(55.4%) 가구는 단독주택, 3분의 1(32.9%)은 아파트에, 나머지 12%는 연립주택이나 다세대주택 등에 흩어져 살고 있다.

셋방 사는 국민들을 위해서는 '송파 모델'과 같은 공영 개발을 통해 공공임대주택을 대폭 확충하는 근본 대책과 함께 당장 셋방 사는 스트레스를 풀 수 있는 몇 가지 대책이 병행돼야 한다. 이 글에서는 ① 방 빼! ② 방값 올려 ③ 전세를 월세로! ④ 방 안 빠져 이사 못 가 ⑤ 전세금 떼일라 등 5대 셋방 스트레스를 풀 수 있는 긴급 처방을 찾아본다.

'방빼!' 스트레스 푸는 '전·월세 계약 10년' 갱신청구권

첫째, 전·월세 10년 계약갱신청구권을 보장해 최소 10년은 한집에서 살 수 있도록 함으로써 '방 빼!' 스트레스를 없애야 한다.

셋방 사는 국민의 첫 번째 스트레스는 2년에 한 번씩 이사를 다녀야 하는 일이다. 통계청의 2005년 인구주택총조사에 따르면 셋방 사는 가구의 66.7%는 거주 기간이 3년이 채 안 되며, 52.3%는 2년 미만이다. 10년 이상 같은 집에서 사는 경우는 셋방 가구의 5.7%에 지나지 않는다. 셋방 사는 국민의 3분의 2가 2~3년에 한 번씩 이삿짐을 싸는 것이다.

이 문제를 해결하려면 주택임대차보호법을 개정해서 전·월세 세입자의 계약갱신청구권을 10년까지 보장해야 한다. 한 번 전·월세 계약을 맺으면 특별한 이유가 없는 한 집주인이 최소 10년까지는 재계약을 거절할 수 없도록 함으로써 비록 셋방이지만 한곳에서 안정적으로 살 수 있도록 해야 한다. 이미 독일이 30년까지 계약갱신청구권을 보장하는 등 선진국은 앞다퉈 세입자들을 보호하고 있다.

또한 임대차 가구 등록제를 도입해 셋방 사는 국민을 보호하고 임대차 시장의 투명성을 높여야 한다.

'방값 올려!' 스트레스 푸는 전·월세 인상률 상한제

둘째, 전·월세 10년 계약갱신청구권과 짝을 이루는 전·월세금 인상률 연 5% 제한제의 실효성을 확보하고, 월세 임대료 소득공제제도를 도입함으로써 셋방 사는 국민들이 '방값을 더 낼래 방을 뺄래' 스트레스에 시달리지 않도록 해야 한다.

통계청의 2005년 인구주택총조사 결과를 보면 2000년에서 2005년까지 5년 동안 가구당 전세금은 60%나 올랐으며 서울 지역 아파트

표 6-6 주택 재산 정도에 따른 전·월세 가구 현황(2005년)

단위: 가구

	계	보증금 없는 월세 + 사글세		전세 + 보증금 있는 월세		
		사글세	보증금 없는 월세	3,000만 원 미만	3,000만 ~ 5,000만 원 미만	5,000만 원 이상
합계	6,568,615	284,092	333,206	3,614,484	1,042,003	1,294,830
다른 곳에 집 소유	667,692	14,187	16,364	245,906	99,832	291,403
집 없이 셋방살이 (%)	5,900,923 (100)	269,905 (5)	316,842 (5)	3,368,578 (57)	942,171 (16)	1,003,427 (17)

자료: 통계청.
주: 전세 및 보증금 있는 월세 가구 중 보증금 3,000만 원 이상을 제외한 가구는 3,000만 원 미만으로 추산.

평균 전세금은 69%나 뛰었다. 같은 기간 물가 상승률(18%)의 3배 이상 오른 셈이니, 집주인한테 '전세금을 더 낼래 방을 뺄래' 소리를 듣고 토해내는 셋방 사는 국민의 한숨 소리가 천지를 뒤흔들어 온 것이다.

독일, 영국 등 선진국은 주택 임대료가 물가 상승률을 넘지 못하게 하거나 공정 임대료 제도를 도입해 세입자를 보호하고 있다. 계약 기간을 실질적으로 10년 이상으로 연장하는 것과 함께, 세입자를 바꾸더라도 전·월세금을 한 해에 5% 이상 올리지 못하게 하고 이를 어길 경우 큰 불이익을 받게 함으로써 셋방 사는 국민들의 '더 낼래 방 뺄래!' 스트레스를 없애야 한다.

또 16개 광역시도에 임대차분쟁조정위원회를 설치해 공정한 임대료가 책정되도록 해야 한다. 또한 영세민을 위한 전·월세 대출 제도를 정비하고 소득수준별 주거비 보조를 확대해 셋방 사는 설움을 덜어야 한다.

'전세를 월세로' 스트레스 푸는 월세 전환율 10% 상한제

셋째, 현행 월세 전환율 14% 제한제를 10%로 낮춰 전세를 월세로 전

표 6-7 셋방 사는 국민 현황(2005년)

단위: 호, 명, 개

		계	전세	월세		
				보증부 월세	무보증 월세	사글세
가구 수		6,568,615	3,556,760	2,394,557	333,206	284,092
가구원 수		16,662,298	10,036,158	5,434,434	618,572	573,134
평균 가구원 수		2.5	2.8	2.3	1.9	2.0
평균 사용 방 수		-	3.3	2.6	2.2	2.5
보증금과 월세 평균		-	5,109만 원	1,157만 원에 월 21만 원	월 21만 원	월 28만 원
주택의 종류별 거주지 (%)	단독주택	55.4	46.6	57.4	80.3	86.3
	아파트	32.9	38.6	31.5	5.1	4.7
	연립주택	2.4	3.3	1.2	1.3	1.2
	다세대주택	6.1	8.3	3.8	2.2	2.3

자료: 통계청 2005년 인구주택총조사.

환할 때 지나치게 많은 월세금을 부담하는 스트레스를 없애야 한다.

통계청의 2005년 인구주택총조사에 따르면 2000년부터 2005년까지 5년 동안 집값과 전·월세값이 오르면서 전세 가구는 12.0%가 줄어든 반면 월세 가구는 무려 42.5%나 늘어났다. 전세 가구는 50만이 줄어든 반면 월세 가구는 90만이 늘어난 것이다. 전세값이 올라 감당이 안 되는 데다, 저금리 시대를 맞아 임대 수익률이 시장이자율을 뛰어넘자 집주인들이 앞다퉈 월세 전환에 나섰기 때문이다.

실제로 2002년부터 5년 동안 전국 월세 전환이율은 1년 평균 12.0~14.4%로 시장 이자율보다 훨씬 높은 수준이다. 이런 상황에서 집주인들은 당연히 전세보다는 월세를 선호하게 되는 것이다. 이러한 추세는 저금리 및 주택 금융의 발달로 계속될 것으로 보인다.

전세든 월세든 서로 선호하는 방식을 정해 살면 되지만, 문제는 전세 보증금을 월세금으로 돌릴 때 적용하는 전환 이율이 너무 높아 월세 사는 국민들에게 큰 부담이 되고 있다는 점이다. 또 월세 살면서 한 푼 두 푼 모아 전세로 갈 수 있는 밑천을 다 월세로 털어 내게 된다는 것이다. 전세에서 월세로 뒷걸음친 것도 서러운데 매달 감당하기 어려운 월세금 때문에 가장 처지가 딱한 서민들의 스트레스가 이만저만이 아니다.

이를 해결하기 위해서는 월세 전환이율을 연 14%까지 허용하는 현행 제도를 고쳐서 은행 대출금리를 감안해 연 10% 아래로 낮춰 월세 사는 국민들의 월세금 스트레스를 줄여야 한다.

'방 안 빠져 이사 못 가' 스트레스 푸는 전·월세금보증센터

넷째, 전·월세금보증센터를 설치해 방이 안 빠졌다는 이유로 전·월세 보증금을 못 받아 이사를 못 하는 스트레스를 없애야 한다.

이사 갈 집을 계약까지 해놓고도 집주인이 전세나 월세 보증금을 주지 않아 안절부절 하는 세입자들은 현행법상 임차권 등기, 임차권 등기명령, 지급명령 등을 신청할 수 있고 정 안 되면 전세금이나 월세 보증금 반환청구소송을 할 수도 있다.

그러나 절차도 복잡하고 시간도 많이 걸리기 때문에 당장 이사를 가야 하는 사람들에게 실질적인 도움이 되지 못한다. 또 실제로 방이 빠져야 전세금을 줄 수 있는 처지에 놓인 집주인도 있기 때문에 별도의 대책이 마련돼야 한다.

이 문제를 풀려면 16개 광역시도에 임대차분쟁조정위원회를 의무적으로 설치해 계약 만료 전세금 반환문제 등을 신속하게 해결하는 제도를 도입해야 한다. 특히 정부 기관인 한국주택금융공사나 광역시도에 '전·월세금보증센터'를 설치해서 중앙정부나 지방정부의 보증 아래 은행이 먼저 전세 월세 보증금을 세입자에게 지급하고, 집주인이 뒤에 이를 갚을 수 있

도록 한다면 훨씬 스트레스가 덜할 것이다.

'전세금 떼일라' 스트레스 푸는 최우선 변제금 4,000만 원

다섯째, 셋방 사는 국민의 전 재산인 전·월세 보증금을 떼이는 일을 막기 위해 최우선 변제 금액을 최소한 방 두 칸은 얻을 수 있는 4,000만 원 수준으로 올리고 대상 가구도 보증금 7,000만 원까지 확대해야 한다.

세 들어 사는 집이 경매에 넘어갈 경우 셋방 사는 국민의 전 재산인 전·월세 보증금을 송두리째 날리는 것을 방지하기 위해 최우선 변제 제도가 있다. 그러나 2008년 6월 현재 적용되는 기준은 2001년 9월에 만든 것으로 그 뒤 7년 동안 폭등한 집값과 전·월세값을 전혀 반영하지 못하고 있다. 그 결과 셋방 사는 가구가 돌려받을 수 있는 돈이 1,200~1,600만 원에 불과하다. 이 돈으로는 방 한 칸도 얻지 못하기 때문에 줄지에 가족들과 함께 길거리로 나앉을 수밖에 없다.

또 대상이 되는 가구도 전·월세 보증금 3,000~4,000만 원으로 보호받을 수 있는 셋방 가구가 지나치게 적다.

통계청의 2005년 인구주택총조사 결과를 보면 현재의 최우선 변제금이 정해지기 직전(2000년 11월) 서울 지역 전세 가구당 평균 전세금은 4,272만 원이었으나, 5년 뒤인 2005년 11월 현재 서울 지역 전세 가구 평균 전세금은 7,891만 원으로 무려 85%나 올랐다.

또 2005년 서울에서 전세방에 사는 가구의 평균 가구원 수가 2.8명이며, 가구당 3.3개의 방을 사용하고 있고 방 한 개당 전세금 2,179만 원을 지불하고 있다. 현행 최우선 변제금 1,600만 원으로는 방 한 칸도 얻을 수 없어 현실에 전혀 맞지 않는다. 가구원 수 평균 2.8명인 서울 평균 전세 가구가 살던 집이 경매에 들어가더라도 최소한 길거리에 나앉지 않으려면

표 6-8 서울 지역 전세 가구의 평균 전세금 변동(2000~2005년)

	2000년	2005년	가구원 수	사용 방 수
평균 전세금	4,272만 원	7,891만 원	2.8명	3.3개

자료 : 통계청이 심상정 의원에게 제출한 자료.

방 두 개는 필요하다는 점을 인정한다면 방 두 개 값인 4,358만 원은 보장돼야 한다.

한편 서울 지역의 경우 2000년 11월 현재 보증금을 내고 있는 전·월세 가구 중 보증금 4,000만 원 이하 가구가 74%에 달했다. 그러나 그 뒤 전·월세값이 상승한 결과 가구당 보증금도 꾸준히 올라 2005년 11월 현재 보증금을 내고 있는 전·월세 가구 중 보증금 4,000만 원 이하 가구는 59%로 줄어들었다. 따라서 2001년 최우선 변제금 대상 가구를 정했을 당시 수준을 감안하더라도 대상 가구를 전·월세 보증금 7,000만 원 이상으로 넓혀야 한다.

따라서 최우선 변제금을 서울을 기준으로 4,000만 원 수준으로 올리고, 대상 가구도 7,000만 원 수준으로 넓혀야 한다. 또한 살던 집이 경매에 들어갈 경우 세입자에게 매입의 우선권을 주어야 한다. 이 책의 원고를 탈고하던 시점인 2008년 6월 12일 법무부는 우선변제를 받는 보증금 기준을 6,000만 원으로, 최우선변제금액을 2,000만 원으로 올리는 주택임대차보호법 시행령 개정 방침을 발표했다. 그러나 2,000만 원으로는 서울에서 방 한 칸도 얻기 어렵다는 점에서 매우 소극적인 대책이라 하겠다.

6. 지하방 탈출 '사다리' 정책

범정부 차원의 '지하방 탈출 사다리' 정책 필요

2005년 말 현재 지하와 옥상, 비닐집, 쪽방, 동굴, 움막 등 사람이 살기에 부적합한 곳에서 사는 사람은 68만3,025가구 161만7,062명에 달한다. 이 가운데 93%는 서울, 경기 등 수도권에서 생활하고 있다.

과거 달동네, 산동네를 대신해 가난한 사람의 주거지가 되고 있는 (반)지하방, 옥탑방, 비닐집, 쪽방 등에 '인권 차원의 따뜻한 주택 정책'의 햇볕이 들게 해야 한다. 이들이 지하실에서 지상으로 올라와 인간답게 살 수 있도록 사다리를 내려 줘야 한다.

주택 정책은 인간이 살기에는 적절하지 않은 공간에서 생활하는 빈곤층의 주거문제를 반드시 해결하고, 집 없는 서민들을 살던 동네에서 내쫓고 있는 현행 도시 재개발 정책은 '살던 곳에서 살게 하는' 일을 최우선 과제로 삼도록 바꿔야 한다. 이를 위해 범정부 차원에서 '지하방 탈출 사다리 정책'을 펼쳐야 한다.

주거 극빈층에 대한 정책 대안을 세울 때 가장 먼저 부딪히는 문제는 정부 차원에서 이들의 주거 환경과 생활실태 등에 대한 실상을 단 한 번도 제대로 조사한 적이 없다는 것이다. 우선 국무총리 직속으로 (가칭)주거극빈층주거환경개선위원회(약칭 주거위원회)를 설치하고 범정부적으로 지하방과 옥탑방, 비닐집, 쪽방, 동굴, 움막 등 비정상적 주거 환경에서 생활하는 68만여 가구에 대한 전수 종합실태조사를 해야 한다.

실태조사 결과를 기초로 234개 시군구뿐만 아니라 3,573개 읍면동별로 주거 빈곤층 주거지도를 만들고, 이를 바탕으로 해당 지방자치단체 및 거주 주민들과 함께 주거 빈곤층 주거 환경 개선 및 주거복지 확충 10개

년 계획을 수립해야 한다.

　필자가 통계청의 2005년 인구주택총조사 결과를 상세하게 제출받아 보니 전국 3,573개 읍면동 가운데 지하방 거주자가 있는 곳은 2,387곳, 옥탑방은 2,120곳, 판잣집·비닐집·움막은 1,812곳, 동굴·업소의 잠만 자는 방·건설 현장의 임시 막사 등 기타는 2,480곳에 달한다. 주거 극빈층이 존재하지 않는 곳은 전체의 6.5%인 234곳에 불과하고 93.5%인 3,339개 읍면동에 걸쳐 광범위하게 살고 있는 것이다.

　그러나 읍면동은 물론 시군구에도 주거복지 담당 공무원이 대부분 존재하지 않는 게 현실이다. 지방자치단체마다 주거복지 전담자를 두어 중앙과 지방이 함께 힘을 모을 수 있게 해야 한다. 또 현행 최저주거기준 중 주택의 구조·성능·환경 항목의 세목 기준을 구체화하고, 지하주거기준 등 주거공간별 기준을 제정해 주거 환경 개선의 정책적 잣대로 삼아야 한다.

　극히 일부분의 지하방을 제외하고는 지하, 비닐집, 쪽방, 움막, 동굴 등은 수리를 하거나 환경을 개선한다 하더라도 주거지로 사용하기 어렵기 때문에 대체 주거지를 마련할 수밖에 없다. 그러나 현재 살고 있는 사람들의 생활권과도 관련 있는 문제이기 때문에 그동안 서울시와 노무현 정부에서 시도해 왔던 매입임대주택과 전세임대주택, 원룸형 임대주택을 확대할 필요가 있다.

　매입임대주택의 경우 그동안 가구당 7,000만 원의 예산이 배정돼 있었으나, 영구채권을 통한 택지 국유화가 실현될 경우 절반 이하의 예산으로 해결할 수 있어 더 많은 공공임대주택을 공급할 수 있을 것이다.

　주거 빈곤층의 주거 환경 개선을 위해 필요한 재원은 다주택 보유자들에 대한 임대소득세, 보유세를 제대로 과세함으로써 해결할 수 있을 것이다. 주거 극빈층의 거주지가 시군구와 읍면동별로 차이가 있는 만큼 종합부동산세를 주거빈곤층 주거 환경 개선과 연계해 해당 지자체에 교부함으로써 주거빈곤층의 실질적인 주거 환경에 쓰도록 한다면 종부세의 취지를 제대로 살리는 방법이 될 수 있다.

　아울러 주거 극빈층 양산의 진원지가 되고 있는 강제 철거 방식의 도시재개발 정책을 전면 재검토해야 한다. 사다리 정책을 거주 공간별로 좀 더 구체화해 보자.

어린이·장애인·노인 먼저 지하에서 지상으로

　먼저 지하방 거주 가구들에 대해서는, 범정부 차원의 지하주거 실태조사 결과를 바탕으로 최저주거기준을 지하 공간에 구체화한 '지하주거기준'을 제정해야 한다. 이 기준을 일부 미달하는 곳은 수리 및 개선을 지원하고 개선이 불가능한 가구에 대해서는 지상으로 이사할 수 있도록 대책을 세우고, 주택을 신축하거나 재개발 재건축할 때는 지하 주거기준을 엄격하게 적용해야 한다.

　현재 도시 주거공간이 매우 부족하기도 하고, 쾌적한 지하 공간을 개발해 적극 활용하고 있는 선진국의 사례도 있기 때문에 아파트 지하공간을 주민복지시설로 활용하는 등 지하주거공간 활용 대책도 별도로 마련

표 6-9 수도권 가구당 '지하에서 지상으로' 비용 추계(2005년)

단위: 원

	서울	경기	인천
전세	3,512만	2,551만	1,831만
보증금 있는 월세	989만	660만	540만
보증금 없는 월세	1,513만	1,006만	100만
사글세	833만	288만	888만

자료: 통계청의 2005년 인구주택총조사 결과를 바탕으로 필자가 분석한 것임.

할 필요가 있다.

그러나 현재 (반)지하방에 살고 있는 가구 중에는 지하주거기준에 크게 못 미치는 곳에서 생활하는 가구가 대부분이기 때문에 이들에 대해서는 정상적인 지상 대체주거공간으로 이사할 수 있도록 지원 대책을 세워야 한다.

우선 장애인이 포함된 가구, 갓난애와 어린이가 포함된 가구, 70세 이상 노령층이 포함된 가구는 정부가 먼저 책임 있게 (반)지하방을 탈출할 수 있게 해야 한다. 그동안 매입형 임대주택 및 전세형 임대주택 공급 계획이 연 1만3,000채 수준이었고 2008년의 경우 1만5,500채 공급이 예정돼 있는데, 이를 연 6만 채 수준으로 늘려 5년 내에 총 30만 채 정도를 확보해서 이들을 우선 지상으로 탈출시켜야 한다.

필자가 통계청의 2005년 인구주택총조사 결과를 교차 비교 분석해 보니 현재 수도권 지하 전세방에서 지상 전세로 이사하는 데는 가구당 1,831만 원(인천)~3,512만 원(서울)이 필요하고, 월세와 사글세는 전세로 환산할 경우 288만 원(경기 사글세)에서 1,513만 원(서울 보증금 없는 월세)이 드는 것으로 나타났다.

이 같은 방식으로 지하 거주 가구 전체가 한꺼번에 지상으로 이사하는 데는 수도권만 10조6,000억, 전국적으로 총 11조2,000억 원이 필요하다.

매입 및 전세 임대주택으로 절반을 해결한다 해도 5~6조 원이 추가로 필요한 것이다. 이 같은 점을 감안한다면 지하방 탈출 정책은 재정문제와 전·월세 시장에 미치는 영향, 해당 가구들의 사정 등을 감안해 약 10년 정도에 걸친 단계별 접근이 바람직할 것이다.

도심지 임대주택 외에도 서민의 전·월세금 대출을 확대하고 대출금리도 인하함으로써 (반)지하에서 지상으로 이사하는 비용을 지원할 필요가 있다. 이를 위해 국민주택기금 중 일정액을 주거 환경 개선 기금으로 배정하고, 한국주택금융공사의 전·월세금 대출 확대를 위해 정부출연금을 늘려야 한다.

옥탑방 거주 가구도 지하방에 준해서 실태조사와 주거기준 제정 및 이사 지원을 추진하고, 지하방이나 옥탑방을 비워 줘야 하는 집주인들을 위해 비는 공간의 창고나 주차장 활용, 재건축 지원 등의 대책도 별도로 마련해야 할 것이다.

비닐집 주소지 인정하고 주거+복지 정책 시행해야

사회단체의 조사에 따르면 이른바 비닐하우스라 불리는 '신발생 (미등재) 무허가 주거지'에 사는 국민은 수도권에만 1만930가구 3만5,000여명에 달한다(한국도시연구소 2004). 통계청의 2005년 인구주택총조사 결과를 보면 판잣집, 비닐집, 움막에 사는 국민은 집단가구를 제외하고도 2만1,630가구 5만3,547명에 달한다. 이 같은 조사 결과로 볼 때 농작물이나 키우는 비닐집에 사는 가구는 1~2만에 달하고 인구수로는 3~4만 명 규모로 추산된다.

사람이 살기에는 적절하지 못한 비닐집은 대체 주거공간을 마련해 해결해야 하며, 그 이전까지는 비닐집에 살고 있는 주민들의 주거권 보장을 전제로 공식적인 종합실태조사와 이들이 겪고 있는 어려움을 해결하는 단기 대책을 병행해야 한다. 먼저 단기 대책을 보자.

첫째, 비닐집에 사는 사람들이 현재 사는 곳에 주민등록 전입신고를 할 수 있도록 제도를 강화하고 해당 지방자치단체에 대한 관리감독을 철저히 해서, 주소지를 인정받지 못해 겪는 고통을 해소해야 한다.

전체 읍면동 3,573곳 중 비닐집·판잣집·움막에 사는 사람이 한 가구라도 있는 곳은 절반이 조금 넘는 1,812곳이지만, 대부분의 지방자치단체에서 해당 가구들의 주소지를 인정하지 않아 아이들이 1~2시간 거리의 초등학교에 다니는 등 고통이 이만저만이 아니다.

둘째, 전기와 상수도, 화장실 시설 등 주거 환경 개선을 지원하고 사회복지서비스를 강화하며, 공공임대주택 입주와 전세자금 융자 등 화재나 토지 소유주와의 분쟁 등으로 살 곳을 잃은 사람들에 대한 적절한 주거 대책을 제도와 재정면에서 고루 마련해야 한다.

특히 전체 비닐집·판잣집·움막 거주 가구 중 82.3%가 살고 있는 서울 강남구 개포1·2동을 비롯한 316개 읍면동에 대해 해당 지자체와 중앙정부가 함께 집중적인 노력을 기울여야 한다.

중장기 대책으로는 각 부처 및 지자체와 함께 공식적인 종합실태조사를 실시한 후 지역과 가구의 특성을 고려한 맞춤형 주거 대책, 소득수준을 감안한 생계 대책, 선진국 사례를 참조한 '자조 주택'self-help housing 등의 대안주택 시범 공급 등 근본적인 대책을 추진해야 한다.

쪽방 거주자, 원룸형 임대주택+생계 대책 필요

주거빈곤층의 '마지막 잠자리'라 불리는 쪽방 거주자는 여관, 고시원, 독서실, 축사, 공장건물 등 기차역과 인력시장, 재래시장과 노숙 장소 인근에 다양하게 분포돼 있다. 쪽방상담소가 있는 지역의 쪽방은 2003년 말 현재 11개 지역 총 9,030개로 이곳에 사는 사람은 6,545명으로 보고되고 있다(한국도시연구소 2004).

2005년 11월 통계청 조사에 따르면 쪽방이 포함된 업소의 잠만 자는 방, 건설 현장의 임시 막사, 동굴 등에 사는 국민은 집단 가구를 제외하고도 2만2,913가구, 4만981명에 달한다. 전체 읍면동의 0.6%인 21곳에 20.6%, 12.0%인 464개 읍면동에 70.4%가 밀집돼 있다.

쪽방 문제는 주거 극빈층이 살 수 있는 값싼 주택이 없는 우리 현실에서 쪽방이 노숙을 넘나드는 최극빈층의 주거 공간이 되고 있는 현실에서 출발해야 한다.

첫째, 쪽방에 대한 대책 없는 강제철거를 중단하고 정부와 지자체가 공식적인 실태 조사를 실시해서 쪽방 현황을 정기적으로 파악하고, 거주자의 상태에 맞는 대책을 세워야 한다.

둘째, 노무현 정부 때 실시해 왔던 원룸형 임대주택 공급사업을 발전시켜 수요가 더 있을 경우 추가 공급할 필요가 있다.

셋째, 미국, 일본, 영국 등의 지원주택supportive housing 프로그램을 우리 현실에 맞게 도입해 적절한 시설을 갖춘 주택과 먹고사는 데 필요한 지원을 공공기관과 비영리 단체가 함께 실행해야 한다.

또 쪽방 거주자들에게 정부의 매입임대주택이나 공공임대주택에 우선 입주 자격을 주고 임대 보증금을 저리로 융자하도록 제도를 정비하고 예산을 배정해야 한다.

뉴타운 등 도심 재개발 방식 재검토해야

'부동산 계급사회' 대한민국에서 가난한 사람은 주택을 확보하는 진입

단계, 집을 점유해 거주하는 단계, 그리고 이주 및 재정착하는 단계 등 생애주기 모든 과정에서 어려움에 부딪히고 있다(미류 2007).

지난 수십 년 동안 도심지 주거 환경개선 및 재개발 과정은 주거 빈곤층의 주거지를 빼앗고 강제철거를 통해 빈곤층을 살던 곳에서 내쫓는 커다란 부작용을 낳았다.

이명박 정권 들어 우후죽순처럼 번지고 있는 이른바 뉴타운이라 불리는 도심 재개발 사업은 또 다른 주거 극빈층을 쏟아낼 가능성이 높다.

1990년대 중반 이후 재개발 대상 지역으로 지정된 서울 시내 13개 재개발 구역의 가옥주와 세입자가 살던 동네에 재정착한 비율은 각각 37% 수준으로 전체 주민의 3명 중 2명은 살던 동네에서 밀려난 것으로 나타났다. 심지어 서울시 성북구 길음 4구역 뉴타운에 거주하던 가옥주와 세입자 가운데 뉴타운에 다시 살게 된 경우는 17%와 23%로 10명 중 8명이 밀려난 셈이다(국회예결위·주거복지연대 2007). 뉴타운 사업으로 2010년까지 서울 시내에서 10만 가구의 주택이 철거될 예정인데, 길음 뉴타운 재정착률을 이에 적용하면 이 중 8만여 가구 25만7,000여 명은 쫓겨나게 되는 셈이다(『경향신문』 2008/04/27).

살던 사람을 쫓아내고 주거 극빈층을 양산하는 방식의 뉴타운 도심 재개발은 전면 재검토해야 한다. 강제 철거를 원칙적으로 금지하고, 공영개발을 통해 처지가 어려운 사람이 살 수 있는 저렴한 주택의 공급을 늘리고, 거주자 재정착을 크게 늘릴 수 있는 방향으로 재설계해야 한다.

보론

집값을 감안한 주택 계급과 집값 변동에 대한 이해관계

　2008년에 이 책이 처음 출간된 뒤 한국 사회를 여섯 개 주택 계급으로 분류(288~292쪽)한 것을 두고 여러 의견을 들었다. 주로 집값이 천차만별인데 주택을 몇 채 보유했느냐를 기준으로 1계급과 2계급을 나누는 것이 현실에 맞느냐 하는 의견이 많았다. 필자도 같은 생각이지만 주택 소유 통계가 한정된 것이 안타까울 뿐이었다.

　앞에서도 말했듯이 주택 계급을 분류할 때 사용한 자료는 주택 보유 채수 및 전월세 보증금 규모, 주거 빈곤층의 규모에 관한 최근 자료인 2005년 인구주택총조사 결과다. 그런데 이 자료는 주택의 가격에 대한 조사가 빠져 있기 때문에 주택 자산을 가장 많이 보유한 부유층을 구분해 내기가 쉽지 않고, 또 값싼 주택을 여러 채 소유한 사람과 수십억 대의 초고가 주택 한 채를 소유한 사람 간에 계급별 구분이 쉽지 않다는 한계가 있다.

　그런데 책을 펴낸 뒤 주택 계급 구분을 약간 보완할 수 있는 통계가 발표되었다. 바로 세대별 합산 방식으로 주택분 보유세를 납부한 2007년 기준 종합부동산세 납부 자료다. 물론 이 자료를 반영한다고 해도 한계는 있겠지만 현실을 설명하는 데 조금이라도 가깝게 다가간다는 취지에서 집값을 반영해 1계급과 2계급을 새롭게 구분해 보았다. 아울러 집값이 오르고 내리는 데 대한 주택 계급별 이해관계가 어떻게 다른지도 살펴보았다.

표 1 집값을 감안한 부동산 6계급

집 소유	계급	가구 수 (가구)	주택 수 (호)	분포	집값 총액 (원)	특징
집 있음	1계급	38만	113만	2%	7.5억 초과	1주택 : 15만 가구(15만 채) 다주택 : 23만 가구(98만 채)
	2계급	836만	1,134만	54%	7.5억 이하	1주택 : 754만 가구(754만 채) 다주택 : 82만 가구(380만 채)
	3계급	67만	67만	4%		내 집 있으나 셋방살이
집 없음	4계급	95만		6%		전월세 보증금 5천만 원 초과
	5계급	481만		30%		전월세 보증금 5천만 원 이하
극빈층	6계급	68만		4%		지하, 옥탑, 비닐집 등에 거주

자료 : 통계청(각 연도), 국세청(각 연도).

주 : 1) 통계청의 2005년 인구주택총조사 결과를 기준으로 집 있는 가구와 없는 가구, 극빈층을 구분한 뒤, 집 있는 가구 중 1·2계급은 국세청의 2007년 종합부동산세 자료를 결합해 구분함. 따라서 1·2계급을 구분하는 7억5천만 원은 2007년 매매가이며, 4·5계급을 구분하는 5천만 원은 2005년 전세 보증금 기준임.
2) 3계급인 '유주택 전·월세 가구'는 집이 한 채인 것으로, 전·월세 가구 보증금 규모 조사 대상에서 제외된 영업 겸업 가구는 5천만 원 이하로, 지하방와 옥탑방 자가 가구는 타지 주택 소유 여부를 따지지 않고 1가구 1주택으로, 판잣집·비닐집·움막·업소의 잠만 자는 방·건설 현장의 임시 막사·동굴 및 기타 거주 가구는 모두 보증금 5천만 원 이하 전·월세 및 사글세 가구로 추산.
3) 1~5의 각 계급에서 2)의 방법으로 분류된 판잣집·비닐집·움막·업소의 잠만 자는 방·건설 현장의 임시 막사·동굴 및 기타 해당 거주 가구 수를 제외함.
4) 무상 가구 중 3)의 방식으로 추산된 475,941가구는 보증금 5천만 원 미만 전세·월세·사글세 가구에 포함시킴.

집값을 감안한 주택 계급

먼저 집을 소유한 집단과 소유하지 못한 집단, 지하방·옥탑방·비닐집 등 적절하지 못한 곳에 거주하는 극빈층으로 크게 세 집단으로 나누었다. 그리고 주택 소유자는 다시 종합부동산세를 내는 자와 그렇지 않은 자, 집을 소유했지만 경제적 여력이 안 돼 셋방에 사는 집단으로 나누었다(1계급과 2계급을 주택 보유 채수가 아니라 가격을 기준으로 나눈 점이 앞의 분류와 다르다). 셋방 사는 사람은 내 집 마련을 꿈꿔 볼 수 있는 경계선인 전월세 보중금 5,000만 원(2005년 말 현재)을 기준으로 둘로 나눴다. 지하방이나 옥탑방·비닐집·쪽방 등에 사는 부동산 극빈층은 그 집을 소유한 사람이 일부 있기는 하나 가격이 워낙 싸기 때문에 주택 소유 여부를 따지지 않고 한 집단으로 분류했다.

이렇게 나눈 부동산 6대 계급의 특징과 규모는 다음과 같다. 1계급은 38만 가구(2%)로, 이들이 소유한 주택 한 채 또는 여러 채를 합친 가격이 매매가격 기준으로 7억5,000만 원이 넘어 2007년 현재 종합부동산세를 내는 사람들이다. 그 가운데 15만 가구는 집을 한 채 소유하고 있는데 그 가격이 7억5,000만 원이 넘는 사람들이다. 23만 가구는 두 채 이상 여러 채 소유한 다주택자들로 이들이 소유한 주택 수는 98만 채에 달한다.

다시 이들 가운데 상위 100명은 1인당 평균 100억 원의 주택 재산을 소유하고 있으며, 이들을 포함해 3만3천 가구가 20억 원이 넘는다. 15억에서 20억 원 사이는 4만1,000가구, 10억에서 15억 원 사이는 13만 가구가 해당된다. 또 7억5,000만 원에서 10억 원 사이에 17만5,000가구가 있다.

1계급 중 93%는 서울(63%)과 경기도(30%)에 산다. 또 서울의 강남·서초·송파 등 3개 구에 전체의 3분의 1이 넘는 36%가 살고, 양천·용산구 및 경기도 성남·용인·고양시를 포함한 8개 시군에 62%가 몰려 산다.

2계급은 소유한 주택의 가격이 7억5,000만 원 이하의 사람들로 836만 가구(54%)가 여기에 해당한다. 이들 중 754만 가구는 1가구 1주택자(이면서 그 집에 거주)이고, 82만 가구는 두 채 이상 소유한 다주택자들이다. 다주택자들이 소유한 주택 수는 380만 채로 가구당 4.6채씩 갖고 있다.

2008년 1월 1일 매매가격 기준 집값 분포를 보면 전체 주택 중 93만 채(7%)는 3억7,500만 원에서 7억5,000만 원 사이, 106만 채(8%)가 3억7,500만 원에서 2억5,000만 원 사이, 1,128만 채(83%)는 그 이하의 가격이다. 이 가운데 고가 주택 상당수를 1계급 중 다주택자가 소유하고 있다고 본다면 2계급에 속하는 다수는 2억5,000만 원 이하의 주택을 소유한 것으로 판단된다.

3계급은 자신 명의의 주택을 소유하고 있으나 경제적 여력이 안 되거나, 직장 생활 또는 자녀 교육 문제 등의 이유 때문에 남의 집에서 전월세를 사는 사람들이다. 전체 가구의 4%, 67만 가구가 이런 '이중 인생'을 살고 있다. 이 가운데 50만 가구는 전세에, 나머지는 월세나 사글세에 살고 있다. 또 29만 가구는 전월세 보증금이 5,000만 원 이상, 10만 가구는 3,000~5,000만 원 사이지만, 나머지 28만 가구는 보증금이 3,000만 원 미만이거나 보증금 없는 월세 또는 사글세에 살고 있다. 67만 가구 중 40만 가구가 수도권에 살고 있는데, 33만 가구는 전세에 나머지는 월세나 사글세에 산다.

4계급은 현재 전세나 월세에 사는 가구 중에서 보증금이 2005년 말 기준으로 5,000만 원이 넘는 사람들로 전체 가구의 6%, 95만 가구가 여기에 해당된다. 이 가운데 3만 가구는 보증금이 2억 이상이고, 21만 가구는 1억 원이 넘지만 2억 원은 안 되며, 나머지 71만 가구는 5,000만 원은 넘지만 1억 원에는 못 미친다. 또 이들 중 83%인 79만 가구는 수도권에 산다. 가구 기준으로 수도권에 사는 사람의 11%가 집은 없지만 전월세 보증금 5,000만 원 이상을 내고 셋방에 사는 셈이다. 수도권 79만 가구 중 3만 가구는 2억 이상, 19만 가구는 1억 원에서 2억 원 사이, 57만 가구는 5,000만 원에서 1억 원 사이의 보증금을 내고 있다.

5계급은 보증금 5,000만 원이 안 되는 전월세 또는 사글세 등 셋방에 사는 사람들로 전체 가구의 30%인 481만 가구가 여기에 해당한다. 이들 가운데 94만 가구는 3,000만 원에서 5,000만 원 사이의 보증금을, 140만 가구는 1,000만 원에서 3,000만 원 사이의 보증금을 내고 있고, 나머지 247만 가구는 보증금이 1,000만 원 미만이거나 보증금이 없는 월세 또는 사글세 등을 떠돌고 있다. 보증금 유무와 상관없이 평균 월세는 21만 원, 사글세는 28만 원 수준이다.

6계급은 앞의 어디에도 포함되지 않는 처지가 더 딱한 사람들로 지하실·옥탑방·비닐촌·움막·동굴 등에 사는 68만 가구(4%)가 여기에 해당되며 인구수로는 162만 명에 달한다. 이 중 가장 규모가 큰 지하방 거주 59만 가구의 경우 14%만 자가 소유이고 38%가 전세에, 46%가 월세 및 사글세 등 84%가 셋방에 살고 있다. 5만 가구에 달하는 옥탑방도 자가 비율은 7%에 머문 반면, 전세 31%, 월세와 사글세 57% 등 88%가 셋방에 살고 있다. 이 가운데 서울 59%, 경기 27%, 인천 7% 등 93%가 수도권에 살고 있다.

집값 변동에 대한 계급별 이해관계

1계급은 집이 한 채든 여러 채든 7억5,000만 원이 넘는 초고가 주택이므로 주거 생활에는 아무런 문제가 없다. 오히려 이들이 주택을 소유하는 목적은 자산 증식이다. 1계급이 자산 증식 수단으로 주택을 소유하고 있는 양상은 이들 중 소득이 가장 낮은 사람들이 소유한 주택 수를 보면 잘 알 수 있다.

기획재정부에 따르면 1계급에 속한 38만 가구 중 34.7%는 연간 소득이 4,000만 원 이하다. 그런데 이들이 소유한 주택 수는 가구당 평균 3.4채에 달한다. 소득에 비해 소유한 주택 수가 비정상적으로 많은 것은 주택을 자산 증식 수단으로 소유하고 있기 때문이다.

몇 가지 사례를 보자. 집을 24채 소유한 A씨는 연간 소득이 고작 7원

표2 종합부동산세 대상자 중 연간 소득 4,000만 원 이하의 몇 가지 사례(2007년)

번호	나이	연간 소득	보유 주택 수	번호	나이	연간 소득	보유 주택 수
1	36세	0원	5채	7	64세	858,000원	39채
2	56세	7원	24채	8	54세	1,476,000원	40채
3	105세	800원	38채	9	19세	13,080,000원	13채
4	66세	1,048원	12채	10	38세	22,150,000원	64채
5	64세	34,414원	17채	11	19세	36,330,000원	4채
6	58세	97,558원	25채	12	66세	39,900,000원	98채

자료: 기획재정부, "종합부동산세 개편 방안"(2008/09/23).

이고, 38채를 소유한 B씨는 연간 소득이 금융 소득 800원이 전부다. 연간 소득이 1,048원밖에 안된다고 신고한 C씨는 집을 12채 소유하고 있고, 근로소득 120만 원과 금융 소득 27만6,000원 등 연간 소득 147만6,000원을 신고한 D씨가 소유한 집은 40채였다. E씨는 집을 무려 98채 소유하고 있는데 연간 소득은 근로소득 1,450만 원을 포함해 3,990만 원에 불과했다. 심지어 집 4채를 소유하며 금융 소득 1,592만 원을 포함해 연간 소득 3,633만 원을 번다고 신고한 19살짜리가 있는가 하면, 집을 13채 소유하며 연간 금융 소득 1,308만 원을 신고한 29살짜리도 있다. 또 38살에 집을 64채나 소유하고 있지만, 연간 소득은 금융 소득 1,000만 원을 포함 2,215만 원이라고 신고한 사람도 있다.

이들이 신고한 연간 소득이 대부분 사업소득이라는 점에서 실제보다는 축소 신고했을 가능성이 있고 이들이 1계급을 대표하는 사례는 아니나, 어쨌든 1계급 중 1주택 소유자 일부를 제외한 대부분이 주택을 실거주 목적에서 벗어나 자산 증식용으로 소유하고 있다는 점은 충분히 엿볼 수 있는 사례라 하겠다.

1계급은 경제적 이해관계로 본다면 투기를 가장 강력히 옹호하는 집단이다. 1계급 중 고가 주택을 감당할 수 있는 고소득 1주택자의 경우 실거주 목적으로 주택을 소유한 경우겠으나 이와 상관없이 1계급 전체에게 집값 폭등은 자산을 증식할 수 있는 가장 좋은 방법이며, 집값이 떨어질 경우 그만큼 자산이 줄어드는 일이다. 그동안 주택 가격은 넓고 큰 집일수록 폭등해 왔다는 점에서 집값 폭등의 실질적 혜택을 가장 많이 받은 계급이기도 하다.

1계급은 집값이 폭등해서 발생하는 불로소득을 얻을 수 있을 뿐 아니라, 집을 여러 채 가진 경우 임대 소득도 더 늘릴 수 있다. 반대로 집값이 떨어지면 그간 발생한 불로소득이 축소되기 때문에 집값 하락에 반대한다.

2계급은 주택을 소유하고 있고 그 집에서 산다는 점에서 대부분 주거생활면에서 어려움은 없는 집단이라 할 수 있다. 집을 소유했다는 그 자체만으로도 2년에 한 번씩 이사를 다니지 않아도 되고, 전월세 값을 올려 줘야 하는 부담도 없기 때문이다. 다만 이 가운데 87만 가구는 주택을 소유하며 그 집에 살고 있지만 최저 주거 기준 미달 가구에 해당된다는 점에서 여전히 주거의 질 면에서 문제를 안고 있다고 할 수 있다.

한편 2계급 중 집을 한 채 소유한 754만 가구는 실거주 목적의 주택 소유자이지만, 집을 가구당 평균 4.6채씩 소유한 82만 가구는 거주 목적 외의 200만 채 이상을 자산 증식용으로 소유하고 있다.

집값 변동에 대한 2계급의 이해관계는 처지에 따라 엇갈리는 측면이 있다. 집을 한 채 이상 소유하고 있다는 공통점은 있지만 2계급 내부에는 주택 가격과 소유 주택 수의 차이, 집값 변동률 등에 따라 차이가 크기 때문이다. 이들이 소유한 주택의 가격은 2008년 1월 1일 매매가격 기준으로 최저 9만 원에서 최고 7억5천만 원까지 다양하다. 더구나 지역별, 주택 유형별, 주택 규모별 집값 변동에 차이도 크다. 예를 들어 최근 5년간(2002년 12월~2007년 12월) 아파트 값은 평균 34% 올랐으나 서울(53%)을 비롯한 수도권(49%)에서 집중적으로 올랐고 광역시는 19%에 그쳤다. 서울 강남 3구와 용산·강동·양천·영등포구, 경기도 과천·성남·용인시는 60~95%가 뛰었다. 아파트에 비해 연립(21%)과 단독(6%)은 덜 올랐고, 같은 아파트라도 소형(22.7㎡ 미만)에 비해 대형(전용 95.9㎡ 이상)은 1.5배가 더 올랐다(국민은행, 전국주택가격동향, www.kbstar.co.kr). 이 같은 차이 때문에 같은 1가구 1주택자라도 값이 많이 오른 집을 가진 사람과 전혀 오르지 않은 집을 소유한 사람이 이해관계가 차이가 있으며, 여러 채 소유한 사람의 경우는 더 복잡하다.

 2계급 중 1가구 1주택자의 경우 집값이 폭등할 경우 집 규모를 늘려가는 비용이나 자녀의 주택 구입 비용이 늘어나므로 집값 안정에 호의적인 이해관계를 맺고 있는 반면, 여러 채를 소유한 경우 처지에 따라 집값 하락 및 안정이 자산의 축소로 연결될 가능성이 있다.

 3계급은 주택을 소유하고 있지만 현실적으로 전월세에 살고 있기 때문에 주거 생활이 여전히 불안한 존재이다. 또 존재가 이중적인 만큼 집값 변동에 대한 이해관계도 단순하지 않지만, 장기적으로 집값 안정에 호의적인 이해관계를 형성하고 있다.

 4~6계급의 주거 생활은 매우 불안한 처지에 놓여 있다. 우선 집값이 소득보다 훨씬 빠른 속도로 상승하므로 정상적인 생활인이 내 집을 장만하기가 힘드는 등 부동산 계급 내 상향 이동이 매우 어렵게 구조화돼 있다. 2006년 9월 기준으로 한국 사회 평균 봉급생활자가 최소한의 생계비 지출을 제외하고 저축을 통해 110㎡(33평형) 아파트를 장만하는 데 걸리는 기간은 전국 평균 18.6년, 서울 29.1년, 서울시 강남구 44년으로 나타났다. 남자의 경우 군대 제대와 대학 졸업 후 28세에 직장 생활을 시작한다면 47세에 내 집을 장만할 수 있다는 얘기다. 또 서울에서는 57세, 강남구에서는 72세가 돼야 한다는 계산이다. 말 그대로 검은 머리가 파뿌리가

돼야 내 집을 장만할 수 있는 것이다(손낙구 2008).

부동산 가격의 주기적인 폭등은 내 집 장만이 힘겨운 데서 그치는 게 아니라 셋방 사는 고통 자체를 더 크게 한다. 집값 변동률을 집계하기 시작한 1986년 1월부터 2007년 12월까지 주택 매매가격은 123.6%가 오른 데 비해, 전세 가격은 266.7%로 곱절로 올랐다. 아파트보다 셋방 사는 사람이 더 많이 거주하는 단독주택과 연립주택은 더욱 심했다. 아파트 전세가는 매매가에 비해 1.8배 오른 반면, 단독주택은 3.3배, 연립주택은 3.2배가 더 올랐다. 특히 서민들이 많이 사는 서울 한강 이북 지역은 집값에 비해 전세금이 2.6배가 더 올랐고, 광역시도 2.5배 더 올랐다(국민은행, 전국주택가격동향, www.kbstar.co.kr). 이처럼 전월세 가격의 폭등으로 고통 받는 임차 가구는 2005년 현재 전체 가구의 41.4%인 656만 가구 1,666만 명에 달한다.

이 같은 상황에서 4~6계급은 내 집 마련의 꿈이 사실상 무산된 채 2년에 한 번씩 전월세 가격을 올려 주거나 이사를 다녀야 하는 극심한 주거 불안에 시달리고 있다. 이들 중 가장 심각한 주거 생활의 불안을 겪는 사람들의 현실은 최저 주거 기준에 미달되는 가구에서 잘 나타난다. 2005년 현재 최저 주거 기준 미달 가구는 침실·시설·면적 기준만 적용해도 전체 가구의 13%인 206만 가구에 달한다.

다른 한편으로 현행 최저 주거 기준 미달 가구 통계에서는 구조·성능·환경 기준 미달 가구는 법령 미비로 집계조차 되지 않고 있다. 실제로 판잣집·비닐집·움막·쪽방·동굴 등에 사는 5만 가구가 통계로 제외된 것은 물론 (반)지하방 거주 가구 중 44만 가구도 제외되어 있다. 따라서 실제 최저 주거 기준에 미달되는 열악한 곳에 사는 가구는 집계된 수치보다 훨씬 많다.

그러나 뭐니 뭐니 해도 가장 극심한 고통을 겪고 있는 사람들은 바로 지하방 등에 사는 부동산 6계급이다. 2005년 현재 업소의 잠만 자는 방, 건설 현장의 임시 막사, 동굴 등에는 2만2,000여 가구, 5만3,000여 명이 살고 있다. 비닐집·판잣집·움막에는 2만3,000여 가구, 5만7,000여 명이 산다. 반지하를 포함한 지하방에는 58만7,000여 가구, 142만 명이 산다. 옥탑방에는 5만여 가구, 8만8,000여 명이 산다.

인간이 동굴을 비롯한 지하 공간에 거주하기 시작한 것은 50만 년 전 베이징 원인까지 거슬러 올라간다고 한다. 21세기 대한민국에 베이징 원인이 살았던 동굴·지하·움막 등에 사는 사람이 68만 가구, 162만 명에 달하는 현실은 부동산으로 계급이 나뉜 주거 생활의 격차를 생생하게 웅변하는 것이다.

4~6계급의 집값 변동에 대한 이해관계는 동일하다. 집값이 폭등할수록 주거 생활이 후퇴하고, 집값이 떨어질수록 주거 생활이 개선되기 때문이다. 이 가운데 4계급 중 일부는 집값이 폭락할 경우 내 집 장만의 꿈을 되살릴 수 있는 처지에 있기도 하다. 그러나 대다수를 차지하는 5계급과 6계급은 현재 확보한 전월세 보증금도 많지 않고 소득도 높지 않으므로 설사 집값이 폭락한다 하더라도 주택을 구입하기는 현실적으로 쉽지 않은 상태에 놓여 있다.

간추린 6장 대안을 찾아서

주택계급별 맞춤형 주택 정책

- 집은 남아도는데 전·월세가 41%에 달하는 주택자산 분배의 불공평을 해결하려면 주택계급별 상태와 처지에 맞는 맞춤형 주택 정책을 펴야 한다.
  1. 다주택 소유자 : 택지 국유화와 임대소득세·보유세 강화
  2. 1가구 1주택자 : 보호 정책
  3. 집이 있으나 대출금 부담 등으로 셋방 사는 가구 : 내집 입주 지원정책
  4. 보증금 5,000만 원 이상의 셋방 사는 무주택자 : 내집마련 지원
  5. 보증금 5,000만 원 미만 무주택자 : 전·월세 안정 대책
  6. 지하방 비닐집 등에 사는 극빈층 : 주거 상향 정책

제2의 토지개혁과 택지 국유화

- 땅의 소유 문제를 해결하기 위해 택지에 대한 단계별 국유화를 추진해야 하며, 3채 이상 소유한 다주택자를 대상으로 매년 30~40조 규모의 영구채권을 발행하는 방법으로 택지를 국유화할 경우 5년 안에 전체 택지의 20%를 국유화할 수 있는 것으로 나타났다.
- 이 정도의 채권 발행은 채권시장에서도 충분히 감당할 수 있을 것이다.

공영개발

- 건설 재벌을 위한 공급 중심의 주택 정책을 서민을 위한 복지 중심의 주택 정책으로 전환하기 위해서는 복지부에 (가칭)주택청을 신설해 주택 정책을 총괄하도록 해야 한다.
- 국민의 땅인 공공 택지를 건설 재벌에 헐값으로 넘길 것이 아니라 공영개발을 통해 공공주택을 지어 무주택 서민에게 임대하거나 분양해야 한다.

- 한 예로 송파거여신도시를 100% 공영개발할 경우, 38조 원 이상의 자산을 보유하고 1조 원 이상의 순이익을 내면서도 4만5,000가구에게 공공임대주택을 제공할 수 있는 등 사업성이 뛰어난 것으로 분석된다.

부동산 특권 폐지 내집 꿈 부활

- 건설 재벌이 누리는 아파트 선분양제와 분양 원가 비공개, 집 부자들의 탈세 피난처가 돼온 임대사업 세금 특혜 등 부동산 특권을 폐지해야 집값을 잡을 수 있다.
- 무주택자 중 약 100만 가구로 추산되는 내집마련 가능 계층에게 택지 국유화로 내집마련 비용 인하, 아파트 분양 제도 및 청약 제도 개선, 금융 지원 등 정책적 지원이 필요하다.

셋방 스트레스 푸는 주택 정책

- 현행 2년인 전월세 계약 기간을 실질적으로 10년으로 늘리고, 전월세 인상률 5% 제한 규정을 현실화하고 월세 전환율 10% 등 상한제를 도입하는 방법으로 셋방살이를 하면 겪는 스트레스를 없앨 정책을 도입해야 한다.
- 방이 안 빠져 발을 동동 구르는 세입자들을 위해 전월세금 보증센터를 설치하고, 최우선변제금도 4,000만 원 수준으로 높여 전월세 보증금 떼일 불안에서 벗어나게 해야 한다.

지하방 탈출 사다리 정책

- (반)지하, 비닐집, 쪽방 등에 사는 극빈층의 주거 상향을 위해 '지하방 탈출 사다리 정책'을 펴야 한다.
- 지하에 사는 가구가 땅 위로 올라오는 데는 가구당 1,831만~3,512만 원이 필요하다. 매입형 임대주택 및 전세형 임대주택을 연간 6만 채로 확대하는 등 10년 정도에 걸친 단계별 접근이 바람직하다.
- 비닐집·쪽방 등에 거주하는 가구에 대해서는 주소지 인정, 시설 개선, 원룸형 임대주택 공급 등 단기 대책과 함께 주거와 복지를 결합시킨 종합적인 접근이 필요하다.

책을 마무리하며

"내 땅 내 맘대로 하는데 제깐 놈들이 방해는 무슨 방해를 해요"

조정래 『태백산맥』에서

조정래의 대하소설 『태백산맥』에 나오는 이 장면은 1948년 말 양조장 주인이자 지주인 정현동이 농지개혁을 앞두고 소작인들 몰래 땅을 몽땅 팔았다가 소작인들로부터 거센 항의를 받고 폭행 사태까지 벌어진 뒤, 심재모 계엄사령관 앞에서 내뱉은 말이다.

우리 사회에서 부동산 문제를 제대로 해결하는 데 가장 걸림돌이 되는 것 중 하나가 '내 땅 내집 내 맘대로 한다'는 극단적인 부동산관이다. 부동산을 많이 소유한 사람일수록, 부동산으로 많은 돈을 버는 사람일수록 '내 땅 내집 내 맘대로' 사상은 강력하다.

부동산 문제에 대한 대안을 제대로 세우기 위해서는 인간에게 땅과 집은 어떤 것인가에 대한 근본적인 성찰이 필요하다. 인간에게 땅이란 무엇이며, 사람이 살아가는 데 집은 어떤 의미가 있는가? 내 땅이고 내집이니 내 맘대로 사고팔아 투기를 해도 상관없는 것인가?

인간에게 땅이란 무엇인가

> 우리가 먹고 있는 모든 먹을거리는 자연에서 얻는다.
> 결국 우리 몸에는 온갖 것이 들어와서 살이 되고 피가 되고 움직인다.
> 내가 사는 것이 아니라 자연이 함께 내 몸속에서 살고 있다.
> 그러니 나는 자연의 일부이며 또한 하느님의 한 부분이기도 하다.
>
> 권정생 『우리들의 하느님』 중에서

인간이 자연의 일부이며 땅은 어머니 같은 존재라는 생각은 가장 오랫동안 사람들의 세계관으로 자리 잡아온 자연관이자 토지관이다. 고대 인도인에게 '대지는 만물의 혼'이었으며, '인간이 대지를 소유하는 게 아니라 대지가 인간을 소유하는 것'이었다.

1854년 인디언 추장 시애틀은 땅을 팔라는 미국 대통령에게 "어떻게 당신은 하늘을, 땅의 체온을 사고팔 수가 있는가? 그런 생각은 우리에게는 매우 생소하다. 더구나 우리는 신선한 공기나 반짝이는 물을 소유하고 있지도 않다. 그런데 어떻게 당신이 그것들을 우리한테서 살 수 있겠는가"라고 답변한 것으로 유명하다(황명찬 1989).

이처럼 '자연의 품속에 살던' 인류에게 땅은 소유할 수도 없고 사고팔아서도 안 되는 어머니 대지였으며, 실제로 인류는 오랫동안 공동으로 땅을 소유해 왔다.

인간에게 집이란 무엇인가

집에 돌아오면

하루종일 발을 물고 놓아주지 않던
가죽 구두를 벗고
살껍질처럼 발에 달라붙어 떨어지지 않던
검정 양말을 벗고

발가락 신발
숨쉬는 살색 신발
투명한 바람 신발
벌거벗은 임금님 신발

맨발을 신는다

김기택 "맨발"

건축가 정기용은 김기택의 시 "맨발"을 빌어 집이란 "자신의 육신을 내던지고 영혼과 마음을 내려놓으며 존재의 가벼워짐을 느낄 수 있는 특별한 장소"라 했다(정기용 2008).
 인류 최초의 집은 원시시대 움막에서 시작되었으며 인간은 집을 은신처 삼아 비와 이슬, 추위와 더위, 짐승이나 도둑으로부터 자신과 가족을 보호할 수 있었다. 동물이 나름의 방식으로 영역을 표시하듯 인간도 하늘 아래 땅 위에 집을 짓고 가꾸며 애착을 표시하면서 '나만의 작은 세계'를 만들며 살아왔다. 움막에서부터 현대적인 타워팰리스에 이르기까지 모든 사람은 집 속에 있다. 집은 인간의 은신처이자, 가족과 함께 먹고 쉬고 잠자고 아이를 낳고 심신의 활력을 만들어 내는 물리적 생활 공간인 동시에 활동의 거점이다.

인간이 집을 짓고 머물러 산다는 것dwelling은 땅 위에 자신의 뿌리를 내리고 세계의 한 부분으로 깊이 참여함으로써 세계 안의 존재가 되는 것이다. 또한 집은 일상생활에서 '항상 내 마음이 머무는' 나만의 공간이며, 낯설고 두려우며 의심스럽고 속되며 무질서한 '집 밖의 세상'에서 친숙하고 안전하며 믿을 수 있고 질서 있는 '돌아갈 그곳'이다(도베이 1995). 인간에게 집은 자기 자신의 한 부분으로 우리의 넓혀진 몸이다. 따라서 몸은 집 밖에 있다 하더라도 제2의 자신은 항상 그곳, 집에 있다(홍형옥 1982).

나아가서 집은 자신이 소중히 여기는 가치가 담긴 공간이다. 예컨대 한국 사회에서 집은 인간이 태어나 자라나고 결혼하며 죽고 제사 지내는 곳이다. 따라서 땅 한 뼘, 집 1채는 단순히 능력에 따라 팔고 사는 대상을 넘어 가족과 개인의 혼과 역사가 담긴 대상이다. 이런 맥락에서 한국인의 삶에서 '죽어도 내 한 몸 누일 만한' 땅 한 뼘, 집 한 채, 방 한 칸에 대한 애착은 사회문화적으로 매우 중요한 의미를 가진다(김유경 2005).

자본주의 체제니까 내 땅 내 맘대로 한다?

'인류 생존의 전 주기를 하루 24시간으로 생각한다면 문명은 밤 11시 57분에 생겨났을 뿐이며, 근대 사회의 발전은 11시 59분 30초에 겨우 시작되었다'는 기든스의 지적처럼 인류 역사에서 자본주의 사회가 출현한 것은 극히 최근이다(기든스 2003).

물론 본격적인 농경사회를 거쳐 계급이 발생하고 사적 소유가 시작됨으로써 변화를 맞이했지만, 이 같은 변화에도 불구하고 지구 대부분에서 땅은 국가의 소유가 더 많았고, 개인 소유라 해도 소작인의 경작권과 같은 일부 권한을 나눠 갖는다는 점에서 이 소유는 완전한 사적 소유는 아니었다. 예를 들면 고대 이스라엘 왕국은 신의 이름으로 토지 소유를 불법화했으며(김세열 1990), 우리나라의 경우 '왕토'의 이름으로 대부분의 토지는 국가 소유로 남았다. 영국과 프랑스에서도 18세기까지 대부분의 땅은 매매 불가능한 것으로 남아 있었다(폴라니 1997). 적어도 자본주의가 출현하기 전까지는 하늘과 땅, 인간과 집은 더불어 함께 공존해 왔고, 땅과 집 또한 소수가 독점적으로 소유하거나 사고파는 대상이 아니었던 것이다.

폴라니Karl Polanyi에 따르면 토지란 자연의 다른 이름이고, 노동이란 인간 활동의 다른 이름이며, 화폐는 그저 구매력의 징표일 뿐이다. 이 중 어떤 것도 판매를 위해 생산되는 것이 아니며 따라서 상품으로 거래되는 시장경제의 원리를 적용해선 안 된다. 그러나 19세기부터 국가권력이 자본주의 시장경제를 앞세워 노동, 토지, 화폐 등 살림살이 경제를 무리하게 상품화함으로써 사회가 시장경제에 매몰embedded되었다(폴라니 1997).

폴라니의 이론을 우리나라에 적용한다면 일본 제국주의가 토지조사사업을 통해 소작농의 경작권을 박탈한 뒤, 해방 후 미군정과 이승만정권이 농지개혁과 헌법 제정을 통해 토지에 대한 절대적 소유권을 보장하고 자본주의적 생산체제를 확립한 것이 여기에 해당된다고 하겠다.

그렇다면 자본주의 경제체제를 채택한 나라는 모두 '내 땅 내 마음대로 한다'는 비뚤어진 부동산관이 용인되고 있는 것일까. 그렇지 않다. 오히려 더 많은 나라에서 부동산의 사회적 공공성에 주목하며 토지에 대해서는 다양한 소유권과 이용권의 제한을 두고 있고, 주택에 대해서도 국가가 적극 개입해서 시장경제의 폐해가 극단화되지 않도록 힘쓰고 있다.

땅은 인간을 비롯한 자연생태계의 생존에 없어서는 안 되는 생존 기반이다. 인간이 노력해서 만들어낸 것도 아니고 늘릴 수도 없으며, 자리를 옮길 수도 없다. 장기간에 걸쳐 재화와 용역을 생산할 수 있는 내구성을 갖는 점도 일반 상품과 차이가 있다. 이 같은 특성 때문에 땅은 소수 부유층이 독점할 수 없는 고도의 공공성과 사회성을 띠고 있으며, 일반 상품처럼 시장에 맡겨둘 경우 투기와 불로소득의 사유화와 같은 심각한 문제를 발생시킬 수밖에 없다.

이런 까닭에 존 로크, 애덤 스미스, 데이비드 리카도, 헨리 조지 등 자본주의적 사유재산제도를 옹호했던 경제학자들까지도 토지 사유제를 비판하고 토지 사유 제한을 강조했으며, 토지 투기와 불로소득인 지대의 사유화를 반대하는 광범위한 운동을 전개했다. 그 결과 1919년 독일의 바이마르헌법에서 토지의 사회성·공공성이 최초로 제도화된 것을 시작으로 현재는 대부분의 자본주의 국가에서 땅에 대한 소유권은 신성불가침의 절대적 소유권이 아니라 법률에 따라 제한되고 의무를 동반하는 것으로 일반화되었다(류해웅·김승종 2002). 자본주의 종주국인 미국은 국토의 절반 이상을 국가가 소유하고 있으며, 대만은 69%, 스웨덴은 40%가 국유 토지다. 심지어 이스라엘과 싱가포르는 80% 이상을 국가가 소유함으로써 민간인이 '내 땅 내 마음대로' 하지 못하도록 하고 있다.

집 역시 근본적으로는 한정된 땅 위에 짓는다는 점에서 무한정 생산해 공급하기 어렵다는 성격을 띠고 있다. 집 또한 위치가 고정돼 있고 내구성이 강하다. 또 인간 생활에 없어서는 안 되는 공공재이므로 시장에만 맡겨둘 수 없다. 이런 이유로 대부분의 자본주의 국가에서는 정도의 차이는 있지만 주택문제를 시장에만 맡겨두지 않고 정부가 적극 개입하고 있다.

국제 사회의 움직임 역시 정부 정책을 통해 기본 인권의 하나로 주거권을 보장하도록 촉구하고 있다. 유엔총회는 1948년 채택한 세계인권선언을 통해 주거권을 인간의 권리 중 하나로 천명했다. 1966년에는 사회권 규약을 통해, 적절한 주거권 실현은 국가가 노력해야 할 의무라고 선언했다. 또 1976년 유엔이 개최한 제1차 세계주거회의 Habitat I 와 1996년 제2

차 세계주거회의Habitat II 에서도 주거권 보장은 기본 인권이자 국가의 의무임이 확인되었고, 이를 실현하기 위한 방법과 지침을 채택했다.

'투기 테러리즘'과 집을 잃어버린 한국인

이렇듯 '내 땅 내집 내 맘대로 한다'는 논리는 장구한 인류 역사에서는 물론이고 자본주의사회 안에서도 '돌연변이'에 가까울 정도로 극단적으로 비뚤어진 부동산관이다. 그러나 투기꾼의 철학이라고나 할 극단적인 논리는 이것을 뒷받침하는 법과 제도의 극단적인 사유재산 제일주의, 정부의 주택 정책, 부동산 학자와 언론의 이데올로기와 결합해 수십 년 동안 투기와 불로소득의 사유화를 비호하는 신념체계로 자리 잡았다. 오늘도 부동산 계급은 끊임없이 부동산 신화를 불러들여 불로소득을 얻기 위한 새로운 음모를 꾸미고 있다.

부동산 투기는, 모두가 함께 누려야 하며 그것이 없으면 생존할 수 없는 땅과 집을 독점해 이득을 본다는 점에서 헨리 조지가 지적한 것처럼 '사막에 있는 유일한 우물'을 독차지해서 타인을 착취하고 노예를 부리는 행위와 같다(이재율 1999에서 재인용).

또 인간이 세계에 발 딛고 설 수 있는 보금자리를 뺏고 '돌아갈 그곳'을 투기라는 폭력적 수단으로 빼앗아 이익을 본다는 점에서 인간의 거주에 대한 테러에 비유되기도 한다.

부동산 투기는 많은 사람에게 상처를 입혔다. 160만 부동산 극빈층은 자신을 보호해 줄 물리적 시설(은신처)로서의 기능도 하지 못하는 길거리·지하방·판잣집·동굴에 방치돼 있다(김유경 2005). 내집 없이 집의 사용권만 간신히 확보한 1,700만 무주택자는 '인간이 대지에 뿌리내리는 수단으로서의 집'을 갖지 못한 채 여기저기 떠돌아다니며 뿌리 뽑힌 삶을 살고 있다. 이들의 힘겨운 삶의 모습은 앞에서 상세히 살펴보았다.

주택이 상품으로 시장에 나오면서부터 사람들은 시장의 노예가 되었다. 인간과 세계의 중심으로서의 집은 복권처럼 확률 게임의 대상이 되었다. 그 결과, 온 가족이 새벽부터 아파트에 당첨될 꿈을 안고 줄을 선다. 생로병사와 관혼상제가 이뤄지는 가족과 개인의 혼이 담긴 집도 더 이상 존재하지 않는다. 사람들은 집이 아닌 병원에서 태어나고 집이 아닌 병원에서 죽음을 맞이한다. 사람들은 더 이상 동네에서 살지 않고 대기업의 이름(현대 아이파크, 삼성 래미안 등) 속에서 살고 있으며 자기의 삶을 사는 것이 아니라 평당 가격이 얼마인 몇 평짜리냐를 물으며 살아가고 있다. 사람들은 더 이상 집에 거주하는 거주자가 아니라 재산 관리인이 되고 말았다(정기용 2008).

세계에서도 유례가 드문 아파트 중심의 주거 생활은 한국인에게 인간과 집의 분리를 더 강렬하게 경험하게 하고 있다. 프랑스 지리학자 발레리 줄레조는 한강변에 늘어선 아파트 단지가 거대한 군사기지를 연상케 하며 한국은 흡사 '아파트 공화국' 같다고 말한 바 있다(발레리 줄레조 2007). 아파트 단지 내부도 군부대를 닮았다. 아파트 단지의 울타리는 군부대의 울타리와, 경비실은 위병소, 상가는 PX, 놀이터는 연병장, 주차증은 출입 비표, 동대표는 내무반장과 닮았다(천현숙·윤정숙 2001).

'집을 잃어버린' 한국에서 우리는 어디를 가나 동일한 아파트를 만나고, 똑같은 도시를 만난다. 서울이 부산 같고, 청량리가 광주 같고, 광주는 대구 같은 장소성의 부재 속에서 모든 도시는 익숙하면서도 동시에 낯설다(정기용 2008).

다산 정약용이 살아있다면

인류 역사의 극히 짧은 시간 동안 진행된 자연의 상품화는 노동하는 인간상 자체를 파괴했을 뿐만 아니라, 지구 생태계를 황폐하게 함으로써 지구의 공멸을 자초하고 있다. 폴라니의 지적처럼 이제 '시장경제를 공동체적 기반 위에서 관리하기 위한 민주적 계획'을 세워야 한다. 땅, 물, 집과 같은 소중한 것들은 사적 소유에서 공유로, 상품화에서 탈상품화로 돌려놓아야 한다.

18세기 조선시대 말 토지문제로 백성들의 고통이 극에 달하자 실학자 정약용은 경자유전의 원칙과 토지의 완전한 국유를 해법으로 제시했다. 자연의 일부이자 만인의 것인 땅을 개인이 함부로 독점해 투기 수단으로 삼을 수 없게 한 뒤, 실제로 농사를 짓는 농민에게만 땅에 대한 소유권과 점유권을 준다는 내용이다.

앞에서 살펴봤듯이 6%의 가구가 사유지 기준으로 국토의 70%를 소유하고 있고 국민 10명 중 4명이 셋방을 떠도는 데, 집을 평균 5채씩 소유한 집 부자가 105만 가구에 달한다. 만약 정약용의 해법을 21세기 대한민국에 적용할 수 있다면 땅과 집을 투기 수단으로 삼는 일을 근본적으로 막을 수 있을 것이다. 또 실제 농사를 짓는 농민에게만 토지 소유권과 점유권을 주듯이 투기용 주택 소유를 금지하고 집은 실제 거주를 목적으로 할 때만 소유할 수 있도록 한다면 '집이 남아도는 시대에 집 없는 서민이 넘치는' 모순은 해결할 수 있을 것이다(한정주 2007).

인류 역사에서 오랫동안 지켜 온 '하늘 아래 땅 위에 인간이 집을 짓고 산다'는 소박한 상식과 자연관으로 돌아가야 한다. '노동 없는' 불로소득을 부추기는 부동산 자본주의, 부동산 계급이 지배하는 이상한 계급사회를 개조하는 작업은 땅과 집을 원래 있던 자리로 되돌려 놓는 일부터 시작해야 할 것이다.

어디에서 시작할 것인가

이제 이 책을 마무리해야 할 시간이다. 필자는 이 책에서 부동산이 무엇이, 왜 문제이며, 대한민국 사회를 어떻게 위험에 빠뜨리고 있고, 바람직한 해결 방향은 무엇인지에 대해 말했다. 특히 제2의 토지개혁과 같은 장기적이고 근본적인 대책을 마련해야 하며, 이를 위해 기나긴 인류 역사의 토지관에서부터 200년 전 정약용까지 불러내면서 비뚤어진 부동산관을 바로잡자고 하였다.

물론 부동산 문제를 주목해 원인을 밝히고 해결 방법을 제시하고 그것을 전파하는 일은 그렇게 하지 못하는 것보다는 훨씬 낫다. 하지만 과연 이렇게 해서 무엇이 얼마나 달라질 수 있는가. 그것을 실현할 힘과 수단을 확보하지 않고는 '좋은 정책' 이상의 어떤 의미를 갖기 어렵지 않은가.

이명박 정부와 한나라당은 지금 이 순간에도 부유층의 부동산 세금을 깎아주고 투기를 부추기는 각종 정책을 쏟아 내며 투기의 먹이사슬을 쉴 새 없이 작동시키고 있다. 그 피해는 다양한 경로를 거쳐 고스란히 서민들에게 돌아갈 텐데, 무엇을 무기로 어떤 방법으로 서민들의 피해를 막고 부동산 문제를 해결할 수 있단 말인가.

결국 중요한 문제는 좋은 정책을 실현할 정치적·사회적 힘과 수단을 어떻게 확보할 것인가다. 국민의 먹고사는 문제를 해결하는 것을 최대 목표로 삼는 좋은 정치를 만들어내야 한다. 좋은 정치를 실현할 좋은 정당, 좋은 정치인, 좋은 사회운동을 키워야 한다.

그러자면 정치운동과 사회운동이 먼저 바뀌어야 한다는 게 필자의 생각이다. 지하실이나 적절하지 못한 주거 조건에서 살아야 하는 가난한 사람들의 처지에서 볼 때, 그간 정치운동과 사회운동은 추상적이었다. 주거를 비롯한 가난한 사람들의 먹고사는 문제를 해결할 수 있는 실질적 운동으로 나아가야 한다. 많은 희생을 치르고 민주화를 진전시켜왔음에도 불구하고 그 성과가 서민 생활의 개선으로 나타나지 않는 문제야말로 정치운동과 사회운동이 풀어야 할 큰 과제이기에 더욱 그렇다.

부록

1장

1-1 세계 54개국 아파트 임대료(2006년)

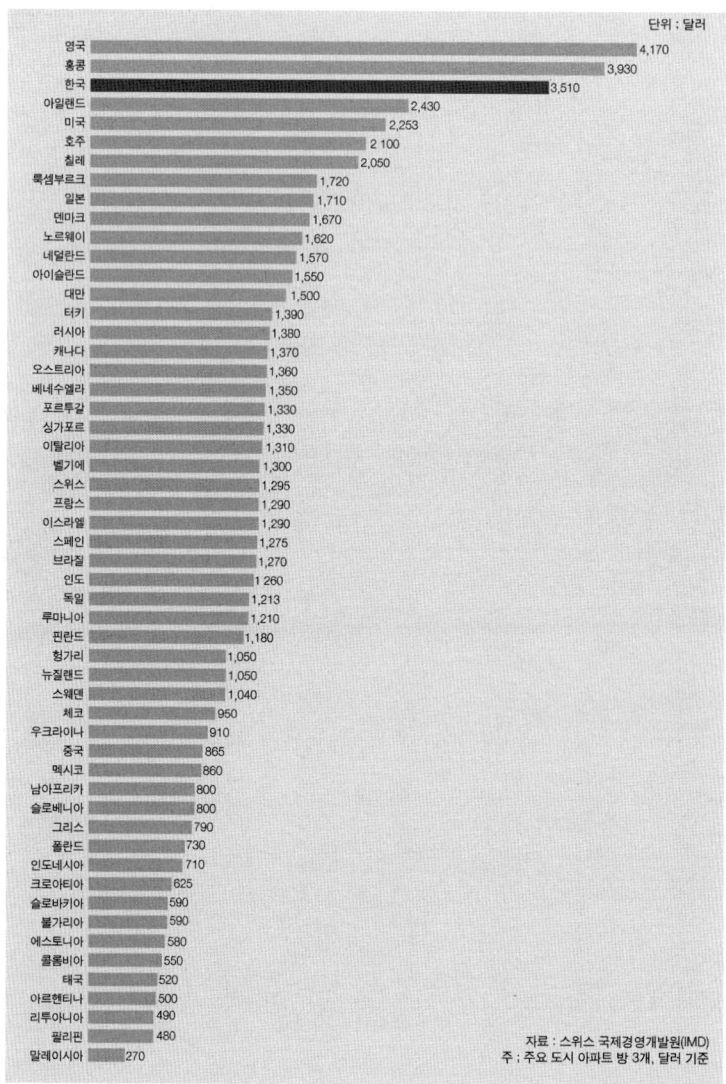

1-2 2008년 공시가격 기준 서울시 구별 아파트값 현황

	아파트 수 (호)	공시가격 총액 (100만 원)	호당 평균 가격 (1,000원)	3.3㎡당 평균 가격 (1,000원)
서울시	1,299,880	479,912,722	369,197	12,057
종로구	8,647	2,483,515	287,211	9,269
중구	11,608	3,734,704	321,735	10,316
용산구	28,934	18,343,803	633,987	17,287
성동구	41,980	14,242,605	339,271	10,963
광진구	27,581	12,050,167	436,901	12,591
동대문구	39,037	9,693,449	248,314	7,846
중랑구	41,116	7,532,335	183,197	6,553
성북구	50,290	12,643,930	251,420	8,113
강북구	24,135	4,821,241	199,761	7,133
도봉구	63,008	12,381,554	196,507	6,819
노원구	151,263	27,294,602	180,444	7,221
은평구	21,735	4,345,459	199,929	6,362
서대문구	32,679	7,579,386	231,934	7,704
마포구	42,173	14,360,201	340,506	11,153
양천구	76,274	29,821,714	390,981	12,926
강서구	85,145	18,977,922	222,889	8,454
구로구	61,205	14,594,044	238,445	8,002
금천구	23,157	4,387,200	189,454	6,602
영등포구	55,795	21,008,714	376,533	11,496
동작구	42,226	15,509,260	367,291	10,855
관악구	37,946	10,279,589	270,900	8,771
서초구	71,706	50,470,577	703,854	18,139
강남구	112,122	88,635,209	790,524	23,912
송파구	87,385	51,634,429	590,884	17,468
강동구	62,733	23,087,113	368,021	13,009

자료 : 국토해양부 2008년. 1월 1일 기준.

1-3 서울시 25개 구별 다주택 보유 현황(2005년 8월 12일 현재)

	계			2건			3건 이상												
							소계			3건		4건		5건		6~10건		11건 이상	
	가구 수	주택 수	평균	가구 수	주택 수	평균	가구 수	주택 수	평균	가구 수	주택 수	가구 수	주택 수	가구 수	주택 수	가구 수	주택 수	평균	가구 수	주택 수	평균
서울시	152,539	410,765	2.7	120,808	241,616	31,731	169,149	5.3	14,453	43,359	4,823	19,292	2,844	14,220	7,161	53,361	7.5	2,450	38,917	15.9
종로구	3,513	10,501	3.0	2,354	4,708	1,159	5,793	5.0	437	1,311	240	960	210	1,050	213	1,590	7.5	59	882	14.9
중구	1,970	6,150	3.1	1,422	2,844	548	3,306	6.0	235	705	66	264	65	325	116	899	7.8	66	1,113	16.9
용산구	4,618	12,678	2.7	3,475	6,950	1,143	5,728	5.0	530	1,590	240	960	113	565	190	1,409	7.4	70	1,204	17.2
성동구	4,975	12,737	2.6	3,905	7,810	1,070	4,927	4.6	574	1,722	179	716	103	515	163	1,183	7.3	51	791	15.5
광진구	4,608	12,987	2.8	3,580	7,160	1,028	5,827	5.7	413	1,239	159	636	87	435	291	2,094	7.2	78	1,423	18.2
동대문구	4,334	10,877	2.5	3,499	6,998	835	3,879	4.6	454	1,362	132	528	70	350	138	1,015	7.4	41	624	15.2
중랑구	4,069	9,810	2.4	3,421	6,842	648	2,968	4.6	337	1,011	116	464	52	260	109	750	6.9	34	483	14.2
성북구	5,162	13,182	2.6	4,134	8,268	1,028	4,914	4.8	527	1,581	188	752	87	435	162	1,191	7.4	64	955	14.9
강북구	3,468	8,745	2.5	2,837	5,674	631	3,071	4.9	326	978	105	420	46	230	116	843	7.3	38	600	15.8
도봉구	6,312	14,965	2.4	5,396	10,792	916	4,173	4.6	534	1,602	169	676	58	290	110	805	7.3	45	800	17.8
노원구	10,867	25,447	2.3	9,382	18,764	1,485	6,683	4.5	866	2,598	246	984	110	550	203	1,452	7.2	60	1,099	18.3
은평구	4,111	11,417	2.8	3,128	6,256	983	5,161	5.3	403	1,209	176	704	127	635	227	1,662	7.3	50	951	19.0
서대문구	4,685	12,685	2.7	3,676	7,352	1,009	5,333	5.3	435	1,305	178	712	82	410	232	1,720	7.4	82	1,186	14.5
마포구	5,329	14,691	2.8	4,207	8,414	1,122	6,277	5.6	494	1,482	176	704	97	485	262	1,912	7.3	93	1,694	18.2
양천구	8,484	21,403	2.5	7,016	14,032	1,468	7,371	5.0	751	2,253	209	836	138	690	290	2,078	7.2	80	1,514	18.9
강서구	6,799	17,677	2.6	5,672	11,344	1,127	6,333	5.6	549	1,647	157	628	95	475	242	1,771	7.3	84	1,812	21.6

구분																			
구로구	6,634	16,507	2.5	5,408	10,816	1,226	5,691	4.6	588	1,764	240	960	151	755	199	1,455	7.3	48	757	15.8
금천구	2,813	6,904	2.5	2,401	4,802	412	2,102	5.1	216	648	52	208	36	180	78	569	7.3	30	497	16.6
영등포구	6,787	16,916	2.5	5,624	11,248	1,163	5,668	4.9	625	1,875	196	784	87	435	188	1,381	7.3	67	1,193	17.8
동작구	5,917	15,111	2.6	4,835	9,670	1,082	5,441	5.0	518	1,554	156	624	103	515	238	1,737	7.3	67	1,011	15.1
관악구	5,288	13,974	2.6	4,235	8,470	1,053	5,504	5.2	455	1,365	158	632	87	435	281	1,991	7.1	72	1,081	15.0
서초구	7,653	23,183	3.0	5,565	11,170	2,068	12,013	5.8	850	2,550	292	1,168	182	910	528	3,938	7.5	216	3,447	16.0
강남구	15,167	45,889	3.0	11,259	22,518	3,908	23,371	6.0	1,650	4,950	464	1,856	301	1,505	962	7,406	7.7	531	7,654	14.4
송파구	12,015	38,389	3.2	8,699	17,398	3,316	20,991	6.3	1,107	3,321	354	1,416	224	1,120	1,278	10,047	7.9	353	5,087	14.4
강동구	6,961	17,940	2.6	5,658	11,316	1,303	6,624	5.1	579	1,737	175	700	133	665	345	2,463	7.1	71	1,059	14.9

자료 : 행정안전부(2005/08).

- 통계표 정의 : 건축물대장에 등재되어 있는 주거용 건물에 대해 행정구역별 주민등록 주민등록상 세대 구성원이 보유하고 있는 건물 건수 현황을 나타냄.
- 통계 수치 기준
  - 총 보유 주택 수 : 해당 지역에 가주하고 있는 세대가 보유하고 있는 총 주택 수(건수 구분 × 보유 건수의 합계)
- 기타 : 소유 구분은 개인이나 소유자의 주민등록번호를 주민 정보와 연계 시 세대주 정보 과악이 불가능한 자료임.
  - 예) 주민등록번호 미존재, 사망자, 주민등록번호 오류 등.

1-4 경기도 31개 시·군·구별 다주택 보유 현황(2005년 8월 12일 현재)

	계			2건			소계			3건 이상											11건 이상		
										3건		4건		5건		6-10건			11건 이상		
	가구 수	주택 수	평균	가구 수	주택 수	가구 수	주택 수	평균	가구 수	주택 수	가구 수	주택 수	가구 수	주택 수	가구 수	주택 수	평균	가구 수	주택 수	평균
경기도	160,359	385,632	2.4	138,579	277,158	21,780	108,474	5.0	12,487	37,461	2,976	11,904	1,493	7,465	3,132	23,044	7.4	1,692	28,600	16.9
수원시	15,846	36,955	2.3	14,045	28,090	1,801	8,865	4.9	1,101	3,303	239	956	115	575	211	1,515	7.2	135	2,516	18.6
성남시	15,087	36,995	2.5	12,666	25,332	2,421	11,663	4.8	1,349	4,047	353	1,412	174	870	390	2,838	7.3	155	2,496	16.1
의정부시	5,498	12,535	2.3	4,870	9,740	628	2,795	4.5	373	1,119	96	384	50	250	79	563	7.1	30	479	16.0
안양시	11,787	27,381	2.3	10,237	20,474	1,550	6,907	4.5	944	2,832	214	856	100	500	211	1,555	7.4	81	1,164	14.4
부천시	12,140	28,632	2.4	10,598	21,196	1,542	7,436	4.8	860	2,580	227	908	117	585	233	1,717	7.4	105	1,646	15.7
광명시	5,532	12,635	2.3	4,860	9,720	672	2,915	4.3	415	1,245	100	400	43	215	83	613	7.4	31	442	14.3
평택시	5,197	12,096	2.3	4,578	9,156	619	2,940	4.7	361	1,083	98	392	45	225	80	592	7.4	35	648	18.5
동두천시	809	1,856	2.3	693	1,386	116	470	4.1	73	219	22	88	7	35	11	74	6.7	3	54	18.0
안산시	9,150	27,913	3.1	7,383	14,766	1,767	13,147	7.4	705	2,115	167	668	92	460	291	2,316	8.0	512	7,588	14.8
고양시	14,698	34,809	2.4	12,687	25,374	2,011	9,435	4.7	1,191	3,573	293	1,172	162	810	257	1,853	7.2	108	2,027	18.8
과천시	1,284	3,267	2.5	1,043	2,086	241	1,181	4.9	127	381	34	136	20	100	44	322	7.3	16	242	15.1
구리시	2,491	5,867	2.4	2,183	4,366	308	1,501	4.9	159	477	50	200	25	125	61	444	7.3	13	255	19.6
남양주시	5,740	13,239	2.3	5,035	10,070	705	3,169	4.5	407	1,221	126	504	44	220	95	678	7.1	33	546	16.5
오산시	1,666	3,878	2.3	1,451	2,902	215	976	4.5	134	402	28	112	15	75	26	187	7.2	12	200	16.7
시흥시	5,747	13,323	2.3	5,005	10,010	742	3,313	4.5	456	1,368	109	436	44	220	99	727	7.3	34	562	16.5
군포시	4,593	10,864	2.4	3,962	7,924	631	2,940	4.7	376	1,128	83	332	37	185	101	738	7.3	34	557	16.4

의왕시	2,533	5,871	2.3	2,244	4,488	289	1,383	4.8	159	477	38	152	26	130	47	335	7.1	19	289	15.2
하남시	1,322	3,255	2.5	1,131	2,262	191	993	5.2	104	312	21	84	9	45	42	300	7.1	15	252	16.8
용인시	16,264	38,669	2.4	13,938	27,876	2,326	10,793	4.6	1,398	4,194	287	1,148	151	755	357	2,559	7.2	133	2,137	16.1
파주시	3,441	7,780	2.3	3,059	6,118	382	1,662	4.4	242	726	49	196	30	150	45	343	7.6	16	247	15.4
이천시	1,465	3,317	2.3	1,307	2,614	158	703	4.4	94	282	22	88	11	55	24	178	7.4	7	100	14.3
안성시	1,904	4,415	2.3	1,667	3,334	237	1,081	4.6	149	447	30	120	11	55	33	255	7.7	14	204	14.6
김포시	4,038	10,826	2.7	3,518	7,036	520	3,790	7.3	327	981	63	252	32	160	68	497	7.3	30	1,900	63.3
화성시	2,976	7,100	2.4	2,589	5,178	387	1,922	5.0	230	690	52	208	21	105	55	402	7.3	29	517	17.8
광주시	2,779	7,057	2.5	2,322	4,644	457	2,413	5.3	235	705	66	264	44	220	75	581	7.7	37	643	17.4
양주시	1,399	3,332	2.4	1,221	2,442	178	890	5.0	108	324	20	80	11	55	22	183	8.3	17	248	14.6
포천시	1,110	2,687	2.4	945	1,890	165	797	4.8	97	291	26	104	11	55	20	146	7.3	11	201	18.3
여주군	822	1,870	2.3	728	1,456	94	414	4.4	60	180	9	36	7	35	15	119	7.9	3	44	14.7
연천군	660	1,425	2.2	586	1,172	74	253	3.4	56	168	10	40	5	25	3	20	6.7	0	0	0.0
가평군	819	1,931	2.4	709	1,418	110	513	4.7	66	198	14	56	10	50	14	104	7.4	6	105	17.5
양평군	1,562	3,852	2.5	1,319	2,638	243	1,214	5.0	131	393	30	120	24	120	40	290	7.3	18	291	16.2

자료 : 앞과 같음.

2장

2-1 봉급으로 내집마련하는 데 걸리는 기간(110㎡형 아파트 기준)

	2003년 2월			2006년 9월		
	가격(원)	기간(년)	나이(살)	가격(원)	기간(년)	나이(살)
전국	1억8,183만	16.5	46	2억2,011만	18.6	47
서울시	3억3,429만	24.9	53	4억4,451만	29.1	58
강남구	5억9,301만	34.8	63	9억7,317만	44.0	72

자료 : 이낙연(2006).
주 : 28살부터 직장 생활을 시작하는 것으로 전제함.

2-2 국가별 부동산 시장 투명도

단위 : 점

2004년		2005년	
호주	1.19	호주	1.15
뉴질랜드	1.19	미국	1.15
미국	1.24	뉴질랜드	1.20
네덜란드	1.37	네덜란드	1.37
홍콩	1.50	스웨덴	1.38
스웨덴	1.51	프랑스	1.40
독일	1.60	핀란드	1.63
스페인	2.19	말레이시아	2.21
말레이시아	2.30	일본	2.40
일본	3.08	포르투갈	2.44
멕시코	3.14	이스라엘	2.86
그리스	3.31	대만	2.86
한국	3.36	한국	2.88
필리핀	3.43	슬로바키아	2.99
태국	3.44	칠레	3.11

자료 : Jones Lang LaSalle 2006, "Global Real Estate Transparency"(윤주현·김혜승·박천규 2006 재인용).
주 : 점수의 범위는 1~5점 사이의 구간을 가짐(1: 매우 투명, 2: 투명, 3: 보통, 4: 약간 투명, 5: 불투명).

3장

3-1 서울시 공동주택 가격별 서울대 합격자 수와 월평균 소득·아파트값 상승액

단위: 명, 원

아파트 등 공동주택 가격	해당 지역	서울대 합격자 수 (1,000명당)	가구당 소득 (월평균)	아파트값 상승분 (월평균)
7억 이상	강남구, 서초구	25	332만	635만
5~6억	용산구, 송파구	12	275만	404만
4~5억	영등포구, 양천구, 강동구	9	273만	295만
3~4억	광진구, 성동구, 동작구	8	256만	225만
2~3억	중구, 마포구, 성북구, 동대문구, 구로구, 강서구, 종로구, 관악구	7	254만	185만
1~2억	서대문구, 노원구, 도봉구, 금천구, 중랑구, 강북구, 은평구	6	236만	105만

주: 1) 아파트 등 공동주택 가격은 '적정가격의 80%'인 2007년 1월 1일 기준 건교부 발표 공시가격을 적정가로 환산한 것임. 각 구별 공동주택 가격은 중앙일보 보도(2007.5.1) 참조. 서울시 공동주택은 총 185만5,100채로 아파트 68.3%, 다세대 주택 25%, 연립주택 6.6%로 구성돼 있음.
2) 서울대 입학자 수는 2004~06학년도 3년간 일반계 고등학교 평균치로 특목고·자사고·실업고는 제외된 것임. 출처: 이주호(2006).
3) 월평균 아파트 가격 상승액은 1999.7~2005.11 사이 주택 가격 상승으로 인한 자본이득의 월 평균치임. 출처: 신상영(2007)
4) 가구당 월평균 소득은 서울시의 〈2006 서울서베이〉 결과임.

3-2 최근 5년간 시군구별 표준화 사망률과 땅값 변동 비교

순위	시군구	사망률	땅값지수	순위	시군구	사망률	땅값지수
1	서울시 서초구	1,772	137.4	41	경기도 구리시	2,371	125.5
2	경기도 과천시	1,805	130.9	42	경기도 광명시	2,379	132.3
3	서울시 강남구	1,809	137.4	43	전북 전주시	2,399	105.3
4	서울시 송파구	1,965	141.4	44	제주도 서귀포시	2,402	103.9
5	경기도 용인시	2,043	133.0	45	경기도 수원시	2,412	124.7
6	서울시 동작구	2,084	127.9	46	경기도 남양주시	2,416	135.0
7	서울시 양천구	2,094	125.2	47	인천시 연수구	2,435	123.6
8	서울시 서대문구	2,123	125.3	48	부산시 수영구	2,436	107.3
9	서울시 영등포구	2,125	123.8	49	제주도 북제주군	2,444	115.1
10	서울시 도봉구	2,139	120.0	50	경기도 시흥시	2,445	126.1
11	경기도 고양시	2,145	138.7	51	제주도 남제주군	2,461	111.6
12	서울시 광진구	2,149	127.9	52	광주시 동구	2,461	95.6
13	충남 계룡시	2,163	110.6	53	경기도 안산시	2,466	130.9
14	경기도 군포시	2,166	121.9	54	경기도 하남시	2,468	134.8
15	서울시 강동구	2,171	120.6	55	경기도 광주시	2,469	134.4
16	서울시 중구	2,172	127.6	56	광주시 북구	2,476	100.4
17	서울시 용산구	2,187	133.7	57	대전시 중구	2,480	102.5
18	서울시 종로구	2,192	128.4	58	충남 서산시	2,486	114.2
19	서울시 마포구	2,198	125.5	59	경기도 의정부시	2,487	125.5
20	서울시 관악구	2,206	125.2	60	인천시 부평구	2,487	121.2
21	대전시 유성구	2,213	119.8	61	인천시 남구	2,492	116.8
22	서울시 구로구	2,231	124.8	62	광주시 남구	2,495	100.9
23	서울시 강서구	2,236	127.1	63	대구시 남구	2,504	99.3
24	경기도 성남시	2,241	137.6	64	부산시 동래구	2,505	102.4
25	서울시 은평구	2,242	127.7	65	인천시 남동구	2,513	119.3
26	경기도 안양시	2,251	123.9	66	충북 청주시	2,522	117.6
27	경기도 의왕시	2,256	125.2	67	인천시 계양구	2,523	123
28	서울시 성북구	2,266	125.0	68	강원도 춘천시	2,536	117.8
29	대전시 서구	2,269	117.1	69	전남 광양시	2,548	104.5
30	서울시 성동구	2,273	130.4	70	경기도 파주시	2,562	146.4
31	제주도 제주시	2,276	121.8	71	대구시 달서구	2,569	105.3
32	서울시 노원구	2,286	122.2	72	경기도 오산시	2,575	142.2
33	광주시 서구	2,290	103.2	73	인천시 강화군	2,582	119.6
34	서울시 중랑구	2,322	123.2	74	전남 순천시	2,596	103.3
35	서울시 금천구	2,324	114.8	75	부산시 연제구	2,601	105.3
36	서울시 강북구	2,334	120.6	76	대전시 대덕구	2,624	108.7
37	경기도 김포시	2,336	130.0	77	부산시 해운대구	2,631	104.9
38	경기도 부천시	2,339	130.0	78	강원도 원주시	2,631	110.3
39	서울시 동대문구	2,340	125.2	79	충남 천안시	2,638	134.2
40	대구시 수성구	2,356	108.0	80	부산시 남구	2,640	102.4

순위	시군구	사망률	땅값지수	순위	시군구	사망률	땅값지수
81	대구시 북구	2,656	105.3	121	강원도 인제군	2,784	105.8
82	대구시 동구	2,656	103.7	122	강원도 양양군	2,784	108.7
83	부산시 중구	2,659	103.2	123	충남 서천군	2,792	104.6
84	경남 진해시	2,674	110.5	124	충남 예산군	2,798	111.7
85	부산시 부산진구	2,677	103.5	125	강원도 양구군	2,799	110.6
86	광주시 광산구	2,680	109.2	126	인천시 동구	2,802	118.6
87	경기도 양평군	2,683	119.3	127	충남 공주시	2,804	119.8
88	인천시 서구	2,687	125.3	128	부산시 서구	2,809	103.8
89	경기도 양주시	2,693	136.4	129	경남 양산시	2,810	111.5
90	경기도 평택시	2,693	133.7	130	경북 포항시	2,811	106.6
91	경기도 화성시	2,697	135.9	131	전북 정읍시	2,812	100.8
92	경기도 이천시	2,703	127.4	132	인천시 옹진군	2,821	112.5
93	경기도 안성시	2,704	117.9	133	충남 보령시	2,824	116.7
94	울산시 북구	2,706	105.6	134	경남 마산시	2,826	108.1
95	강원도 횡성군	2,711	110.1	135	충남 당진군	2,826	118.9
96	전북 군산시	2,712	100.4	136	충북 제천시	2,832	102.8
97	경북 경산시	2,715	105.0	137	충남 태안군	2,838	115.2
98	경북 울릉군	2,718	106.7	138	충남 홍성군	2,840	115.1
99	강원도 강릉시	2,718	105.8	139	강원도 홍천군	2,842	112.6
100	울산시 남구	2,720	103.8	140	강원도 화천군	2,852	104.5
101	전남 남원시	2,720	102.5	141	경북 김천시	2,864	107.0
102	전북 익산시	2,722	102.0	142	전남 목포시	2,869	102.2
103	경북 안동시	2,724	105.7	143	부산시 동구	2,870	102.0
104	경북 구미시	2,726	109.1	144	강원도 평창군	2,873	109.2
105	인천시 중구	2,726	134.4	145	부산시 기장군	2,888	132.5
106	경남 창원시	2,729	108.3	146	경기도 연천군	2,892	119.5
107	대전시 동구	2,730	105.3	147	부산시 사상구	2,896	103.6
108	충남 아산시	2,731	136.1	148	경북 칠곡군	2,897	106.3
109	대구시 중구	2,732	99.5	149	경남 거제시	2,903	113.4
110	경북 영주시	2,743	101.9	150	전북 진안군	2,908	105.3
111	부산시 사하구	2,753	103.0	151	충남 논산시	2,917	110.3
112	울산시 동구	2,759	103.1	152	강원도 고성군	2,919	111.1
113	전남 여수시	2,759	105.1	153	경기도 여주군	2,922	126.9
114	강원도 속초시	2,763	106.2	154	경남 하동군	2,923	106.6
115	부산시 금정구	2,768	105.7	155	경남 김해시	2,924	112.4
116	울산시 중구	2,768	101.7	156	전북 완주군	2,927	108.1
117	충북 충주시	2,772	104.4	157	경북 문경시	2,930	101.7
118	경북 경주시	2,773	104.4	158	전남 강진군	2,934	104.3
119	부산시 북구	2,776	103.8	159	충남 부여군	2,935	107.6
120	경남 진주시	2,779	109.8	160	대구시 서구	2,935	103.2

순위	시군구	사망률	땅값지수	순위	시군구	사망률	땅값지수
161	충북 증평군	2,935	102.3	198	경기도 동두천시	3,082	115.6
162	경북 상주시	2,938	102.4	199	경북 영천시	3,084	105.2
163	충남 연기군	2,939	141.6	200	전남 장성군	3,084	104.0
164	울산시 울주군	2,941	107	201	전북 장수군	3,089	105.7
165	강원도 포천시	2,941	127.2	202	전남 나주시	3,104	102.2
166	충북 옥천군	2,941	102.7	203	경북 봉화군	3,113	106.2
167	충북 진천군	2,952	105.3	204	충북 단양군	3,116	101.7
168	대구시 달성군	2,957	109.4	205	강원도 삼척시	3,137	104.0
169	전북 무주군	2,959	104.6	206	전남 완도군	3,139	105.3
170	경남 사천시	2,970	110.9	207	전남 영광군	3,140	101.5
171	충북 보은군	2,973	100.9	208	강원도 정선군	3,142	117.4
172	강원도 동해시	2,975	105.8	209	충남 청양군	3,143	110.3
173	경북 고령군	2,975	105.4	210	전남 보성군	3,153	103.2
174	경북 영양군	2,977	102.6	211	울산시 울주군	3,161	105.3
175	부산시 영도구	2,983	101.2	212	경남 통영시	3,170	104.7
176	전남 영암군	2,986	104.7	213	전남 고흥군	3,172	105.2
177	전남 구례군	2,991	101.6	214	충북 음성군	3,174	105.3
178	경남 남해군	2,995	104.7	215	전북 고창군	3,183	102.1
179	전남 담양군	2,999	103.4	216	전남 해남군	3,203	107.0
180	충북 청원군	3,003	129.0	217	강원도 고성군	3,216	104.9
181	경북 군위군	3,004	107.1	218	경남 함안군	3,229	105.2
182	부산시 강서구	3,006	119.6	219	경남 밀양시	3,235	111.7
183	경북 청도군	3,007	106.0	220	경기도 가평군	3,236	121.5
184	경북 청송군	3,007	104.1	221	전남 함평군	3,250	106.6
185	경남 거창군	3,015	104.3	222	경북 의성군	3,269	103.2
186	경남 함양군	3,016	104.0	223	강원도 영월군	3,273	107.4
187	전북 김제시	3,017	102.5	224	경남 창녕군	3,284	106.8
188	전남 곡성군	3,021	105.9	225	경북 영덕군	3,285	106.0
189	전남 장흥군	3,024	103.6	226	경남 산청군	3,293	104.3
190	경북 예천군	3,025	104.0	227	강원도 태백시	3,296	113.8
191	전북 부안군	3,027	106.0	228	충북 괴산군	3,298	104.5
192	충북 영동군	3,030	101.2	229	전북 순창군	3,339	102.7
193	강원도 철원군	3,040	107.5	230	전남 신안군	3,356	108.6
194	경북 성주군	3,056	105.5	231	전남 무안군	3,396	116.8
195	전북 임실군	3,059	103.3	232	경남 의령군	3,402	105.6
196	충남 금산군	3,063	111.2	233	전남 진도군	3,454	102.8
197	전남 화순군	3,075	107.1	234	경남 합천군	3,547	105.8

주: 1) 사망률은 시·군·구별 비교가 가능하도록 각 지역의 성과 나이 분포가 동일한 것으로 가정한 "성연령 표준화 사망률"로『한겨레』가 '한국건강형평성학회'에 의뢰해 2000~04년까지 5년 동안 전국 234개 시·군·구의 사망등록자료를 토대로 인구 10만 명당 사망률을 조사한 것임.
2) 땅값지수는 2000년 1월 1일=100을 기준으로 한 2005년 1월 1일 현재 땅값지수임. 다만, 충북 증평군과 충남 계룡시는 2003년부터 지가변동률이 집계된 탓에 2003년=100을 기준으로 한 값임. 땅값지수는 한국토지공사의 '2005년 소급지수'를 바탕으로 필자가 산출한 것임.

4장

4-1 주택 종류별 건설 호수(1965~2005년)

	1965~75	1976~80	1981~85	1986~90	1991~95	1996~2000	2001~05
전체	1,295,000	1,136,207	1,016,656	2,061,660	3,125,805	2,332,801	2,709,218
단독주택	-	684,163	322,700	343,010	272,559	206,533	206,986
아파트	-	361,713	534,032	1,289,704	2,454,234	1,890,122	1,941,245
연립·다세대주택	-	90,331	159,924	428,946	401,012	236,146	560,987

자료 : 국토해양부.
주 : 1965~75년 통계는 100단위 이하 생략.

4-2 나라별 주거 지표

	자기 집	공공 임대	민간 임대	사회조합	기타	주택 보급률
프랑스	56	17	21	-	6	120.5
일본	60	7	27	-	5	113.3
싱가포르	92	2	6	-	-	112.0
미국	65	1	34	-	-	111.3
덴마크	56	21	19	-	-	106.0
스웨덴	43	22	17	16	2	104.9
영국	68	22	10	-	-	103.2
독일	40	20	40	5	-	100.6
네덜란드	50	36	13	-	1	97.0
한국	54	2	41	-	3	96.2

자료 : 건설교통부,『주택업무편람 2005』; 주택도시연구원(2005); 박신영(2000).
주 : 주택 보급률을 제외한 통계는 1999~2000년 기준(한국 2000년)이며, 주택 보급률 기준 연도는 영국·독일 (2001년), 한국·싱가폴·미국·프랑스(1999년), 일본(1998년), 네덜란드·덴마크(1996년)임.

5장

5-1 개인 주택분 종부세 상위 100인 주택 자산 현황(2006년 공시가격 기준)

단위 : 원

	100명 집값 총액	1인당 평균 집값
1~100위	6,596억	66억
1~50위	3,943억	79억
51~100위	2,653억	53억

자료 : 국세청.

5-2 다주택 소유자 상위 100인 주택 소유 현황(2005년 8월 12일)

순위	소유 건수	순위	소유 건수	순위	소유 건수	순위	소유 건수	순위	소유 건수
1	1,083	21	212	41	97	61	78	81	65
2	819	22	199	42	96	62	78	82	65
3	577	23	187	43	95	63	77	83	65
4	521	24	179	44	95	64	77	84	65
5	476	25	171	45	94	65	77	85	64
6	471	26	162	46	94	66	76	86	63
7	412	27	157	47	91	67	76	87	62
8	405	28	153	48	89	68	76	88	61
9	403	29	149	49	88	69	75	89	61
10	341	30	149	50	88	70	73	90	60
11	318	31	136	51	87	71	73	91	60
12	310	32	115	52	87	72	73	92	60
13	293	33	113	53	85	73	72	93	60
14	288	34	113	54	84	74	71	94	59
15	284	35	110	55	84	75	71	95	59
16	271	36	108	56	83	76	70	96	58
17	262	37	107	57	82	77	70	97	58
18	233	38	99	58	81	78	69	98	58
19	219	39	99	59	80	79	68	99	57
20	219	40	98	60	80	80	66	100	57

자료 : 행정자치부(2006년 11월).

5-3 16개 시도별 건물 연면적 327㎡(99평) 이상 주택 현황(2005년)

단위 : 호

	합계	단독주택				공동주택			
		소계	일반	다가구	영업 겸용	소계	아파트	연립	다세대
서울시	369	156	107	34	15	213	138	67	8
부산시	38	38	14	21	3	0	0	0	0
대구시	33	32	16	11	5	1	0	1	0
인천시	109	55	31	16	8	54	54	0	0
광주시	38	38	18	12	8	0	0	0	0
대전시	34	34	12	16	6	0	0	0	0
울산시	42	42	24	14	4	0	0	0	0
강원도	132	132	56	52	24	0	0	0	0
경기도	573	474	236	162	76	99	94	0	5
충청북도	136	132	69	50	13	4	4	0	0
충청남도	198	198	109	72	17	0	0	0	0
전라북도	156	156	83	54	19	0	0	0	0
전라남도	99	98	57	23	18	1	0	1	0
경상북도	194	192	110	61	21	2	0	0	2
경상남도	137	137	78	41	18	0	0	0	0
제주도	59	59	21	20	18	0	0	0	0
합계	2,347	1,973	1,041	659	273	374	290	69	15

자료 : 통계청.
주 : 단독주택은 대지면적 988㎡(299평) 이상임.

5-4 서울시 구별 327㎡ 이상 초대형 주택 현황(2005년)

단위 : 호

구	공동주택	아파트	연립주택	다세대주택	단독주택	일반 단독	다가 단독	영업 겸용
계	213	138	67	8	156	107	34	15
종로	2		2		38	32	3	3
중					4	3		1
용산	14	11		2	20	12	7	1
성동				1	1		1	
광진					2	2		
동대문					2	1		1
중랑					1	1		
성북	1		1		40	37	2	1
강북								
도봉								
노원					1	1		
은평					3	2		1
서대문	1	1			1	1		
마포	1	1			3		2	1
양천								
강서								
구로					3	1	2	
금천	1	1			2	1		1
영등포					3	2	1	
동작					4	1	2	1
관악					3		3	
서초	63	22	41		5	5		
강남	127	99	23	5	19	5	10	4
송파	1	1						
강동	2	2			1		1	

자료 : 통계청.

5-5 경기도 시군별 327㎡ 이상 초대형 주택 현황(2005년)

단위: 호

		경기도	수원시	성남시	의정부시	안양시	부천시	광명시	평택시
합계		573	16	21	5	3	5	5	27
단독 주택	소계	474	16	21	5	3	3	5	27
	일반	236	7	8	1	1	2		12
	다가구	162	5	5	4	1			12
	영업 겸용	76	4	8		1	1		3
공동 주택	소계	99					2		
	아파트	94					1		
	연립								
	다세대	5					1		

		동두천시	안산시	고양시	과천시	구리시	남양주시	오산시	시흥시
합계		4	10	25	2	2	22	3	5
단독 주택	소계	4	10	25	1	2	22	3	5
	일반	2	2	16		2	11	2	3
	다가구	1	5	4	1		4	1	
	영업 겸용	1	3	5			7		2
공동 주택	소계				1				
	아파트								
	연립								
	다세대				1				

		군포시	의왕시	하남시	용인시	파주시	이천시	안성시	김포시
합계		2	4	7	68	60	24	31	77
단독 주택	소계	2	4	7	64	35	24	31	11
	일반	2	3	0	31	20	9	16	3
	다가구			7	22	10	10	11	8
	영업 겸용		1		11	5	5	4	
공동 주택	소계				4	25			66
	아파트				1	25			66
	연립								
	다세대				3				

		화성시	광주시	양주시	포천시	여주군	연천군	가평군	양평군
합계		49	24	17	19	22	2	5	12
단독 주택	소계	48	24	17	19	22	2	5	12
	일반	32	11	8	11	10	1	5	5
	다가구	13	10	7	7	9			5
	영업 겸용	3	3	2	1	3	1		2
공동 주택	소계	1							
	아파트	1							
	연립								
	다세대								

자료: 통계청.

5-6 인천시 구군별 327㎡(99평) 이상 초대형 주택 현황(2005년)

단위 : 호

		인천시	중구	동구	남구	연수구	남동구	부평구	계양구	서구	강화군	옹진군
합계		109	15		57	1	4	2		3	17	10
단독 주택	소계	55	15	3		1	4	2		3	17	10
	일반	31	4					1	1	3	15	7
	다가구	16	8	2		1	1	1				3
	영업 겸용	8	3	1			2			2		
공동 주택	소계	54			54							
	아파트	54			54							
	연립											
	다세대											

자료 : 통계청.

5-7 전용면적 327㎡(99평) 이상 초대형 아파트 현황(2005년)

단위 : 호

구 분			가구 수	합계
서울	강남구	도곡2동	90	138
		청담1동	6	
		삼성1동	2	
		도곡1동	1	
	서초구	서초3동	18	
		방배4동	4	
	용산구	한남1동	11	
	강동구	성내1동	2	
	송파구	가락1동	1	
	마포구	상수동	1	
	서대문구	연희3동	1	
	금천구	시흥2동	1	
경기	김포시	통진읍	66	94
	파주시	금촌1동	25	
	광명시	철산4동	1	
	용인시	죽전1동	1	
	화성시	태안읍	1	
인천	남구	주안8동	54	54
충북	음성군	대소면	4	4

자료 : 통계청.

5-8 주요 아파트의 실거래 가격과 공시가격(2006~08년)

단위 : ㎡, 원

	단지 이름	매매시점	공급면적	전용면적	실거래가격	공시가격
강남구 삼성동	아이파크	2008.4	241(73평)	196	57억	-
강남구 청담동	상지리츠빌카일룸2차	거래 없음	-	-	-	40억4,000만(2008년)
강남구 도곡동	타워팰리스1차	2006.12	333(102평)	245	53억6,000만	40억800만(2008년)
서초구 서초동	트라움하우스3차	2006.10	595(180평)	274	50억	38억4,000만(2008년)
강남구 도곡동	타워팰리스3차	2006.10	340(103평)	236	50억	36억8000만(2008년)
강남구 도곡동	타워팰리스2차	2007.11	333(101평)	243	45억	37억400만(2008년)
강남구 도곡동	힐데스하임빌라	2006.5	661(210평)	424	49억2,000만	31억2,000만(2008년)
용산구 이촌동	GS한강자이	2006.11	254(77평)	204	33억	-
강남구 압구정동	한양 2차	2006.3	277(88평)	265	31억8,000만	30억8,000만(2007년)
강남구 압구정동	구현대 7차	2006.3	265(80평)	246	39억	30억7,200만(2007년)

자료 : 국토해양부.

5-9 전용면적 327㎡(99평) 이상 연립주택 현황(2005년)

단위 : 호

구 분			가구 수	합계
서울	서초구	양재1동	21	67
		반포4동	10	
		서초3동	5	
		방배본동	2	
		방배4동	2	
		방배3동	1	
	강남구	논현1동	21	
		삼성1동	2	
	종로구	평창동	2	
	성북구	성북2동	1	
대구	수성구	황금1동	1	1
전남	여수시	쌍문동	1	1

자료 : 통계청.

5-10 전용면적 327㎡(99평) 이상 다세대주택 현황(2005년)

단위 : 호

구 분			가구 수	합계
서울	강남구	삼성1동	3	8
		논현1동	1	
		대치4동	1	
	용산구	청파2동	2	
	성동구	사근동	1	
경기	용인시	기흥동	3	5
	과천시	별양동	1	
	광명시	철산4동	1	
경북	구미시	공단1동	2	2

자료 : 통계청.

5-11 법인 주택분 종부세 상위 100인 주택 자산 현황(2006년 신고 실적 기준)

단위 : 원

	100명 총액	1인당 평균
1~100위	1조5,573억	156억
1~50위	1조1,738억	117억
51~100위	3,835억	28억

자료 : 국세청.

5-12 법인 주택분 종부세 상위 100인 주택 보유 현황(2006년 신고 실적 기준)

단위 : 호

	100인 보유 주택 수	1인당 평균
1~100위	3만1,187	312
1~50위	2만2,096	442
51~100위	9,091	182

자료 : 국세청.

5-13 임대 사업자 상위 100위 현황(2007년 3월 기준)

단위 : 호

순위	주택 수	업체명	순위	주택 수	업체명
1	109,073	(주)부영	51	1,326	우신종합건설(주)
2	12,924	동광주택산업(주)	52	1,275	미진이엔시(주)
3	12,861	(주)한국토지신탁	53	1,266	대유주택건설(주)
4	8,974	리젠시빌(주)	54	1,262	(주)힐탑타운
5	7,249	성호건설(주)	55	1,252	(주)신우산업개발
6	6,036	세경건설(주)	56	1,249	삼주건설(주)
7	5,085	(주)제일건설	57	1,247	삼호건설(주)
8	5,020	리젠시빌/건설(주)	58	1,234	(주)신한주택개발
9	4,754	(주)윤성	59	1,211	목화산업(주)
10	4,109	(주)덕일건설	60	1,189	(주)유승종합건설
11	4,029	(주)금광건업	61	1,187	(주)대명건설
12	3,603	(주)덕산종합건설	62	1,178	(주)대동
13	3,518	대한건설(주)	63	1,171	(주)일신건설
14	3,207	케이비부동산신탁(주)	64	1,125	선광건설(주)
15	3,173	(주)초원주택홍성군	65	1,124	(주)신아
16	3,154	세경산업(주)	66	1,112	(주)삼진건설
17	3,152	평창토건(주)	67	1,110	금광주택산업(주)
18	3,005	(주)에덴	68	1,110	효창종합건설(주)
19	3,005	동광종합토건(주)	69	1,076	(주)성운
20	2,927	(유)신우	70	1,067	(주)한승건설
21	2,826	(주)장백건설	71	1,065	(주)동원개발
22	2,753	뉴코아임대(주)	72	1,045	(주)모아주택산업
23	2,721	(주)대광건설	73	1,030	(주)태암
24	2,434	송보건설(주)	74	1,023	한국종합건설(주)
25	2,353	(주)현진에버빌	75	1,011	(주)남양주택건설
26	2,289	은아주택(합자)	76	1,010	우경선(신안주택)
27	2,229	한성건설(주)	77	1,006	(주)신일하우징
28	2,186	중흥건설산업(주)	78	1,000	(주)대동주택
29	2,161	(주)동화주택	79	998	(주)세창양주
30	2,107	(자)경희종합건설	80	961	(자)중흥주택
31	2,089	동우건설(주)	81	960	(주)평해건설
32	2,014	동남종합건설(주)	82	945	동성종합건설(주)
33	1,980	삼두도시개발(주)	83	944	(주)일등건설
34	1,980	석미건설(주)	84	943	(유)우성종합건설
35	1,940	호야건설(주)	85	926	(주)현광종합건설
36	1,932	(주)부영, 동광주택산업(주)	86	923	이화건업(주)
37	1,860	(주)유한주택	87	922	대창종합건설(주)
38	1,848	신세대건설(주)	88	922	퀸스빌건설(주)
39	1,838	(주)창덕이앤씨	89	920	삼주개발(주)
40	1,821	(주)주은산업	90	912	거장주택건설(주)
41	1,782	대방건설(주)	91	910	(주)건영
42	1,710	자인관광(주)	92	904	(주)엘디
43	1,677	한국자산신탁(주)	93	900	(주)백운주택
44	1,580	대한주택보증주식회사	94	899	(유)현대주택건설
45	1,564	금강종합건설주식회사	95	884	대한종합건설(주)
46	1,451	(주)반석주택	96	883	범양건영(주)
47	1,422	(주)광덕엔지니어링	97	877	(주)미림건설
48	1,392	세광종합건설(주)	98	860	(유)송정건설
49	1,345	중앙도시개발(주)	99	852	모아건설(주)
50	1,332	(주)두진	100	826	(주)힐건설

자료 : 국토해양부.
주 : 국민주택기금 중 공공임대주택 자금을 지원받은 임대 사업자 대상이며 주택 호수는 기금 지원 호수 기준임.

5-14 개인 토지분 종부세 상위 100인 토지 자산 현황(2006년 납부 실적 기준)

단위 : 원

	50명/100명 총액	1인당 평균
1~100위	2조641억	206억4,100만
1~50위	1조1,852억	237억400만
51~100위	8,789억	175억7,800만

자료 : 국세청.

5-15 지역별 면적 기준 상위 100인 토지 소유 현황(2005년 8월 현재)

단위 : km²

	전국	서울	부산	대구	인천	광주	대전	울산	경기	강원	충북	충남	전북	전남	경북	경남	제주
면적	404	12	35	35	28	17	26	55	19	197	158	117	117	156	206	148	48

자료 : 행정안전부.

5-16 법인 토지분 종부세 상위 100인 소유 토지 가격(2006년 신고 실적 기준)

단위 : 원

	100대 법인 보유 토지 가격 총액	1개 법인당 평균
1~100위	60조4,678억	6,048억
1~50위	47조8776억	9,576억
51~100위	12조5,902억	2,518억

자료 : 국세청.

5-17 법인 토지분 종부세 상위 100인 소유 토지 면적(2006년 신고 실적 기준)

단위 : km²

	100대 법인 총면적	1개 법인당 평균 면적
1~100위	188.1	1.9
1~50위	110.5	1.1
51~100위	77.6	0.8

자료 : 국세청.

5-18 서울 시내 주요 대형 빌딩 가격 현황(2007년 추정가)

단위 : 원, m²

	빌딩명	가격	위치	건물 연면적
1	강남파이낸스센터	1조5,293억	강남구 역삼동	21만3,000
2	포스코센터	1조3,142억	강남구 대치동	18만2,000
3	63빌딩	1조1,194억	영등포구 여의도동	16만5000
4	아셈타워	1조514억	강남구 삼성동	14만4,000
5	대우센터	9,600억	중구 남대문로	13만3,000
6	서울파이낸스센터	8,649억	중구 무교동	12만
7	광화문 교보빌딩	6,451억	종로구 종로1가	8만9,000
8	광화문 영풍빌딩	5,496억	종로구 서린동	7만6,000
9	흥국생명빌딩	5,257억	종로구 신문로1가	7만3,000
10	역삼역 ING타워	4,779억	강남구 역삼동	6만6,000

자료: 『헤럴드경제』 2007/07/26.

5-19 주요 외국 자본 소유 빌딩 현황(2007년)

단위 : m², 원

		소유 빌딩	소유 면적	건물 가격
1	싱가포르투자청(싱가포르)	서울파이낸스센터(중구), 강남파이낸스센터(강남구), 무교현대빌딩(중구), 코오롱빌딩(중구), 프라임타워(중구) 등	47만5,400	3조4,419억
2	모건스탠리(미국)	대우센터빌딩(중구), 한국전자빌딩(서초구)등	16만8,700	1조2,214억
3	도이체방크(독일)	삼성생명삼성동빌딩(강남구), 삼성생명여의도빌딩(영등포구), 삼성생명충무로빌딩(중구), 대우증권빌딩(영등포구), 동양증권빌딩(영등포구) 등	13만1,700	9,535억
4	알리안츠(독일)	알리안츠제일생명빌딩(영등포구), 제일생명빌딩(종로구), 저동빌딩(중구), 제일생명서소문사옥(중구) 등	6만4,440	4,665억
5	GE(미국)	강남메트로빌딩(서초구), 호혜빌딩(서초구), 삼성생명시흥동빌딩(금천구), 한화시그마타워(송파구), 대흥빌딩(영등포구) 등	6만500	4,380억
6	메릴린치(미국)	대원빌딩(중구), SK서린동빌딩(종로구) 등		

자료: 『주간한국』 2007/09/18.
주: 가격은 필자가 대우센터 매각가를 기초로 해서 비교 사례에 의한 평가 방식으로 추정.

6장

6-1 송파거여신도시 공공 보유 토지 및 주택의 자산 가치

	세대 수(호)	평균 평형(평)	자산 가치	
			평당 시세	공사비(억 원)
공동주택	45,300			384,000
아파트	45,100			382,100
60㎡ 이하	13,700	20	2,000	54,800
60~85㎡	13,200	33	2,500	108,900
85㎡ 초과	18,200	40	3,000	218,400
연립주택	200	38	2,500	1,900

자료 : 심상정 의원실(2007a).

6-2 송파거여신도시 공공주택의 임대료와 임대료 수입

	세대수(호)	평균 평형(평)	분양시 원가 (택지비+건축비)		현시세 전세임①	공공 소유 주택 연간 임대료 (만 원)			연간 임대료 수입 (억 원)
			평당 원가	분양 원가		전세가 ②= ①×80%	연 임대료 ③= ②×7%	월 임대료 ④= ③÷12	
공동주택	45,300						4,564	381	4,843
아파트	45,100						2,996	250	4,812
60㎡ 이하	13,700	20	753	15,060	12,000	9,600	336 *	28	460
60~85㎡	13,200	33	753	24,849	25,000	20,000	980**	82	1,294
85㎡ 초과	18,200	40	798	31,920	30,000	24,000	1,680	140	3,058
연립주택	200	38	798	30,324	28,000	22,400	1,568	131	31

자료 : 심상정 의원실(2007a).
주 : 60㎡ 이하 : 연임대료 50% 적용 / 60~85㎡ : 연임대료 70% 적용 / 85㎡ 초과, 연립주택 : 시세의 80% 적용.

6-3 거주 기간별 전·월세 가구 분포 현황(2005년)

단위 : %

	거주 기간별 가구 분포								
	1년 미만	1~2년	2~3년	3~5년	5~10년	10~15년	15~20년	20~25년	25년 이상	미상
전·월세	31.4	20.9	14.4	13.5	14.1	4.1	0.7	0.4	0.5	0.1
전세	27.1	21.8	15.9	15.4	15.2	3.1	0.7	0.4	0.4	0.1
월세	35.8	20.0	13.1	11.5	12.7	5.3	0.8	0.4	0.4	0.1
사글세	39.9	18.4	10.4	9.5	14.0	3.5	1.1	1.1	2.0	0.0

자료 : 통계청 2005년 인구주택총조사.

6-4 월세 전환 이율 및 시장 이자율 추이(2002년 12월~2006년 8월)

단위 : %

	월세 전환 이율(1년)				시장 이자율		
	전국	수도권	서울	광역시	국고채 (3년)	CD 유통 수익률(91일)	회사채
2002년 12월	14.4	13.2	12.0	14.4	5.3	4.9	5.9
2003년 12월	13.2	12.0	10.8	13.2	4.9	4.3	5.6
2004년 12월	12.0	12.0	10.8	12.0	3.3	3.4	3.7
2005년 12월	12.0	12.0	10.8	12.0	5.1	4.0	5.5
2006년 08월	12.0	10.8	10.8	12.0	4.8	4.7	5.1

자료 : 국민은행, 한국은행.

6-5 최우선 변제금의 한도와 대상 가구 현황(2001년 9월 15일~2008년 6월 현재)

단위 : 원

	최우선 변제 금액	대상이 되는 셋방 가구
서울 등 수도권 과밀 억제 권역	1,600만	보증금 4,000만 원 이하 셋방 가구
광역시(군 지역과 인천 제외)	1,400만	보증금 3,500만 원 이하 셋방 가구
그 밖의 지역	1,200만	보증금 3,000만 원 이하 셋방 가구

자료 : 〈주택임대차보호법〉 시행령.

6-6 서울 지역 전·월세 보증금 변동(2000~05년)

	2000년	2005년
4,000만 원 이하	74%(1,211,568가구)	59%(959,655가구)
4,000만 원 초과	26%(437,346가구)	41%(667,858가구)

자료 : 통계청.

6-7 판잣집·비닐집·움막 거주 가구 유무 현황(2005년)

	계	유	무
읍·면·동 수	3,573	1,812	1,761
비중	100.0%	50.7%	49.3%

자료 : 통계청.

6-8 판잣집·비닐집·움막 거주 가구 분포 현황(2005년)

	읍·면·동		가구		가구원	
101가구 이상	36	1.0%	9,548	44.1%	24,970	46.6%
11~100가구	280	7.8%	7,709	35.6%	19,117	35.7%
6~10가구	210	5.9%	1,589	7.4%	3,577	6.7%
1~5가구	1,286	40.0%	2,784	12.9%	5,883	11.0%
0	1,761	49.3%	0	0.0%	0	0.0%
계	3,573	100.0%	21,630	100.0%	53,547	100.0%

자료 : 통계청.

6-9 업소의 잠만 자는 방 등에 거주하는 가구 수 분포 현황(2005년)

	읍·면·동		가구		가구원	
101가구 이상	21	0.6%	4,712	20.6%	6,188	15.1%
51~100가구	48	1.3%	3,275	14.3%	5,410	13.2%
11~50가구	395	11.1%	8,143	35.5%	15,716	38.3%
1~10가구	2,016	56.4%	6,783	29.6%	13,667	33.3%
0	1,093	30.6%	0	0.0%	0	0.0%
계	3,573	100.0%	22,913	100.0%	40,981	100.0%

자료 : 통계청.

참고문헌

강남훈. 2007. "택지 국유화의 경제적 가능성."『민주사회와정책연구』제12호.
강영호. 2006. "한국의 건강불평등 현황." 한겨레신문사·한국건강형평성학회 주최 "건강불평등 어떻게 할 것인가?" 토론회 발표문(02/09).
강종구. 2005. "은행의 금융중개기능 약화 원인과 정책과제."『금융경제연구』제214호.
강희돈. 2006. "부동산 가격 변동과 통화정책적 대응"『조사통계월보』제60권 통권 692호, 한국은행.
강 혁. 2001. "정주와 유목 사이 II : 그 이론적 탐색."『이상건축』8월호.
건교부·한국토지공사·대한주택공사. 2001.『토공과 주공의 통합방안 연구』.
건설교통부. 2004a. "서민 주거복지 확대방안." 보도자료(06/08)
____. 2004b.『주택종합계획(2003~2012)』.
____. 2004c.『건설교통통계연감』.
____. 2005.『주택 수요조사연구』.
____.『주택업무편람』. 각 연도.
____.『건설교통백서』. 각 연도.
____.『공시지가에 관한 연차보고서』. 각 연도.
____. "공동주택 공시가격 고시." 각 연도(2006~08).
____. "지가동향." 각 연도.
건설교통부·국토연구원. 2007a.『2006년도 주거실태조사 연구보고서』(07/17).
____. 2007b.『2006년도 주거실태조사 통계보고서』(07/17).
건설교통부·한국도시연구소. 2005.『영구임대주택 주거실태조사』.
경제정의실천시민연합. 2007.『아파트값거품빼기운동 발표문(2004~2006)』.
경제협력개발기구. 2001.『한국지역정책보고서』. 국토연구원·건교부 공동 번역.
국가인권위원회·서울대보건대학원. 2004.『경제·사회·문화적 권리 국가인권정책 기본계획 수립을 위한 건강권 기초현황조사』.
국가인권위원회·한국도시연구소. 2003.『사회적 배제의 관점에서 본 빈곤층 실태 연구』.
____. 2004.『경제·사회·문화적 권리 국가인권정책 수립을 위한 주거권 기초현황조사』.
국민은행. "전국주택가격동향조사." 각 연도.
국세청. 2005. "부동산 투기 대책 관련 전국 지방국세청 조사국장회의 자료"(07/01).
____.『부동산과 세금』. 각 연도.
____. "공동주택 기준시가 고시." 각 연도(1999~2005).
국정브리핑 특별기획팀. 2007.『대한민국 부동산 40년』. 한스미디어.

국토개발연구원. 1982. 『국민생활환경의 정비(제2차 국토종합개발계획)』.
국토연구원. 2002. 『도시거주가구 주거실태조사』.
국토해양부. 2008. "2008년도 주택종합계획(안)".
국회공직자윤리위원회. 2008. "재산변동사항 공개목록."『국회공보』제2008-3호, 제2008-62(2)호.
국회법제실. 2006. "토지개발이익 환수를 위한 지대 세제 도입 방안."
국회예산결산특별위원회·주거복지연대. 2007. 『재개발·뉴타운 지역의 원주민 재정착률 제고 방안』.
국회입법조사처. 2008. 『지표로 보는 오늘의 한국』.
권오현. 2000. "세계 건설시장 투자동향 분석."『건설산업동향』제68호.
권정생. 2008. 『우리들의 하느님』. 녹색평론사.
권육일·이성영·안병무. 1998. 『세계 주요국의 지가동향과 토지정책에 관한 연구』. 한국감정원.
금융감독원. 2005a. "가계부문의 리스크 확대에 대한 대응 방향." 보도자료(05/18).
_____. 2005b. "상호저축은행의 FY2004 결산 결과." 보도자료(07/26).
_____. "은행경영통계." 각 연도.
기든스, 앤서니. 김용학 외 옮김. 2003. 『현대사회학』. 을유문화사.
김경근. 2005. "한국 사회의 교육격차." 전국교육연구소 주최 네트워크세미나 발표문.
김경민·이양원. 2007. "사교육 시장 및 교육 성과가 아파트 가격에 미치는 영향."『국토연구』제 55권.
김광수경제연구소. 2004. 『현실과 이론의 한국 경제 II』. (주)김광수경제연구소.
_____. 2005. 『부동산 투기와 한국 경제』. (주)김광수경제연구소.
김남근. 2001. "임차인 보호를 위한 주택임대차보호법 개정방향." 참여연대 주최 주택임대차시 장의 구조변화와 세입자 보호대책 토론회 발표문(05/09).
김보수. 2004. "한국 안산공단과 중국 청도공단 요소비용 비교."『월간 전경련』1월호.
김선희. 1997. "수자원관리와 환경정책." 한국환경정책평가연구원 주최 "21세기 국가 발전과 환 경정책 워크샵" 발표문.
김세열. 1990. "고대 이스라엘민족의 토지관."『토지연구』8월호.
김수현. 1996. "한국 공공임대주택정책의 전개과정과 성격." 서울대 박사학위 논문.
김영현. 1991. "서울의 주택계층과 거주지역 연구."『지리학』제26권 제3호.
김용창. 2004a. "참여정부 주택·토지정책 패러다임 전환』. 대통령자문 정책기획위원회 보고서.
_____. 2004b. 『한국의 토지 주택정책』. 부연사.
_____. 2007. "임대차도 등록제를."『한겨레』(04/19).
김유선. 2005. "토지소유 불평등과 불로소득."『노동사회』통권 103호.
김윤상. 2000. "토지불로소득."『한국행정논집』제12권 제1호.
김종림·진미윤·이현정. 2005. "싱가포르의 주택공급제도와 시사점."『HURI FOCUS』제3호. 한국토지공사주택도시연구원.
김창엽. 2004. "사회계층과 전반적 건강수준 및 건강행태."『보건복지포럼』6월호.
김태동·김헌동. 2007. 『문제는 부동산이야. 이 바보들아』. 궁리.
김태동·이근식. 1989. 『땅. 삶의 터전인가 투기의 대상인가』. 비봉출판사.

김헌동·선대인. 2005. 『대한민국은 부동산공화국이다?』. 궁리.
김혜련 외. 2004. 『건강수준의 사회계층 간 차이와 정책방향』. 한국보건사회연구원.
김혜승. 2007. 『최저주거기준을 활용한 2006년 주거복지 소요추정 연구』. 국토연구원.
김홍진. 2006. "이상한 셈법으로 주택시장 현실 왜곡." 『국정브리핑』(04/09).
남상호. 2007. "우리나라 가구의 자산본포 현황과 시사점." 경제학 공동학술대회 재정학회 발표 논문. http://user.chol.com/~johnnam/pubfin/distribution.htm.
____. 2008. "가계자산 분포와 불평등도의 요인별 분해 : 노동패널 자료를 중심으로." 제9회 한국노동패널 학술대회 발표문(01/31).
남상호·권순현. 2007. "우리나라 가구의 자산 분포 분석 : 가계자산 조사 자료를 중심으로." 한국재정학회 추계학술대회 발표 자료(10/05).
노동부. "임금구조 기본통계조사." 각 연도.
노영훈·김현숙. 2005. 『소득과 주택자산 소유분포에 관한 연구』. 한국조세연구원.
대통령자문 빈부격차·차별시정위원회. 2005. 『양극화 해결을 위한 '동반성장' 전략 개발』.
대한상공회의소. 2006. "우리나라 가계의 자산 보유 현황과 시사점 조사." 보도자료.
대한주택공사·한국도시연구소. 2005a. 『비닐하우스촌 주민의 주거실태 및 주거안정 대책에 관한 연구』.
____. 2005b. 『지하 주거공간의 주거환경과 거주민 실태에 관한 연구』.
____. 2005c. 『쪽방 주민의 주거 실태 및 주거 안정 대책에 관한 연구』.
도베이, 킴벌리. 이경희 편역. 1995. "주거의 의미와 주거상실." 『인간과 주거』. 문운당.
류해웅·김승종. 2002. 『토지의 공익과 사익의 조정에 관한 연구(Ⅱ)』. 국토연구원.
미류. 2007. "가난한 사람들이 정주할 곳은 어디인가." 『도시와 빈곤』 통권 85호. 한국도시연구소.
민주노동당 경제민주화운동본부. 2007. 『세입자 권리 찾기를 위한 주택임대차 119』.
민주노동당 부동산대책위원회. 2005. 『토지·주택공개념 정책의 방향 토론회 자료집』(08/17).
박래정·양희승. 2005. 『고령시대 Business Challenges & Opportunities』. LG경제연구원.
박신영. 2000. "외국의 공공주택정책과 공공성 실현 체계." 하성규 편. 『주택·도시·공공성』. 박영사.
박지희. 2007. "서울시 30평형 아파트 가격 비교." 『서울경제』 5월호.
박찬용. 2003. "소득분배 개선을 위한 정책과제." 『보건복지포럼』 6월호.
박태견. 2005. 『참여정권, 건설족 덫에 걸리다』. 뷰스.
박헌주·정희남·문경희·박철. 2000. 『토지시장의 구조 변화 및 전망 연구』. 국토연구원.
박헌주·채미옥·최혁재·최수. 1998. 『토지정책의 전개와 발전방향』. 국토개발연구원.
박희석. 2004. "부동산 경기 변동이 서울시 세정에 미치는 영향." 『서울시정개발연구원 정책 토론회 자료집』.
____. 2007. 『서울시 아파트 가격의 버블 진단 및 정책 방향』. 서울시정개발연구원.
보건복지부. 2001. 『국민건강·영양조사』.
____. 2003. 『2003년 보건복지부 보건복지통계연보』.
산업연구원. 2004. "산업용지 공급가격 인하 방안." 정책토론회 자료(06/11).
산업자원부. 2001. "우리나라 외국인 직접투자·해외직접투자의 비교 분석." 보도자료(12/28).

삼성경제연구소. 2003a. "물류산업의 현황과 과제."『Issue Paper』09/05.
＿＿＿. 2003b. "주택시장 불안 지속 원인과 해법."『CEO Information』424호.
＿＿＿. 2003c. "제조업 공동화 가속과 대응방안."『CEO Information』414호.
＿＿＿. 2003d. "주택시장 안정을 위한 긴급대책."『CEO Information』402호.
＿＿＿. 2005. "금융시장의 기업자금 중개기능 약화와 시사점."『SERI경제포커스』제22호.
삼성금융연구소. 2006.『월간 금융리포트』2월호.
서영훈. 2004. "서울 아파트 적정 가격 추정." 경실련 홈페이지.
서울시. 각 연도.『서울서베이』.
＿＿＿. 각 연도.『서울통계연감』.
서울시정개발연구원. 2002.『서울시 영구임대주택 주민의 생활』.
손경환 외. 2004.『부동산 시장의 선진화를 위한 기반 정비 방안 연구』. 국토연구원.
손낙구. 2005. "통계로 보는 부동산 투기와 한국 경제." www.pressian.com.
＿＿＿. 2006. "통계로 보는 부동산 빈부 격차와 생활 격차." www.redian.org.
＿＿＿. 2007. "통계로 보는 대한민국 주택지도." www.redian.org.
＿＿＿. 2008. "통계로 보는 대한민국 부동산 100대 부자." www.pressian.com. www.redian.org.
손세관. 1990. "주거의 의미에 관한 현상학적 고찰."『대한건축학회논문집』통권28호.
송수련. 2002. "여성 노인의 주거경험을 통한 '정주함(Dwelling)'에 대한 현상학적 연구". 중앙대학교 석사학위논문.
송태정. 2003. "서민 가계 압박하는 주거비·교육비."『LG주간경제』01/05.
＿＿＿. 2004. "주거비 부담 어느 정도인가."『LG주간경제』08/11.
＿＿＿. 2006. "소득계층별 물가수준 얼마나 다른가."『LG주간경제』01/11.
쇼, 조지 버나드 외. 고세훈 옮김. 2007.『페이비언 사회주의』. 아카넷.
쉐나우어, 노버트. 김연홍 옮김. 2004.『집 : 6,000년 인류 주거의 역사』. 다우출판사.
스피드뱅크. 2004. "타워팰리스 강북구 전체 아파트값과 비슷." 보도자료(06/18).
신상영. 2007.『서울시 주거환경의 질 지표와 평가에 관한 연구』. 서울시정개발연구원.
양재섭. 2004. "서울의 지역격차 현황과 균형발전을 위한 정책과제."『서울연구포커스』제11호.
유해웅. 1997. "토지 공유의 법리와 그 제도."『국토정보』10월호.
윤주현 편. 2002.『한국의 주택』. 통계청.
윤주현·김근용·박천규. 2005.『지역 간·계층 간 주거서비스 격차 완화방안 연구(I) : 주거 서비스 지표의 개발 및 측정』. 국토연구원.
윤주현·김혜승·박천규. 2006.『주거양극화의 현황 및 과제』. 국토연구원.
이경회. 1976. "인간과 건축환경: 고층주거환경에 대한 사회심리학적 고찰을 중심으로."『건축사』85호.
이미숙. 2005. "한국 성인의 건강불평등."『한국사회학』제39집 6호.
이영 외. 2005. "공영개발 확대와 토지 및 주택 공급 방식의 다양화."『HURI FOCUS』제4호. 한국토지공사주택도시연구원.
이재율. 1993. "헨리 조지의 분배이론 연구." http://www.land.kimc.net/date_2.htm.

이정우. 1991. "한국의 부: 자본이득과 소득 불평등." 『경제논집』 제30권 제3호.
_____. 2002. "한국의 토지문제: 진단과 처방." 『헨리 조지 100년 만에 다시 보다』. 경북대학교 출판부.
이정우·이성림. 2001. "한국 가계재산 불평등의 최근 추이." 『노동정책연구』 7월호.
이정우·황성현. 1998. "한국의 분배문제 : 현황, 문제점과 정책방향." 『KDI정책연구』 Ⅰ·Ⅱ.
이정전. 1990. "경제학에 있어서 토지사상의 전개." 『토지연구』.
_____. 1999. 『토지경제학』. 박영사.
_____. 2004. "토지의 특성과 정책적 시사점." 환경정의 제1차 토지개혁포럼 발표문(05/19).
이종규·변창윤. 2000. "지방세 건물 과표 개선 연구." 서울시정개발연구원.
이진순. 1995. 『경제개혁론』. 비봉출판사.
이호·남원석. 2002. "비닐하우스촌의 실태와 정책적 접근방향." 『도시연구』 제8호.
임달호·조재길. 2006. 『강남아파트: 명문 학군만 따라가면 반드시 돈 번다』. 이지북.
임덕균. 2007. "비닐하우스촌 주민의 주거 현황: 사례와 마을의 현실." 비닐하우스촌주민의주거권실현방안모색토론회준비모임 토론회 발표문(02/02).
임석희. 2004. "한국 자본주의의 전개와 땅의 상품화." 『환경과 생명』 제39호.
임종철. 1985. "땅은 누구의 것인가?." 황명찬 편. 『토지정책론』. 경영문화원.
_____. 1991. "토지 공유제에 대한 원론적 접근." 『경제논집』 제30권 제2호.
장상환. 2000a. "농지 개혁과 한국 자본주의 발전." 『경제발전연구』 제6권 1호.
_____. 2000b. "한국전쟁과 한국 자본주의." 『한국전쟁과 자본주의』. 한울.
_____. 2004. "해방 후 한국 자본주의 발전과 부동산 투기." 『역사비평』 봄호.
장세훈. 1996. "자본의 토지소유 및 개발에 대한 국가정책 연구." 서울대학교 박사학위논문.
장영희·용해경. 2004. "서울시 강남북 지역 간 주택시장 불균형 현황 분석." 『주택연구』 제12권 1호.
장지연. 2003. 『고령화시대의 노동시장과 고용정책(I)』. 한국노동연구원.
재정경제부. 2004. "부동산 보유세제 개편방안." 정책해설자료(11/09).
재정경제부 외. 2005. "임대주택정책 개편방안." 정책해설자료(04/27).
전강수. 2005. "양극화 해소를 위한 토지정책 방향." 토지정의시민연대 창립총회 및 정책 토론회 발표문(02/22).
전강수·한동근. 2000a. "한국의 토지문제와 경제위기." 『경제학연구』 제48집 제2호.
_____. 2000b. 『토지를 중심으로 본 경제이야기』. 도서출판 CUP.
전재경 외. 1996. 『환경문제와 관련된 갈등 해소 방안』. 환경부.
전경련. 2003. "우리나라 제조업의 해외 이전 동향과 대응 과제." 보도자료(06/20).
정기용. 2008. 『사람 건축 도시』. 현실문화.
전병목·이상은. 2006. "우리 현실에 맞는 EITC 실시 방안." 한국조세연구원 주최 토론회 발표문(06/22).
정부공직자윤리위원회. 2008. "재산변동사항 공개목록." 『관보』 제16719호, 16737호.
정희남 외. 2003. 『토지에 대한 개발이익 환수제도의 개편 방안』. 국토연구원.
정희남·김승종·박동길. 2003. "개발이익 발생 규모와 환수 수준에 대한 실증 분석 1980-2001." 『감정평가연구』 제13집 제2호.

정희남·김창현. 1997.『거시경제정책이 토지시장에 미치는 영향』. 국토개발연구원.
정희남·진정수. 2003. "한국의 토지시장 구조분석 1963-2000."『감정평가연구』제13집 제1호.
조명래. 2004. "한국 도시사회의 변모에 관한 역사적 고찰."『도시와 빈곤』통권 71호.
_____. 2006.『개발정치와 녹색진보』. 환경과생명.
조복현. 2004. "은행 경영의 형태 변화와 경제적 효과."『한국 경제가 사라진다』. 21세기북스.
_____. 2005. "서민에 대한 금융배제 증대 실태와 대응책." 심상정 의원실 주최 서민/지방금융 살리기 정책토론 발표문.
조은진. 2007. "상류층 주거지에서 나타나는 새로운 배제의 방식: 강남 타워팰리스 주거 공간 및 공간 경험 분석."『경제와사회』겨울호.
조윤제. 1997. "한국경제의 구조적 문제점과 개혁방향."『대회경제정책연구』가을호.
조정래. 2001.『태백산맥 3』. 해냄.
주택도시연구원. 2005.『HURI FOCUS』8월호.
줄레조, 발레리. 길혜연 옮김. 2007.『아파트 공화국: 프랑스 지리학자가 본 한국의 아파트』. 후마니타스.
지대식·최수. 2003.『부동산 관련 세제의 정비·개선방안 연구』. 국토연구원.
지동현. 2007. "주택담보대출의 리스크 관리." KB국민은행연구소(04/19).
지역교육격차해소를위한대전시민연대. 2006. "대전시 지역 교육격차 실태." 보도자료(05/08).
차문중 편. 2004.『주택시장 분석과 정책과제 연구』. 한국개발연구원.
참여연대 민생희망본부. 2007. "전세값 부담 실태 보고서." 보도자료(09/19).
채미옥 외. 2006.『선진사회를 향한 토지정책 방향 및 추진전략 연구(Ⅰ)』. 국토연구원.
천현숙. 1997. "렉스와 무어의 주거계층론."『월간국토』9월호.
천현숙·윤정숙. 2001.『아파트 주거문화의 진단과 대책』. 국토연구원.
최상민. 2006. "의료 양극화가 건강 양극화 부른다"『내일신문』03/22.
최지용. 1996『21세기를 대비한 물관리정책의 개선 방안』. 한국환경기술개발원.
최창조. 1990. "풍수지리사상과 한국인의 토지관."『토지연구』8월호.
토지공개념위원회. 1989.『토지공개념연구위원회보고서』.
통계청. 2004.『통계로 본 한국의 변천』.
_____. 2007a. "2006년 가계자산조사 결과" 보도자료(03/07).
_____. 2007b. "세계 인구의 날에 본 한국의 인구." 보도자료(07/01).
_____. "가계수지 동향." 각 연도.
_____. "가계조사." 각 연도.
_____. "건설업통계조사." 각 연도.
_____. "인구이동통계연보." 각 연도.
_____. "인구주택총조사" 각 연도.
폴라니, 칼. 박현수 옮김. 1997.『거대한 변환』. 민음사.
하성규. 2000.『주택·도시·공공성』. 박영사.
_____. 2003. "신자유주의시대 주거복지에 관한 이론적 논의."『한국지역개발학회지』제15권

제4호.
한국감정원 부동산연구소. 2004. "2003년 1월1일 기준 전국 지가총액 추계." 보도자료(12/30).
한국감정원. 1974. "전국토지시가조사표 1963~1974."
한국은행. 2002. "은행의 가계대출 표본조사 결과." 보도자료(04/18).
_____. 2003a. "외국 자본의 은행산업 진입영향 및 정책적 시사점" 보도자료(12/19).
_____. 2003b. "한미일 기업의 재무구조 및 수익성 비교 분석." 보도자료(02/27).
_____. 2004. "우리나라 가계의 금융자산 선택 결정요인 분석." 보도자료(06/16).
_____. 2005a. "금융권 주택담보대출 취급실태 점검결과." 보도자료(08/30).
_____. 2005b. "외국 금융기관 진입이 국내 은행산업에 미친 영향." 보도자료(05/11).
_____. 2006 "부동산 가격 변동과 은행 경영 성과 간 관계 분석." 보도자료(03/02)
_____. 2007a. "우리나라 물가수준의 국제 비교." 보도자료(06/13)
_____. 2007b. "주택금융의 현황과 발전 방향." 보도자료(07/16).
_____. "가계신용 동향." 각 연도.
_____. "경제통계연보." 각 연도.
_____. "금융안정보고서" 각 연도 각 호.
한국은행 경제통계국 국민소득통계팀. 2002. "최근의 가계저축률 변화 추이와 하락 요인." 정책해설자료.
한국은행 경제통계국 국민소득팀. 2005. 『OECD 국가의 국민계정 주요 지표』. 한국은행.
한국토지공사 국토도시연구원. 2006. "토공. 정부의 주택가격 안정대책 지원 위해 택지공급가격 공개." 보도자료(05/01).
한정주. 2007. 『조선을 구한 13인의 경제학자들』. 다산초당.
한화증권 경제연구팀. 2003. "부동산 가격 하락에 관한 소고." 『EZ-Brief』 03-32.
행정안전부. 2003. "세대별 주택소유현황 발표." 보도자료(11/24).
_____. 2005a. "거주지별 연령대별 토지·건물 소유현황" 보도자료(03/22)
_____. 2005b. "서울 사람이 전국 토지 18% 소유, 미성년자 소유 1위는 경북." 보도자료(03/21).
_____. 2005c. "개인별·세대별 토지소유 현황." 보도자료(07/15).
_____. 2005d. "세대별 주택 및 토지 보유현황 발표." 보도자료(08/29).
_____. 2006. "2005년 토지소유현황 발표." 보도자료(10/02).
_____. 2007. "2006년 토지소유현황 통계 발표." 보도자료(10/24).
_____. 2008a. "2008년도 고위 공직자 정기 재산변동 신고사항 공개." 보도자료(03/28).
_____. 2008b. 『대한민국정부 관보』. 각 호.
_____. "지적통계연보" 각 연도.
헌법재판소공직자윤리위원회. 2008. "재산 변동 사항 공개 목록." 『헌법재판소공보』 제137호.
현대경제연구원. 2007. "한·미 가계자산 비교와 시사점." 『한국경제주평』 통권 253호.
_____. 2006. "서민금융 약화와 활성화 과제." 경제보고서(04/20)
현진권. 1996. "토지소유의 편중 실태와 종합토지세의 세부담 분석." 『조세정책과 소득재분배』. 한국조세연구원.

현진권·임병인. 2004. "우리나라 소득분배 실증연구의 한계."『응용경제』제6권 제1호.
홍인옥. 2002. "지하주거의 실태와 문제점."『도시연구』제8호.
_____. 2004. "주거빈곤계층의 주거실태와 지원방안."『국토』4월호.
홍형옥. 1982. "주거의 인간학적 의미."『대한가정학회지』제20권 2호.
황명찬. 1989.『한국토지와 주택』. 법문사

Banks, Ronald. 1989. *Costing the Earth*. Shepheard-Walwyn.
IMD. 2007. *IMD World Competitiveness yearbook*.

국회의원 발표 자료

김무성. 2005. "2002년 이후 서울시 자치구별 공시지가 총액." 서울시 요청자료 답변서.
남경필. 2005. "건설사 참여정부 들어서 최대 이익(3조7,667억 원)." 보도자료(06/24)
송영길. 2005. "시장친화적 토지공개념 도입을 위한 토론회 자료집"(08/24).
심상정. 2004. "천만 원 이하 '생계형 신용불량' 170만 빚 총액 6조 원대." 보도자료(10/22)
_____. 2006a. "110,000명 판잣집·움막·동굴에 산다." 보도자료(09/29).
_____. 2006b. "140만 명 지하방서 산다." 보도자료(10/18).
_____. 2006c. "전세자금 대출보증 넷 중 한 명 거절당해." 보도자료(10/26).
_____. 2006d. "집 100채 넘는 사람 37명. 부유층 100명 15,000채 소유." 보도자료(11/13).
_____. 2006e. "15년간 공급한 주택의 46% 270만 채 집 있는 사람이 사들여 투기수요 충당." 보도자료(11/15).
_____. 2006f. "15년간 강남 3구 공급주택 열 중 아홉 다주택자가 사들여." 보도자료(11/24).
_____. 2006g. 『2005년도 의정활동 보고서』.
_____. 2007a. "심상정의 세 박자 주택정책." 토지정의시민연대 주최 초청강연회 자료집(06/25).
_____. 2007b. "종합부동산세 상위 100인 현황 : 개인 주택분. 법인 주택분. 개인 토지분. 법인 토지분(2006년 신고 실적 기준)." 국세청 요청자료 답변서.
_____. 2007c. "지적공부상 지목이 '대'인 토지의 소유구분별 현황." 행정자치부 요청자료 답변서(07/06).
_____. 2007d. "부동산 공시가격 총액 2825조 원." 보도자료(10/16).
_____. 2007e. "심바람 선대본 디지털 선거백서."
유정복. 2007. "서울 자치구별 공시지가 총액." 서울시 국정감사 자료(10/28).
윤건영. 2005. "부동산 유형별 가액현황(2005.1.1기준)." 재경부 국정감사 제출 자료.
이낙연. 2006. "참여정부 들어 집값 64% 폭등." 보도자료(10/13)
_____. 2007. "개발의 그늘: 개발에 밀려난 사람들의 이야기." 현장취재 보고서.
이영순. "2008년 공동주택 공시가격 상세자료." 국토해양부 요청자료 답변서(05/20)

이주호. 2004. "학력격차의 실상과 대안." 『국회의원 이주호 2004 국감 정책자료집 6』.
_____. 2006. "2006년 국정감사 정책 자료집 9: 드러나는 평준화의 허상들."
이한구. 2006. "노무현 정부 3년간 전국 아파트값 390조 원 상승." 보도자료(04/02).
최순영. 2006a. "2004~2006년 특목고(외고·과학고) 학생의 대학별 합격 및 진학 계열별 인원 현황." 서울시교육청 요청자료 답변서(03/03).
_____. 2006b. "2004~2006년 특목고(외고·과학고) 학생의 출신중학교 현황(과학고 2교, 외국어고 6교)." 서울시교육청 요청 자료 답변서(03/03).
_____. 2007. "누가 서울대에 들어가나? 강남·특목고 출신 31.5%" 보도자료(09/04).

신문·인터넷 기사·방송 자료

"[5대 불안을 벗자 1부 주거 ③] 전·월셋값 안정 : "전·월셋값 제한해도 부작용 없다."" 『한겨레』(2007/01/06)
"[신음하는 주거복지 제1부] ① 문명이 비껴간 동굴·토굴집." 『부산일보』(2007/01/09).
"[연속기획-2005 한국의 재벌타운]" 1~5. 『일요신문』 692~696호(2005/08/21~09/18).
"[연중기획 함께 넘자 양극화 제1부:건강불평등 사회] ① 동네 따라 수명 다르다." 『한겨레』(2006/01/16).
"[재계 순위 20] 총수들 집 공시가격 공개." 『일요신문』(2007/05/13).
"[정동탑] 한줌 햇볕도 빼앗긴 사람들." 『경향신문』(2004/04/21).
"10대 그룹 계열 토지 공시지가 순위." 〈재벌닷컴〉(2008/05/08)
"2008년 주요그룹 총수 자택 공시가격." 〈재벌닷컴〉(2008/04/30)
"30대 그룹 회장 집들의 공시가격 알아보니…." 『월간 이코노미플러스』 2007년 6월호.
"6억 이상, 강남구 아파트 71.8%, 강북·중랑·금천·동대문 '0'." 『서울신문』(2006/04/27).
"가구 16% '빚' 재산'…한국복지패널조사." 『서울신문』(2005/12/15).
"강남·강북권 아파트값 격차 줄어." 『세계일보』(2008/04/24).
"강남 아파트와 특급호텔 숙박비" 『서울신문』(2006/03/24).
"강남구 평균 집값 은평구의 6.7배." 『중앙일보』(2007/05/01).
"건설 비리가 '뇌물사건' 55% 차지." 『경향신문』(2005/04/22).
"경비원 아빠 파출부 엄마 일 나간 새 불, 잠긴 지하셋방 남매 질식사." 『한겨레』(1990/03/10).
"공교육비도 부익부 빈익빈 …… '발전기금' 강남구 35억 강북구 3억." 『한겨레』(2005/10/04).
"교육 양극화, 그리고 게임의 법칙." 『청와대 국정브리핑』(2006/03/16).
"국내 랜드마크 빌딩 몸값은 얼마?" 『헤럴드경제』(2007/07/26).
"누가 강남 땅을 가지고 있나." 『시사IN』 제16호(2008/01/08).
"뉴타운은 허울, 서민만 쫓겨나 …… 원주민 재정착률 불과 17%." 『경향신문』(2008/04/27).

"다주택 89만 세대 무주택은 807만." 『서울경제』(2005/08/30).
"'단독주택 Big 5'에는 누가 사나?." 〈머니투데이〉(2008/04/29).
"대한민국 아파트값 순위." 『시사IN』 제21호(2008/02/12).
"땅 분배 잘될수록 고성장: 세계은행 26개국 조사." 『한겨레』(2003/06/24).
"무속인 김 아무개 씨의 '귀신도 곡할' 투기법." 『한겨레』(2005/06/14).
"부동산, 양극화의 최대 분수령." 『청와대 국정브리핑』(2006/03/20).
"삼성·현대 아파트 시가총액 no.1." 프라임경제(2007/11/21).
"삼성동 아이파크 평당 5천만 원 '세계 1위'." 『매일경제』(2006/03/13).
"삼성전자 보유 땅값 '쑥쑥' '땅테크'도 수준급." 〈연합뉴스〉(2006/03/26).
"생활물가 이래서 비싸다(상)." 『한국경제』(2007/07/10).
"서울 서민들 소득 40%는 대출금 갚기에 쓴다." 〈서울포스트〉(2007/11/28).
"서울 아파트 한 채 평균값 2억8천680만 원." 『중앙일보』(2006/05/15).
"세계 물가 세계 정량." MBC TV 〈불만제로〉(2007/11/01).
"스타 빌딩 최고. 외형은 박찬호. 알짜는 서태지." 『일간스포츠』(2008/01/04).
"아파트 팔아 20억 차익 나도 세금은 '0'." 『파이낸셜뉴스』(2005/09/08).
"아파트의 힘." 『한겨레 21』 제706호(2008/04/22).
"엄마 공장 일 간 사이에…한낮 비닐하우스 집에 불 어린 형제 참변." 『한국일보』(2005/10/13).
"오피스 임대시장 강자는 어디?." 『매일경제』(2007/10/13).
"왜 최저주거제인가(중) 질병노출 지하·쪽방 거주실." 『문화일보』(2003/05/23).
"외국인 CEO 동행 … 하루 '비즈니스 물가' 알아보니." 『중앙일보』(2007/02/23).
"은행지점, 소외지역서 철수 … 부자동네에 늘린다." 『동아일보』(2006/03/20).
"이건희 회장 보유세 24%↑ 6억200만 원." 〈머니투데이〉(2007/03/15).
"재계 순위 뒤집는 화제의 집들." 『일요신문』 782호(2007/05/13).
"저출산 쇼크, 영·유아산업 직격탄." 『한국경제』(2005/03/27).
"전입신고합니다. 안 받아주겠지만." 〈오마이뉴스〉(2007/04/25).
"주상복합아파트 시장 10년 입체분석." 『신동아』 574호.
"중산층 소득 30% 빚 갚는 데 쓴다." 『조선일보』(2004/10/26).
"직장인 10명 중 8명 '집값 상승 스트레스'." 『서울경제』(2006/11/23).
"집값은 공시가 평균 30억대. 아파트보다 단독주택 선호 … 25대 그룹 총수 공시가격." 헤럴드경제(2007/3/15).
"차라리 타워팰리스에 특검 사무실을 차리지." 『시사IN』 제19호(2008/01/22).
"한국은 하늘나라 빅3." 『중앙일보』(2006/04/07).
"해외 거대자본이 오피스텔 빌딩 삼킨다." 『주간한국』(2007/09/18).
"황태자들 재산과 결혼." 『일요신문』 783호(2007/05/20).